教育部人文社会科学重点研究基地
“中东军事与安全”系列丛书 （孙德刚 主编）
2013年度国家社科基金项目最终成果（13CGJ042）

美国在大中东地区军事基地的战略部署与调整趋势研究

孙德刚◎著

The U.S. Military Bases in the Greater Middle East: Strategic Deployment and the Trend of Readjustment

时 事 出 版 社
北 京

目 录

中篇　实证与案例

下篇 影响与前景

导 言

大国部署海外军事基地的现象可追溯到古埃及、古罗马、古代中国和古希腊城邦时期。公元前2040年—前1786年，埃及中王国在其帝国的边界上建立了军事要塞，其城堡从巴比伦到耶路撒冷，遍布今天的大中东地区。帕特农神庙所在的雅典卫城最初是与以色列马萨达古堡（Masada）和秘鲁的马丘比丘（Machu Picchu）等相似的山顶堡垒。① 公元前5世纪斯巴达与雅典在军事较量过程中，曾在各自盟国的土地上建立了军事基地；波斯人在同罗马人博弈过程中，也曾在2500千米长的陆上交通要道每隔29千米修建一处军事要塞，其功能类似于今天的后勤补给基地。这些驿站不仅为兵马征战提供了重要后勤补给，而且缩短了信使传送情报的时间，海外驿站亦发挥了通信功能。②

本书中的“大中东地区”系政治、地理和文化概念的复合体，专指中亚、西亚、东非和北非地区，其大致可划分为四大次区域，分别是：（1）地中海东部地区，包括美国欧洲司令部管辖范围的土耳其、塞浦路斯、以色列、巴勒斯坦、黎巴嫩、约旦等地区，美国军事部署的重点地区是土耳其、以色列和约旦；（2）海湾地区，包括美国中央司令部管辖下的海湾合作委员会（简称海合会）六国、伊朗、伊拉克和也门，重点是海合会和伊拉克；（3）中亚地区，包括美国中央司令部管辖下的哈萨克斯坦、吉尔吉斯斯坦、塔吉克斯坦、乌兹别克斯坦、土库曼斯坦、阿富汗和巴基斯坦等，重点是阿富汗；（4）非洲阿拉伯地区，包括美国非洲司令部和中央司令部管辖下的马格里布地区、埃及、苏丹、吉布提和索马里等，重点

① 大卫·韦恩著，张彦译：《美国海外军事基地：它们如何危害全世界》，北京：新华出版社，2016年版，第7页、第4页。

② Bruna dos Santos Lersch and Josiane Simão Sarti, “The Establishment of Foreign Military Bases and the International Distribution of Power,” *UFRGS Model United Nations*, Vol. 2, 2014, p. 84.

是马格里布地区和吉布提。[①] 2017 年以来，域外大国和地区强国在大中东地区部署军事基地的现象越来越突出：美国在土耳其、海合会、伊拉克、叙利亚、阿富汗、以色列和吉布提等近 10 个国家部署军事基地，还在约旦、埃及等近多个国家部署临时军事存在，并于 2017 年把在以色列的柔性军事存在升级为刚性军事基地；英国在塞浦路斯和巴林部署军事基地；法国在吉布提和阿联酋部署军事基地；俄罗斯在叙利亚塔尔图斯和赫迈米姆分别部署了海军和空军基地，先后有 4.8 万俄军赴叙参加作战行动[②]，甚至打破伊朗伊斯兰共和国宪法的禁令，于 2017 年首次使用伊朗哈马丹空军基地打击“伊斯兰国”；2017 年 8 月 1 日，中国人民解放军驻吉布提保障基地部队进驻营区，标志着中国首个海外保障基地建成并投入使用；印度在塔吉克斯坦部署了军事基地；日本在吉布提建立了军事基地；土耳其在卡塔尔部署军事基地；阿联酋在厄立特里亚部署军事基地；2018 年开始，俄罗斯在苏丹、沙特在吉布提将分别启动部署军事基地的谈判，这意味着世界大国和地区国家部署海外军事基地的做法需日益引起学界的重视。

与其他大国不同的是，美国地处西半球，远离世界三大战略要地——东亚、欧洲和大中东地区，是世界上唯一不在欧亚地区却具有世界影响力的大国。[③] 美国在欧亚大陆边缘地带的战略要冲部署军事基地是其克服地缘劣势、投射军事力量、强化世界领导权、拓展海外利益、巩固联盟体系、推行西方民主价值观的重要手段，同时又是消耗美国财力、将美国拖入地区纷争、损害美国国家形象的“包袱”。

二战结束后，美国是世界上军事力量最强大的国家，其遍布全球的上千座军事基地成为“帝国的基石”，是美国构建全球霸权、遏制苏联扩张的支点。冷战时期，美国 250 万人的军事力量中大约 1/3 部署在海外，并在盟国土地上部署了 600—1000 处军事基地。尽管冷战后美国成为世界上唯一的超级大国，但海外军事基地的布局总体上延续了下来。1995 年美国参谋长联席会议主席约翰·沙利卡什维利（John Shalikashvili）在《国家军事战略报告》中不无自豪地指出：“美国拥有今天世界上最好的军队，我

---

① “大中东”是美国军方提出的概念，旨在将中东及周边伊斯兰地区作为一个整体，视为“冲突区”加以战略应对。中国政府和学界很少使用此概念，而是将该地区分为中亚、西亚、北非和东非等若干地区，外交事务分别归口外交部欧亚司、西亚北非司和非洲司。

② 《普京称在叙作战展现俄军巨变》，载《参考消息》2017 年 12 月 29 日，第 1 版。

③ 这里专指美国、中国、俄罗斯、英国、法国、德国、印度和日本共 8 个国家。

们能够应对从伊拉克到朝鲜再到海地的各类威胁。美国士兵受过最良好的训练，拥有最精良的装备，且处于最出色的领导之下。"[①]

截至2014年，美国拥有陆军52万人，海军32.36万人，海军陆战队19.02万人，空军32.36万人，海岸警卫队约5.3万人。[②] 不同于在欧洲和亚太，美国在大中东地区未能形成高度机制化的安全架构，其大中东军事联盟体系具有脆弱性和动态性。冷战后美国在大中东盟国的军事基地部署经历了"扩张—收缩—再扩张—再收缩"的周期性变化，其分别于1991年、2001年和2009年实施了三次重大调整，依次表现为集中化、机动化和小型化。美国大中东军事基地的调整内容包括战略重心的迁移、责任区的变更、驻军规模的变化和基地功能的拓展，其调整过程主要受地区格局变化、美国决策者认知、基地政治化和第三方的反制等因素的共同影响。未来美国大中东军事基地的调整将从依靠大中东大国转向依靠具有战略意义的大中东小国；从建立威胁导向型军事基地转向任务导向型军事基地；从维持"传统"军事基地转向建立"睡莲式"小型基地。[③] 2017年特朗普担任总统以来，美国增加对阿富汗、伊拉克、叙利亚等地区的军事部署，其在大中东地区军事基地调整的动向值得关注。

一、研究选题

战略，或曰"大战略"是目标与手段、主观与客观、内因与外因的结合体；战略取得成功的关键是目标与手段实现完美的估计与协调，二者彼此相称。[④] 国家战略是一国利用自身综合资源，通过综合途径追求特定目标的一种宏观性与前瞻性规划。美国对外军事战略涉及海外利益类型以及对美国国家安全至关重要的目标、美国外交政策、防务承诺和应对威胁的

---

① Chairman of the Joint Chiefs of Staff, *National Military Strategy of The United States*, Washington, D. C., February1995, Conclusion.

② Barbara Salazar Torreon, Lawrence Kapp and Don J. Jansen, *FY 2015 National Defense Authorization Act: Selected Military Personnel Issues*, Washington, D. C.: Congressional Research Service, December 2014, p. 2.

③ 参见 David Vine, *Base Nation: How U. S. Military Bases Abroad Harm America and the World*, New York: Metropolitan Books, 2015。

④ B. H. Liddell Hart, *Strategy*, New York: Meridian, 1991, p. 322.

能力等诸多方面。[①]

根据美国国防部估算，21世纪初美国海外军事基地的资产价值约1270亿美元[②]，海外军事基地既是美国维护霸权、保护海外利益的重要桥头堡，也是美国海外利益的自然延伸和组成部分。像19世纪的英国一样，美国通过海外军事基地部署，成为21世纪的“日不落帝国”；美国声称可以凭借海外军事基地在两个小时内向任何国际危机爆发地点投射军事力量。

海外军事基地是美国实现对外军事战略的重要手段，但基地的规模大小不一。美国国防部规定，大型军事基地的设施重置价值（Plant Replacement Value，PRV）至少为15.53亿美元，如美国在德国拉姆施泰因—米森巴赫（Ramstein-Miesenbach）军事基地曾驻扎有5.5万名美军及其家属，基地内各种生活设施一应俱全；英国布莱兹诺顿（Brize Norton）空军基地驻有5800名军人；中型军事基地的设施重置价值为15.53亿美元与8.28亿美元；小型军事基地的设施重置价值为8.28亿美元以下，一般无随军家属。[③] 国内军事基地的判定必须同时满足两个条件：基地的面积至少达到10英亩，同时基地的资产重置值在100万美元以上；海外军事基地的判定只需满足上述一个条件即可。[④]

海外军事基地的形态多种多样，其判定主要依据以下五个标准：第一，主权国家从本国需要出发在海外部署军事力量（如一国在联合国框架内参与维和行动而建立的存在不属于军事基地）；第二，部署有一定的武装力量（如通信中心、观测站、卫星地面接收站、民航指挥与控制网络、航海与通讯支持系统等属于军事设施而不是军事基地）[⑤]；第三，从事特定的军事活动，如威慑、预防、干预等（如军事情报站、侦察设施、武器储备地、军事补给点等，而从事民事活动而建立的使领馆、经贸与教育代表

---

① Catherine Dale, “National Security Strategy: Legislative Mandates, Execution to Date, and Considerations for Congress,” *Congressional Research Service*, December 15, 2008, p. 3.

② 参见 Chalmers Johnson, *Nemesis: The Last Days of the American Republic*, New York: Metropolitan Books, 2007。

③ Office of the Deputy Under Secretary of Defense, *Base Structure Report*, *Fiscal Year* 2004 *Baseline*, Washington D. C.: US Department of Defense, 2004, p. 11.

④ Office of the Deputy Under Secretary of Defense, *Base Structure Report*, *Fiscal Year* 2015 *Baseline*, Washington D. C.: US Department of Defense, 2015, p. 1.

⑤ 军事基地一般是多项设施的综合体，如设施和功能齐全的海军军港、空军机场和大型陆军兵营等；军事设施则通常履行单一职责，如通信中心、雷达站或仓库等。参见朱成虎、孟凡礼主编：《当代美国军事》，北京：社会科学文献出版社，2012年版，第53页。

处等不属于军事基地的范畴)；第四，建有相应组织机构和设施，军事基地使用国享有军事指挥权与管辖权，东道国通常不干涉基地的运作与管理(如海外训练当地武装力量不属于军事基地)；第五，占据一定的空间和地域范围。

如果仅符合上述第一、第二和第三条标准，则通常被称为军事存在(military presence)，而不是军事基地，如甲国向乙国派出军事训练人员；如果不符合第一条，则有可能是联合国等国际和地区组织的维和力量(peacekeeping force)，而不是海外军事基地。海外军事基地的地点可能在海外领地、托管地或海外省，可能在公海或公地，也可能在他国领土上。在军事学和战略学语境下，国外学者除使用“海外军事基地”（overseas military base）外，常常还使用“军事前沿阵地”（military preposition）、“军事前哨”（military outpost）[①]、“军事前置基地”（military outpost）、“军事要塞”（military garrison）、“军事设备”（military installation）、“军事存在”（military presence）、“军事设施”（military facility）、“军事任务”(military mission）等术语指称海外军事基地，但其含义存在微妙不同之处，如“military facility”一般翻译成“军事设施”，部署国对这些设施的使用具有临时性，且常常与基地东道国共同使用这些设施；“military installation”虽然也翻译成“军事设备”，但范围更广，包括永久性的军事基地和临时性的军事补给站，且主要服务于军事基地部署国而不是东道国。例如，海外空军设备包括部署战术性和战略性战斗机、空中加油机，以及在海外领土、领海和领空执行侦察任务、保护舰队等等；海外海军设施包括为舰船加油、船只修缮、军火储存，同时使本国船只在海外能够像国内母港一样拥有配套设施。[②] 此外，军事专家和国际问题学者有时称陆军基地为“兵营”（camp），称海军基地为“基地”（base），称空军与海军陆战队基地为“空军站”（air station）[③]，有时笼统地称作“屯”“塞”“哨”“站”“营”“堡”。21 世纪初，随着小型化、机动化的柔性军事存在的增

---

① Chalmers Johnson, *The Sorrows of Empire: Militarism, Secrecy and the End of the Republic*, New York: Metropolitan Books, 2004, p. 152.

② John Woodliffe, *The Peacetime Use of Foreign Military Installations under Modern International Law*, Dordrecht, Boston and London: Martinus Nijhoff Publications, 1992, p. 32.

③ Mark L. Gillem, *America Town: Building the Outposts of Empire*, Minneapolis: University of Minnesota Press, 2007, p. 25.

加，传统“海外军事基地”的内涵发生变化，海外军事基地与非军事基地之间的“灰色地带”日益凸显，如柔性军事存在、军事补给站、无人机基地、合作安全基地等。

根据部署时间长短，海外军事基地可分为四类：（1）主要行动基地，拥有完备的基础设施、军火和燃料，经军事调动可在24小时内形成充分的战斗力；（2）备用军事基地，经过军事调动可在48小时内形成充分的战斗力；（3）有限军事基地，经军事调动可在48—96小时内形成战斗力；（4）潜在军事基地，拥有飞机跑道和停驶车辆的空间位置，在72—120小时内经过军事调动形成战斗力。[①] “9·11”以来，美国在海外的主要行动基地，特别是在东亚、西欧和海湾地区的军事基地主要应对大国构成的“安全挑战”，属于主要行动基地；与此同时，规模更小、更灵活的前沿行动基地以及合作安全基地更受青睐，尤其在应对地区恐怖主义威胁和反对大规模杀伤性武器扩散方面，发挥了重要作用，特别是在大中东地区，其具体表现为军港、机场、维修设施、训练场地、核武装置、导弹试验设施、兵工厂、军火库、营房、通信哨、情报站等。[②]

大中东地区位于欧洲、俄罗斯、中国、印度等大国和大国集团之间的“缓冲地带”，连接欧、亚、非，沟通西欧与亚太两大工业区，是伊斯兰文明的核心地带，也是基督教文明、斯拉夫文明、中华文明、印度文明与非洲文明板块之间的交汇地，占世界能源储量的一半以上，成为大国争夺的战略重点。早在1798年拿破仑就曾指出：“要在印度这样遥远的战场打胜仗，就必须有一个中途阵地作为进攻基地。埃及离法国土伦600法里，离马拉巴尔（位于今印度果阿以南至科摩林角的海岸）1500法里，它正是这样一个进攻基地。法国如果能够在埃及这个国家里牢固站稳脚跟，那么它迟早会成为印度主人。”[③] 美国在地缘上远离大中东，但却依托海外军事基地部署，确立了对大中东事务的主导权。奥巴马担任总统初期，美国在大中东12国部署了150多处军事基地，占其海外基地总数约1/4，成为美国

---

① Mahyar A. Amouzegar, *Evaluation of Options for Overseas Combat Support Basing*, Santa Monica, CA: RAND, 2006, p. 26.

② 大卫·韦恩著，张彦译：《美国海外军事基地：它们如何危害全世界》，北京：新华出版社，2016年版，第6页。

③ 张文木：《论中国海权》，北京：海洋出版社，2010年版，第45—46页；拿破仑著，陈太先译：《拿破仑文选》（下卷），北京：商务印书馆，1980年版，第176—177页。

维持全球主导权的重要基础。[①] 2012 年美国国防部报告《维持美国的全球领导地位：21 世纪美国防务的首要任务》指出：美国的经济和安全利益与"动荡弧"息息相关，这条"动荡弧"从西亚、印度洋、南亚一直延伸到东亚。[②]

美国国防部号称世界上最大的"财主"，拥有 57.19 万处军事设施，军事基地面积达 3000 万英亩，基地设施价值 1590 亿美元（2007 财年）。2015 年，美国海外军事基地遍布 39 个国家和地区，共 587 处，占美国全球军事基地总数（4855 个）的 1/8。大中东、亚太和欧洲成为美国海外军事基地部署的三大重点地区[③]，但是学界对美国在大中东军事基地的系统研究仍显不足。

二、文献综述

迄今，中、英、法、俄、日、阿拉伯文有关美国海外军事战略的著作近 20 部，论文和研究报告约 100 篇，但是这些文献中探讨美国在大中东地区军事基地部署条件和调整动因的专题研究成果可谓凤毛麟角。例如美利坚大学的大卫·韦恩（David Vine）教授先后前往日本、韩国、德国、英国、洪都拉斯、萨尔瓦多、厄瓜多尔、古巴、关岛、北马里亚纳群岛等 11 个国家和地区，在 60 个美国海外军事基地从事长达 13 年的实地调查，通过问卷和采访相关美国官员与当地民众，利用第一手资料撰写了《羞耻之岛：迪戈加西亚岛上的美国基地秘史》和《美国海外军事基地》两本著作，但是对美国在大中东国家的军事基地着墨不多。由于研究内容的敏感性、材料的稀缺性和研究方法的单一性，国内外涉及美国对外战略的著作和论文虽涉及海外军事基地的内容，但数量有限，大致可分为以下四个领域。

（一）政治功能论

这类学者主要考察美国海外军事基地部署的地缘政治与地缘经济因素

① 这里不包括美国国防部部署在海外的秘密军事基地。如 2003 年伊拉克战争爆发前，美国在约旦军事基地部署了 5000 人，这些军事力量不仅配合了小布什政府发动伊拉克战争，还配合了美国中央情报局的工作。参见 Chalmers Johnson, *Nemesis: The Last Days of the American Republic*, New York: Metropolitan Books, 2007。

② U. S. Department of Defense, *Sustaining U. S. Global Leadership: Priorities for 21st Century Defense*, January 2012, p. 2.

③ Office of the Deputy Under Secretary of Defense, *Base Structure Report*, *Fiscal Year 2015 Baseline*, Washington, D. C.: US Department of Defense, 2015, p. 18.

的互动，认为美国不同于其他大国，其拥有追求帝国的“使命和抱负”，将控制航道、要塞和桥头堡视为增强全球投射能力、巩固全球领导地位的关键；海外军事基地改变了国际政治斗争的态势，使基地部署国、东道国和潜在敌国陷入“零和博弈”的三角安全困境之中；海外军事基地是美国掌控海权、陆权与主导欧亚大陆边缘地带的重要手段，成为影响国际政治的“前哨”。中国社科院西亚非洲研究所赵国忠、罗伯特·卡普兰（Robert D. Kaplan）、罗伯特·哈卡维（Robert E. Harkavy）、大卫·温克尔（David F. Winkler）、迈克尔·曼（Michael Mann）等是此观点的代表人物。① 其中，美国宾夕法尼亚州立大学教授罗伯特·哈卡维自20世纪80年代初就专门研究海外军事基地问题，著述等身。在他众多的著作中，关于基地的代表性专著和学术论文包括1982年版《大国对海外基地的争夺：基地外交的地缘政治学》、② 1989年版《驻外基地：全球海外军事存在研究》、③ 2007年版《战略性基地部署和大国：1200—2000》④ 等，成为研究美国海外军事基地部署的奠基之作。

（二）军事功能论

这类学者主要从军事学中的指挥、控制、通讯、计算机、监视、侦察和情报系统出发，考察军事技术革命、作战理念与手段变化、美国全球军事战略调整对海外军事基地部署的影响，认为海外军事基地是美国建立全球 C^3I 系统、增强军事威慑、强化军事同盟、干预地区事务、打击潜在敌人、保障后勤供应的重要手段。凯瑟琳·卢茨（Cath-Erine Lutz）、约翰·加迪斯

---

① 赵国忠：《美国在大中东的军事存在及其战略企图》，载《西亚非洲》2006年第1期，第32—36页；孙德刚：《论新时期中国在中东的柔性军事存在》，载《世界经济与政治》2014年第8期，第4—29页；徐瑶：《冷战后美国亚太军事基地体系的调整及其影响》，载《现代国际关系》2013年第9期，第25—31页；Martin H. Brice, *Stronghold: A History of Military Architecture*, New York: Schocken Books, 1985; Robert D. Kaplan, *Imperial Grunts: The American Military on the Ground*, New York: Random House, 2005; Michael Mann, *Incoherent Empire*, New York and London: Verso, 2003。另可参见美国海军学院出版的专著 David F. Winkler, *Amirs, Admirals and Desert Sailors: Bahrain, the U. S. Navy, and the Arabian Gulf*, Annapolis, Maryland: Naval Institute Press, 2007。

② 参见 Robert E. Harkavy, *Great Power Competition for Overseas Bases: The Geopolitics of Access Diplomacy*, New York: Pergamon Press, 1982。

③ 参见 Robert E. Harkavy, *Bases Abroad: The Global Foreign Military Presence*, Oxford: Oxford University Press, 1989。

④ 参见 Robert E. Harkavy, *Strategic Basing and the Great Powers*, 1200 – 2000, New York: Routledge, 2007。

(John Gaddis)、肯特·卡尔德（Kent E. Calder）等是代表人物。美国前驻日本大使特别顾问肯特·卡尔德在《布阵的要塞——基地政治和美国全球主义的比较研究》一书中认为，海外军事基地在国际事务中扮演了重要角色，在过去半个多世纪，海外军事基地巩固了美国全球军事体系，但在不同历史时期和不同国际格局下，海外军事基地的价值不尽相同。[①] 此外，军事科学院樊高月、宫旭平编著的《美国全球军事基地览要》介绍了21世纪初美国全球主要军事基地的部署、作战半径、各兵种人数等，具有参考价值。[②]

（三）法律制约论

这类学者主要考察国际法因素对军事基地部署的影响。海外军事基地既涉及国与国之间签署的法律条约如《驻军地位协定》和《军事合作协定》，也受《联合国宪章》等国际法的影响。海外军事基地首先需解决驻军的合法性问题，它是海外驻军稳定的前提。乔治·斯塔姆波克（George Stambuk）、[③] 齐藤光政、[④] 亚历山大·库里（Alexander Cooley）、大卫·索伦森（David S. Sorenson）、李伯君[⑤]等是代表人物。其中美国哥伦比亚大学库里教授于2008年出版的《基地政治：民主变革与美国海外军事》颇具影响力；[⑥] 库里与美国西北大学政治学教授亨德里克·斯普拉伊特（Hen-

---

① 参见 Kent E. Calder, *Embattled Garrisons: Comparative Base Politics and American Globalism*, Princeton: Princeton University Press, 2007; Joel Wuthnow, *The Impact of Missile Threats on the Reliability of U. S. Overseas Bases: A Framework for Analysis*, Carlisle, PA: Strategic Studies Institute, 2005; George Stambuk, *American Military Forces Abroad: Their Impact on the Western State System*, Columbus: Ohio State University Press, 1963。

② 参见曹晓光著:《超级堡垒：深度解读世界海军大舰队基地》，北京：航空工业出版社，2016年版；曹晓光著:《两栖大本营：深度解读世界直升机母舰母港》，北京：航空工业出版社，2016年版；曹晓光著:《海狼之巢：深度解读世界核、常动力潜艇基地》，北京：航空工业出版社，2016年版；曹晓光著:《核战基石：深度解读世界弹道导弹核潜艇基地》，北京：航空工业出版社，2016年版；曹晓光著:《重器之鞘：深度解读世界核常动力航母母港》，北京：航空工业出版社，2016年版；曹晓光著:《大国柱石：深度解读世界大国海军战略母港》，北京：航空工业出版社，2016年版；樊高月、宫旭平编著:《美国全球军事基地览要》，北京：解放军出版社，2014年版。

③ 参见 George Stambuk, *American Military Forces Abroad: Their Impact on the Western State System*, Ohio: Ohio State University Press, 1963。

④ 斉藤光政著:《在日米軍最前線：軍事列島日本》，東京：新人物往来社刊2008年版。

⑤ 参见李伯君:《论海外军事基地的国际法律地位问题》，载《湖南科技大学学报（社会科学版）》2016年第4期。

⑥ 参见 Alexander Cooley, *Base Politics: Democratic Change and the U. S. Military Overseas*, Ithaca: Cornell University Press, 2008。

drik Spruyt）共同撰写的《签约国家与国际关系中的主权让渡》提出了“不完全主权”的概念，认为主权可以通过法律手段加以分解和让渡；基地部署国通过签订合约，使基地东道国丧失了部分主权，从而使主权在盟友之间相互转让。①

（四）社会运动论

这类学者主要考察政治领域的社会运动与军事领域的基地部署之间的互动关系，认为海外军事基地常产生非预期后果，成为美国政治意识形态、价值观、生活方式传播的平台。基地部署国如欧美国家利用基地这一“国中之国”向东道国传播西方价值观，强化对伊斯兰国家的改造，引发当地政府和民众的不满，甚至演变为社会运动，导致军事基地的“政治化”。马克·吉勒姆（Mark L. Gillem）、罗兰·辛布兰（Roland G. Simbulan）②、弗罗德·丰努姆（Frode Fonnum）、安德鲁·杨（Andrew Yeo）、大岛优子（Yuko Kawato）等是代表人物。③ 安德鲁·杨于2011年出版的著作《活动家、联盟与反美军事基地的抗议》是国外研究海外军事基地与社会运动的力作。该书将国际关系的联盟理论与社会运动理论相结合，以东道国民众抗议美国军事基地的成效为分析对象，认为当基地东道国领导层与美国在安全合作问题上形成了共识时，就会拒绝反基地民众和组织的要求，反基地运动就难以取得成功；当东道国领导层意见相左，内部在同美国安全合作问题上未形成共识、从而四分五裂时，反基地运动就会取得成功。为检验关于“反基地运动”成效的理论假设，该书以美国在日本、韩国、意大利、菲律宾和厄瓜多尔五国的军事基地为例加以实证分析，其研究结论是：受领导层“安全共识”的程度影响，反基地运动在菲律宾和厄瓜多尔取得了成功，而在日本、韩国和意大利未能取得成功，主要是因为菲律宾和厄瓜多尔未面临重大安全威胁，政府领导层未形成

---

① 参见 Alexander Cooley and Hendrik Spruyt, *Contracting States: Sovereign Transfers in International Relations*, Princeton: Princeton University Press, 2009。

② 参见 Roland G. Simbulan, *The Bases of Our Insecurity: A Study of the US Military Bases in the Philippines*, Metro Manila, Philippines: Balai Fellowship, 1983。

③ 参见 Andrew Yeo, *Activists, Alliances, and Anti-U. S. Base Protests*, New York and Cambridge: Cambridge University Press, 2011；杨超：《菲律宾、日本和韩国反美军基地社会运动比较研究》，载《东南亚纵横》2010年第4期，第48—52页；Yuko Kawato, *Protests Against U. S. Military Base Policy in Asia: Persuasion and Its Limits*, Stanford: Stanford University Press, 2015。

共识；日本、韩国和意大利面临重大安全威胁，政府领导层形成了共识。①

国内外学界一般认为，大中东是埋葬帝国的“坟墓”，大中东军事基地既是帝国实力扩张的产物和大国权力之锚，又是帝国过度扩张并最终瓦解的罪魁祸首，但学界对美国大中东军事基地的研究深度不足。海外军事基地伴随美国的崛起，在美国安全战略和全球力量投射中扮演重要角色，但美国为什么会对大中东军事基地的战略重心、战区司令部、人数和功能不断作出调整？是如何调整的？对于这些问题，学界并未作出详细的解答。

第一，从研究内容来看，现有成果缺乏对美国大中东军事基地调整的理论与经验研究。有些成果考察大国在海外军事基地的影响，如保罗·肯尼迪（Paul Kennedy）从“帝国的过度扩张”这一命题出发，认为海外军事基地的部署实际上使帝国军事开支大大增加，原本用于民用开支的部分用在了扩军备战领域，最终引起国防和经济发展比例失衡，导致帝国的衰落。② 还有些成果对美国海外军事基地的研究集中在部署层面，特别是从国际政治和国内政治的双重博弈视角探讨美国海外军事基地部署的战略条件、技术条件、外交条件、财政条件与法律条件等。③ 部分研究成果虽涉及冷战后美国和其他大国军事基地的调整，但主要探讨美国在日本、韩国、菲律宾、澳大利亚、关岛等亚太的军事基地，④ 以及法国在非洲的军

① Andrew Yeo, *Activists, Alliances, and Anti-U. S. Base Protests*, New York and Cambridge: Cambridge University Press, 2011, p. 22; p. 178.

② Stuart S. Brown, *The Future of US Global Power: Delusions of Decline*, London: Palgrave Macmillan, 2013, p. 51.

③ 孙德刚：《大国在海外部署军事基地的条件分析》，载《世界经济与政治》2015 年第 7 期，第 40—67 页。

④ 参见 Yuko Kawato, *Protests Against U. S. Military Base Policy in Asia: Persuasion and Its Limits*, Stanford: Stanford University Press, 2015; Cynthia Enloe, *Bananas, Beaches and Bases: Making Feminist Sense of International Politics*, Berkeley: University of California Press, 1989; Anni P. Baker, *American Soldiers Overseas: The Global Military Presence*, Westport: Praeger, 2004; Thomas Barnett, *The Pentagon's New Map: War and Peace in the Twenty-First Century*, New York: Putnam Publishing Group, 2004; Kent E. Calder, *Embattled Garrisons: Comparative Base Politics and American Globalism*, Princeton: Princeton University Press, 2007; Elliott V. Converse III, *Circling the Earth: United States Plans for a Postwar Overseas Military Base System*, 1942 – 1948, Alabama: Air University Press, 2005; Alexander Cooley, *Base Politics: Democratic Change and the U. S. Military Overseas*, Ithaca: Cornell University Press, 2008; 徐瑶：《冷战后美国亚太军事基地体系的调整及其影响》，载《现代国际关系》2013 年第 9 期，第 25—31 页；军情视点编：《战略支撑：全球军事基地 50》，北京：化学工业出版社，2015 年版。

事基地调整,[①] 对美国在大中东地区军事基地调整的研究较少,系统性不强。[②]

第二,从研究方法来看,学界未能对比分析美国在大中东军事基地内部以及与欧洲和亚太军事基地之间部署的差异性。海外军事基地伴随美国的崛起,在美国安全战略和全球力量投射中扮演重要角色,但为什么美国在沙特阿拉伯、伊拉克、阿尔及利亚、土耳其等大中东地区大国的军事基地常常爆发危机,甚至有的最终被迫关闭,而在卡塔尔、巴林、阿联酋、科威特、吉布提等大中东地区小国的军事基地能够总体上保持稳定?为什么美国会对大中东军事基地的战略重心、战区司令部、人数和功能不断作出调整,而在欧洲和亚太的军事基地部署却具有相对稳定性与延续性?对于这些问题,学界并未作出详细的解答。美国大中东军事基地与它在欧洲和亚太地区的军事基地差异性较为明显:前者以小型前沿行动基地(forward bases)为主,后者以大型主要军事基地(main bases)为主;前者部署在与美国在政治意识形态和价值观差异甚大的伙伴国土地上,后者部署在与美国政治意识形态和价值观相似的盟国土地上;前者的军事部署经常受突发事件的影响而不断调整;后者的军事部署则具有长期性与可预期性。

第三,从研究材料的运用来看,现有成果未能将军事基地研究与美国安全战略报告的解读有机地结合起来。美国白宫公布的《国家安全战略报告》和《总统政策文件》(PPD),美国国防部定期公布的《基地结构报告》[③]《美军在世界各地人力资源分布》[④]《基地关闭与重组

① 参见孙德刚:《安全认知变化与法国在非洲军事基地的战略调整》,载《外交评论》2011年第5期,第117—130页。

② 参见孙德刚:《美国海外军事基地部署的四个维度——以大中东地区为例》,载《国际观察》2017年第2期,第85—100页;孙德刚:《冷战后美国中东军事基地的战略调整》,载《世界经济与政治》2016年第6期,第22—48页;樊高月、宫旭平编著:《美国全球军事基地览要》,北京:解放军出版社,2014年版;孙德刚:《冷战后欧美大国在中东的军事基地研究》,北京:世界知识出版社,2015年版;朱成虎、孟凡礼主编:《当代美国军事》,北京:社会科学文献出版社,2012年版;孙德刚:《美国在伊拉克军事部署的调整:从刚性基地到柔性存在》,载《现代国际关系》2012年第2期,第55—59页;孙德刚、邓海鹏:《美国调整海湾地区军事基地探析》,载《现代国际关系》2010年第5期,第19—24页。

③ 参见 Office of the Deputy Under Secretary of Defense, *Base Structure Report*, *Fiscal Year* 2013 *Baseline*, Washington, D. C.: US Department of Defense, 2013。

④ 参见 U. S. Department of Defense, *Worldwide Manpower Distribution by Geographical Area*, 2005, Washington, D. C.: Department of Defense Washington Headquarters Services, September 30, 2005。

报告》[①]《美国国防战略报告》和《四年防务评估报告》，参谋长联席会议公布的《国家军事战略报告》[②]，美国参议院和众议院武装力量委员会每年颁布的《国防授权法案》（NDAA）等文本均未得到深入的解读。此外，美国国防部办公厅定期公布《武装力量运用指南》（GEF），将国防部制定的《应急计划指南》（CPG）、《安全合作指南》（SCG）、《核武器运用政策指南》（NUWEP）与《全球武装力量管理》（GFM）和《全球防务态势》（GDP）等文件进行"综合集成"，为战区指挥官和参谋人员拟制作战计划确立了一致性的战略框架。[③] 这些文件都是观察美国在大中东地区军事基地部署与调整的重要纲领性文件，但现有研究成果缺乏对这些文件的深层次解读。

表 0—1　与大中东军事基地相关的美国各类战略报告

	《国家安全战略报告》	《四年防务评估报告》	《基地结构报告》	《美国国防战略报告》	《国家军事战略报告》	《战略管理规划报告》[④]	《国防小组报告》
起草部门 \ 时间	白宫（总统）	国防部	国防部	国防部	参谋长联席会议	国防部	国防部
1997	√	√			√		√
1998	√						
1999	√		√				
2000	√						
2001		√	√				
2002	√		√				

① U. S. Department of Defense, *Base Closure and Realignment Report*, Washington, D. C., Vol. 1, May 2005.

② 冷战结束以来，美国参谋长联席会议通过整合总统、国防部和国家安全委员会关于国家军事安全的理念，公布了 1992 年、1995 年、1997 年、2004 年、2011 年和 2015 年版 6 份报告，并于 1996 年和 2010 年出台了《2010 年联合构想》（2010 Joint Vision）和《2020 年联合构想》（2020 Joint Vision）。

③ 参见顾伟、李健：《美国战区司令部的形成、发展及运行》，载《外国军事学术》2015 年第 12 期。

④ 参见 Department of Defense, *FY2011 Strategic Management Plan*, Washington, D. C., 2011。

续表

时间＼起草部门	白宫（总统）	国防部	国防部	国防部	参谋长联席会议	国防部	国防部
2003			√				
2004			√		√		
2005			√	√			
2006	√	√	√				
2007			√				
2008			√	√		√	
2009			√				
2010	√	√	√				√
2011			√		√	√	
2012			√				
2013			√				
2014		√	√				√
2015	√		√		√		
2017	√						
2018				√			

资料来源：Nicholas R. Krueger，“The 2011 National Military Strategy：Resetting a Strong Foundation，” *National Security Watch*，May 2，2011，p. 2；U. S. Department of Defense，“Publication，” http：//www. defense. gov/News/Publications.（上网时间：2017 年 12 月 28 日）等

基于上述认识，本书在前人研究的基础上，充分运用美国各类安全战略报告，考察美国在大中东地区军事基地的调整，解读美国在该地区军事基地的调整阶段、调整内容、调整动因及其前景。

三、研究意义

美国利用海外军事基地维护在大中东的主导权、试图将北非—西亚—

中亚这一“动荡弧”地区纳入战略轨道，对大中东地缘政治和地缘经济产生了深刻影响。大中东地区是伊斯兰合作组织（57 个成员）核心国最密集的地区，民族与教派矛盾、恐怖主义、难民问题、国家认同弱化等问题突出，是中国打击民族分裂势力的重要依托力量，是中国应对西方遏制的战略屏障，是运筹大国关系和参与全球治理的支点，也是中国海外利益快速增长却相对脆弱的地区。中国属于地缘经济主导型大国，美国属于地缘政治主导型大国，未来中美在大中东地区建立互补型稳定合作关系具有潜力，这对中国开展大中东军事外交、探索海外利益保护手段、参与中东和中亚地区安全治理具有现实意义。

中国对中东和中亚的能源、投资和贸易依存度远超过西方大国对该地区的依存度，却是安理会 5 个常任理事国中唯一未卷入代理人战争的域外大国。2014 年，在处于前 10 位的中国石油进口来源国中，有 6 个来自于中东国家，包括沙特（第一位）、阿曼（第四位）、伊拉克（第五位）、伊朗（第六位）、阿联酋（第八位）和科威特（第九位）。[①] 冷战结束后，西方学者所谓中国在缅甸大可可岛建立情报搜集站，在缅甸汉集义岛（Hainggyi Island）以建立深水港为掩护，建立海军基地，甚至试图在缅甸、斯里兰卡、马尔代夫、巴基斯坦、塞舌尔和苏丹等建立所谓“珍珠链”，最终往往证明都是缺乏证据的夸大和谣传。[②] 中国坚持走和平发展道路，以经济发展为中心，奉行防御性的国防政策，不搞海外军事扩张，不赞成在他国土地上部署军事基地。与此同时，新时期大国在海外军事部署的功能发生了变化，即从传统的作战、遏制与威慑等军事功能，转向维和、赈灾、护航、搜救、撤侨等民事功能。

与美国在大中东地区军事基地不同，中国在大中东部署了柔性军事存在，包括长期性军事存在（维和部队、亚丁湾护航编队、军事补给站等），以及临时性军事存在（军售、军事培训、武官处、军事访问、联合军演、私人保安公司、军事撤侨）等。中国在大中东地区利益类型变化（战略利益、政治影响力、商业利益与文化利益）；中国在大中东地区开展军事外

① Office of the Secretary of Defense, *Annual Report to Congress: Military and Security Developments Involving the People's Republic of China* 2015, Washington D. C., 2015, p. 25.

② Andrew Selth, "Chinese Military Bases in Burma: The Explosion of a Myth," *Regional Outlook Paper*, No. 10, Griffith Asia Institute, Australia, 2007, p. 22.

交的路径和前景；中国在大中东护航、领事保护、人质解救、人道主义救援、维和、赈灾、联合军演、派驻私人保安公司等领域如何实现机制创新；中国在大中东建立柔性军事存在的必要性与路径；美国在大中东地区军事基地部署对中美在大中东构建新型大国关系的影响都是亟待研究的重要课题。① 中国的索马里护航编队、国际维和部队和海外军事培训项目等既出于维护中国海外经济、能源和侨民安全的考量，又是在联合国框架下提供国际公共产品、参与全球治理的重要手段，是中国作为安理会常任理事国应承担的国际责任，体现出中国的新国际主义和多边主义思想，是中国构建利益共同体和命运共同体的现实需要。

本书从地缘政治主导型与地缘经济主导型二分法出发，认为美国在大中东地区奉行地缘政治主导型战略，谋求政治主导权、反恐、防扩散、拓展民主、保卫盟友、维护侨民和能源供应安全等利益，其海外利益具有复合性，因而部署军事基地；亚洲大国在大中东地区奉行地缘经济主导型战略，谋求扩大能源、投资和贸易合作，其海外利益具有单一性，因而部署柔性军事存在。亚洲大国在大中东地区的柔性军事存在包括亚丁湾护航编队、后勤补给基地、联合国维和部队、海外军事代表处、联合军演、私人保安与开展军事培训项目等形式，这些国家奉行不干涉他国内政、不在海外部署军事基地的基本原则，又参与大中东地区治理和保护海外现实利益。未来，以美国为代表的西方大国在大中东的军事基地与亚洲大国在大中东的柔性军事存在将长期并存，西方军事强国主导的地缘政治权力中心与亚洲经济强国主导的地缘经济权力中心将共同构成大中东的二元权力结构。

四、研究内容

美国部署海外军事基地可以从增强全球权力投射的视角去解读。正如加拿大国防部高级研究员托马斯·朱诺（Thomas Juneau）所言：权力的界定可以从以下几个层面展开：第一，权力存在于关系的互动中，即 A 国的

① 关于中国、美国与中东的三角关系分析可参见 Jon B. Alterman and John W. Garver, *The Vital Triangle: China, the United States, and the Middle East* (Significant Issues Series), Washington D. C.: CSIS, 2008。

权力影响了 B 国；第二，权力是国家可以使用的现实资产，否则只能是潜力或未来能力而不是权力；第三，权力包括多个维度，如地理、人口、军事力量、经济实力、民众士气、道义、文化、联盟和地区感召力等。[①] 海外军事基地并不是影响权力的独立变量，却通过上述三个层面影响权力，即海外军事基地影响部署国的权力投射能力，而权力投射能力是一国权力的重要组成部分。为深入研究海外军事基地对一国权力的影响，本书研究内容分为上篇、中篇与下篇三大部分。

上篇首先从历史和理论的层面考察冷战后美国在大中东军事基地部署经历的四个阶段——局部扩张期、局部收缩期、战略扩张期和战略收缩期；提出海外军事基地部署与调整的基本理论，分析美国在海外部署军事基地的四个变量：（1）维护领导地位；（2）增强投射能力；（3）巩固联盟体系；（4）保护现实利益。理论部分还分析影响美国在海外调整军事基地的四个变量：（1）地区格局的变化；（2）美国决策者的认知；（3）基地政治化；（4）第三方的反制。

中篇主要以新时期美国在大中东地区军事基地部署与战略调整的实践为例，将该地区划分为四个次区域，即：（1）美国在东地中海土耳其、以色列和塞浦路斯的军事基地（隶属美国欧洲司令部），旨在阻止俄罗斯南下，打击“支持阵线”（2016 年更名为“征服阵线”，2017 年重组为“沙姆解放组织”）、“伊斯兰国”组织，遏制什叶派反美力量如叙利亚和黎巴嫩真主党等，维护美国盟友以色列和土耳其的安全和第六舰队在地中海的主导权；（2）美国在海合会六国和伊拉克的军事基地（隶属美国中央司令部），旨在遏制伊朗、打击“基地”组织及其在阿拉伯半岛的分支机构、防范“伊斯兰国”组织对中亚的渗透，稳定伊拉克局势，协防美国的海合会盟友；（3）美国在中亚的阿富汗、乌兹别克斯坦、吉尔吉斯斯坦和巴基斯坦的军事基地（隶属美国中央司令部），旨在打击塔利班和“基地”组织，拓展美国在中亚的影响力；（4）美国在非洲阿拉伯国家阿尔及利亚和吉布提的军事基地（隶属美国非洲司令部），旨在打击马格里布和非洲之角“基地”组织分支机构。每个案例分别考察美国在军事基地的部署与战

① Thomas Juneau, “Iran: Rising but Unsustainalbe Power, Unfulfilled Potential,” in Thomas Juneau and Sam Razavi, eds., *Iranian Foreign Policy since 2001: Alone in the World*, London and New York: Routledge, 2013, pp. 18 – 19.

略调整的过程与动因，对比分析其军事部署的类型、功能与获取方式；分析美国在该地区军事基地的战略调整对美国在欧洲和亚太军事基地部署、以及对大中东地区国际关系的影响。

下篇首先分析美国在大中东地区军事基地部署的影响，包括：（1）在军事层面，地区均势的建立与安全困境的恶化；（2）在政治层面，联盟政治的形成与低层次的地区一体化；（3）在经济层面，促进美国在大中东地区的海外利益保护与美国利益界定的泛化；（4）在社会层面，美国以海外军事基地为依托，开展公共外交并导致的基地政治化。其次，本书前瞻篇探讨了美国在大中东地区军事基地的调整趋势，包括美国全球军事部署重心的调整、军事基地责任区的调整、基地规模与驻军人数的调整以及军事与民事功能的调整。最后，前瞻篇从地缘政治因素与地缘经济因素的二分法入手，对比分析西方和亚洲大国在大中东的利益类型，认为西方大国为维护在大中东的地缘政治利益而部署军事基地，中国、日本、印度和韩国在大中东地区部署小型军事基地和柔性军事存在维护其各自的地缘经济利益。

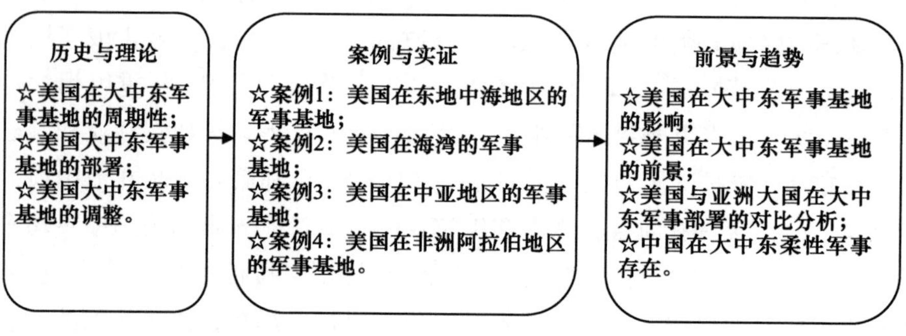

图 0—1　本书的主要研究内容

五、研究方法

本书通过整合普通高校国际政治研究与军校国际军事研究资源，运用外交学、军事学、政治学和社会学等跨学科知识，做到美国研究与大中东研究相结合，国际安全理论与美国大中东外交实践相结合，实现跨区域、跨领域联合课题攻关，研究方法如下：

1. 文本解读法：通过对老布什、克林顿、小布什和奥巴马四任总统任职期间美国政府文件如美国年度《基地结构报告》《四年防务评估报告》《国家军事战略报告》和《国家安全战略报告》等文献的深度解读，分析其战略理念、战略目标和战略手段的变化，跟踪其对大中东地区军事基地部署与调整的影响及其前景；

2. 案例分析法：通过阅读解密文献，考察美国在地中海东部、海湾地区、中亚地区和非洲阿拉伯地区四个大中东次区域军事基地部署的实例，分析其军事基地的获取途径、类型、功能、调整及影响；

3. 比较研究法：对新时期美国在大中东四大区域军事基地部署的规模、类型、目标、部署、调整、管理模式等作微观比较，并对欧美大国与亚洲大国如中、日、印在该地区军事部署和调整作宏观比较，分析冷战结束后美国全球军事基地部署的战略态势及其未来走向。

六、学术创新

本书在前人研究成果的基础上，提出以下创新观点：

第一，硬实力与软实力构成了一国的“显性权力”，海外军事基地增强了军事投射力，构成了一国的“隐性权力”。正如约瑟夫·奈所言：权力是政治学的核心，就像金钱是经济学的核心一样。[①] 权力分为显性权力和隐性权力，隐性权力比显性权力更有研究价值，大国在海外建立军事基地旨在增强隐性权力。新时期美国在大中东地区军事基地调整既有共性（网络化、前沿化、小型化、分散化和机动化），又有差异（规模、功能和目标）。中东剧变发生后，美国在大中东的军事基地加剧了地区矛盾，突出表现为美国同伊斯兰激进势力的矛盾、大中东国家的内部矛盾以及世界大国之间的矛盾，为中国建立美国—中国—大中东地区大三角、建立海外战略支点、突破在亚太受到的地缘政治围堵提供了机遇。

权力投射会以不同的形式出现，如战斗机性能的提高扩大了军事打击半径；美国 11 个航空母舰战斗群增强了美军远洋作战能力；军用运输机技术的革新提升了美军远程空投能力，如 C－5A 和 C－17 运输机可以将地面最笨重的攻击性武器——M1A2 坦克投射到战场；250 架 C－17 运输机足

---

① Joseph S. Nye, Jr., *The Future of Power*, New York: Public Affairs, 2011, p. 3.

以在36—48小时内将一个加强师所需的所有坦克从美国运往海湾地区。[①] 美国在大中东军事基地有塑造对自身有利的权力关系之功能，提高了美国在大中东的军事投射能力，弥补地缘劣势。新时期美国在12个大中东国家部署的150多处军事基地，确立了美国在大中东地区的主导权，并以这些基地为权力投射的“桥头堡”，保持地区干预能力。

第二，美国在大中东地区军事基地部署是美国战略目标、战略意图和战略设计的体现。军事基地是美国全球战略的重要组成部分，是“霸权稳定论”思想的翻版；美国在大中东地区的军事基地具有扶植盟友、打击伊斯兰极端势力、遏制潜在敌人、保护侨民、反恐、防扩散、维护商业利益等多重功能，同时军事基地经济代价高，且易引发政治矛盾和价值观冲突。

海外军事基地是美国意志的外化，成为大中东地区激进势力反对美国霸权的重要理由。美国在大中东军事基地的部署，加剧了地区势力的分化，尤其是逊尼派与什叶派、以色列与阿拉伯—伊斯兰世界、穆兄会力量和瓦哈比—萨拉菲力量之间的分野和对垒，使伊斯兰激进与温和势力的矛盾、大中东大国谋求地区领导权的矛盾（沙特、伊朗、以色列、土耳其、卡塔尔）以及美、中、俄、英、法、日、印等外部大国在大中东的关系复杂化。美国在大中东的军事基地是一把“双刃剑”。一方面，它增强了美国地缘政治和地缘经济利益；另一方面，它加剧了与伊斯兰世界的对立，导致“基地”组织、塔利班、“伊斯兰国”组织、“胜利阵线”、真主党、哈马斯、穆兄会、叙利亚和伊朗等反美势力的崛起，使美国维护大中东联盟体系成本升高，挑战了美国干预大中东事务的合法性，消耗了美国有形硬实力与无形软实力。

第三，美国在大中东地区军事基地的调整呈周期性。冷战结束20多年来，老布什、克林顿、小布什和奥巴马4任总统的大中东军事基地部署服从和服务于在该地区的军事战略目标，分别是发动海湾战争、阿富汗战争与伊拉克战争、战略重心东移亚太等。受此战略目标变化的影响，美国在大中东地区的军事部署经历了扩张—收缩—再扩张—再收缩4个阶段，呈现出周期性。老布什时期，美国为发动海湾战争加大了对大中东的军事部

① Stuart S. Brown, *The Future of US Global Power: Delusions of Decline*, London: Palgrave Macmillan, 2013, p. 37.

署，集中于地中海的土耳其和西印度洋的海合会；克林顿时期，美国将欧洲和亚太作为两大首要战略地区，其在大中东的军事部署以“东遏两伊，西促和谈”为主要任务，总体上呈收缩态势；小布什上台后，美国进行了长达10年的反恐战争，大中东地区上升为美国首要威胁，美国不仅发动了阿富汗战争和伊拉克战争，而且围绕中亚和大中东所谓“动荡弧”地区部署了数十万人，军事基地部署更趋机动化；奥巴马执政后，美国相继从伊拉克和阿富汗撤出主要作战力量，根据亚太再平衡的战略任务，实现了战略重心东移，美国在大中东的军事部署日趋小型化。2000—2015年，美国国防部在海外部署了50多个“睡莲”基地，这些基地不悬挂美国国旗，没有随军家属和便利设施，甚至有的完全依靠私人承包商，包括隐藏在现有的动荡基地中或民用机场边。[①] 页岩气革命和美国对大中东能源依存度下降，加上近年来大中东大国反基地情绪的上升，未来科威特、巴林、卡塔尔、以色列、阿联酋和吉布提等处于战略地位的小国将代替大中东地区大国，成为美国军事基地部署新的战略支点；美国特朗普政府将在大中东建立更多的任务导向型军事基地，并将根据安全任务多元化的需要在大中东部署更多的“睡莲式”小型基地，包括无人机基地。

① 大卫·韦恩著，张彦译：《美国海外军事基地：它们如何危害全世界》，北京：新华出版社，2016年版，第7页、第48—49页。

上　篇

历史与理论

第一章／美国对外战略与大中东地区军事基地

美国海外军事基地部署经历了漫长过程。1801—1805 年第一次巴巴里战争和 1815 年第二次巴巴里战争中，美国海军陆战队临时占领利比亚德尔纳（Derna）的要塞和港口，这也是美国对大中东军事基地的首次占领。二战期间，美国以 50 艘旧式驱逐舰为代价换取英国在殖民地的一系列军事基地，包括在巴哈马、牙买加、圣卢西亚、圣托马斯岛、安提瓜、阿鲁巴—库拉索、特立尼达等。① 二战后，美国海外军事基地部署以西太平洋基地群、欧洲基地群和大中东基地群为三大重点，凸显美国对外战略布局。

冷战结束后，美国经历了乔治·赫伯特·沃克·布什（以下简称“老布什”）、克林顿、乔治·沃克·布什（以下简称“小布什”）和奥巴马 4 任总统，即两位共和党总统和两位民主党总统。在这 20 多年时间里，美国海外军事基地部署的理念发生了重要变化，对美国在大中东地区的军事部署与调整产生了深远影响。这些理念集中体现在美国历届政府的安全政策报告中。本书将冷战后美国安全战略报告分为三类：第一类是美国白宫公布的《国家安全战略报告》，其从美国国家战略的全局考虑整体安全战略；第二类是美国国防部公布的《四年防务评估报告》、《美国国防战略报告》和《基地结构报告》，其代表了国防部对于国家面临安全威胁的认知和判断，以及美国应对安全威胁的主要目标与手段等；第三类是参谋长联席会议公布的《国家军事战略报告》，其主要从军事战术层面，分析美国赢得胜利的保障与条件。② 本章基于上述 3 类政策报告，考察冷战后美国在大

---

① 大卫·韦恩著，张彦译：《美国海外军事基地：它们如何危害全世界》，北京：新华出版社，2016 年版，第 7 页；第 3 页；第 9 页。

② 孙德刚：《冷战后美国中东军事基地的战略调整》，载《世界经济与政治》2016 年第 6 期，第 22—26 页。

中东国家军事基地部署的基本规律、运行轨迹及其动因。

美国白宫、国防部和参谋长联席会议出台的报告彰显出美国在大中东地区军事基地的部署大体沿着“局部扩张——局部收缩——战略扩张——战略收缩”这一主线，呈周期性波动，土耳其、海合会六国、阿富汗、伊拉克、埃及、吉布提、阿尔及利亚等都曾是美国重要的军事基地东道国。美国在大中东地区军事基地的扩张与收缩同美国在欧洲和亚太军事基地部署呈此消彼长之势，与美国全球战略重心的转移存在重要关联。美国在大中东地区军事基地的部署既受外部因素的影响，又受内部因素的制约。前者如地区威胁的上升、美国承担发动海湾战争、阿富汗战争和伊拉克战争等任务；后者如布什主义、克林顿主义、小布什主义和奥巴马主义等美国领导人战略理念的变化、财政状况、两党政治、历史记忆等。未来，美国国防转型、军事技术升级、飞机作战半径的扩大、航母战斗群等浮动基地的部署、大中东国家民族主义的上升等将促使美国减少对大中东大型军事基地的依赖，进而更加青睐前沿行动基地与合作安全基地。

第一节　局部扩张期（1989—1992）

在独立后相当长时间里，美国是个远离欧亚大陆的地区国家，加上奉行“门罗主义”，将主要精力放在经营新大陆西半球这一美国的“后院”，对建立类似于大英帝国遍布全球的军事基地不感兴趣。然而，随着美国国力的上升，其也逐步沿袭欧洲旧大陆列强的做法，在海外部署军事基地。伴随海外军事基地的扩张，美国从北美地区大国逐步变成世界权力大国。美国海外军事基地扩张主要经历了三个阶段，第一阶段始于19世纪末美国打败西班牙之后，其海外军事基地扩张的主要方向是在太平洋和加勒比地区；第二阶段始于第二次世界大战结束后，其扩张的主要方向是在西欧和东亚地区；第三阶段始于冷战结束至“9·11”事件前后，扩张的重点在大中东地区。通过这三次大规模军事基地扩张，美国成为主导美洲、欧洲、亚太和大中东事务的超级大国。

1884年12月6日，美国和夏威夷签订新条约，规定1875年双方签订的条约延长7年，并增加一条新的条款，即夏威夷给予美国进入珍珠港并在珍珠港建立海军加煤站和维修站的独占权。1887 年 1 月 20 日，美国参议院批准新条约，拉开了美国在海外部署军事基地的序幕。当年 6 月，美国以武力相威胁，迫使夏威夷国王废除《1864 年宪法》，制定了有利于美国吞并夏威夷的新宪法，国王被迫接受，具有重大战略意义的珍珠港从此落入美国手中。[①] 1890 年，海权论者马汉极力主张美国政府占领加勒比、夏威夷和菲律宾群岛等战略要地，并建立军事基地，保护美国在全球的商业利益。1898 年美国海军在菲律宾湾击败西班牙舰队，正式从地区大国迈向全球大国；20 世纪初，美国在海外部署军事基地，主要服务于其太平洋与大西洋“两洋战略”，但欧洲、非洲和亚洲事务主导权仍然控制在欧洲大国和日本手中。[②]

一战爆发后，美国在全球范围内的军事基地仍然屈指可数，主要是分布在菲律宾群岛、马里亚纳群岛、关岛、威克岛、中途岛、夏威夷群岛等太平洋地区，以及在巴拿马、古巴、波多黎各、维尔京群岛等加勒比海地区的军事基地。与同时期的英国、法国、荷兰、意大利、葡萄牙、丹麦和日本相比，美国的海外军事基地的规模和数量仍十分有限。1938 年，美国在海外拥有 14 处军事基地[③]，但自 1941 年通过《租借法案》开始，美国的海外军事基地数量开始迅速增加，并相继租用英国的百慕大、巴哈马、牙买加、安提瓜岛、圣卢西亚、特立尼达、英属圭亚那和纽芬兰的基地，以阻止意大利和德国对新大陆构成的威胁。[④] 1941 年珍珠港事件爆发后，美国趁机向太平洋军事扩张。1942 年 12 月底，罗斯福总统指出，美国必须为战后世界形势的新发展和国际秩序重建做好准备，并要求参谋长联席会议研究在全球建立空军基地和设施的可能性，以确保二战后国际警察力

① 朱崇坤主编：《霸权的历程——美国军事战略冷观察》，北京：新华出版社，2000 年版，第 39—40 页。

② 朱崇坤主编：《霸权的历程——美国军事战略冷观察》，北京：新华出版社，2000 年版，第 36 页；Mark L. Gillem, *America Town*: *Building the Outposts of Empire*, Minneapolis: University of Minnesota Press, 2007, p. 19。

③ Catherine Lutz, “Obama’s Empire: An Unprecedented Network of Military Bases That is Still Expanding,” *The New Statesman*, July 30, 2009, p. 12

④ James R. Blaker, *United States Overseas Basing*: *An Anatomy of the Dilemma*, New York and London: Praeger, 1990, pp. 10 – 12. 关于二战前后美国在全球军事基地部署的战略考量可参见美国空军大学出版社 2005 年出版的著作《环绕地球：美国建立战后海外军事基地体系计划，1942—1948》，Elliott V. Converse III, *Circling the Earth*: *United States Plans for a Postwar Overseas Military Base System*, 1942 – 1948, Alabama: Air University Press, 2005。

量（美、英、法、中）更好地执行国际维和行动。① 参谋长联席会议最终提交三份军事基地部署计划。第一份由副总统拉希德·华莱士（Rasheed Wallace）和国防部上将乔治·斯图尔根（Col George F. Schulgen）起草，认为战后美国应建立50个左右海外军事基地，这些基地应相互支持，并配备重型轰炸机，以控制世界能源资源；第二份计划由总参谋部提出，建议利用美国在西伯利亚、中国、非洲、印度和南美的前沿空军基地击败纳粹德国和日本帝国，并在这些地区建立军事基地；第三份由参谋长托马斯·汉迪（Thomas T. Handy）在给马歇尔的备忘录中提出，认为美国在太平洋地区应奉行战略攻势，在欧洲应奉行战略守势，并利用美国在北美、北极、格林兰岛、冰岛和斯匹次卑尔根岛（Spitzbergen）的军事基地击败德国在北欧的军事基地，建立美国的军事基地群。以上三个方案具有共同点，如都强调在战后世界秩序中海外空军基地的重要性、都将美国的近期安全需要——打败纳粹德国和日本帝国放在首位、都主张利用北极附近的军事基地投射美国的军事力量、都认为北半球防御在美国安全战略中处于关键地位。② 因此，美国参谋长联席会议的上述三份报告被视为二战爆发后美国部署海外军事基地的“圣经”（Base Bible）。二战后期，美国拥有一支1200万人的武装部队，拥有人类历史上最具杀伤力的核武器，建立了遍布全球的2000多处军事基地、3万多处军事设施③，其海外军事基地的规模可以与鼎盛时期的罗马帝国、蒙古帝国、奥斯曼帝国和大英帝国相媲美，成为名副其实的“军事基地帝国”。1945年7月波茨坦会议后，杜鲁门总统进一步强调部署海外军事基地的价值，并就海外军事基地的重要性发表讲话指出：

> “尽管美国参与这场战争（二战）并不是为了私利，但是我

---

① 罗斯福总统的构想是：美国负责美洲区并实现赤道以南、南纬30度以北地区的所有岛屿中立化，英国和苏联负责欧洲、非洲和大中东区，中国将负责远东区；美国还将在夏威夷—菲律宾群岛—小笠原群岛一线部署军事基地群，负责西太平洋地区安全。参见 Daniel Yergin, *Shattered Peace: The Origins of the Cold War and the National Security State*, Boston: Houghton Mifflin Company, 1977, p. 2、pp. 8 – 9.

② Daniel Yergin, *Shattered Peace: The Origins of the Cold War and the National Security State*, Boston: Houghton Mifflin Company, 1977, p. 4.

③ David Vine, *Island of Shame: The Secret History of the U. S. Military Base on Diego Garcia*, Princeton, NJ: Princeton University Press, 2009, p. 42.

们仍计划维持必要的军事基地以保护我们的利益，维护世界和平。我们的军事专家认为，军事基地对保护我们的利益至关重要。我们将基于《联合国宪章》的精神获取海外军事基地。”①

美国在大中东地区的军事基地部署与其在亚太和欧洲的军事基地部署相比，时间相对较晚。冷战时期，美国的全球军事基地主要部署在欧洲和亚太地区，以遏制苏联向亚洲（东南亚）、非洲（非洲之角、安哥拉）、拉美（古巴）等地区的扩张为目的，阻止苏联向北大西洋、地中海、印度洋和西太平洋地区扩大军事存在。受大中东民族主义势力上升和美国偏袒以色列政策的影响，美国未在土耳其和埃及以外的大中东地区部署军事基地。

在冷战结束前的1987—1988年，美国军队规模达220万人（不含预备役部队170万人），共有5539处军事基地，基地占地近2700万英亩，资产重置价值达4 600亿美元，其中美国在海外部署军事基地1701处，占地面积2.45万英亩。美国在欧洲和亚太盟国部署了约30万军队，其军事基地部署主要从遏制苏联的军事需要出发，一是核威慑，二是常规威慑，即一旦苏联对美国盟友和海外军事基地发动进攻，将引发美国的大规模报复行动。② 1987年《国家安全战略报告》强调：“为维持强大的常规威慑能力，美国必须为美国军事力量提供充分的后勤保障。强大的后勤保障设施有助于增强威慑能力，维护美国利益。通过完善军事补给站，我们可以增强自己的威慑能力。”③ 截至1989年，美国在大中东地区永久性军事部署仅在土耳其。美国空军在土耳其共部署了4处军事基地，即阿达纳（Adana）的因吉尔利克（Incirlik）空军基地、首都安卡拉空军基地、迪亚巴克尔（Diyarbakir）的皮林奇利克（Pirinclik）空军基地以及位于伊兹密尔的伊兹密尔军事基地。此外，美国在土耳其锡诺普（Sinop）第欧根尼基地（Diogenes Station）共部署了292名美国陆军，基地面积达382英亩。④ 1979年

① C. T. Sandars, *America's Overseas Garrisons: The Leasehold Empire*, New York and Oxford: Oxford University Press, 2000, p. 5.

② The White House, *National Security Strategy of the United States*, 1988, Washington D. C., January 1988, p. 18.

③ The White House, *National Security Strategy of the United States*, 1987, Washington D. C., January 1987, pp. 28 – 29.

④ Office of the Assistant Secretary of Defense, *Base Structure Report*, *Fiscal Year* 1989, Washington D. C.: US Department of Defense, 1988, p. 113.

埃及和以色列签订《戴维营协议》后，美国在西奈半岛同英、法等欧洲盟国一道部署了上千人的维和部队，用于监督埃以之间的停火协定。

1990 年，美国《国家安全战略报告》指出，“自由世界”依靠关键地区（大中东）的能源供应；苏联向利比亚、叙利亚和伊朗的军火供应，与这些阿拉伯国家建立了建设性的关系。美国在大中东地区的利益包括维护以色列和温和阿拉伯国家的生存与安全，保障石油正常供应。美国于1983—1984 年应对黎巴嫩局势、1986 年应对利比亚危机、1987—1988 年应对两伊战争，都是美国应对地区威胁的重要举措；美国为此在东地中海、波斯湾和印度洋保持了海军存在——只有积极做好应对措施，才能有效阻止突发事件和危机。①

20 世纪 90 年代初，应对伊拉克萨达姆政府的威胁、发动海湾战争成为美国在大中东地区陈兵数十万的重要原因。1990 年以前，美国在海外共部署 1699 处军事基地，其中在大中东国家的军事基地全部位于土耳其，包括因吉尔利克空军基地（驻扎有第 39 战术集团军，共 2 930 人，含文官 328 人,）、安卡拉空军基地（即小型支持基地，共 652 人，含文官 155 人）、皮林奇利克空军基地（即第 2003 通讯大队电子通讯基地，共 137 人，含文官 4 人）以及伊兹密尔军事基地（即美国第 7241 空军集团军基地，共 593 人，含文官 79 人）。在上述军事基地中，因吉尔利克空军基地的面积最大，达 3 473 英亩。②

1990 年伊拉克入侵科威特，拉开了美国在海合会六国部署军事基地的序幕。1990 年 8 月中旬，美国在海湾地区部署了 3 万人，到 8 月底增加至 8 万人，其中陆军 2.5 万人，主要部署在沙特。③ 到 9 月底，美军在大中东的军事力量增加至 17.5 万人，陆军也增至 6.5 万人，为发动伊拉克战争做好了准备。到 1991 年 1 月，美军在海湾的人数已上升至 40 余万人，共运送物资 36.2631 万吨，部署了 1100 辆主战坦克、2426 辆装甲车、383 架攻击直升机、1120 架支援直升机，还有陆军 24.5 万人、海军 5.2 万人、海

---

① The White House, *National Security Strategy of the United States*, 1990, Washington D. C., March 1990, p. 13.

② Office of the Assistant Secretary of Defense, *Base Structure Report*, *Fiscal Year* 1991, Washington D. C.: US Department of Defense, 1990, pp. 94, 167.

③ Department of Defense, *Conduct of the Persian Gulf War*: *Final Report*, Washington D. C.: GPO, 1992, p. 93.

军陆战队员7.4万人、空军4.7万人和特种兵3.2万人。[①] 通过发动伊拉克战争，美国在大中东的军事基地从土耳其和埃及扩展至海合会六国，海湾变成了美国军事基地链环绕的“内湖”。

1992年1月，美国参谋长联席会议在后冷战时期发布了第一份《国家军事战略报告》。在安全环境评估方面，该报告认为美国面临的最严重安全威胁，从共产主义扩张和苏联霸权主义变成了多样化的威胁。为应对后冷战时期美国面临的多样化安全威胁，美国制定了以下战略：第一，战略威慑与防御，增强核威慑与军事攻防能力；第二，在世界上关键地区部署前沿军事存在；第三，增强对突发危机的反应能力；第四，实现机构重组，发挥人员和设施的优势，提高军事工业的生产能力。[②] 冷战结束后，美国的经济增长速度提高，综合国力上升，在全球军事、科技、经济等领域将其他大国远远甩在后面。

1992年，美国海军研究报告《从海上出发》对后冷战时期美国面临的安全威胁重新进行了评估，亦即美国安全战略已经从应对全球威胁转向应对地区挑战和抓住地区机遇。尽管爆发全球性战争的可能性已经大大减小，但是在一些关系到美国国家利益的关键地区，仍然存在巨大的不确定性。因此，美国海军将建立远征力量，建立不受阻碍的前沿军事存在。[③]

海湾战争结束后，老布什政府公布了其任期内最后一份《国家安全战略报告》。该报告认为，随着东欧剧变和苏联解体，共产主义意识形态不再是美国的首要安全威胁，但是在后冷战时期美国却面临各种不确定性因素的挑战。从政治上看，从计划经济向市场经济过渡、从威权政权向民主政权转型的中东欧国家和苏联地区会产生威胁；从经济上看，美国面临德国和日本的激烈竞争；从军事层面来看，全球安全受到地区不稳定因素的影响，美国不得不保护海外公民和利益，并应联合国和盟友的请求保护其他国家的侨民利益。尽管随着苏联的解体，美国减少了海外前沿军事基地的力量部署，但是海外军事基地的功能已发生转变，包括联合军演、签订

① Anthony H. Cordesman and Abraham R. Wagner, *The Lessons of Modern War*: *The Gulf War*, Boulder: Westview Press, 1996, p. 82.

② Joint Chiefs of Staff, *National Military Strategy of The United States*, Washington, DC, January 1992, pp. 7–10.

③ Sean O'keefe, Secretary of the Navy, *From the Sea*: *Preparing the Naval Service for the* 21*st Century*, Washington D. C., September 1992, p. 2.

军火储藏协议、提供安全与人道主义援助、港口访问、军事交流、定期或轮岗部署军事力量等。[①] 海湾战争结束后，土耳其和海合会六国成为美国在大中东军事基地部署的重点地区。

第二节 局部收缩期（1993—2000）

克林顿入主白宫后，美国经济取得了较快发展，加上超强的军事、科技能力，奠定了美国作为全球唯一超级大国的地位。1994 年，克林顿政府在其《国家安全战略报告》中首次系统阐述了冷战后美国的参与和扩展战略。报告认为，冷战后美国的安全战略在于扩展市场经济基础上的“民主国家共同体”，同时威慑和遏制对美国和盟友构成的威胁。其隐性逻辑是：国家越民主，政治和经济政策越自由，美国就越安全，美国人民也就越能取得繁荣。为在全球推广克林顿政府的参与和扩展战略，该报告指出了 3 个基本要素——通过强化国防能力与合作安全增强美国安全；打开国外市场并促进全球经济增长；在海外促进民主。[②] 克林顿政府从新自由主义理念出发，认为后冷战时期经济全球化、政治民主化和贸易自由化成为人类发展的新趋势。克林顿政府更加看重民主、经济和外交的力量，认为后冷战时期这些力量比军事力量更有助于拓展美国的利益与价值观。同时，随着世界经济、技术、政治和文化的一体化进一步发展，全球化、民主化和自由化也带来了新的机遇和挑战，需要美国实施参与和扩展战略，尤其是大中东欧、亚太和非洲地区成为美国试图传播西方的民主价值观的重点地区。

克林顿政府实施参与和扩展战略，与其对 20 世纪 90 年代的安全形势判断存在重要关联。即后冷战时期，美国的国家安全威胁不再是共产主义，而是各种不确定性因素，包括种族冲突、体系外国家对地区稳定的挑战、恐怖主义、毒品、有组织犯罪、大规模杀伤性武器扩散、敌对势力搜集情报、环境恶化、人口大爆炸及部分国家政治不稳定等，这些威胁具有

---

① The White House, *National Security Strategy of the United States*, 1993, Washington D. C., January 1993, pp. 8, 14.

② The White House, *A National Security Strategy of Engagement and Enlargement*, 1994, Washington D. C., July 1994, p. 2.

多元性和跨国性，既包括传统威胁又包括非传统威胁。美国应对各种国际威胁的手段多种多样，包括外交手段、国际援助、军控和危机预防等，其中参与和扩展战略可以扩大美国的民主价值观，将美国的政治制度推广到世界其他地区。正如 1997 年美国政府公布的《新世纪国家安全战略报告》所指出的：美国追求的三大目标是国家安全、经济利益和民主推广，对美国国家利益构成的威胁包括主权国家的威胁、跨国性威胁和大规模杀伤性武器扩散带来的威胁。通过参与和扩展，美国可以扩大民主国家的数量。同时，通过参与和扩展战略，美国一方面依靠所谓贸易自由化打开海外市场，促进美国经济的繁荣，维护美国一超独霸地位；另一方面在经济交往中扩展美国的自由、民主和人权。受此影响，美国缩减军队的规模，其中陆军仅保留 10 个作战师，海军保留 12 个航母战斗群，攻击潜艇将从 73 艘减少至 50 艘，空军将减少 2.7 万现役部队。①

克林顿政府认为，要维护美国的全球领导地位、经济繁荣和民主拓展，必须塑造有利的国际环境。1999 年美国《国家安全战略报告》指出，美国军事力量在塑造国际安全环境中扮演重要角色。通过海外军事存在的部署，美国可以提供安全援助和承诺，维护地区稳定，预防侵略，引导转型国家的民主化发展。美国海外军事部署的小型化增强了其军事力量的机动性，使美国能够在地区危机爆发后迅速介入热点问题，参与撤侨和人道主义干预等任务，并减少了在海外军事部署的人数。②

克林顿时期，美国的大中东战略包括两部分，即在东地中海地区促进巴以和谈，在海湾地区遏制伊朗和伊拉克。在海湾地区，美国依靠在海湾合作委员会的军事基地遏制伊拉克对科威特可能采取的入侵行动，使联合国在伊拉克的核查行动得以顺利推行，维护在伊拉克南部和北部的禁飞区，并于 1998 年 12 月实施了“沙漠之狐”行动。在东地中海地区，克林顿政府促进巴以之间乃至约以之间的和谈。③

---

① William S. Cohen, Secretary of Defense, *Report of the Quadrennial Defense Review*, 1997, Washington D. C: Department of Defense, May 1997, pp. 9 – 10.

② The White House, *A National Security Strategy for a New Century*, 1999, Washington D. C., December 1999, p. 11.

③ The White House, *A National Security Strategy of Engagement and Enlargement*, 1996, Washington D. C., February 1996, p. 42; The White House, *A National Security Strategy for a New Century*, 1998, Washington D. C., May 1998, p. 52.

随着美国综合实力的上升，其在大中东地区的军事部署开始扩展，由冷战结束初期的土耳其拓展至土耳其、埃及、巴林和阿曼共四个国家，以维护美国在东地中海、红海、阿拉伯海与波斯湾等大中东周边海域的权力投射能力，填补苏联解体后在大中东、中亚和非洲地区留下的权力真空，消化冷战胜利的果实。2000 年，美国参谋长联席会议主席亨利・H・谢尔顿（Herry H. Shelton）在参议院所作的证词中指出：在美英联军对伊拉克萨达姆政权发动‘沙漠之狐’行动后，美国强化了在伊拉克南部和北部地区的禁飞区，并强化了美国在伊拉克周边地区的军事存在。包括在沙特、科威特等伊拉克邻国陆地上部署了战斗机和地面部队，并在波斯湾地区部署了一个航空母舰战斗群和巡航导弹，从而遏制了伊拉克以及伊朗两国政权。[①] 截至 1999 年 9 月，美国在巴林部署了现役海军，拥有 11 处建筑设施，基地面积 36 英亩，设施重置价值 2.13 亿美元；美国在埃及也部署了现役海军，拥有 21 处建筑，基地占地 3 英亩，设施重置价值 2700 万美元；[②] 美国在阿曼锡卜租用了 7 处军事设施，占地 3000 英亩，设施重置价值 4440 万美元；美国在土耳其主要部署了空军基地，基地数量达 18 处，分别位于阿达纳、安卡拉、因切尔利克、伊兹密尔等，其中最大的空军基地位于因切尔利克，美军驻军人数为 1642 人，其次是伊兹密尔，驻军人数 273 人。[③]

2001 财年，美国在大中东地区的军事基地分为海军与空军基地两种，前者位于巴林、卡塔尔、阿曼和埃及；后者位于阿曼和土耳其。巴林是美国第五舰队的总部，占地 36 英亩，美国部署了 2087 名海军官兵，并在阿曼两处军事基地部署了 308 名海军官兵。美国还在巴林的邻国卡塔尔部署了海军基地，并逐步变成美国中央司令部的前沿总部；美国在埃及军事设施占地 3 英亩，设施重置价值达 2720 万美元，但是美国在卡塔尔和埃及的驻军人数并未对外公布。[④] 美国除在阿曼建立海军基地以外，还在首都马

---

① 参见 Henry H. Shelton, Chairman of the JCS before the Committee on Armed Services, Joint Posture Statement 2000, U. S. Senate, Washington D. C., 8 February 2000。

② Office of the Deputy Under Secretary of Defense, *Base Structure Report*, *Fiscal Year* 1999 *Baseline*, Washington D. C. : US Department of Defense, 1999, p. 49.

③ Office of the Deputy Under Secretary of Defense, *Base Structure Report*, *Fiscal Year* 1999 *Baseline*, Washington D. C. : US Department of Defense, 1999, pp. 71 – 72.

④ Office of the Deputy Under Secretary of Defense, *Base Structure Report*, *Fiscal Year* 2001 *Baseline*, Washington D. C. : US Department of Defense, 2001, pp. 41 – 43.

斯喀特锡卜地区（Seeb）、马西拉和塞迈里特（Al Thumrait）建立了3处空军基地；美国在土耳其的空军基地减少至9处，其中美国在因切尔利克的空军基地最大，驻军人数达1708人，驻伊兹密尔的空军人数为272人，在安卡拉等地的驻军人数仅为几十人。[①]

第三节 战略扩张期（2001—2008）

小布什政府时期，美国信奉进攻性现实主义，将大中东反美势力视为“伊斯兰法西斯主义”，意识形态倾向性明显，主张通过先发制人手段和单边军事行动摧毁美国在大中东的敌人。如果说20世纪美国相继通过发动一战、二战和冷战，打败了欧洲极权主义、法西斯主义、共产主义，21世纪美国面临的新威胁主要是恐怖主义，尤其以大中东恐怖主义为主。[②] 在大中东政策上，小布什主张军事硬实力第一，在战略上“以暴制暴”，将军事行动的主导权牢牢掌握在美国人手中。入主白宫后，小布什政府公布的第一份《国家安全战略报告》重新界定了21世纪初美国面临的新安全威胁，即激进主义与技术的结合，并提出了美国的新国际主义——既珍视美国政治价值观，又重视美国国家利益。“如今美国受到的威胁不是大国，而是失败国家；不是大国的舰队和军队而是掌握破坏性技术的少数邪恶力量。我们必须战胜威胁我国、我们盟友和朋友的各类威胁。”[③] 小布什政府认为，对美国构成直接威胁的，是“无赖国家”与恐怖组织的勾结。由于“无赖国家”和恐怖组织滥杀无辜，美国传统的威慑战略失效，这些国家和组织会不计代价地使用大规模杀伤性武器，因此美国新时期对迫在眉睫的威胁作出新的判断，即只要这些国家和组织拥有了发动大规模杀伤性武器的能力，就是对美国构成迫在眉睫的威胁。“威胁越大，不采取行动的

---

① Office of the Deputy Under Secretary of Defense, *Base Structure Report*, *Fiscal Year* 2001 *Baseline*, Washington D. C. : US Department of Defense, 2001, pp. 62 – 63.

② The White House, *The National Security Strategy of the United States of America*, 2006, Washington D. C. , March 2006, p. 2.

③ The White House, *The National Security Strategy of the United States of America*, 2002, Washington D. C. , September 2002, p. 1.

风险就越大，美国采取必要措施维护自身利益的紧迫感就越强。”①

2001 年 9 月，美国《四年防务评估报告》指出，美国的国防力量旨在保护三类利益，一是确保美国的安全与行动自由，包括主权、领土完整、自由、海内外公民安全、保护美国关键基础设施等；二是信守国际承诺，包括维护美国盟友和朋友的安全、阻止敌对国占领关键地区，特别是欧洲、东北亚、大中东和东南亚；三是促进经济的繁荣，包括维护全球经济的活力与生产力、确保国际海洋、天空、太空和信息安全，能够进入关键市场并获取战略资源。②

2002 财年，美国全球军事基地受全球反恐战略的影响，发生了重要变化。在美国总共 6425 处军事基地中，海外军事基地占 813 处，占 12.7%。其中，美国在巴林海军基地部署了 2473 人，美国在阿曼 3 处军事基地占地 9 英亩、设施重置价值 4970 万美元；美国在土耳其共 9 处空军基地驻军 1958 人；在埃及部署海军 33 人。③

受全球反恐战争的影响，2003 年，美国军事基地总数从 6425 处增加至 6702 处，增加了 277 处，美国一方面大幅度减少在德国、日本和韩国的军事基地数量，另一方面增加在阿富汗和伊拉克及其周边地区军事基地部署。“9·11”事件后美国与沙特关系恶化，美国减少在沙特的驻军人数，加上阿富汗战争后美国准备发动伊拉克战争，美国增加了在大中东地区的军事部署。2003 财年，美国在巴林驻军人数增加至 2948 人，设施重置价值达 1.9 亿美元；在埃及驻军 37 人，在土耳其驻军 1832 人，在阿联酋驻军 222 人，并在阿曼维持了少量驻军，美国在大中东地区部署军事基地的国家增加至 5 个，其中，因美国在阿富汗、科威特、卡塔尔和沙特的驻军人数涉及军事机密，美国国防部数年《基地结构报告》并未列出美国在这 4 国的军事基地数量及驻军人数。④

2004 年，美国参谋长联席会议公布新版的《国家军事战略报告》。该

---

① The White House, *The National Security Strategy of the United States of America*, 2002, Washington D. C., September 2002, p. 15.

② U. S. Department of Defense, *Quadrennial Defense Review Report*, 2001, Washington, D. C.: U. S. Department of Defense, September 2001, p. 2.

③ Office of the Deputy Under Secretary of Defense, *Base Structure Report*, *Fiscal Year* 2002 *Baseline*, Washington D. C.: US Department of Defense, 2002, p. 1; p. 36; p. 46, p. 50.

④ Office of the Deputy Under Secretary of Defense, *Base Structure Report*, *Fiscal Year* 2003*Baseline*, Washington D. C.: US Department of Defense, 2003, pp. 54, 55, 66, 70.

报告提出了21世纪美国国防战略的3项重点是：赢得反恐战争的胜利、促进联合作战、加快军事转型步伐。为实现上述3个重点，小布什政府制定了3项具体任务：一是保护美国本土不受外敌入侵；二是阻止冲突和侵略的发生；三是在战区战胜敌人。该报告指出，美国在全球的军事存在及其基地战略不仅可以增强美军的作战能力，而且可以强化美国在全球范围内的伙伴关系，其形式包括永久性军事部署、定期轮岗的军事人员、前沿部署的军事装备等；增强美国在海外的军事存在需要建立远征军，以应对地区性和全球性威胁的挑战，不仅有助于强化固有同盟关系，而且可以发展新的伙伴国，因为多边框架下的伙伴关系可以通过联合训练、试验和转型增强彼此间合作。

小布什上台后，先发制人、抢先对反美国家和恐怖组织实施“外科手术”式的打击，成为美国首要国家安全战略。受进攻性安全战略的影响，美国国内军事基地呈大幅减少的态势，但是海外领地和国外土地上的军事基地数量却在不断增加。2004财年，美国在国外土地上的军事基地数量为860处，比2003财年猛增了158处；在海外领地上的军事基地115处，比2003年增加了9处；而美国本土的军事基地为3727处，比2003年减少了2177处①，足见小布什“拒恐怖主义于国门之外”的先发制人战略思想对美国海外军事基地的部署产生了重要影响。在大中东，美国在巴林的海军基地增加至6处，在卡塔尔部署了3617名海军官兵；在土耳其部署了1808名空军官兵；在埃及继续部署37名海军；② 在科威特、阿联酋、阿曼也部署了若干军事力量。

2005年3月，美国国防部公布了《美国国防战略报告》。该报告指出，“9·11”后，美国实际上处于战争状态。全球反恐时代下美国的战略目标是：第一，阻止美国本土受到直接攻击；第二，确保美国进入战略地区，保持在全球范围内的行动自由；第三，增强同美国的盟友与伙伴国的合作；第四，塑造对美国有利的安全环境。然而，美国面临4类主要安全威胁：一是主权国家构成的传统威胁；二是恐怖组织构成的非传统威胁；三

① Office of the Deputy Under Secretary of Defense, *Base Structure Report*, *Fiscal Year* 2004 *Baseline*, Washington D. C.: US Department of Defense, 2004, p. 3.

② Office of the Deputy Under Secretary of Defense, *Base Structure Report*, *Fiscal Year* 2004 *Baseline*, Washington D. C.: US Department of Defense, 2004, pp. 61 – 81.

是大规模杀伤性武器扩散引起的灾难威胁；四是美国潜在敌人通过技术手段对美国实施的破坏。该报告认为，美国力量无法投射到的地方，就无法施加影响力。故获得操作性军事基地是美国获得政治和军事行动自由的重要保障，是美国承诺对盟友安全保证和向全球热点地区部署军事力量的条件；在敌人反基地介入的环境下，美国必须保持向海外偏远地区投射军事力量、维持军事部署的能力。①

与 2004 财年相比，2005 财年美国海外军事基地除大型军事基地有所增加外，中型和小型军事基地的数量均有所下降，其中在国外土地上部署的军事基地从 860 处下降至 737 处，特别是在国外土地上的小型军事基地从 826 处下降至 699 处，但海外小型军事基地仍然占美国海外军事基地总数的 95% 左右，大中型海外军事基地仅占 5% 。其中美国在巴林共部署了 5 处海军基地，驻军人数为 2303 人；驻埃及的海军人数为 72 人；驻土耳其的美国空军 1934 人②，还在阿曼、阿联酋、科威特等海湾国家部署了主要军事力量。

2006 年，随着美国全球反恐战争的推进，美国声称解放了 5000 万阿富汗和伊拉克民众，加入美国反恐联盟的国家多达 75 个。同时，恐怖主义在全球范围内出现了反弹，全球恐怖袭击已经扩散到众多伊斯兰国家和非伊斯兰国家，包括阿富汗、埃及、印尼、伊拉克、以色列、约旦、摩洛哥、巴基斯坦、俄罗斯、沙特、西班牙和英国等。2006 年，美国《四年防务评估报告》认为美国面临的安全形势发生了很大变化，即从和平时期到战争状态；从可预见性到不确定性；从单一威胁到多元化威胁；从主权国家构成的威胁到主权国家与非国家行为体构成的多重威胁网；从针对主权国家发动战争到一国内部某些势力发动战争；从模式统一的威慑到针对"无赖国家"、恐怖主义网络和其他大国构成的威胁而形成的多重威慑；从应对危机爆发后的挑战到预防危机的爆发；从被动应对到主动塑造未来；从基于敌人的威胁意图到基于敌人的威胁能力；从传统作战到非传统非对

---

① Department of Defense, *The National Defense Strategy of the United States of America*, Washington D. C. , March 2005, pp. 2, 3, 13.

② Office of the Deputy Under Secretary of Defense, *Base Structure Report*, *Fiscal Year* 2005 *Baseline*, Washington D. C. : US Department of Defense, 2005, pp. 60 – 77.

称性作战。[1]

2006 财年，大约 35 万美军驻扎在 130 个左右国家，美国军事基地比上一年增加了 355 处，其中海外军事基地增加了 29 处，达 766 处。在大中东地区，巴林、土耳其、卡塔尔、科威特、阿曼、阿富汗等仍然是美国军事部署的重点国家。其中，美国海军在巴林部署了 5 处军事基地，驻军人数达 2185 人；驻埃及海军 37 人；驻科威特 372 人；驻卡塔尔首都多哈乌代德空军基地 159 人；驻土耳其 9 处空军基地 2054 人[2]；小布什政府还在阿曼、阿联酋等部署了军事基地。小布什政府很自豪地宣布，民主化不仅在亚洲、非洲和拉美等发展中国家取得了进步，而且大中东民主化改造也已初见成效，如阿富汗和伊拉克已经实现了民主选举；叙利亚被迫从黎巴嫩撤军；埃及、沙特、科威特和摩洛哥均在民主化道路上不断前进。[3]

此后，美国全球军事基地数量又有了大幅度增加，这与美国增加军费开支、在伊拉克战争后投入重兵、维护伊拉克的局势稳定有很大关系。根据美国国防部《基地结构报告》的统计，2007 财年，美国全球军事基地数量有了大幅度增加，这与美国增加军费开支、在伊拉克战争后投入重兵、维护伊拉克的局势稳定有很大关系。根据《基地结构报告》的统计，2007 年美国共部署了 5311 处军事基地，比 2006 年增加了 1580 处；海外军事基地 823 处，比上 年增加了 57 处。美国在巴林海军基地包括首都麦纳麦、朱费尔和巴林岛，共有 5 处，驻军人数 2509 人；驻埃及首都开罗的美国海军 45 人；驻卡塔尔乌代德空军基地 159 人；驻土耳其空军 1962 人，以及美国在阿曼和阿联酋的军事基地等。[4] 值得注意的是，考虑到安全问题，美国每年一度公布的《基地结构报告》很少谈及美国在沙特、阿联酋、阿曼、卡塔尔、科威特的军事基地。2007 财年却将阿联酋列了上去，而且公开指出美国在阿联酋阿布扎比的宰夫拉空军基地和富查伊拉海军基地部署

---

① U. S. Department of Defense, *Quadrennial Defense Review Report*, 2006, Washington, D. C.: U. S. Department of Defense, February 2006, pp. vi – vii.

② Office of the Deputy Under Secretary of Defense, *Base Structure Report*, *Fiscal Year* 2006 *Baseline*, Washington D. C.: US Department of Defense, 2006, pp. 71 – 87.

③ The White House, *The National Security Strategy of the United States of America*, 2006, Washington D. C., March 2006, p. 2.

④ Office of the Deputy Under Secretary of Defense, *Base Structure Report*, *Fiscal Year* 2007*Baseline*, Washington D. C.: US Department of Defense, 2007, pp. 77 – 95.

了军事力量。

随着全球反恐战争告一段落，2008 财年，美国全球军事基地的总数为 5429 处，比上一年增加了 118 处，但海外军事基地的数量为 761 处，比上年减少了 62 处。美国国防部《基地结构报告》第一次统计了美国在吉布提雷蒙尼尔的军事基地，该军事基地是 2007 年美国非洲司令部成立后在非洲大陆唯一一处军事基地，对美国拓展在非洲的军事存在意义重大，但是却未透露美国在该军事基地的驻军人数（其他数据资料显示为大约 4000 人）①；美国在巴林以外的海湾国家以及阿尔及利亚的驻军人数也不详。②

第四节　战略收缩期（2009—2018）

半个多世纪以来，大中东与欧洲和亚太一起，成为美国全球战略的三大重点地区之一，也是美国全球军事部署的重要地区。奥巴马担任总统入主白宫后，国际格局发生了较大变化。一是新兴大国的进一步分化及其对传统大国主导的国际权力格局的冲击；二是超国家行为体与次国家行为体对主权国家主导的权力格局的挑战；三是全球经济和科技的加速发展对全球政治权力格局的冲击；四是大中东地区的权力博弈和争夺对域外大国主导的权力格局的挑战；五是国际新能源对传统能源格局的挑战。美国因页岩气和页岩油革命，一跃成为世界上天然气和石油最大生产国，对海外石油的依赖创 20 年最低，并在清洁能源领域处于世界前列，而广大发展中国家比发达国家的能耗更多，对国际能源的供应格局与供求关系产生了深远影响。③ 2010 年美国《四年防务评估报告》指出：美国国防部在新时期追求四大战略目标，即赢得反恐行动的胜利；阻止和预防冲突；打败敌人并预防各种突发事件；维护和支持美国全部志愿者力量（All-Volunteer Force）的安全与福祉。具体来说，美国国防部面临 6 项使命，即保卫美

---

① Degang Sun and Yahia H. Zoubir, “The Eagle’s Nest in the Horn of Africa: US Military Strategic Deployment in Djibouti”, *Africa Spectrum*, Vol. 51, No. 1, 2016, p. 115.

② Office of the Deputy Under Secretary of Defense, *Base Structure Report*, *Fiscal Year* 2008 *Baseline*, Washington D. C.: US Department of Defense, 2008, pp. 77 – 93.

③ The White House, *National Security Strategy* 2015, Washington D. C., February 2015, pp. 4 – 5.

国；打赢反恐战争；增强伙伴国的安全能力；在反介入环境下保持威慑和挫败侵略；阻止大规模杀伤性武器扩散；加强网络空间的安全。[①]

奥巴马大中东政策进一步凸显战略性模糊、廉价领导权（Cheap Leadership）和灵活性反应[②]，在战略上奉行“以柔克刚”，试图在美国整体实力下降的情况下奉行“韬光养晦”政策。正如2015年美国《国家安全战略报告》所指出的，对美国本土发动大规模恐怖袭击的概率尽管下降，但是可能性一直存在着。新时期恐怖主义威胁主要来自于地区不稳定、经济机会稀缺及失败政府，特别是在南亚到大中东再到非洲的广大地区。在反恐策略上，美国已经放弃代价高昂、规模宏大的全球反恐战争，如在阿富汗和伊拉克，而是选择小而精的反恐作战部队执行特殊任务。6年前，美国在阿富汗和伊拉克驻军约18万人，如今（截至2015年）这一数字下降至1.5万人。海外驻军人数的变化大幅度减少了美军伤亡人数，使美国能够将军事力量和资源集中于战略目标上。[③]

2009财年，美国国防部拥有18.3万处军事设施，军事基地总价值达1570亿美元。该年美国全球军事基地比上一年增加了150处，但海外军事基地的数量继续持减少趋势，从2008财年的761处减少至716处，减少了45处，尤其是美国小型军事基地减少了近58处。[④]《基地结构报告》公布了美国2009财年在阿富汗、巴林、吉布提、埃及、科威特、阿曼、土耳其和阿联酋的军事基地部署。除美国公布在土耳其的空军为1768人外，美国驻其他大中东国家军事基地的人数均不明确。[⑤]

2010财年，美国在全球的军事基地4999处，比上一年减少580处，其中海外军事基地减少了54处，表明自2005年美国推出基地关闭与重组计划后，美国军事基地的规模呈缩小之势。美国缩小军事基地的数量，主要有以下原因：一是美国发动伊拉克和阿富汗战争后，累计付出了数千亿

---

① U. S. Department of Defense, *Quadrennial Defense Review Report*, 2010, Washington, D. C.: U. S. Department of Defense, February 2010, pp. V, 2.

② Gregorio Bettiza, and Christopher Philip, “Obama’s Middle East Policy: Time to Decide,” *IDEAS Reports*, London School of Economics, May 10, 2012.

③ The White House, *National Security Strategy*, 2015, Washington D. C., February 2015, p. 7.

④ Office of the Deputy Under Secretary of Defense, *Base Structure Report*, *Fiscal Year* 2009 *Baseline*, Washington D. C.: US Department of Defense, 2009, p. 14; p. 22.

⑤ Office of the Deputy Under Secretary of Defense, *Base Structure Report*, *Fiscal Year* 2009 *Baseline*, Washington D. C.: US Department of Defense, 2009, p. 14; pp. 77 – 92.

美元的开支，最终不得不压缩军费开支，包括缩小军事基地的规模；二是受2008年全球金融危机的影响，美国财政赤字增加；三是奥巴马入主白宫后，提出要利用美国的巧实力，试图通过外交、谈判和公共外交等，拓展美国在全球的影响力，弥补军事力量之不足。在大中东地区，美国在巴林五处海军基地的驻军为2781人，驻埃及海军45人，驻土耳其空军1723人，驻阿联酋250人①，并在吉布提、科威特、阿曼等部署了若干军事力量。

2011年美国参谋联席会议公布的《国家军事战略报告》指出："在美国盟友的支持下，我们将维持在前沿军事存在和进入海外军事设施、基地、港口和机场的权利，以维护美国在世界范围内的经济和安全利益。"②美国海外军事基地部署呈小型化趋势。

2011财年，美国军事基地总数为4825处，比上一年减少了174处，其中海外军事基地减少了51处，为611处。在大中东地区，美国在巴林五处军事基地的海军官兵1939人，在埃及驻守海军130人，在阿曼部署了1处海军基地（马西拉岛），同时在马西拉岛、锡卜和萨拉拉部署了3处空军基地；在土耳其安卡拉、伊兹密尔、因吉尔利克等8处空军基地部署了2076人；在阿联酋阿布扎比的杰布阿里（Jebel Ali）和富查伊拉（Fujairah）海军基地部署了498人，另在吉布提和科威特部署了若干军事力量。③

自2012财年开始，美国奥巴马政府宣布在十年时间里累计削减预算4870亿美元，即每年削减大约500亿美元的国防预算，现役陆军人数从57万减少至44－45万人。④预算减少对美国大中东军事部署产生了重要影响。

奥巴马的大中东战略可以从2012年美国国防部报告《维持美国的全球领导地位：21世纪美国防务的首要任务》中看出。该文件指出，经过十

① Office of the Deputy Under Secretary of Defense, *Base Structure Report*, *Fiscal Year* 2010 *Baseline*, Washington D. C.: US Department of Defense, 2010, pp. 79－94.

② Chairman of the Joint Chiefs of Staff, *National Military Strategy of the United States*: *Redefining America's Military Leadership*, Washington, DC, 2011, p. 10.

③ Office of the Deputy Under Secretary of Defense, *Base Structure Report*, *Fiscal Year* 2011 *Baseline*, Washington D. C.: US Department of Defense, 2011, pp. 82－97.

④ U. S. Department of Defense, *Quadrennial Defense Review Report*, 2014, Washington, D. C.: U. S. Department of Defense, February 2014, p. IV.

年的反恐战争，美国正处于战略转折点，为了未来，美国的联合军事力量必须更加小型和精干，依靠美国的技术优势，实现快速、灵活的军事部署。美国的全球军事力量主要承担以下任务：一是反恐和应对非对称性战争；二是威慑和预防侵略；三是向全球投射力量，应对潜在敌国基地拒止战略的挑战；四是反对大规模杀伤性扩散；五是在网络空间与太空采取有效行动等。美国将在全球保持军事存在，包括以轮岗的形式实现前沿军事部署，并在双边和多边框架下开展军事训练。美国国防预算的减少将迫使国防部创新海外军事部署的方式，以支持美国盟友和伙伴国。[①] 2012 财年美国全球军事基地略有增加，在海外部署了 666 处军事基地。在大中东地区，美国在巴林的海军基地共部署了 2235 人，在土耳其部署空军 1668 人，并在阿富汗、埃及、阿曼、吉布提、科威特和阿联酋部署了若干军事基地。[②]

2013 财年，美国国防部在全球拥有 55.7 万处军事设施，共拥有 5059 处军事基地，占地 277 万英亩，总价值达 5670 亿美元。[③] 然而，自 2013 财年开始，很可能是出于安全和保密的需要，美国国防部《基地结构报告》仅笼统地介绍了美国本土、海外领地和国外土地上的军事基地数，却并未说明美国海内外各种军事基地中大型、中型、小型和其他军事基地的详细数据，给研究工作带来了一定难度。在评估巴林海军基地时，该年的《基地结构报告》仅仅透露其占地 106 英亩，设施重置价值为 11.184 亿美元，却未列出具体的驻军人数。在公布吉布提雷蒙尼尔军事基地时，该报告甚至未能透露军事基地的面积，而仅仅列出了其资产重置价值为 4.302 亿美元；美国在埃及的资产重置价值为 5560 万美元，部署在科威特军事基地的资产重置价值为 470 万美元；驻阿曼的军事基地占地 9000 英亩，资产重置价值为 9720 万美元；驻土耳其空军基地的面积为 3494 英亩，资产重置价值为 19.457 亿美元。[④] 除此之外，美国国防部并未透露更多有价值的

① U. S. Department of Defense, *Sustaining U. S. Global Leadership: Priorities for 21st Century Defense*, January 2012, p. 5.

② Office of the Deputy Under Secretary of Defense, *Base Structure Report, Fiscal Year 2012 Baseline*, Washington D. C.: US Department of Defense, 2012, pp. 79 – 95.

③ Office of the Deputy Under Secretary of Defense, *Base Structure Report, Fiscal Year 2013 Baseline*, Washington D. C.: US Department of Defense, 2013, p. 2.

④ Office of the Deputy Under Secretary of Defense, *Base Structure Report, Fiscal Year 2013 Baseline*, Washington D. C.: US Department of Defense, 2013, pp. 68 – 80.

信息。

2014 年，美国《四年防务评估报告》认为，未来美国面临的安全威胁越来越具有不确定性，包括军事技术的革新、新兴权力中心的出现、恐怖主义的影响扩大等等。该报告对新阶段美国巩固在全球的领导权作出了更加明确的界定，亦即美国将维护自身及盟友和伙伴国的安全，促进强劲的开放经济，通过合作建立和平、安全与充满机遇的国际秩序。为此，美国的国防战略将依靠以下 3 个支柱，即保卫本土安全，威慑和击败对美国的进攻；建立全球安全，保护地区稳定、遏制敌人和支持盟友，应对共同的安全挑战；投射力量并赢得决定性胜利，破坏恐怖主义网络，提供人道主义援助与灾难救助。美国在大中东地区拥有持久利益，故将致力于地区伙伴国的安全；在海湾地区维持强大的军事力量，对危机迅速作出反应，确保美国的军事能力足以应对各种新威胁。[①] 2014 年，美国国防小组的研究报告认为，尽管美国的军事威慑效力最终取决于美军的作战能力，但是通过前沿基地和在前线部署轮岗部队对美国实现安全战略也至关重要，尤其是在和平时期。例如，美国在大中东尤其在海湾地区保留充满活力的常规力量，旨在遏制伊朗，协防美国的盟友和伙伴国，保持所谓的“商业和贸易自由”[②]。2014 财年，美国国防部拥有 56.2 万处军事设施，全球军事基地达 4 855 处，其中海外军事基地 576 处，全球军事基地占地 247 万英亩，资产重置价值达 5700 亿美元。[③] 美国在巴林的海军基地增至 7 处，基地的设施重置价值达 11.166 亿美元，在大中东地区占据重要地位；驻吉布提雷蒙尼尔军事基地的面积为 572 英亩，设施重置价值 5.945 亿美元；美国在埃及军事设施的设施重置价值为 6350 万美元；美国驻科威特军事基地的设施重置价值为 180 万美元；同 2013 年一样，美国驻阿曼的军事基地为 9000 英亩，设施重置价值为 9920 万美元；驻土耳其空军基地 3494 英亩，设施重置价值为 23.37 亿美元；驻阿联酋军事基地 36 英亩，设施重置价值

---

① U. S. Department of Defense, *Quadrennial Defense Review Report*, 2014, Washington, D. C.: U. S. Department of Defense, February 2014, pp. V, VIII.

② William J. Perry and John P. Abizaid, *Ensuring a Strong U. S. Defense for the Future*, Washington D. C.: The National Defense Panel Review of the 2014 Quadrennial Defense Review, July 2014, pp. 38 – 39.

③ Office of the Deputy Under Secretary of Defense, *Base Structure Report*, *Fiscal Year* 2014 *Baseline*, Washington D. C.: US Department of Defense, 2014, p. 6.

为 9460 万美元。①

表 1—1　2014 财年美国全球军事基地数量统计

部署地区	陆军	海军	空军	海军陆战队	首都华盛顿	合计
美国本土	1590	802	1536	147	94	4169
海外领地	40	60	10	0	0	110
国外土地	248	120	186	22	0	576
总计	1878	982	1732	169	94	4855

资料来源：Office of the Deputy Under Secretary of Defense, *Base Structure Report*, *Fiscal Year* 2014 *Baseline*, Washington D. C.: US Department of Defense, 2014, p. 6.

2015 财年，美国在全球军事设施共 17.8 万处，总资产为 1310 亿美元。其中美国海外军事基地共 587 处，比 2014 年略微增加了 11 处，其中海外陆军基地 255 处，海军基地 128 处，空军基地 182 处，海军陆战队基地 22 处。在大中东地区，美国在巴林麦纳麦、朱费尔（Al Jufayr）等地部署了海军基地，军事基地面积 204 英亩，设施重置价值 15.885 亿美元；在吉布提雷蒙尼尔海军基地占地仍为 572 英亩，设施重置价值 6.371 亿美元；在埃及部署海军医疗研究分队，军事基地占地 3 英亩，设施重置资产 7230 万美元；在科威特军事设施重置价值 190 万美元；美国在马西拉岛、锡卜和塞迈里特等空军基地，军事基地占地 9000 英亩，设施重置价值 1.297 亿美元；美国在土耳其巴特曼（Batman AB）、澈勒（Cigli AB）、因吉尔利克、伊兹密尔、安卡拉等空军基地占地 3494 英亩，设施重置价值 26.599 亿美元；美国在阿联酋富查伊拉和迪拜等海军基地占地 36 英亩，设施重置价值 1.032 亿美元。②

在经过一轮战略收缩期后，新时期特朗普在大中东地区的军事部署是否将迎来新一轮扩张期，仍需进一步观察。2017 年特朗普担任总统以来，美国增加了在阿富汗、伊拉克、叙利亚等所谓“冲突地区”的驻军人数。

---

① Office of the Deputy Under Secretary of Defense, *Base Structure Report*, *Fiscal Year* 2014 *Baseline*, Washington D. C.: US Department of Defense, 2014, pp. 57 – 72.

② Office of the Deputy Under Secretary of Defense, *Base Structure Report*, *Fiscal Year* 2015 *Baseline*, Washington D. C.: US Department of Defense, 2015, pp. 68 – 84.

在阿富汗，特朗普宣布增兵4000人，使美国在阿富汗的驻军总数增至1.1万人，同时北约在阿富汗的驻军人数也从1.3万人增至1.6万人；在伊拉克，为支持政府军解放被“伊斯兰国”组织盘踞长达3年的摩苏尔以及维护“后伊斯兰国时代”伊拉克政局稳定，截至2017年7月特朗普政府在伊拉克维持了5600人的驻军，包括特种兵；[①] 在叙利亚，美国在东北部以库尔德人为主体，建立了叙利亚民主军，并在拉卡及叙东北部地区部署了约2000人特种兵和军事训练官，帮助叙利亚反对派扩大影响；2017年5月，美军公开在叙利亚和约旦交界的坦夫镇修建军事基地，驻军300多美军，用于武装和训练叙利亚自由军；2017年9月，特朗普政府首次启用在以色列的永久性军事基地。[②] 由此可见，在执政第一年，特朗普增加了在大中东地区的军事部署，但总体上还停留在反恐、打击“伊斯兰国”组织、扶植代理人和支持盟友等策略层面而不是战略层面。

小　　结

基于美国白宫、国防部和参谋长联席会议公布的三类安全战略报告可以看出，首先，美国在大中东地区军事基地的部署具有周期性，即沿着“局部扩张（老布什时期）——局部收缩（克林顿时期）——战略扩张（小布什时期）——战略收缩（奥巴马—特朗普时期）”这一规律，呈周期性变化，与冷战时期美国在欧洲和亚太的军事基地部署周期性变化具有相似性。其次，美国在大中东地区军事基地数量和驻军人数的变化同美国在全球其他地区军事基地部署呈此消彼长之势，与美国全球战略重心的转移存在重要关联。老布什时期，美国全球军事基地部署的重心从欧洲转向大中东，以发动海湾战争为契机，增强了在海合会六国和土耳其的军事基地部署；克林顿时期，美国全球军事基地部署重心向欧洲和亚太转移，大中东的地位下降；小布什时期，美国发动反恐战争，重新将大中东地区作为其军事部署的重中之重，并发动了阿富汗和伊拉克战争；奥巴马时期，

---

① 《美国防部称不会减少伊拉克驻军》，载《解放军报》2017年7月13日。

② 《叙军距离美军基地还有7公里 已四面合围：美军出动火箭炮要突围》http：//www.hao123.com/mid/10848903395748048970。

美国全球军事部署的重心再次从大中东转向亚太，在大中东的军事部署减少。再次，美国在大中东军事基地部署既受外部因素的影响（如应对地区威胁、发动局部战争、空袭“伊斯兰国”组织等），也受内部因素的制约，如美国领导人的战略理念、两党政治、财政状况、历史记忆等。[①] 最后，美国国防转型、军事技术的升级、飞机作战半径的扩大、航母战斗群等浮动基地的部署等减少了美国对大中东大型军事基地的依赖。未来，随着美国对大中东能源的依赖度进一步下降和战略重心东移亚太，美国在大中东地区将更加依靠灵活机动的前沿行动基地与合作安全基地，此举既可减少美国在大中东军事基地的成本，又可减少可视度，降低在大中东军事基地部署的政治风险。

① 孙德刚：《冷战后欧美大国在中东的军事基地研究》，北京：世界知识出版社，2015 年版，第 15—16 页。

第二章／美国在大中东地区军事基地的部署

冷战结束后，美国全球军事基地部署主要分布在三大区域：一是欧洲军事基地群，包括德国、英国、意大利、希腊等；二是西太平洋军事基地群，包括日本本土、韩国、冲绳、关岛、新加坡、菲律宾、新西兰、澳大利亚等；三是大中东地区军事基地群，包括美国中央司令部管辖下的海合会、阿富汗、吉尔吉斯坦军事基地，欧洲司令部管辖下的土耳其军事基地，以及非洲司令部管辖下的吉布提军事基地等。[①] 与美国在欧洲和西太平洋固定的大型军事基地、承担军事威慑的功能不同，美国在大中东地区的军事部署往往出于发动战争、参与战后维和、打击恐怖主义等临时性任务，具有更强的机动性和灵活性，包括发动 1991 年海湾战争、2001 年阿富汗战争、2003 年伊拉克战争、2011 年利比亚战争、2014 年以来空袭叙利亚和伊拉克境内的“伊斯兰国”组织及“胜利阵线”。为执行对伊斯兰国家的作战任务，美国一度在大中东地区部署了 1/3 以上的军事力量，其在沙特、伊拉克、乌兹别克斯坦、吉尔吉斯坦、巴基斯坦等国的前沿行动基地一度全部关闭，在土耳其、科威特、巴林、卡塔尔、阿联酋、阿曼、阿富汗等国家的军事基地却保留了下来，同时新增在吉布提的军事基地，这也是美国在非洲唯一的大型军事基地。

美国在西太平洋和欧洲拥有重要地缘经济和地缘政治利益，并已建立了成熟的北约、美日、美韩等双边和多边联盟体系，通过联盟关系确立了美国在欧洲和亚太的主导权。西欧、亚太和北美成为世界上发达经济体最集中的地区，也是西方民主国家最集中的地区。相比之下，美国在大中东地区并无明显的地缘经济利益，如美国从大中东的能源进口仅占其能源消

---

① 参见 Joseph Gerson and Bruce Birchard, eds., *The Sun Never Sets: Confronting the Network of Foreign U. S. Military Bases*, Boston: South End Press, 1991。

费量的5%；美国在大中东地区建立西方式的民主政体或推广西方民主价值观乏善可陈。然而，为什么美国把大中东地区和西欧、亚太放在同等重要位置，部署几乎相同数量的军事基地?

美国海外军事基地的主要任务是作战，包括军事干预、政权更迭、威慑、遏制等，其延伸任务是人道主义救援、领事保护、参与公共外交和维和等。海外军事基地的建设与维护成本较高，政治风险也不容低估，故美国在世界上部署军事基地非常谨慎，既为了避免不必要的军费开支，也要尽可能防止军事部署引起对象国的反感和潜在敌国的不满。例如，20 世纪 90 年代初，随着苏联解体和冷战结束，美国关闭或向基地东道国移交了海外 60% 左右的军事基地，军事战斗人员裁减了 50 万人左右。[①] 尽管奥巴马政府试图将全球战略重心从大中东地区东移亚太，甚至关闭了在伊拉克、乌兹别克斯坦、阿尔及利亚、巴基斯坦和塔吉克斯坦等国军事基地，但是仍然维持了在 8 个伊斯兰国家的军事基地，其缘由值得深入研究。

如前所述，美国是二战后唯一处于西半球的世界强国，其他世界强国如英、法、德、俄、中、印、日等均集中在欧亚大陆，美国向欧亚大陆投射军事力量的客观条件最不利。同时，不同于其他大国，美国是世界上唯一进行全球军事部署的超级军事大国，其海外军事基地部署必须满足的条件是，海外军事基地的打击半径足以涵盖战略利益区。通过海外军事基地部署，美国从遥远的西半球“边缘国家”变成了“世界岛”上三大关键地带——西欧、亚太和大中东地区的“近邻”，为美国克服地缘劣势、干预地区事务、将威胁消灭在战区内、对各区域“分而治之”、阻止敌国通过区域一体化推动“去美国化”提供了重要手段。美国在大中东地区的军事基地部署是其全球军事部署的重要组成部分，综合考虑了四个因素，即在战略上维护全球领导权，在军事上增强投射能力，在政治上巩固地区联盟体系，在经济上保护现实利益。

---

① Anita Dancs, “The Cost of the Global U. S. Military Presence,” Policy Report, FPIF, Institute for Policy Studies, July 3, 2009, p. 2.

第一节　战略维度：维护领导权

冷战结束后，贯穿美国全球军事战略的主线，是巩固美国的全球领导地位。尤其是苏联解体、冷战结束后，维护美国在全球的一超地位，成为其对外战略的首要目标，是美国国际主义者和孤立主义者的共同追求。国际主义者认为，美国像当年的罗马帝国一样，在军事上、政治上、经济上和文化上都是超级大国，美国有能力领导世界、改造世界。孤立主义者则认为，美国要维护本土安全，就必须拒敌人于境外，将战场推到敌人的"家门口"。正如美国学者罗伯特·卡普兰（Robert Kaplan）所言，美国帝国主义的行为实际上是孤立主义的一种表现形式——为了维护美国本土绝对安全，美国必须征服世界，包括在世界战略地区维持战略平衡和军事主导优势。征服世界，既是美国维护绝对安全的需要，又是美国传播"福音"的重要手段。①

冷战时期，美国的全球军事部署以遏制苏联扩张为主要任务，通过在欧亚大陆边缘地带、大中东和非洲的军事部署，将苏联的军事、政治和意识形态影响力限制在欧亚大陆的内部；美国在东亚、东南亚、大中东、地中海、南欧和西欧的军事基地占据美国海外军事基地的主体，使美国能够维护在主要海洋国家的领导地位。1990 年美国《国家安全战略报告》指出，二战后美国的全球领导地位，美国对海外前沿地区的利益保护，以及对美国盟友的保护，与美国军事力量的前沿部署息息相关。美国通过永久驻军、建立海外军事基地网、设施与后勤补给站、定期部署巡逻力量、军事演习以及美国军事部门的出访等增强其海外军事存在；没有什么比美国的海外军事存在更能够彰显美国的军事承诺，它们是美国与盟友合作应对共同威胁的有机组成部分。② 该报告将"美国在全球的领导地位"视为海外军事基地部署的最重要任务。

---

① 参见 Robert D. Kaplan, *Imperial Grunts: The American Military on the Ground*, New York: Random House, 2005。

② The White House, *National Security Strategy of the United States*, 1990, Washington D. C., March 1990, p. 25.

冷战结束后，克林顿政府国家安全战略追求的首要目标也是全球领导权。如1996年长达44页的《国家安全战略报告》中29次提到了“领导权”。亦即，从近代到冷战时期，美国的敌人分别是英法帝国主义、德日法西斯主义和苏联共产主义。冷战结束后，苏联的威胁不复存在，大国之间爆发核大战的可能性大大减小。该《报告》分析认为，后冷战时期，美国国家安全战略的首要目标就是巩固全球领导权。“我们不是世界警察，但是作为世界上首要经济和军事强国，加上我们的民族价值观，我们的接触战略对于促进稳定的政治关系、开放贸易及拓展美国利益等，是不可或缺的。”① 美国将巩固全球领导权与美国的军事目标、价值观和现实利益结合起来。1997年白宫公布的《新世纪美国国家安全战略报告》则进一步指出了美国维护和强化国际领导地位的六大手段，即：（1）促进和平、统一的民主欧洲；（2）形成强大稳定的亚太共同体；（3）建立有助于美国和世界利益的、面向21世纪的开放贸易新体系；（4）使美国继续成为世界和平的领导力量；（5）加强合作，应对超越国家边界的挑战者；（6）强化外交和军事手段以应对这些挑战。②

克林顿时期，美国经济强劲复苏，1993—2000年美国经济维持了4%的增长率，失业率也维持在4%左右，使世纪之交的美国政府维持全球领导权的决心和信心进一步增强，克林顿政府也顺势提出了“国防转型”的战略理念，以应对21世纪初美国全球领导权面临的新威胁。正如1997年美国《国家军事战略报告》所认为的，20世纪90年代末，美国既面临机遇，又面临挑战，其中挑战包括：伊朗、伊拉克和朝鲜等地区反美国家构成的威胁；拥有大规模杀伤性武器的非国家行为体如恐怖组织所构成的非对称性威胁；极端主义、种族与宗教冲突、难民问题所构成的跨国性威胁；一些突发事件所构成的安全威胁。为应对这些挑战，美国将实施塑造（Shape）、反应（Respond）和预备（Prepare）三种战略。③

世纪之交，美国一方面巩固与中、俄、印等非西方大国的战略伙伴关

---

① The White House, *A National Security Strategy of Engagement and Enlargement*, 1996, Washington D. C., February 1996, p. 11.

② The White House, *A National Security Strategy for a New Century*, 1997, Washington D. C., May 1997, p. 34.

③ Chairman of Joint Chief of Staff, *National Military Strategy of The United States*, Washington D. C., 1997, pp. 8 – 11.

系，另一方面继续强化与西欧、加拿大、澳大利亚、日本和韩国等军事联盟关系，使之成为支撑美国全球领导权的两大支柱。2000 年，美国参谋长联席会议主席亨利 · H · 谢尔顿（Herry H. Shelton）在参议院所作的证词中指出："如果美国放弃对国际社会的安全承诺，放弃其国际领导权的责任，或者放弃其军事优势，世界将肯定变得更加危险，对美国公民和美国利益构成的挑战也将会增加。"[①]然而，"9 · 11"事件的发生，伊斯兰反美势力的上升，新兴大国一度群体性崛起，以及美国小布什发动的长达八年的反恐战争，消耗了美国的硬实力与软实力，美国在全球军事部署的合法性受到伊斯兰世界的质疑，甚至被迫关闭在沙特、乌兹别克斯坦、巴基斯坦、吉尔吉斯斯坦、伊拉克等国的军事基地，美国在全球的领导地位，尤其是在大中东地区的领导能力受到削弱。

从 2008 年全球金融危机的爆发到 2011 年"阿拉伯剧变"的发生，以美国为代表的传统大国群体相对实力下降，以中国为代表的新兴大国群体相对实力上升，二十国集团、金砖五国、上海合作组织、亚信峰会机制等以新兴大国为主体的国际组织在全球的影响力曾急剧提高。但是，传统大国尤其是美国在军事、科技、教育等领域的绝对优势并未发生变化。2009 年到 2010 年，全球最具创新性的国家和地区排名中，美国由第一位下降至第三位，但排名前七位的均是西方发达国家。[②] 在 GDP 排名前十位的国家中，美国的创新能力居首，不仅远超过中国、俄罗斯、印度、巴西等新兴大国，而且将日本、英国、法国、德国等西欧大国抛在后面，巩固了美国全球领导地位。

奥巴马入主白宫时，美国全球军事部署达到了史无前例的规模，没有一个大国能与其相媲美。美国在海外驻军 19 万，雇员和文官 11.5 万，海外军事基地约 900 处，其遍布 46 个国家和地区；五角大楼拥有 79.5 万英亩的土地、2.6 万处建筑，总价值约 1460 亿美元，这些军事基地大多分布在亚太、欧洲和大中东地区。[③] 受阿富汗战争和伊拉克战争"综合症"的影响，美国难以在大中东地区继续维持大规模军事存在，因为海外军事基

---

① 参见 Henry H. Shelton, Chairman of the JCS before the Committee on Armed Services, Joint Posture Statement 2000, U. S. Senate, Washington D. C., February 8, 2000。

② Stuart S. Brown, *The Future of US Global Power: Delusions of Decline*, London: Palgrave Macmillan, 2013, p. 81.

③ Catherine Lutz, "Obama's Empire," *The New Statesman*, July 30, 2009.

地的部署会增加该国的军费开支，美国国防开支中大约1/3用于海外军事基地部署、设施和军事活动，2008财年、2009财年和2010财年，美国全球军事行动的开支估计分别为2441亿美元、2721亿美元和2699亿美元。①奥巴马政府入主白宫后，一方面希望减少在海外军事介入的频率和规模、减少国防开支；另一方面，美国在海外军事基地部署格局在短期内难以发生根本变化，因海外军事基地的关闭亦需要付出成本，美国军费开支难以大幅度削减。

表2—1　美国全球军事基地和军事行动的估算成本（2008—2010年）

（单位：10亿美元）

种类	2008财年	2009财年	2010财年
陆军	24.7	19.6	20.0
海军	58.0	57.9	61.4
空军	27.1	27.5	28.1
防御	26.3	21.3	22.6
小计	136.1	126.2	132.1
作战	102.5	141.8	130.0
国际安全援助	10.5	9.1	12.8
基地东道国支付额度	-5.0	-5.0	-5.0
总计	244.1	272.2	269.9

资料来源：Anita Dancs, "The Cost of the Global U. S. Military Presence," *Policy Report*, FPIF, Institute for Policy Studies, July 3, 2009, p. 10.

尽管2008年后美国综合实力相对值下降（美国在全球GDP中的份额从2005年的27.57%下降到2011年的21.57%），但是其维护全球领导地位的决心并未发生根本性改变。2010年美国《国家安全战略报告》指出，

① 需要指出的是，美国在海湾合作委员会、日本、德国和韩国等国的军事基地，能够获得基地东道国提供的直接补贴，每年总额大约是40亿美元，其中美国在日本的军事部署产生的费用78%左右由日本提供；美国的盟国还提供大约40亿美元的间接补贴，但与美国投入的军费开支相比微乎其微。参见Anita Dancs, "The Cost of the Global U. S. Military Presence," Policy Report, FPIF, Institute for Policy Studies, July 3, 2009, p. 11.

二战结束后，美国奠定了全球领导地位，包括发起建立了北约、联合国、世界银行、国际货币基金组织和其他政治和经济多边组织。奥巴马总统认为，全球安全依赖于强大而负责任的美国领导权，包括依靠美国的军事力量、经济竞争力、道德感召力和全球接触战略等。[①] 在国际货币基金组织、世界银行、世界气候大会、G7、经合组织等世界经济和金融领域议题设置权，以及在遍布全球的军事联盟体系主导权中，美国的领导地位仍然是难以替代的。

2011 年美国参谋长联席会议公布的《国家军事战略报告》指出：美国维护领导地位就是运用其综合国力保卫美国国家利益并促进国际安全与稳定；美国是促进者、确保者、召集者和保证者。[②] 2014 年 5 月，美国总统奥巴马在西点军校毕业典礼上强调，美国在未来 100 年要继续“领导世界”。“我们将在世界舞台上继续领导世界。如果我们不能领导世界，其他国家也做不到领导世界。”[③]

美国领导世界的重要手段是部署海外军事基地。与英、法、俄、中等在全球有限的军事存在、追求局部地区领导权不同，美国的军事基地遍布全球，涵盖了所有战略地区乃至五大洲，尤其以欧亚大陆边缘地带的亚太地区、大中东和欧洲为三大重点地区，确立了美国在全球的军事主导地位，为美国在战略上确立全球领导地位奠定了基础。尽管奥巴马上台后从伊拉克、阿富汗、巴基斯坦、塔吉克斯坦等撤出主要作战力量、关闭上述国家主要军事基地，并与伊朗达成核协议，但是仍然在海合会、吉布提、土耳其、阿富汗、甚至是以色列、埃及等维持了重要军事部署，成为在大中东地区军事基地数量最多、规模最大的域外大国。

2015 年美国《国家军事战略报告》强调在维持全球军事领导权的基础上，进一步维护美国在国际上的道义领导权（Ethical Leadership），重申 21 世纪，美国将继续领导世界。“问题不是美国要不要领导未来，而是如何领导未来。在当今相互依存的世界，没有什么全球性问题的解决能够离开美国，当然很多问题光依靠美国一家也难以解决。美国的领导地位对于鼓

---

① The White House, *National Security Strategy*, 2010, Washington D. C. , May 2010, p. 2; p. 7.

② Chairman of the Joint Chief of Staff, *National Military Strategy of The United States*: *Redefining America's Military Leadership*, Washington, DC, 2011, p. 1.

③ Gu Jinglu, “Obama Says the U. S. Will Lead the World for the Next 100 Years: China disagrees,” *The Washington Post*, May 30, 2014.

励国际社会采取集体行动和抓住战略机遇期至关重要。”[①] 美国是否有能力和意愿继续领导世界一百年受到地区国家的怀疑，如近年来大中东地区多极化趋势加快发展和美国战略重心东移亚太，都显示出美国维持领导地位已经力不从心。在奥巴马执政后期，美国认为大中东地区挑战美国领导权可能性最大，包括大规模杀伤性武器的扩散，“基地”组织的恐怖主义网络，“伊斯兰国”组织以及其他暴力极端主义势力构成的挑战，并认为“伊斯兰国”组织、俄罗斯和非洲埃博拉病毒是美国在全球面临的三个主要威胁。[②]

在大中东地区，无论是在中亚、西亚、红海、北非还是在东地中海地区，美国都通过网络化的军事基地群，寻求地区领导权，这一战略决心并未受奥巴马政府战略重心东移亚太的影响。从陆军与海军部署来看，截至2017 年，在中亚，美国在阿富汗部署 11000 余人；在海湾地区，美国的军事部署以科威特、巴林、卡塔尔、阿联酋为重点，部署了 3 万—5 万人，其中在卡塔尔乌代德空军基地驻军1000 多人；在红海与亚丁湾，美国以吉布提为军事基地部署的重点，部署了 3000 人左右；在东地中海，美国以土耳其的军事部署为重点，部署了近 2000 人；在伊拉克，美国部署了 5600 人；在叙利亚，美国部署了 2000 多人；在以色列和约旦，美国分别部署了数百人；在地中海中西和北非地区，美国以部署在意大利那不勒斯海军基地的第六舰队为重点，辐射北非地区，并一度在阿尔及利亚建立柔性军事存在（打击马格里布“基地”组织），还参与了 2011 年利比亚战争。2011 年北约武装干涉利比亚时，北约位于意大利的锡戈内拉（Sigonella）空军基地作为欧洲最靠近北非的军用机场，在“奥德赛黎明行动”中扮演了重要角色，丹麦皇家空军也从该基地起飞空袭利比亚。[③] 从海军部署来看，美国第五舰队负责从红海到阿拉伯海及波斯湾的海域安全，司令部设在巴林；第六舰队负责地中海沿岸的海上安全，司令部设在意大利加埃塔。美国在大中东以外地区的陆军、海军和空军基地形成了相互联动的网状结构，支撑美国的全球领导权。1991 年海湾战争期间，美国太平洋司令部位

---

① The White House, *National Security Strategy*, 2015, Washington D. C., February 2015, pp. 1 – 3.

② The White House, *National Security Strategy*, 2015, Washington D. C., February 2015, pp. 1 – 3.

③ 军情视点编：《战略支撑：全球军事基地 50》，北京：化学工业出版社，2015 年版，第 41 页。

于日本的佐世保海军基地和位于德国的莱茵—美茵（Rhein-Main）空军基地为美军提供了重要后勤支持，为赴海湾地区作战的美国海军和海军陆战队提供武器和燃料。[①] 相比之下，英国在塞浦路斯和巴林、法国在吉布提和阿联酋、俄罗斯在叙利亚、土耳其在卡塔尔、日本在吉布提虽然都部署了军事基地，但无意建立地区领导权。[②]

第二节　军事维度：增强投射能力

苏联军事战略家戈尔什科夫指出："开发世界海洋与保护国家利益，这两者的有机结合，便成为一国的海上威力。它决定这一个国家为着自己的目的而利用海洋的军事与经济条件的能力。"[③] 马汉也指出，国家强大的两个主要标准是巨大的海外贸易和在战争中取得胜利，而这两者均依靠一支有效且强大的海军。要发展海军，离不开海上加油站和海外军事基地。1986 年，美国海军部宣布，美国海军战时将控制全球 16 个战略咽喉要道，分别是：马六甲海峡、望加锡海峡、巽他海峡、朝鲜海峡、苏伊士运河、曼德海峡、波斯湾、霍尔木兹海峡、直布罗陀海峡、斯卡格拉克海峡、卡特加特海峡、格陵兰—冰岛—联合王国海峡、巴拿马运河、佛罗里达海峡、阿拉斯加湾、非洲以南和北美航道。[④]

美国在大中东地区部署军事基地的军事考量是增强投射能力。在建国后相当长时间里，美国孤立主义盛行。因太平洋和大西洋的阻隔，加上北方加拿大和南方墨西哥都是弱国，美国获得了得天独厚的自然条件，可以远离冲突频发的欧洲、亚太和大中东地区，独自经营自己的后院——美洲。当一战后美国崛起为世界大国时，其海外利益不断拓展，军事力量也

① 军情视点编：《战略支撑：全球军事基地 50》，北京：化学工业出版社，2015 年版，第 37 页。

② 2016 年 8 月，伊朗允许俄罗斯空军使用其境内的哈马丹空军基地空袭"伊斯兰国"组织，系 1979 年伊朗伊斯兰革命以来首次。

③ ［苏联］谢·格·戈尔什科夫著，济司二部译：《国家的海上威力》，北京：三联书店，1977 年版，第 1 页。

④ 朱成虎、孟凡礼主编：《当代美国军事》，北京：社会科学文献出版社，2012 年版，第 66 页。

逐步投向海外，孤立主义开始不断被国际主义所代替。从一战、二战到冷战，无论是共和党还是民主党领导人均认为，美国是个全球大国，其安全利益与世界格局走向息息相关，保卫美国本土安全的防线不在美国的边界线上，而是在海外。故美国在海外部署了永久性军事基地，既可以将敌人的威胁圈定在有限的区域范围内，又可以维护海外盟友的安全，彰显美国对盟国的义务。美国参加一战、二战和冷战，再到发动反恐战争，都基于这一逻辑，通过将军事力量部署在海外来增强全球军事投射能力，提升在危机爆发后的地区干预水平。

美国作为全球性大国，拥有全球战略利益，必须在全球范围内投射军事力量，包括在全球公共领地（如四大洋的公海地区）和国外土地上部署军事力量，增加威慑的可信度。海外军事投射能力，包括在战区联合举行多国军事演习、巩固军事基地、建立后勤补给基地以及部署前沿军事力量等，需要广泛利用国际公海、国际空间、太空、网络空间和电磁波谱。其主要应对的挑战是潜在敌国的反介入（anti-access）和区域拒止（area-denial）战略。这种战略包括敌国利用空军力量和防空系统压制美国空军在前沿的制空权；利用短程反舰导弹和潜艇发射鱼雷，抵消美国海军的优势；利用生化武器阻止美军的介入；发动计算机和网络战破坏美国军队在战区的指挥和控制系统；利用规模优势和人海战术，部署地雷、水雷或封锁海峡、陆上军事要塞、海岸线等；将小艇装满炸药、逼退美国的海上船只；利用无人机系统或特种兵发动突袭等等。[①] 近年来，美国军方提出了“海空一体战”（Air-Sea Battle）构想，即通过整合空军、陆军、海军、太空和网络空间的力量，提升权力投射能力，促进各司令部之间的协调与配合，增强威慑与作战，削弱敌人的反介入与区域拒止能力。[②]

正如法国军事家拿破仑所言：“发动战争的能力取决于保持机动性的能力”（Aptitude for war is aptitude for movement）。权力投射是大国干预地区事务能力的标尺，它系指“一国将政治、经济、信息和军事力量快速并有效地部署在某一地区、并维持在该地区军事部署的能力，以应对威胁、

---

① Department of Defense, *Joint Operations Access Concept*, Version 2.0, Washington D.C., January 17, 2012, p.10.

② Department of Defense, *Joint Operations Access Concept*, Version 2.0, Washington D.C., January 17, 2012, pp.2-4.

强化威慑和增强地区稳定”①。权力投射依赖于军事力量的机动性，与被投射力量成正比，与所花费时间成反比。权力投射是一种快速部署与及时调动军事力量、使之联合部署军事力量并在军事行动中占据主导地位的一种能力。美国国防部认为，快速部署军火和武装力量，可以占据主导地位，使权力投射者能够选择合适的时机进攻敌人的权力中心地带，受打击方要么被动应对，要么退缩。② 海外军事基地成为大国干预国际事务的“桥头堡”，其增强军事部署国的军事投射能力，增加其打击半径。以美国为例，美军现有 9 个联合作战司令部，包括 6 个地区司令部（美国北方司令部、中央司令部、欧洲司令部、太平洋司令部、南方司令部及非洲司令部）和 3 个任务司令部（美国特种作战司令部、战略司令部和运输司令部③），这些军事基地增强了美国全球军事部署，奠定了美国超级军事大国的国际地位。在美国利益攸关地区发生重大突发事件后，美国军事力量能够在数小时内迅速对热点地区进行干预，阻止潜在敌国采取破坏美国主导权的能力。

冷战时期，美苏同时争夺欧亚大陆边缘地带。苏联由于地处欧亚大陆的中心地带，故占据了地缘优势。相比之下，美国远离欧亚大陆，军事投射受到大西洋和太平洋等巨大水体的阻隔。为克服这一不利因素，美国在欧亚大陆边缘地带部署了军事基地，增强了军事投射能力，使美国从遥远的西半球，转身变成了利益攸关方。正如 1988 年美国《国家安全战略报告》所指出的，在冷战期间美苏地缘政治博弈过程中，苏联在地缘上和在军事行动中占据优势，尤其是在欧亚大陆的边缘地带，苏联可以轻而易举向欧洲、西南亚和远东地区同时发动攻击。依靠国内的补给线和通讯线，苏联能够在较短时间内向欧亚大陆边缘地带的作战区部署和补充军事力量。相比之下，美国在地缘上处于劣势，因为美国远离欧亚大陆。为此，美国依靠空投、海运和在欧亚大陆边缘地带关键地区部署军事力量来阻止苏联向欧洲、西南亚和远东地区扩张。④ 1992 年美国海军研究报告——

① “DoD Dictionary of Military Terms,” http：//www. dtic. mil/doctrine/dod_dictionary/.

② Joint Chief of Staff, Joint Chief of Staff, *Joint Vision* 2010, Washington D. C. : U. S. Government Printing Office, 1996, Chapter Two, p. 4.

③ 联合作战司令部于 2012 年撤销。

④ The White House, *National Security Strategy of the United States*, 1988, Washington D. C., January 1988, p. 20.

《从海上出发》指出了后冷战时期美国权力投射的基本理念：从海上投射军事力量包括导弹和其他武器的发射，海军力量将从海上控制关键地区，快速部署大量军事力量，根据时间和空间需要形成高强度、精确打击的进攻性力量。力量投射需要较强的机动性、灵活性和技术能力。海军和海军陆战队将为“海—陆—空”一体战提供海上支持，以增强美国的作战力量。①

后冷战时期，美国在海外的军事存在包括永久部署的军事力量与临时部署的军事力量。因此，美国部署海外军事基地，一方面依靠永久性海外驻军，另一方面依靠更加灵活的陆海空轮岗部署，包括在危机爆发后部署快速反应部队，以及在重要战略区提前储备军事设备。尽管美国在冷战结束后海外永久性军事基地减少了，但海外军事基地的重要性并未下降。在压缩美国海外军事基地的同时，美国需要增强向海外投射军事力量的能力，保持美国对潜在敌人的威慑能力与可信度，从而使美国政府能够在海外军事基地部署问题上保持灵活性。②

美国空军大学 1996 年的研究报告《空军 2025》也指出：全球投射——保持全球军事存在的能力是美国空军对世界上任何热点作出反应和部署军事力量的能力，在尽可能短的时间内——不是在几天或几周内，而是在几小时内作出果断反应，是空军的使命。这种能力将在 21 世纪不断得到检验。③

1998 年克林顿时期的《新世纪国家安全战略报告》再次强调了海外军事基地对克服美国远离欧亚大陆权力中心的意义。它指出，由于美国对盟友的安全承诺和在海外的重要利益，美国必须保持强大的军事力量结构和部署态势，以使在冲突爆发后采取军事行动，特别是在远离美国本土的战区。海外军事基地有助于维护地区稳定，增强美国双边和多边安全承诺的可信度，预防出现权力真空与不稳定性，增加对敌人的威慑，在热点地区增强快速反应能力。通过充足的航母、飞机、舰艇的部署，增强美国在关

① Sean O'keefe, Secretary of the Navy, *From the Sea*: *Preparing the Naval Service for the 21st Century*, Washington D. C., September 1992, p. 9.

② Chairman of the Joint Chief of Staff, *National Military Strategy of The United States*, Washington, DC, February1995, pp. 5 – 8.

③ Air Education and Training Command, Air University, *Air Force* 2025, Alabama: Air University Press, 1996, p. 40.

键地区的基地、港口、训练场所保留重要威慑能力。[①]

美国被认为是地理位置最优越的国家。历史上，美国人依靠两洋，使之能够超脱于欧亚大陆的纷争。尽管二战后美国本土及海外军事力量易受苏联的导弹攻击，但是其远离冲突频发的欧亚大陆，太平洋和大西洋等强大水体为世界大国进攻美国本土设置了天然障碍。[②] “9·11”事件表明，这种优势正在丧失，美国无法通过退缩至西半球而获得和平、安全与繁荣，而是必须通过提前军事部署来控制全球局势，应对四类不同类型的威胁：第一类是传统安全挑战，主要由地缘政治争夺的主权国家构成；第二类是非常规挑战，包括恐怖主义与地区骚乱；第三类是灾难性挑战，包括自然灾害和大规模杀伤性武器的扩散；第四类是毁灭性挑战，包括对太空、网络空间和敌人利用生化技术形成的挑战。[③] 美国要想维护国内安全，必须将威胁消灭在萌芽状态，在敌人的“家门口”部署军事基地，将战场推到远离美国的战区（如发动朝鲜战争、越南战争、海湾战争、科索沃战争、阿富汗战争、伊拉克战争、利比亚战争、打击“伊斯兰国”组织等），而不是等到有一天对美国本土构成迫在眉睫的威胁。正如 2001 年美国《四年防务评估报告》指出的，从大中东到东北亚的“动荡弧”地区，充满了衰落大国和崛起大国，有些政府相当脆弱，容易被极端主义势力推翻；有些国家拥有大规模军队并具有发展大规模杀伤性武器的潜力。为应对“动荡弧”地区的不确定性，美国需要保持向该地区投射军事力量的能力，预防不确定性事件的发生，将威胁消灭在萌芽状态，阻止这些力量最终做强做大、攻击美国本土。[④]

21 世纪，美国认为真正有决心挑战美国的是大中东地区的反美国家和极端势力，在阿富汗和伊拉克发动反恐战争是美国构筑本土安全的第一道防线。正如小布什所指出的：“我们在 21 世纪的军事力量必须具有很强的机动性和致命打击能力，必须易于部署，无需依赖太多的后勤补给。我们

---

① The White House, *A National Security Strategy for a New Century*, 1998, Washington D. C., May 1998, pp. 26 – 27.

② 美国哈佛大学肯尼迪政府学院斯蒂芬·沃尔特（Stephen Walt）教授就持这一观点。

③ The White House, *The National Security Strategy of the United States of America*, 2006, Washington D. C., March 2006, p. 44; p. 49.

④ U. S. Department of Defense, *Quadrennial Defense Review Report*, 2001, Washington, D. C.: U. S. Department of Defense, September 2001, pp. 3 – 4; p. 14.

将提高远距离的力量投射能力，在几天和几周内进行有效干预。”① 在美国盟友土地上部署军事基地是美国克服地缘距离、投射军事力量的重要措施，因为海外军事基地被视为美国重要的介入设施（Access Infrastructure）。当然，敌国也会在危机爆发后，对美国采取反制措施，包括封锁、围堵乃至切断美国海外军事基地的后勤补给与通信线，增加美国对热点地区的介入风险，这更进一步坚定了美国向战区前沿地带投射军事力量、建立军事基地、遏制潜在敌人、必要时摧毁敌人进攻能力的决心。②

2015 年版《国家军事战略报告》也明示了海外军事基地对美国的战略作用，即美国在世界重点地区的军事力量部署有助于应对突发危机。③ 尤其是“伊斯兰国”组织威胁上升后，美国组建与盟国的反恐联盟，帮助伊拉克政府、叙利亚反对派及叙利亚库尔德武装——人民保卫部队增强军事打击能力，依赖其在吉布提、伊拉克、科威特、约旦等前线国家的军事部署，在战略重心东移亚太的大背景下维持了美国在大中东地区的军事投射能力。

第三节 政治维度：巩固联盟体系

美国海外军事基地从政治层面来看是为了巩固地区联盟体系。1948 年 6 月，美国参议院通过“范登堡协议”规定：对单独或集体自卫作出“地区性或其他安排”；1949 年 10 月，美国国会通过了《共同防御援助法》，为二战后美国推行联盟战略提供了完整的法律依据。④ 在美国全球战略中，无论是东亚、大中东地区还是欧洲，都是“分裂”的地区，美国将上述海外利益区分为亲美与反美、温和与激进、进步与邪恶、遵守国际秩序与挑

---

① Office of the Assistant Secretary for Public Affairs, *Facing the Future: Meeting the Threats and Challenges of the 21st Century: Highlights of the Priorities, Initiatives, and Accomplishments of the U. S. Department of Defense* 2001 - 2004, Washington D. C., February 2005, pp. 7 - 12.

② Department of Defense, *Joint Operations Access Concept*, Version 2. 0, Washington D. C., January 17, 2012, p. 19.

③ Chairman of the Joint Chief of Staff, *The National Military Strategy of the United States of America: The United States Military's Contribution to National Security*, Washington, DC, June 2015, p. 9.

④ 朱成虎、孟凡礼主编：《当代美国军事》，北京：社会科学文献出版社，2012 年版，第 232 页。

战国际秩序等黑白对立的两组力量，所谓“民主”“温和”“遵守国际秩序”和“进步”国家常被视为美国的盟友，而“独裁”“激进”“挑战国际秩序”和“邪恶”国家则被视为站在美国的对立面。通过在盟国土地上部署军事基地，美国进一步增强了地区国家之间的分裂与内斗，为美国充当“仲裁者”“平衡手”和军事联盟的“盟主”创造了基础。

美国在全球军事基地的部署，与美国政府对全球安全威胁的认知存在重要关联。通过在潜在威胁源国周边地区部署军事基地，美国不仅可以将防御的战线推到敌人的“家门口”，而且可以通过建立地区军事联盟，将区域国家按照亲美与反美国家加以分类，利用地区国家之间的矛盾，使美国在大中东的前沿军事基地成为左右地区安全格局走向的“离岸平衡手”。1990 年美国《国家安全战略报告》指出：“美国对外政策的优先选项是增强与盟友和朋友的团结。我们永远不会‘单干’，冷战爆发初期我们的盟友遭受巨大打击和破坏时我们立即信守安全承诺；我们也依靠盟友的力量促进地区安全，阻止冲突，获得基地部署权和进入关键地区的权利。[①] 冷战结束后，美国自认为其领导下的盟友体系在北美、西欧、东亚和拉美地区（古巴除外）形成了“和平区”与“繁荣区”，与苏联影响下的东中欧、大中东和非洲地区形成了鲜明对比；其拒绝苏联扩张主义的恫吓、增强军事力量和在海外部署军事基地阻止了“共产党国家”对美国及其盟友的侵略和进攻。在西亚地区，美国还特别强调其在海合会的军事部署阻止了伊朗和伊拉克可能发动的侵略战争；其在土耳其的军事基地阻止了苏（俄）经黑海南下地中海。[②]

1994 年，克林顿政府在阐述参与和扩展战略时，也强调了海外军事基地对强化西方联盟体系的重要性。“美国必须在和平时期将军事力量部署和驻扎在海外关键地区。这样的海外军事存在彰显了我们对盟友和朋友的承诺，使我们熟悉海外环境，促进友好国家军事力量的联合训练，并能够增强其快速反应能力。”[③] 正如克林顿政府在阐述美国参与和拓展战略时所

---

① The White House, *National Security Strategy of the United States*, 1990, Washington D. C., March 1990, p. 15.

② The White House, *National Security Strategy of the United States*, 1993, Washington D. C., January 1993, p. 1.

③ The White House, *A National Security Strategy of Engagement and Enlargement*, 1994, Washington D. C., July 1994, pp. 7 - 8.

指出的，美国海外军事存在包括多种形式，如永久驻军、联合军演、港口访问和其他军事交流形式，这些军事存在可强化美国的双边和多边安全承诺，显示在关键地区美国保卫盟友利益的决心，在危机爆发后能够确保美军作出快速反应，提升与盟友的联合作战能力。在大中东地区，美国的国家利益包括维护以色列、海合会国家和土耳其等盟友的安全与福祉，遏制伊朗和伊拉克，其中美国大中东战略的关键是阻止任何侵略者威胁到现行大中东国家的自主性。美国部署在海湾的海军力量、军事设施、以及临时部署在海合会国家陆地上的空军力量、地面部队及两栖力量强化了美国在该地区的联盟凝聚力。①

在美国政府看来，遍布全球的盟友是美国利益的坚定维护者和美国价值观的传播者，包括日本、韩国、澳大利亚、新西兰、以色列、北约成员国等；美国在捷克和保加利亚等大中东欧国家部署的新基地推动了北约东扩。1996 年美国《国家安全战略报告》指出，美国的国家利益分为三个层次：一是生死攸关利益，包括维护美国的生存、安全和国家活力，保卫美国的领土完整、公民、盟友等；二是重要利益，这些利益不会影响美国的生存，却会影响美国的国家财富和世界格局的特质；三是道义利益，如美国在卢旺达大屠杀爆发后，派出军事力量应对人道主义危机。② 美国遍布全球的盟友，以及美国在这些国家土地上的军事基地是其全球力量的象征。联盟在冷战结束后仍对美国发挥重要作用。美国从联盟中可以获得各种收益，包括增强美国行动的合法性和可靠性，增强美国的军事能力，获取前沿行动基地，赢得基地东道国即盟国的人力、技术和情报支持等。③

2006 年，美国《国家军事战略报告》指出，21 世纪美国的军事战略目标是维护国家的现实利益，包括确保美国、美国的武装力量、盟友和伙伴国的利益不会受到敌人使用大规模杀伤性武器的胁迫和攻击，包括敌国及非国家行为体。④ 2008 年美国能源部和国防部的联合报告进一步指出，

① The White House, *A National Security Strategy of Engagement and Enlargement*, 1994, Washington D. C. , July 1994, p. 8; pp. 25 – 26.

② The White House, *A National Security Strategy of Engagement and Enlargement*, 1996, Washington D. C. , February 1996, p. 18.

③ National Defense Panel, *Transforming Defense: National Security in the 21st Century*, Report of the National Defense Panel, December 1997, pp. 20 – 21.

④ Chairman of the Joint Chief of Staff, *National Military Strategy of The United States*, Washington, DC, 2006, p. 8.

美国及其盟友面临暴力极端主义和其他非国家行为体的威胁，伊朗和叙利亚及其支持下的黎巴嫩真主党对美国及其大中东盟友构成了恐怖主义威胁。①

美国在大中东地区的军事联盟体系既有不同的地域特征，又存在相互叠加的成分。冷战结束后，美国在大中东的联盟体系主要分为三个层面：

一是北约军事联盟、美澳、美日、美韩联盟在大中东的辐射，包括在发动海湾战争、阿富汗战争、伊拉克战争和利比亚战争中，美国积极依靠英、法、德、意大利、加拿大、澳大利亚、日本和韩国的军事、外交和经济支持，英国在塞浦路斯和巴林、法国在吉布提和阿联酋、日本在吉布提的军事基地、土耳其在卡塔尔的军事基地，具有同美国分工协作、共同维持所谓大中东秩序的考量。美、英、法、德等国在抢占大中东军火市场方面存在竞争性，但在维护西方主导的大中东地区秩序方面又存在协调性与一致性，如美、法、日在吉布提的军事基地、美国、北约盟国在阿富汗的军事基地成为美日联盟与北约联盟的互动平台。

二是美国与土耳其、以色列、海合会等大中东盟友的战略合作。美国在这些国家的军事基地部署是其在大中东军事部署的重中之重。自20世纪90年代开始，美国在大中东的军事基地部署以海合会和土耳其等美国在大中东的盟友为主，其大中东军事联盟体系所要防范的对象是所谓的“激进联盟”（“抵抗联盟”），包括伊朗、叙利亚、阿富汗塔利班政权、黎巴嫩真主党和穆兄会的分支机构如哈马斯等，特别是伊朗、叙利亚和阿富汗被视为“支持恐怖主义国家”。②

三是美国基于大中东地区临时任务而构建的志愿者联盟，其合作对象包括以色列、埃及、阿尔及利亚、伊拉克、约旦和摩洛哥等，美国在这些临时盟友土地上部署了一定规模的军事存在，但是往往对外保密，且军事合作基于所要完成的临时性任务。2000年美国参谋长联席会议公布的《联合愿景2020》指出，21世纪，美国的全球盟友是重要战略资产。技术先进的美国盟友在军事体系和装备方面与美军具有很强的兼容性，其能够与

---

① Secretary of Energy and Secretary of Defense, *National Security and Nuclear Weapons in the 21st Century*, Washington D. C. , September 2008, p. 6.

② Report of the National Commission on Terrorism, *Countering the Changing Threat of International Terrorism*, Pursuant to Public Law 277, 105th Congress, 1999, pp. 4 – 5.

美军形成良好的协调关系；同时，美国将会与那些军事技术落后、战术层面与美军兼容性较弱的盟友加强军事技术交流与合作。[①] 军事技术落后、战术层面与美军兼容性较弱的盟友尽管与美军的军事协调能力较弱，但是往往具有重要地缘位置。21 世纪初，北约军事联盟通过发动阿富汗战争和伊拉克战争，进一步拓展了在大中东地区的军事影响力。在伊斯坦布尔，北约领导人一致同意与阿尔及利亚、埃及、以色列、约旦、毛里塔尼亚、摩洛哥和突尼斯建立“地中海对话伙伴国”；北约还通过伊斯坦布尔进程（ICI）增强了大中东盟友的反恐能力。[②]

大中东地区盟友是美国部署前沿军事基地的战略依托，海外军事基地又成为维护地区秩序、强化地区联盟体系、信守对盟友安全承诺的载体和重要载体。通过海外军事基地部署，美国不仅强化了与地区盟友之间的战略关系，而且强化了地缘政治博弈，把对美国具有战略价值的地区盟友绑定在美国的战车上。小布什入主白宫后，重申了海外军事基地在强化美国军事联盟的地位和作用。2001 年美国公布的《四年防务评估报告》指出，“9·11”事件的发生表明，敌人的意图是无法预判的，美国政府无法确信哪一个国家、哪一种力量或哪一个非政府组织会挑战美国的国家利益，因此美国对安全威胁的判断从“基于威胁”到“基于能力”——美国对有能力发动进攻的国家或非国家行为体均保持警惕。美国的政策目标是向盟友和朋友提供安全保证，阻止其他大国与美国争夺军事主导权；遏制挑战美国利益的威胁；如果威慑不能奏效，美国将采取果断行动打败敌人。[③] 通过签订一系列双边和多边安全协定，美国将盟友作为对外安全合作的支柱。

2002 年美国《国家安全战略报告》进一步指出，美国无以伦比的军事力量及其在海外的前沿军事存在维护了具有战略意义的关键地区的和平与稳定。美国在海外的军事力量是对盟友和朋友安全承诺最有力的象征。美

---

① Chairman of the Joint Chiefs of Staff, *Joint Vision* 2020: *America's Military—Preparing for Tomorrow*, Washington D. C.: U. S. Government Printing Office, 2000, p. 66.

② Office of the Assistant Secretary for Public Affairs, *Facing the Future*: *Meeting the Threats and Challenges of the* 21*st Century*: *Highlights of the Priorities*, *Initiatives*, *and Accomplishments of the U. S. Department of Defense* 2001 – 2004, Washington D. C., February 2005, p. 45.

③ U. S. Department of Defense, *Quadrennial Defense Review Report*, 2001, Washington, D. C.: U. S. Department of Defense, September 2001, p. 5; p. 11; p. 13.

国有决心使用军事力量保护美国及其盟友的利益，这展现了美国建立有利于自由世界的权力平衡的意志。① 在大中东地区，美国在盟国土地上建立军事基地、保持权力平衡，在地区冲突方之间选边站，支持沙特、阿联酋、卡塔尔和巴林而反对伊朗，支持以色列和土耳其而反对哈马斯、黎巴嫩真主党和叙利亚巴沙尔政府；支持约旦、科威特和埃及而反对“基地”组织与“伊斯兰国”组织；支持吉布提反对索马里青年党及苏丹等等。2003年美国《国家反恐战略报告》再次强调，反恐战争一方面需要依靠盟友的力量，另一方面又增强了联盟的凝聚力。在阿富汗战争和伊拉克战争中，美国与欧洲、大中东、澳大利亚、日本等盟国通力合作，在反恐行动中步调一致，同时反恐联合行动又增强了盟友之间的凝聚力，强化了美国主导的全球军事联盟板块。②

过去8年里，奥巴马政府多次强调军事联盟在维护美国联盟体系中的地位和作用。2010年美国《国家安全战略报告》指出：“联盟可以产生力量的倍增效应。通过多边合作与协调，我们行动产生的总产出大于我们独自行动的产出。我们将继续与盟友和新兴伙伴国加强磋商，促进和扩大我们之间的合作，实现共同目标。我们将继续从强大联盟采取的集体安全中共同获益。”③

以海外军事基地为纽带，美国及其盟友还可以并肩作战，加强联合军事演习和军事训练，共同抵御地区威胁。2010年美国国防部公布的《非对称性战争》研究报告指出，为确保美国的军事行动取得成功，美国的联合作战力量必须与政府部门和跨国机构合作，必要时与海外军事基地东道国合作，以便更好地掌握前沿局势。尤其是在21世纪，非常规战争要求伙伴国对美提供重要援助，包括为美国的联合军事力量提供军事基地、飞行权和后勤补给站，共同支持亲美势力。美国还可以与盟国的特种作战部队一起，向当地反政府武装和抵抗力量共同提供援助。④ 在叙利亚，尽管2016年3月美俄达成叙利亚各派停火协议，但奥巴马政府与欧洲盟友、土耳其、

---

① The White House, *The National Security Strategy of the United States of America*, 2002, Washington D. C., September 2002, p. 29.

② The White Houe, *National Strategy for Combating Terrorism*, February 2003, p. 20.

③ The White House, *National Security Strategy*, 2010, Washington D. C., May 2010, p. 41.

④ Department of Defense, *Irregular Warfare: Countering Irregular Threats*, Version 2. 0, Washington D. C., May 2010, p. 4.

沙特、卡塔尔等一道向叙利亚反对派提供各种军事和经济援助，以在大中东维持一种战略平衡。

当然，随着美国战略重心东移亚太，美国的大中东联盟体系已出现危机，影响其在大中东的军事部署。2015 年伊朗核协议达成后，美国与伊朗关系得到实质性改善，使美国在大中东的盟友——沙特、以色列和土耳其既感到紧张，又对美国忽视其安全关切表示不满。例如，美国不再毫无保留地支持沙特反对伊朗，而是更倾向于在沙特和伊朗之间保持一种战略平衡，被沙特视为“越顶外交”。失去了美国的战略支持，沙特王室政权有一种强烈的不安全感，加上 2015 年油价大幅度下跌，沙特预算赤字达 1000 亿美元，国内经济和社会矛盾上升，民众要求改革的呼声提高，王室内斗加剧，沙特王储默罕默德·纳伊夫、外交大臣阿德尔·朱贝尔等奉行强硬主义外交路线，组建逊尼派伊斯兰国家反恐联盟，联合 20 多国开展“北方雷霆”军事演习，加大了与伊朗等什叶派力量在大中东的博弈。2016 年 2 月，欧盟以应对也门人道主义危机为由，通过对沙特武器禁运的决议。此外，美国的盟友土耳其面临库尔德分离主义势头增强①、恐怖主义袭击增多和国内政局动荡等多重安全挑战；巴以矛盾、欧洲反以势力抬头和叙利亚乱局也使美国的盟友以色列安全环境恶化。2016 年 7 月，土耳其发生未遂军事政变，埃尔多安指责美国中央情报局勾结居伦运动组织是幕后黑手，土耳其政府还向美国政府递交 4 份指认居伦煽动政变的资料，希望美方能协助将他引渡回国②，但直到 2016 年 8 月美国副总统拜登访问土耳其，该问题也未得到解决，美土关系陷入僵局。

第四节　利益维度：保护现实利益

美国在大中东地区部署军事基地，除战略、军事和政治考量外，还出于维护现实利益的考量。1990 年美国《国家安全战略报告》指出，美国的

---

① 美国在叙利亚库尔德地区建立了两处前沿行动基地，公开支持叙利亚库尔德武装——人民保卫部队，后以叙利亚库尔德人为主体建立了叙利亚民主军，支持伊拉克和叙利亚库尔德人自治，令土耳其埃尔多安政府极为不满。

② 《土耳其宣布实施为期 3 个月紧急状态》，载《新闻晨报》2016 年 7 月 22 日，第 A13 版。

国家利益包括：(1) 维护美国作为自由独立国家的生存安全；(2) 促进美国经济的稳健增长；(3) 维护稳定与安全的世界，促进自由、人权与民主制度；(4) 与盟友保持健康的合作关系。[①] 美国在大中东地区的现实利益包括军火利益、经贸利益、侨民安全共三类，其成为美国在大中东地区军事基地部署的重要动因。

首先，美国利用在大中东地区的军事基地推销美式军火。军火利益是美国海外利益的重要组成部分。斯德哥尔摩国际和平研究所的研究报告指出，2010 年美国 44 家军火商的销售额占全球百家大军火公司销售总额的 60% 以上，而西欧的 30 家军火商则占 29% 。世界十大军火商的销售额占全球总额的 56% ，约 2300 亿美元，其中七家为美国军火商。[②] 在大中东地区，美国以伊朗、叙利亚、黎巴嫩真主党、哈马斯、“基地”组织及其分支机构、“伊斯兰国”组织的威胁为由，制造大中东国家“人人自危”的零和博弈态势，同时借势大中东地区教派冲突，加剧地区武器竞赛，推销军火。通过在大中东的军事基地部署，世界级军火巨头、全球最大的国防工业承包商洛克希德·马丁公司拥有 F-16、F-35 等作战飞机及导弹等；美国最大的军用订货承包商及军事电信供应商通用动力公司、美国航空母舰承建商亨廷顿英格尔斯工业公司（HII）、雷达及军舰制造商诺斯洛普·格鲁曼公司等都在大中东地区拥有重要的军火利益；2014 年 7 月，美国防长查克·哈格尔（Chuck Hagel）和卡塔尔国防国务大臣哈马德·本·阿里·阿提亚（Hamad bin Alial-Attiyah）共同出席美国和卡塔尔在五角大楼签署的 110 亿美元的军售合同，包括向卡提供 10 套“爱国者”反导系统、24 架“阿帕奇”攻击直升机和 500 枚“轻标枪”反坦克导弹等，此合同为美国创造 5.4 万个就业机会。其中，“爱国者”反导系统的硬件和“轻标枪”反坦克导弹由美国雷神公司和洛克希德·马丁公司制造，“阿帕奇”攻击直升机则由美国波音公司生产。[③]

2012 年 10 月，俄罗斯与伊拉克签署了一项总额达 43 亿美元的协议；2014 年 9 月，俄罗斯与埃及签订价值 35 亿美元的协定，包括出售米格 -

---

① The White House, *National Security Strategy of the United States*, 1990, Washington D. C., March 1990, pp. 2 – 3.

② 《欧美军火“旺势”不减，前 10 位军火商美国占 7 家》，载《人民日报》2012 年 2 月 29 日。

③ 黄烨：《大中东成军火商“角逐场”》，载《国际金融报》2014 年 9 月 8 日，第 25 版。

25 战机和 S－300 防空导弹等，与美式军火形成了竞争。美国在海合会成员国、伊拉克、阿富汗、以色列等国家的军事基地部署，增强了美军对上述国家的军事训练，使之军事装备大部分与美国的标准相对接，扩大了美式军火销售的范围。截至 2016 年，美国是大中东军火最大供应商，其次是英、法、德、俄等。尽管近年来俄罗斯普京政府加大了对伊朗、埃及、伊拉克、叙利亚、阿尔及利亚等国的军火销售力度，英法也加大了对阿联酋和卡塔尔等国的军火推销，但美式武器仍然是大中东国家军火的首选。

其次，美国利用在大中东地区的军事基地，维护经贸利益。二战结束前，泛美航空公司曾秘密取得了在拉美修建军事基地的权利。从多米尼加到巴拉圭、玻利维亚，该公司修建和修缮了 48 个陆上和海上基地，为美军提供了战时能够快速扩张的军事基地，也为美军建立海外军事基地、保护海外利益提供了重要理由。[①] 美国在大中东地区的军事基地，带动了美国对基地东道国基础设施建设与投资，如在沙特、阿联酋、卡塔尔、科威特等。

除投资外，美国也是贸易大国。据世界贸易组织统计，2014 年美国商品进口居世界第一位，占世界商品进口总额的 12.64%；出口居世界第二位，占世界出口总额的 8.53%。[②] 美国和欧盟、中国一道，成为大中东前三大贸易伙伴，美国在该地区的军事基地部署为维护美国经贸利益保驾护航，如美国是沙特最大的贸易伙伴，沙特是美国在大中东最大出口市场，美国在海湾的军事部署维护了这些经贸利益。

大中东地区能源储量丰富，石油储量占全球的 60% 以上。尽管近年来随着美国国内“页岩气革命”，大中东地区不再是美国石油主要进口来源地，但是美国全球盟友特别是韩国、日本、澳大利亚等亚太盟友及欧盟盟国严重依赖大中东的石油进口，如作为全球第三大经济体的日本是全球液化天然气的最大进口国，而卡塔尔是日本液化天然气进口的第二大来源地；世界第十四大经济体韩国 87% 的石油进口来自于大中东地区。美国在大中东地区的军事基地成为美国向盟友提供的重要安全公共产品，成为美

---

① 大卫·韦恩著，张彦译：《美国海外军事基地：它们如何危害全世界》，北京：新华出版社，2016 年版，第 14 页。

② “The United States Database,” http：//stat. wto. org/CountryProfile/WSDBCountryPFView. aspx？Language = E&Country = US.

国维护全球秩序的重要支撑力量。[①] 2010 年，奥巴马公布了其上任以来第一份《国家安全战略报告》，详细阐述了 21 世纪美国的主要国家利益类型：（1）安全利益，包括维护美国、海外公民、盟友和伙伴国的安全；（2）经济利益，包括维护美国强劲、创新与不断增长的经济，促进开放经济、机会和繁荣；（3）尊重普世价值观，包括个人自由、集会、宗教信仰、民主选举、尊严、宽容、人人平等、公正等；（4）建立美国领导下的国际秩序。[②] 经济利益是美国在大中东地区军事基地部署的重要动因。

最后，美国利用在大中东地区的军事基地，维护在大中东的侨民安全。美国在土耳其、以色列、阿联酋、卡塔尔等拥有大批侨民，并在阿富汗、伊拉克、沙特等国家使领馆派出了数量较多的外交官、工作人员及其家属，成为美国在大中东地区军事基地所承担的重要任务。例如，美国在巴格达使馆占地 100 多英亩，一度拥有 1.7 万工作人员。2012 年初美国完成从伊拉克撤军后，伊拉克使馆仍有大约 16000 名员工。[③] 此外，美国还在南部城市巴士拉、北部城市摩苏尔和基尔库克设有领馆，每个领馆均拥有 1000 名左右工作人员，其中包括武官、保安和情报系统的工作人员。[④] 在阿富汗，美国除在首都喀布尔设有大使馆外，还在坎大哈、赫拉特等地设有四处领事馆，成为美国在阿富汗近 1.1 万名美军及其家属所承担的重要保护任务。利比亚、埃及、也门、叙利亚和伊拉克出现乱局后，美国在大中东的军事基地均参与了撤侨任务，海外军事基地成为美国领事保护的重要依托力量。

小　　结

美国地处西半球，又是冷战后唯一的超级大国，其海外军事基地部署具有多重性动因，包括国际格局的变化、国防和军事转型、国际裁军、地

① "Assessing the Global Operating Environment: 2015 Index of US Military Strength," The Heritage Foundation, 2015, p. 118.

② The White House, *National Security Strategy*, 2010, Washington D. C., May 2010, p. 7.

③ Dennis Steele, "The Sun Sets on Operation New Dawn, but the Shadows Remain," *ARMY*, January 2012, p. 54.

④ James Denselow, "The US Departure from Iraq is an illusion," *the Guardian*, 25 October, 2011.

区冲突、对象国的态度等。维护领导地位、增强投射能力、巩固军事联盟和保护现实利益成为冷战后美国在大中东地区军事基地部署的重要原因。

表 2—2　大国在大中东地区部署军事力量的原因分析

主要动因	美国	英国	法国	俄罗斯	日本	中国
战略维度：维护领导地位	全球领导权	军事、政治和经济影响力	军事、政治和经济影响力	军事和政治影响力	政治和经济影响力	政治和经济影响力
军事维度：增强投射能力	全球军事力量投射	东地中海地区力量投射	红海与波斯湾地区力量投射	东地中海地区力量投射	亚丁湾地区力量投射	亚丁湾地区力量投射
政治维度：巩固地区联盟	巩固大中东联盟体系	与海湾国家、土耳其的战略合作	与海湾国家、土耳其、吉布提等国的战略合作	与叙利亚和中亚盟国的战略合作	与美国协调立场	不结盟、不选边
利益维度：保护现实利益	军火利益、经贸利益和侨民保护	军火利益、经贸利益和侨民保护	军火利益、经贸利益和侨民保护	军火利益、经贸利益和侨民保护	经贸利益和侨民保护	经贸利益和侨民保护
在大中东地区的军事基地的部署	在海合会、土耳其、阿富汗、叙利亚、伊拉克、以色列、吉布提等军事基地群	在塞浦路斯和巴林的军事基地	在吉布提和阿联酋的军事基地	在叙利亚、吉尔吉斯斯坦和塔吉克斯坦的军事基地	在吉布提的军事基地	在吉布提的后勤补给站

从表 2—2 可以看出，美国在大中东地区部署的军事基地形成了网络状的“军事基地群”，英、法、俄在该地区的军事基地与国内军事基地连成了“线”，而日本和未来中国在该地区的军事部署仅仅停留在“布点”的层面，这与大国部署海外军事基地的动机存在重要关联。第一，从战略层面的“巩固领导地位”因素来看，美国追求地区领导权和综合影响力，包括输出民主和价值观、推广西方的政治意识形态等，英、法、俄追求军事、政治和经济影响力，中日则主要追求政治和经济影响力；第二，从军事层面的“权力投射”因素来看，美国追求全球投射能力，将大中东地区视为其干预全球事务的重点地区之一，英、法、俄仅仅在东地中海、红海、亚丁湾和波斯湾等局部地区增强权力投射和地区事务干预的能力，中日在吉布提的军事部署具有防御性，执行较为单纯的任务；第三，从政治层面的“巩固地区联盟”因素来看，美国在大中东地区形成了三个层面的联盟体系，其海外军事基地的部署旨在维护大中东地区联盟体系的稳定性和对盟友安全承诺的可信度，英、法、俄、日在大中东维持了有限联盟，而中国则奉行“结伴不结盟”政策；最后，从“保护现实利益”因素来看，美国在大中东的利益类型最多、内涵最丰富，英、法、俄次之，中日在该地区的利益相对单一。受上述因素的影响，六大国在大中东地区军事部署的规模、数量和范围差异性较大。

本章以大中东地区为例，考察美国海外军事基地部署的动因。研究发现，与其他大国不同，美国在全球部署了军事基地群，其主要任务是谋求全球领导权、增强军事投射能力、巩固军事联盟体系和维护现实利益。尽管奥巴马政府对大中东能源依赖度下降并将全球战略重心向亚太转移，但是美国上述四个目标并未发生根本性改变，美国在大中东地区的军事基地部署仍将继续发挥传统与非传统功能。美国是世界上唯一的超级大国，而英、法、俄、日、中等是具有全球影响的地区大国。美国建立了遍布全球的军事基地，美国国防部声称可在两个小时内向任何国际危机爆发地点投射军事力量。但是这个“日不落帝国”的根基在大中东地区已出现动摇的前兆。为维护海外军事人员、设施、舰队和支付基地租金，美国海外军事部署的年均开支达 2500 亿美元[①]，对陷入长期低迷的美国经济来说，无疑是雪上加霜。海外军事基地是否会成为压垮美国经济和挑战美国国际道义合法性的“最后一根稻草”，仍有待观察。

---

① Anita Dancs, "The Cost of the Global U. S. Military Presence," Policy Report, FPIF, Institute for Policy Studies, July 3, 2009, p. 1.

第三章／美国在大中东地区军事基地的调整

美国在大中东地区军事基地的部署属于第一阶段，调整属于第二阶段。影响美国在该地区军事基地调整的因素主要是地区格局的变化、美国决策者的认知、基地政治化和第三方的反制。

第一节　地区格局的变化

美国海外军事基地的隐性逻辑是全球利益—全球威胁—全球部署，即美国作为霸权国，坚信自己有责任向全球提供公共产品，维持“自由主义国际秩序”。大中东格局的变化必然导致美国大中东利益与威胁的变化，进而影响其在大中东的军事基地部署。具体来说，美国在大中东军事基地部署的重要任务是确保能源的正常供应、信守对盟友的条约义务、保持对大中东热点地区的权力投射与干预能力以及控制大中东海上枢纽和要道。

如果将美国全球军事基地的部署态势放在地区格局演变的长时段中加以考察，大体上可以看出三点：第一，美国海外军事基地的数量和驻军人数的绝对值呈下降趋势，无论是在亚太、大中东还是在欧洲地区，美国海外军事基地的数量和官兵人数都逐步减少，但权力投射的能力却不断提升。第二，美国全球军事基地的扩张与收缩呈周期性变化，即每经 8—10 年美国全球军事基地的扩张期之后，经常会进入收缩期，接着又是新一轮扩张期，如此反复。第三，尽管美国在前沿军事基地部署的人员减少，但部署的军事装备越来越先进。研究表明，当美国实力膨胀时，其通常在国际安全领域采取更加具有扩张性和进攻性的国际战略，增加军费、对外卷入更多冲突，美国在海外的军事基地部署因而也会相应增加；否则美国将奉行收缩战略、军费开始削减、对外安全承诺减少，美国会在海外缩小军事基地的规模，如关闭军事基地，或者利用柔性军事存在（即所谓的“轻脚印”）代替刚性军事基地。

表3—1　美国全球军事人员部署变化表　　（单位：千人）

	1988	1989	1990	1991	1992	1993	1994	1995	1996	1997	1998	1999
德国	249	249	228	203	134	105	88	73	49	60	70	66
欧洲其他地区	74	71	64	62	64	44	41	37	62	48	42	40
欧洲浮动基地	33	21	18	20	17	17	9	8	4	3	4	4
韩国	46	44	41	40	36	35	37	36	37	36	37	36
日本	50	50	47	45	46	46	45	39	43	41	40	40
太平洋其他地区	17	16	15	9	3	1	1	1	1	1	1	1
太平洋浮动基地	28	25	16	11	13	17	15	13	15	14	18	21
拉美与加勒比地区	15	21	20	19	18	18	36	17	12	8	11	8
其他地区	29	13	160	39	23	25	15	14	17	15	37	32
合计	541	510	609	448	344	308	287	238	240	226	260	247

数据来源：Secretary of Defense, *Annual Report to the President and the Congress*, Washington D. C., 2000, p. 219.

美国在大中东的战略目标是所谓促进大中东地区的和平，以合理价格获取战略自然资源，实现阿以之间的和平，通过对话解决争端，敦促伊拉克、伊朗、叙利亚和利比亚等国遵守国际规范。截至2000年，美国在大中东和南亚地区共部署了1.5万人的力量，并将关键军事物资运送到前沿，以威慑敌人，推进联合国维和行动，使美国能够获取自然资源，并和盟国一道促进彼此间的军事协调能力。[①] 冷战刚结束时，阿富汗并不是美国全球战略的重点地区。但是，“9·11”事件的发生使美国意识到：阿富汗地区的局势发展与美国国家安全息息相关，在阿富汗周边邻国如吉尔吉斯斯坦、乌兹别克斯坦、巴基斯坦等部署军事基地，成为美国发动阿富汗战争

① Secretary of Defense, *Annual Report to the President and the Congress*, Washington D. C., 2000, p. 12.

必须考虑的首要问题。正如2002年美国《国家安全战略报告》所言：阿富汗战争爆发前，该国在美国对外战略中处于次要地位。但是在很短的时间里，美国不得不在这个遥远的国度开展大规模军事行动，并在该国进行大规模军事部署，实现美国远征军的部署态势变化。①

冷战时期，美国除在土耳其外，很少在大中东部署军事基地。冷战后，美国在大中东地区的军事基地调整与该地区形势的变化息息相关，即大中东地区非对称性威胁已经成为美国在该地区重要的安全挑战。2010年美国国防部公布的《非对称性战争》研究报告指出，恐怖主义、反叛力量和犯罪网络以及部分国家将日益诉诸非对称性战争的形式，以此作为有效方式挑战美国常规军事力量。随着技术的进步，美国面临的非对称性威胁将更加致命，势必将引起大范围的混乱，且难以采取应对措施。② 在美国应对非对称性威胁时，潜在敌人会挑战美国在大中东地区军事部署的合法性，并且会在舆论宣传层面与美国形成争夺民心的激烈竞争关系，这是"9·11"后美国增加在大中东国家军事基地部署的重要原因。

美国历届政府根据《基地重组与关闭法案》，对国内军事基地和海外军事基地的战略价值、功能、风险、成本等各要素进行综合评估，既考虑到安全因素，又考虑到经济、社会乃至就业因素等，然后对海内外军事基地部署作出相应的调整。2010财年，奥巴马政府的海外军事基地重组和关闭的预算是18亿美元。③

2008年美国国防情报战略报告分析了21世纪国际和地区形势发生的新变化，包括世界主要国家的经济现代化，大国地缘政治争夺的新态势，城市人口的暴增，大国对自然资源的争夺，劳动力人口结构的变化，以及地区不稳定、宗教极端主义和非对称战争的影响等。④ 随着地区形势的变化，美国在战区所要保护的利益与面临的威胁也发生了重要变化，成为美国调整海外军事基地部署的重要原因。1991年后，东欧剧变、苏联解体与

---

① The White House, *The National Security Strategy of the United States of America*, 2002, Washington D. C., September 2002, p. 29.

② Department of Defense, *Irregular Warfare: Countering Irregular Threats*, Version 2.0, Washington D. C., May 2010, p. 4.

③ Anita Dancs, "The Cost of the Global U. S. Military Presence," Policy Report, FPIF, Institute for Policy Studies, July 3, 2009, p. 9.

④ Under Secretary of Defense, 2008 *Defense Intelligence Strategy*, Washington D. C., 2008, p. 1.

两德统一预示着两极格局在欧洲寿终正寝，美国在德国、意大利等国的军事基地大幅度减少，人数也大幅度下降。1991 年苏联从大中东撤出军事力量，美国趁海湾战争之机扩大在大中东的军事存在，并在海合会六国部署了军事基地，开始了美国在大中东的主导地位。

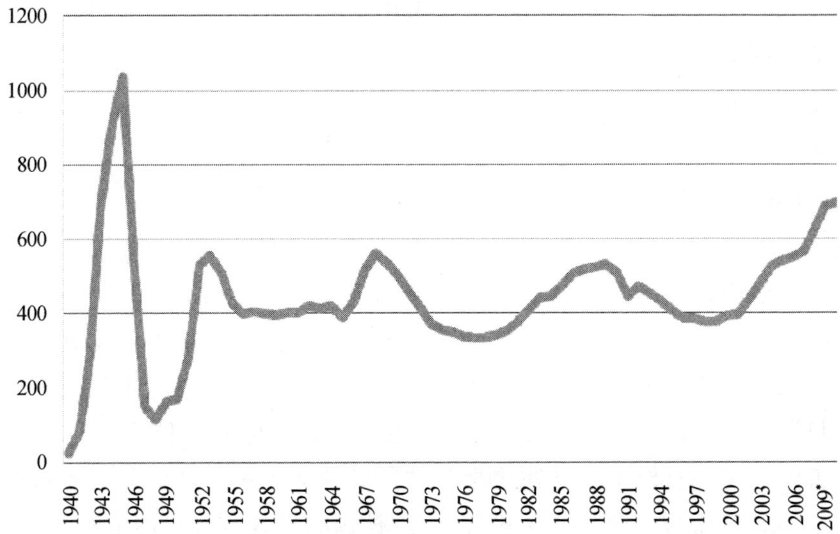

图 3—1　1940—2010 年美国军费开支的变化（以 2009 年美元购买力计算）

资料来源：Anita Dancs, "The Cost of the Global U. S. Military Presence," Policy Report, FPIF, Institute for Policy Studies, July 3, 2009, p. 2.

地区格局变化是美国采取扩张性或收缩性政策的主要原因，美国大中东军事基地部署的规模和态势与大中东战略态势的变化存在重要关联，尤其与地区格局的变化（单极—两极—多极）的变化存在重要联系。奥巴马担任总统以来，大中东地区出现了群雄并立的多极格局。美、欧、俄、中等域外大国形成了第一组权力平衡，沙特、伊朗、以色列、土耳其和埃及等大中东地区强国形成了第二组权力平衡，逊尼派与什叶派、巴勒斯坦与以色列、温和力量与激进力量、世俗力量与宗教力量、阿拉伯力量与非阿拉伯力量在大中东主权国家内部形成了第三组权力平衡。[①] 受大中东多极化格局的影响，美国从伊拉克撤军，并撤出驻阿富汗大部分作战力量，关闭在沙特和阿曼等国的大型军事基地。2015 年，美国参谋长联席会议公布

① 参见 Farzad Cyrus Sharifi-Yazdi, *Arab-Iranian Rivalry in the Persian Gulf: Territorial Disputes and the Balance of Power in the Middle East*, London: I. B. Tauris, 2015。

了最新版本的《国家军事战略报告》。根据地区形势的变化，该报告提出新时期美国国家利益包括：（1）美国、公民、盟友与伙伴的安全；（2）确保美国经济维持活力、创新和增长；（3）在美国国内和全世界尊重普世价值观；（4）在美国的领导下建立基于规则的国际秩序，维护和平、安全与机会。美国的军事目标就是遏制、阻止和打败对美国国家安全构成挑战的各类威胁。①

第二节 美国决策者的认知

除外部因素——地区形势的变化影响美国在大中东地区军事部署外，美国决策者的认知——立法机构的意志（国会）、两党领袖、政治领导人理念、安全政策制定者的偏好也是影响海外军事基地调整的内部因素。它既受领导层战略理念的影响，又受国内安全和国防体制的制约。

首先，美国领导人战略理念的变化会影响其在大中东地区军事基地的调整，如老布什的“超越遏制战略”、克林顿的“参与与拓展战略”、小布什的“先发制人战略”和奥巴马的“巧实力战略”等。“9·11”事件后，美国在大中东地区的战略目标发生重大调整，从遏制两伊（1992—2000）到发动反恐战争（2001—2000）。小布什政府指出，恐怖主义无法通过常规威慑与核威慑加以遏制，因为恐怖组织可以选择在任何时间、地点和发动袭击；现代科技的突飞猛进为恐怖组织发动大规模袭击提供了技术条件。为维护美国本土安全，美国面临六大战略任务，即加强情报与预警；增强边界与运输安全；加强国内反恐；保护关键基础设施和重要资产；预防灾难性恐怖主义的发生；危机预防与应对等。为维护本土安全，美国相继对阿富汗和伊拉克两个伊斯兰国家发动战争，在大中东地区军事基地长期部署了6万兵力。② 2002年《国家安全战略报告》认为，新时期美国面临的重大威胁是全球范围内的恐怖主义，这种恐怖主义不是单一的政治实体，也不是单个个体、宗教或意识形态，而是具有政治动机的、针对平民

---

① Chairman of the Joint Chief of Staff, *The National Military Strategy of the United States of America: The United States Military's Contribution to National Security*, Washington, DC, June 2015, p. 5.

② Office of Homeland Security, *National Strategy for Homeland Security*, July 2002, p. 4; p. 10.

的暴力行为和思想。美国的首要目标是粉碎全球范围内的恐怖组织，瓦解其领导层，摧毁其指挥、控制、通讯、计算机、监视、侦察和情报系统，切断其物资与金融支持渠道。唯有此，才能真正削弱恐怖组织计划和实施恐怖袭击的能力。具体而言，美国将采取以下措施：第一，积极预防大规模杀伤性武器扩散；第二，阻止“无赖国家”和恐怖组织获得制造大规模杀伤性武器的原材料、技术和能力；第三，加强危机管理，积极应对大规模杀伤性武器使用的后果。①

正如小布什所言，21 世纪，在恐怖主义日益猖獗的情况下，美国再也无法通过依靠两大广袤的海洋保护自己，美国只有在海外积极行动，在国内保持警惕，才能真正阻止美国再次发生类似于“9・11”式的打击。为打击恐怖主义，美国必须向大中东地区部署军事力量，阻止恐怖组织的庇护国支持恐怖分子；迫使所有国际社会的成员接受联合国安理会第 1373 号决议及 12 份联合国反恐公约。②

从反恐战争到后反恐战争，美国在大中东地区战略目标的调整影响了其在该地区的军事基地部署的规模。2006 年《美国国家反恐战略报告》指出，为打击恐怖主义，保卫美国国家安全，美国将促进有效民主、抵制恐怖主义意识形态；组织恐怖主义网络的进攻；阻止“无赖国家”和恐怖组织盟友获取大规模杀伤性武器；阻止“无赖国家”为恐怖分子提供庇护所和支持；阻止恐怖分子利用任何国家作为基地发动攻击；为消除恐怖主义的根源打下坚实的基础并建立有效机制。③ 受此影响，美国随后加大了对阿富汗和伊拉克的军事力量投入，并以遏制非洲恐怖主义蔓延为目标，成立非洲司令部，在吉布提部署永久性军事基地。

受反恐战争结束后美国战略理念调整的影响，奥巴马实施了“巧实力”战略，强调美国新的对外政策必须“软硬兼施”，综合运用“硬实力”和“软实力”，只有二者并重才能有效应对来自地区和全球的挑战，即“保持和延长美国的战略优势”，使美国成为“更聪明的大国”——由外交（Diplomacy）、发展（Development）、防务（Defense）组成三位一体

---

① The White House, *The National Security Strategy of the United States of America*, 2002, Washington D. C., September 2002, p. 5; p. 14.

② The White House, *National Strategy for Combating Terrorism*, February 2003, pp. 12 – 15.

③ The White House, *National Strategy for Combating Terrorism*, September 2006, p. 1.

的“3D”力量，推行美国的外交政策，确保美国的利益与安全。换言之，奥巴马与小布什政府相比，更加强调三组战略平衡，即：第一，维持外交、发展与防务的平衡，纠正前任小布什政府重武力、轻外交的失衡；第二，强调巩固强大的传统联盟体系与新权力中心（如中国、印度、巴西、南非和俄罗斯等），建立伙伴关系的平衡，对新伙伴寄予更大期待；第三，强调在国防战略上保持应对眼前恐怖主义威胁和在传统安全领域内保持长期战略优势地位的平衡。① 在“巧实力”影响下，奥巴马第一任期放弃了小布什提出的“全球反恐战争”，将全球战略重心逐步转向亚太地区，视新兴大国崛起而不是恐怖主义为主要安全挑战，通过撤军伊拉克寻求逐步从大中东脱身。同时，美国不愿意放弃在大中东事务中的领导权，继续在土耳其、卡塔尔、巴林、科威特、阿联酋和吉布提等维持军事基地。②

受全球金融危机的影响和自身实力下降的制约，2009 年奥巴马政府被迫宣布分阶段从伊拉克和阿富汗撤军，同时避免卷入与利比亚和叙利亚等大中东国家新的战争，试图将全球战略重心转向亚太地区。这一战略设计被突如其来的中东剧变严重干扰，北非和西亚阿拉伯国家发生的大动荡使美国深深卷入其中，难以脱身。从 2010 年底到 2014 年初，“阿拉伯革命”的重心从北非阿拉伯国家转向西亚阿拉伯国家，其发展过程大体上经过了两个阶段：第一阶段为“和平过渡期”，以突尼斯、埃及、也门、摩洛哥和约旦的政权更迭为代表；第二阶段为“暴力冲突期”，以利比亚、巴林、叙利亚和 2013 年埃及“二次革命”为代表。阿拉伯革命已经从一场内生性、局部性和低烈度政治运动（第一波），演变为地区和全球大国纷纷介入的内战和地区性热点问题（第二波）。四年来，在域外大国和大国集团中，美国对阿拉伯革命的介入程度最深。

在奥巴马任期内，美国在大中东地区的国家利益认知未发生根本性变化，主要包括战略利益、现实利益和道义利益三个层面：（1）维护美国在大中东地区的主导权；（2）阻止大规模杀伤性武器扩散；（3）维护大中东能源供应稳定；（4）确保盟国以色列、土耳其和海合会成员国的安全；

① 陈东晓：《“奥巴马主义”及其对中美关系的影响》，载《国际展望》2010 年第 4 期，第 9—10 页。

② The White House, *National Security Strategy*, 2010, Washington D. C., May 2010, p. 41.

（5）推广西方民主和价值观。[①] 美国在大中东地区的主要关切分别是叙利亚问题、阿富汗问题、伊拉克问题、巴以和平进程问题、大中东能源安全问题、恐怖主义问题和大规模杀伤性武器扩散问题等。[②]

美国对大中东利益的判断虽未变化，但奥巴马对“阿拉伯革命”的性质与走向的认知却不同于第一任期。中东剧变爆发初期，奥巴马总统一度陷入犹豫不决的境地，在支持民主还是支持亲美的阿拉伯国家威权领导人之间犹豫不决，但在政策宣示上最终强调支持阿拉伯国家的所谓“民主转型”。[③]从总统奥巴马和前国务卿希拉里到美国主流媒体对中东剧变的评价总体上积极正面，认为这是一场民主化运动，是继苏东解体之后，世界民主化运动的“第二波”。奥巴马政府认为，大中东国家普遍面临高失业率、教派纷争、民主与法制不健全等一系列治理难题，必须加强民主治理。[④]美国政府认为，这场肇始于突尼斯的“阿拉伯之春”打破了“大中东民主例外论”的神话，表明“自由、民主、人权”是人类的普世价值观；大中东民主化运动符合美国在大中东输出政治制度的长远利益。2011 年 12 月 29 日，美国前国务卿希拉里公开宣称，支持美国全国民主学会和国际共和学会等非政府组织在埃及推进民主的活动，并警告埃及过渡政府不要干扰其推动民主的工作。[⑤]

奥巴马第二任期，美国高层对中东剧变的看法开始发生转变，丧失了中东剧变之初所表现出的高度热情与期待，不再认为这是一场自发性的、自下而上的民主化运动和“阿拉伯之春”，而是越来越担心这将是一场导致大中东国家持续动荡的“阿拉伯之冬”。[⑥] 美国最新国防战略报告《维持

---

① 美国哈佛大学斯蒂芬·沃尔特教授把美国在中东的利益分为战略利益和道义利益两类，前者包括确保国际石油和天然气正常供应、打击中东反美恐怖主义、阻止大规模杀伤性武器扩散；后者包括促进中东的人权与保证以色列的安全。参见 Stephen Walt, “U. S. Middle East Strategy: Back to Balancing,” *Foreign Policy*, November 21, 2013.

② 参见 Daniel L. Byman, “Explaining the Western Response to the Arab Spring,” *The Journal of Strategic Studies*, May 14, 2013。

③ James Petras, “Washington Faces the Arab Revolts: Sacrificing Dictators to Save the State,” *Journal of Contemporary Asia*, Vol. 41, No. 3, 2011, pp. 483 –490.

④ Kenneth M. Pollack, *The Arab Awakening: America and the Transformation of the Middle East*, Washington D. C. : Saban Center at the Brookings Institution Books, 2011, p. 21.

⑤ 埃及过渡政府指责美国民主促进基金项目等未在埃及政府部门注册登记，是非法的。

⑥ 参见 Marc Lynch, *The Arab Uprising: The Unfinished Revolutions of the New Middle-East*, Cambridge, MA: Perseus Books Group, 2012。

美国的全球领导地位：21 世纪国防的优先任务》指出："在大中东，'阿拉伯觉醒'既带来了战略机遇，又带来了战略挑战。政权更迭、需要进行改革的大中东国家局势紧张，给未来带来了不确定性。"[①] 奥巴马政府对中东剧变的认识发生变化，一方面是因为三年来大中东动荡已经给当地民众造成严重的人道主义危机，并没有给阿拉伯世界带来真正的所谓民主政治模式，另一方面是因为通过所谓走"民主化道路"产生的新政权过程中，得益者主要是伊斯兰势力，以"什叶派新月地带""萨拉菲派新月地带"和"穆兄会新月地带"为代表的大中东激进势力争夺公开化；在逊尼派内部，沙特、埃及、土耳其和卡塔尔也存在某种竞争关系，利雅得、开罗、安卡拉和多哈均希望成为伊斯兰世界的中心[②]，因而均借重国内伊斯兰势力，美国在大中东地区的实际影响力与控制力在下降。[③] 在维护所谓美国中长期利益——输出民主价值观与维护美国近期现实利益面前，奥巴马更看重后者。以利比亚为例，尽管美国推翻了卡扎菲"独裁政府"，给利比亚人民带来了所谓"自由"，但新政权并没有奉行亲美政策，2012 年美国驻利比亚大使克里斯托弗·史蒂文斯在班加西遇袭身亡对美国来说已经成为"创伤性事件"，2013 年 7 月穆尔西总统被推翻、埃及宗教势力与军方势力矛盾激化等，使奥巴马政府不得不面对大中东政治力量日益多元化、伊斯兰激进势力甚至是恐怖组织抢占"街头革命"胜利果实的现实。随着大中东阿拉伯转型国家伊斯兰势力上升和经济改革步履蹒跚，美国的主导能力下降，大中东转型国家的社会发展已经偏离了美国预先设置的发展轨道（即自由、民主、人权、法治、市场经济、公民社会等），中东剧变损害了美国的现实利益，奥巴马在第二任期对大中东所谓"民主转型"失去热心，开始奉行更加务实、更加超脱的外交政策，美国从伊拉克和阿富汗抽身、改善与伊朗关系、在巴以之间奉行超脱战略等，都有助于美国将战略重心转移到亚太地区。

其次，美国国防会议机制也会影响大中东军事基地的调整。国家安全

---

① U. S. Department of Defense, *Sustaining U. S. Global Leadership: Priorities for 21st Century Defense*, January 2012, p. 2.

② Walter Russell Mead, "The Failed Grand Strategy in the Middle East," *Wall Street Journal*, August 24, 2013.

③ John R. Bradley, *After the Arab Spring: How Islamists Hijacked The Middle East Revolts*, London: Palgrave Macmillan, 2012, pp. 199 - 218.

委员会是美国总统领导下的重要安全决策机制，包括总统、副总统、国务卿、国防部长等。1988 年美国《国家安全战略报告》坦言，美国国家安全战略的实施主要通过行政部门来执行，但是光依靠行政部门是不够的。行政部门必须依靠国会的支持，促进美国民主党与共和党之间的团结与协作，才能真正维护美国的国家安全战略。① 国防会议机制包括每年两次的国防高层领导会议（Defense Senior Leadership Conference）、不定期的高层领导评估小组会议（Senior Leader Review Group）、每周一次的国防部副部长顾问工作会议（Deputy's Advisory Working Group）、每月一次的国防商业系统管理委员会（Defense Business Systems Management Committee）等（参见表 3—2）。

表 3—2　美国国防部内部会议机制

	国防高层领导会议（Defense Senior Leadership Conference）每年两次	高层领导评估小组会议（Senior Leader Review Group）不定期	副部长顾问工作会议（Deputy's Advisory Working Group）每周一次	国防商业系统管理委员会（Defense Business Systems Management Committee）每月一次
国防部长	主席	主席		
国防部副部长	√	√	主席	主席
三军部部长	√	√	√	√
负责采购、技术与后勤事务的助理国防部长	√	√	√	副主席
负责政策事务的助理国防部长	√	√	√	√
负责财政事务的助理国防部长	√	√	√	√

① The White House, *National Security Strategy of the United States*, 1988, Washington D. C., January 1988, p. 40.

续表

	国防高层领导会议(Defense Senior Leadership Conference)每年两次	高层领导评估小组会议(Senior Leader Review Group)不定期	副部长顾问工作会议(Deputy's Advisory Working Group)每周一次	国防商业系统管理委员会(Defense Business Systems Management Committee)每月一次
负责人事与战备事务的助理部长	√	√	√	√
负责情报事务的副部长	√	√	√	√
参谋长联席会议主席	副主席	副主席		
参谋长联席会议副主席	√	√	副主席	
陆军总参谋	√	√	√	
空军总参谋	√	√	√	
海军总参谋	√	√	√	
海军陆战队总司令	√	√	√	
海岸警卫队总司令	√			
非洲司令部司令	√			
中央司令部司令	√			
欧洲司令部司令	√			
联合军种司令部司令	√			√
北方司令部司令	√			
太平洋司令部司令	√			
特种军司令部司令	√		√	
南方司令部司令	√			
战略司令部司令	√			
交通运输司令部司令	√			√
驻韩美军司令部司令	√			

资料来源：Department of Defense，2008 *Strategic Management Plan*，Washington D. C.，July 2008，p. 14. “√”表示出席，“主席”“副主席”表示在会议机制中担任的角色。

在上述军方领导人中，国防部长和非洲司令部、中央司令部、欧洲司令部司令的战略理念变化，会直接影响政府报告的理念，从而影响美国在大中东地区的军事基地部署态势。

2015 年的美国《国家安全战略报告》指出，新时期美国海外前沿军事存在将继续保卫美国本土，加强全球反恐、保护盟友、抵御侵略。如果威慑不能奏效，美国军队将在多个战场向全球投射军事力量击败并阻止侵略。随着美国海外军事基地的小型化，美国海外驻军尤其是在大中东国家的驻军人数大幅度减少。但是，美国将部署小而精的军事力量，并在所有领域占据主导地位。①

第三节　基地政治化

军事基地东道国反基地运动的兴衰也影响美国在大中东地区的军事基地调整。20 世纪 60 年代，法国反对美国的军事基地部署，迫使美国最终关闭在该国的军事基地；1984 年，新西兰宣布关闭美国空军在基督城（Christchurch）的军事基地。冷战结束后，日本、韩国和菲律宾也曾经爆发大规模反基地运动，结果美国关闭在菲律宾的军事基地，并减少在日韩驻军的规模，并将军事部署的重心转移至关岛和夏威夷。美国在沙特、伊拉克、巴基斯坦、乌兹别克斯坦、阿富汗、吉尔吉斯斯坦、土耳其等伊斯兰国家的军事基地，都不同程度地受到当地反基地运动的干扰和影响，最终美国关闭了在沙特、伊拉克、巴基斯坦、乌兹别克斯坦和吉尔吉斯斯坦的军事基地，减少了在阿富汗和土耳其的驻军规模。反基地运动呈现一定的周期性，与基地东道国国内政治、经济形势、与美国双边关系、以及突发事件等共同影响。

为增强在基地东道国驻军和部署军事基地的合法性，预防反基地运动对海外军事部署的干扰，美国试图增强在海外驻军的法律依据。美国在大中东地区的军事基地部署主要依据签订的正式与非正式协定，如双边军事条约、心照不宣的备忘录、行政部门签订的合作协议、军事合作协定以及

① The White House, *National Security Strategy*, 2015, Washington D. C., February 2015, p. 8.

外交照会等。与海外军事基地相关的协定包括《军事访问协定》（Visiting Force Agreement）和《军事地位协定》（Status of Force Agreement，SOFAs），前者一般规定外国军队的临时部署和执行临时性任务，后者则规定外国军队的永久性部署和执行永久性任务。截至2000年，美国与世界上101个国家签订了105份《军事地位协定》。[①] 基地协定的具体条款不同，美国在海外军事基地的性质和权限也不一样，如有些军事基地为美国所单独使用，如美国在吉布提的军事基地，在这些军事基地的美军事实上享有同外交官豁免权相似的治外法权，就像美国在古巴关塔那摩海军基地一样；有些为基地东道国和美国共有，如美国和英国在迪戈加西亚群岛的军事基地；还有些为多边军事联盟共享的军事基地，如北约在土耳其伊兹密尔、西班牙罗塔（Rota）海空军军事基地。总体来看，《军事访问协定》和《驻军地位协定》等与国际法规定的主权原则相悖，尤其是《驻军地位协定》成为大国在海外中小国家土地上寻求治外法权的法律依据，成为基地东道国反对大国部署军事基地的重要原因。“9·11”事件发生后，美国国防部根据拉姆斯菲尔德的理念，基于军事转型的大趋势，依靠强大的空军力量优势和特种力量，在军事上很快得以战胜阿富汗塔利班政权和伊拉克萨达姆政权。可以说美国善于在战术上战胜对手，却不是如何在战略上结束战争——美国在阿富汗、伊拉克和利比亚的重建步伐步履蹒跚，可以说打赢易，收场难。2006年的美国《国家安全战略报告》指出，21世纪初以来，中亚地区始终是美国外交政策的优先考虑。中亚五国国情差别甚大，美国的外交政策也不尽相同。但是美国在中亚五国追求相似的政治目标，即赢得反恐战争的胜利，增强中亚地区安全，促进中亚国家的有效民主并推动中亚国家的自由市场改革。[②] 推动基地东道国的民主化改革实际上与美国承担在中亚国家的反恐任务存在矛盾，使美国在中亚地区的军事基地部署常常伴随矛盾，如在乌兹别克斯坦、吉尔吉斯斯坦以及巴基斯坦和阿富汗等常常受到反基地运动的侵扰。美军士兵虐待阿富汗俘虏、焚烧《古兰经》、枪杀当地民众等，成为穆斯林反对美国海外军事基地的导

---

① Alexander Cooley and Daniel H. Nexon, “Globalization and the Politics of U.S. Overseas Basing,” *Research Gate*, 2007, p. 9, https://www.researchgate.net/publication/237780091_Globalization_and_the_Politics_of_US_Overseas_Basing.

② The White House, *The National Security Strategy of the United States of America*, 2006, Washington D.C., March 2006, p. 40.

火索。

海外军事基地往往承担多重功能，如新式武器的试验场、情报搜集站、军事演习地、各种武器的储藏库、运输物资的中转站和执行作战任务的指挥前线。海外军事基地为美军提供了得天独厚的军事训练场所，使之能够适应不同气候、环境和战略背景下的作战任务，如美国在哥伦比亚和菲律宾的军事基地，使美军获得了现代丛林作战训练基地；美国在阿富汗的军事基地丰富了美军山地作战经验；美国在伊拉克、沙特和吉布提的军事基地丰富了美军在干燥、炎热的沙漠环境下的作战经验。然而，美国军事占领菲律宾之后，虽有利于菲律宾政府的威权统治，却遭到当地民众的强烈反对，美军不仅威胁到了当地普通民众的安全，而且侵犯了基地东道国主权和领土完整。自 1898 年开始，美军与菲律宾人的冲突共导致 20 万菲律宾人和 7000 名美国士兵死亡，成为菲律宾人反对美国驻军的“创伤性事件”；2003 年美国入侵伊拉克后，伊反美武装往往利用居民住宅甚至清真寺作为庇护所向美军发动攻击，结果美军在空袭时常常导致无辜平民伤亡，在半岛电视台和大众媒体的宣传下，伊拉克和伊斯兰世界的民众普遍要求美军关闭在伊拉克的军事基地。①

第一，美国推行价值观外交常引起大中东东道国的不满，造成基地政治化。推动基地东道国的民主化改革实际上与美国承担在大中东国家的安全任务存在矛盾。2006 年美国《国家安全战略报告》强调，长期以来，大中东国家一直存在自由赤字、社会失衡、经济停滞、政治仇恨、地区冲突和宗教极端化。然而，大中东人民与世界上其他民族一样拥有共同的愿望：自由、机会、公正、秩序与和平。美国支持大中东国家的改革，支持埃及和沙特等美国盟友推行改革和追求自由。② 但正如卡塔尔半岛电视台“谁相信美国”的节目所言，美国在伊斯兰世界的总体印象是虚伪的。美国通过政权更迭的方式搞乱了阿富汗、伊拉克和利比亚等国，不仅未能树立大中东民主的样板，反而打破了原有的权力结构，导致混乱和无序，这是大中东地区反对美国部署军事基地的重要原因之一。2015 年美国《国家

---

① 参见 Robert D. Kaplan, *Imperial Grunts: The American Military on the Ground*, New York: Random House, 2005。

② The White House, *The National Security Strategy of the United States of America*, 2006, Washington, D. C., March 2006, p. 38.

安全战略报告》也指出，保卫民主和人权与美国国家利益息息相关，美国政府支持世界上其他国家通过和平方式实现民主变革。中东剧变发生在民主传统薄弱、威权统治历史久远、教派关系紧张和暴力恐怖主义形势严峻的阿拉伯世界，西亚和北非地区的变革不可避免。[①] 美国关闭在沙特、巴基斯坦、伊拉克、乌兹别克斯坦等伊斯兰国家的军事基地与美国对东道国的民主化改造而引起的反感不无关系。

第二，美军与当地民众的冲突会引发和加剧大中东基地政治化。冷战时期，美国将核武器部署在土耳其军事基地，引起当地民众的恐慌与不满，担心美军在土耳其及其周边地区造成核灾难。海湾战争后，美军为减少沙特民众的不满，规定在沙特苏尔坦王子空军基地的飞机不悬挂美国国旗。[②] 根据沙特宗教习俗，美国军事基地区严禁携带含酒精饮料，美军女性家属禁止开车，军事基地中美军发送的个人邮件将受到监控，以阻止美军士兵利用网络下载不健康图片和视频，但是美军在沙特军事基地的活动仍引发了当地民众的不满。[③] 2003 年美国入侵伊拉克后，伊反美武装往往利用居民住宅甚至清真寺作为庇护所向美军发动攻击，导致美军在空袭时造成大量无辜平民伤亡，在半岛电视台和大众媒体的影响下，伊拉克和伊斯兰世界的民众普遍要求美军关闭在大中东的军事基地。[④]

第三，美国偏袒以色列、亵渎伊斯兰教的做法也会引发和加剧大中东基地政治化。美国纵容以色列空袭加沙、美国总统候选人的反穆斯林言论等往往在“脸书”和“推特”上广泛传播，激起穆斯林声势浩大的反美国基地运动。美军士兵虐待阿富汗俘虏、焚烧《古兰经》、枪杀当地民众等事件不断发生，也成为穆斯林反对美国在大中东军事基地的导火索。伊斯兰世界激进组织对美国军事基地的反感主要出于宗教、政治和文化原因。在伊斯兰激进组织看来，美国的军事基地玷污了伊斯兰教的纯洁性；美国偏袒以色列，却在伊斯兰土地上部署军事基地，更是无法容忍的“邪恶行

---

① The White House, *National Security Strategy*, 2015, pp. 19 – 20.

② 查尔斯·约翰逊著，任晓、张耀、薛晨译：《帝国的悲哀：黩武主义、保密与共和国的终结》，上海：上海人民出版社，2005 年版，第 277 页。

③ Richard J. Newman, “America’s Touchy Arab Allies,” *US News & World Report*, Vol. 124, No. 9, 1998, p. 30.

④ 参见 Robert D. Kaplan, *Imperial Grunts: The American Military on the Ground*, New York: Random House, 2005。

为”。因此，美国在大中东地区部署军事基地成为“基地”组织和“伊斯兰国”煽动全球穆斯林反对美国霸权的重要理由。“基地”组织和“伊斯兰国”还直接对美国军事基地进行袭击。例如，海湾战争后美国在沙特、也门的军事基地和军事设施都曾遭到“基地”组织的袭击。又如，2015 年 2 月 13 日，“伊斯兰国”袭击了伊拉克一个驻有美军顾问的军事基地——阿萨德空军基地，几名自杀式袭击者试图炸毁美军基地。该基地驻扎有大约 320 名美海军陆战队员。[①] 2017 年 12 月，美国总统特朗普不顾阿拉伯—伊斯兰世界的反对，公然宣布承认耶路撒冷是以色列的首都，引起伊斯兰合作组织 57 个成员国、以及欧盟、俄罗斯、中国、印度和广大发展中国家的普遍不满。

第四，国际反基地运动也会导致美军在大中东基地的政治化。近年来，在反对美国全球军事基地的运动中，全球左翼非政府组织成为重要力量。例如，2001 年成立于巴西的“世界社会论坛”将反对美国在海外的军事基地与反对全球化和美国全球霸权主义相结合，斗争的矛头直指美国的全球军事基地。2004 年，来自日本、韩国、比利时等美国海外军事基地东道国的 34 个国家共 125 名代表出席世界社会论坛。该“论坛”发布的报告指出，美国以反恐为名加强在全球的军事部署，其真实目的在于控制整个世界，尤其是美国以威逼利诱的方式在南方国家强行部署军事基地，成为美国建立全球霸权、主宰南方国家命运的基础。[②] 2013 年，第十三届“世界社会论坛”在突尼斯首都举行，成为反对美国全球军事基地的又一重要大会。

由此可见，美国在大中东地区军事基地的战略调整受大中东反美主义力量兴起的影响。一方面，大中东国家国内政局往往不稳，民族、教派和宗教极端势力常常对国家安全，尤其是政权安全构成重要挑战，这些国家往往在战略上寻求与美国结盟，默许美国部署军事基地。然而，伴随美国与伊斯兰世界的矛盾激化，美国政府在阿以冲突中偏袒以色列的长期做法，以及美军在伊拉克阿布格莱布监狱和关塔那摩等监狱虐待囚犯等突发

① 《伊拉克：“伊斯兰国”袭击驻有美军的军事基地》，http：//www. kankanews. com/a/2015 - 02 - 14/0016402353. shtml？ oepk3e.

② “Report of the International Anti-US Bases Conference,” *Word Social Forum* 2004, Mumbai, India, January 2004, p. 2.

性事件，都会激起伊斯兰世界反美情绪的上升，并直接挑战美国军事基地部署的合法性。[①]

第四节　第三方的反制

美国在大中东地区部署军事基地的结果是将战区分为“和平区”和“威胁区”，亦即美国在盟国土地上部署军事基地、在大中东地缘政治博弈中“选边站”，利用美国的盟友打压威胁源国等做法，必然导致被遏制者的反制。如果将美国视为“第一方”，部署有美国军事基地的东道国视为“第二方”，美国所要遏制的对象则是“第三方”，第三方采取反制措施的能力与决心成为美国在大中东调整军事基地部署的重要原因。

在大中东前沿地区部署军事基地，对于美国在该地区增强威慑能力至关重要。然而，潜在敌国大规模杀伤性武器的研发和军事技术的革新以及采取的反介入战略均成为重要制衡因素。反介入战略包括多种形式，如从本国基地投射军事力量、向美国军事基地发动袭击。海外军事基地既是美国前沿军事行动的桥头堡，又是需要保护的海外利益，甚至成为第三国加强舆论宣传、指责美国谋求地区霸权和帝国主义行径的重要理由。第三方的反介入和区域拒止包括以下手段：（1）从陆地、空中、水下等发射弹道导弹和巡航导弹破坏美国的军事设施和军事力量；（2）利用远距离侦察和预警系统打击卫星、飞机和陆基与海基雷达；（3）研发打击美国卫星与航空航天系统的武器来削弱美国的权力投射能力；（4）利用潜艇阻断美国及其盟友海上通信线路，切断美国海外军事基地与战区之间的联系；（5）发动网络战，破坏美国军用与民用指挥与控制系统以及关键基础设施；（6）对美国及其盟友的军事设施和人员发动突袭。[②]

冷战时期，美国以对外援助为诱饵，吸引基地东道国向美国出租军事基地，苏联则以缔结《和平友好条约》为倡议，劝阻欧亚大陆边缘地带国

---

① Stuart S. Brown, *The Future of US Global Power: Delusions of Decline*, London: Palgrave Macmillan, 2013, p. 45.

② Department of Defense, *Joint Operations Access Concept*, Version 2.0, Washington, D. C., January 17, 2012, pp. 7 - 9.

家不要将军事基地租让给美国；21 世纪以来，新兴大国如伊朗、俄罗斯等以经济和军事援助为筹码，说服中小国家不要将军事基地租给美国。美国在中亚乌兹别克斯坦、吉尔吉斯斯坦和阿富汗等国的军事基地部署引起俄罗斯政府的高度警惕和不满，普京政府通过各种渠道试图阻止中亚国家向美国租让军事基地。例如，2002 年美国曾向乌兹别克斯坦提供了 3 亿美元，其中 1.2 亿美元用于提高乌兹别克斯坦的军事硬件及预警设施，8200 万美元用于支持乌兹别克斯坦维稳。当年两国签订战略伙伴关系，卡里莫夫政府重申向美国提供汗阿巴德军事基地，该基地是美国在中亚最大的军事基地。然而，2005 年乌兹别克斯坦爆发“安集延”事件后，美国国会谴责卡里莫夫政府侵犯人权、镇压示威者，美国两党参议员甚至要求派出联合调查组，调查乌兹别克斯坦政府是否使用美式武器镇压示威者。乌兹别克斯坦政府随即宣布，美军必须在 180 天内关闭在汗阿巴德（Karshi-Khanabad）的军事基地。[①] 卡里莫夫的这一决定，受到了俄罗斯和上合组织的欢迎。2012 年，乌兹别克斯坦议会通过决议，禁止外国军队在其境内部署军事基地。

美国在海合会国家的军事基地主要针对伊朗，自然会遭受伊朗的反制。在外交上，伊朗伊斯兰共和国宪法明文禁止国外在该国部署军事基地，于是提出了建立“波斯湾集体安全机制”倡议，呼吁海湾阿拉伯国家不要将军事基地租让给美国，波斯湾沿岸国家的内部事务无须西方大国插手，伊朗愿意同海合会国家直接对话。在军事上，伊朗多次威胁称，一旦美国进攻伊朗，伊朗将攻击美国在海合会国家的军事基地。因此，伊朗是反制美国军事基地部署的重要力量。[②] 2016 年 5 月 1 日，伊朗最高精神领袖哈梅内伊（Ayatollah Sayyed Ali Khamenei）对美国在海湾部署军事基地的做法进行了言辞激烈的谴责，他指出：“美国在地球的另一边，为什么要跑到波斯湾来玩弄战争游戏？它们应该退回到猪湾。”[③]

同时，美国在土耳其部署军事基地遏制俄罗斯和叙利亚，美国在吉布

---

① Alexander Cooley and Daniel H. Nexon, “Globalization and the Politics of U. S. Overseas Basing,” *Research Gate*, 2007, pp. 43 – 44, https://www.researchgate.net/publication/237780091_Globalization_and_the_Politics_of_US_Overseas_Basing.

② Ravi Vohra and Devbrat Chakraborty, eds., *Maritime Dimensions of a New World Order*, New Delhi: National Maritime Foundation, 2007, pp. 138 – 143.

③ “Iran Criticizes US Presence in the Persian Gulf,” *The Boston Herald*, May 2, 2016.

提部署军事基地防范“基地”和“伊斯兰国”组织以及美国曾经在阿尔及利亚部署军事基地打击“马格里布基地组织”等，都受到被遏制方的强硬反制。2015 年美国《国家军事战略报告》指出，新时期美国在大中东的重要任务是维护盟友的安全，包括致力于维护以色列的安全，保卫约旦、沙特、科威特、卡塔尔、巴林、阿联酋、埃及等重要伙伴。① 俄罗斯、伊朗、叙利亚等国家，以及“基地”组织及其分支机构、“伊斯兰国”组织等非国家行为体，则成为美国在大中东地区军事部署所要防范的重要力量。俄罗斯和伊朗在外交上离间美国与海外军事基地东道国的关系，在军事上增强反介入能力，都迫使美国不得不调整海外军事基地的规模和位置，以防在危机爆发后海外军事基地成为上述大国攻击的首要对象；“基地”组织及其分支机构、“伊斯兰国”等极端组织在政治上渲染美国对伊斯兰圣地的“玷污”，增加对美国在大中东地区军事人员及其设施的攻击频率，也是促使美国调整大中东军事基地部署的重要因素。

小　结

美国在大中东的军事基地部署不是静态的，而是动态的。海外军事基地部署后，接下来面临的问题就是如何根据地区格局的演变、决策者认知的变化、基地东道国反基地运动的发展和被遏制方采取的反制措施作出相应的调整。从调整趋势来看，其主要包括基地的拓展（如美国在吉布提的军事基地）、基地的维持（如美国在土耳其、科威特、卡塔尔、巴林和阿联酋的基地）、基地的收缩（如美国在阿富汗、阿曼的基地）、基地的关闭（如美国在伊拉克、沙特、阿尔及利亚和巴基斯坦的基地）四种趋势，并受内部与外部、整体与局部、主观与客观等诸多因素的共同影响。未来，军事部署重心的迁移、责任区的变更、规模与驻军人数的变化、传统与非传统功能的拓展仍将是美国在大中东军事基地调整的重要内容。

---

① Chairman of the Joint Chiefs of Staff, *The National Military Strategy of the United States of America: The United States Military's Contribution to National Security*, Washington, D. C., June 2015, p. 9.

中　篇

实证与案例

第四章╱美国在地中海东部地区的军事基地

冷战结束后，美国在大中东约 12 个国家建有或建过永久性军事基地，为本书的实证研究提供了丰富的案例。为深入研究冷战后美国在大中东的军事基地部署，本书依据地缘位置，将冷战后美国在大中东地区的军事基地部署分成四个次区域，即（1）美国欧洲司令部在大中东的责任区——东地中海地区（土耳其、塞浦路斯、以色列等地区）的军事基地；（2）美国中央司令部在大中东的责任区——海湾地区（海合会六国加伊拉克）的军事基地；（3）美国中央司令部在中亚的责任区——阿富汗、乌兹别克斯坦、吉尔吉斯斯坦和巴基斯坦等军事基地；（4）美国非洲司令部在大中东的责任区——东非和北非阿拉伯地区（吉布提和阿尔及利亚等地区）的军事基地，分别作为第四、第五、第六、第七章案例分析的对象。本章主要以美国在土耳其、塞浦路斯和以色列等国的军事基地为案例，加以实证分析。

美国在地中海东部地区的军事基地部署经历了从无到有、从小到大的过程，逐步确立了美国在该地区的霸主地位。冷战结束后，美国的地中海战略主要分为两大部分：一是强化在意大利、希腊、西班牙等地中海北岸欧洲国家的军事基地；二是加强在土耳其、塞浦路斯、以色列等地中海东部地区的军事存在，维护美国欧洲司令部的影响力。其中，土耳其是联系上述地区的纽带，是美国在该地区最重要的军事基地东道国之一。战后 60 余年来，美国在土耳其的军事基地尽管经历了重大挫折，但仍然保存了下来。在可预见的将来，美国在土耳其、塞浦路斯和以色列等地中海东部地区的军事基地和军事存在将延续下去。在考察美国在地中海东部地区军事部署的案例前，有必要回顾一下二战后美国全球和大中东军事基地部署的战略演变。

第一节 美国在大中东地区军事基地的战略走向

冷战爆发后，美苏两个超级大国竞相在全球攫取军事基地，海外军事基地被视为共产主义与资本主义两大意识形态斗争的工具，尽管基地东道国可能只是为地区安全而不是因为美苏意识形态而选择追随其中某个大国，但地区冲突也被纳入美苏冷战的轨道，如东亚、欧洲和20世纪50年代后期开始的大中东与非洲。冷战爆发后，美国利用多边军事联盟，如北大西洋公约组织、中央条约组织和东南亚条约组织等，在苏联海疆周围建立了众多陆、海、空军事基地。美国利用盟国的基地，在可以投射到苏联和其他社会主义阵营国家的射程范围内，部署航母力量和陆基航空兵，并建立了各种军事设施。① 1945年美国海军部门透露：二战后美国在海外建立了3000多处军事基地，其中大型军事基地443处，包括太平洋195处，印度洋和大中东11处，大西洋228处，加勒比海67处，南大西洋25处，北非和地中海55处，在英、法、德等国土地上的基地共63处。截至1946年，美国在世界五大洲共56个国家建立了军事基地；1949年新中国成立前夕，美国在海外维持了400个大型军事基地，并在世界上建立了数千处军事设施，完成了构筑遏制苏联、中国和社会主义阵营国家的“环形包围圈”。② 如果说古代帝国如罗马帝国、蒙古帝国、奥斯曼帝国和大英帝国在海外建立军事基地花费了数十年乃至上百年时间，美国二战后建立全球军事基地仅花费了五年左右时间。

在欧洲大陆，法国成为美国海外军事基地部署的重镇。1951年7月19日，美法签订《关于美军在法国领土上建立军事基地的协定》。截至20世纪50年代末，美国在法国驻军5万人，设立军火库、油库、飞机场、输油管道以及装卸货物的港口设备等。美国在法国较大的军事基地包括拉昂（Laon）、土尔—罗济埃尔（Toul Rozieres）、埃夫勒（Evreux）、夏托鲁

---

① ［苏］谢·格·戈尔什科夫著，济司二部译：《国家的海上威力》，北京：三联书店，1977年版，第3页。

② Roland G. Simbulan, *The Bases of Our Insecurity: A Study of the US Military Bases in the Philippines*, Metro Manila, Philippines: Balai Fellowship, 1983, p. 32.

（Chateauroux）等。[①] 通过签订一系列条约，美国不仅将欧洲、亚太和大中东盟国绑在了自己的战车上，还通过盟约为美国在全球建立军事基地奠定了法律基础。在太平洋地区，美国占领了琉球群岛、琉璜岛、小笠原群岛以及太平洋上其他岛屿，在日本本土、韩国、中国台湾、菲律宾、泰国、巴基斯坦等地，美国部署的军事设施形成包围社会主义国家的第一条弧形“军事基地链”；在欧洲，美国在英国、法国、意大利、联邦德国、挪威等国的军事设施形成第二条“军事基地链”；在北非和大中东，美国在摩洛哥、利比亚、黎巴嫩、沙特、土耳其等建立了军事基地，形成了第三条“军事基地链”；美国在加拿大、格陵兰和冰岛等地拥有战略空军基地，在北冰洋地区形成第四条“军事基地链”，分别处于控制太平洋、大西洋、印度洋—地中海、北冰洋的战略水道。[②]

总体来看，冷战爆发初期，美国属于西半球国家，在地缘上同大中东相距遥远，美国海外军事基地群主要集中在西欧、西太平洋和北美，大中东的战略地位尚不及上述三大战略地区。凭借战后超强的军事、经济和政治实力，美国在亚太地区的日本、韩国、中国台湾、菲律宾、泰国、澳大利亚和太平洋岛屿上建立了众多军事基地，并在欧洲的英国、德国、意大利、西班牙、葡萄牙、荷兰、希腊等国领土上部署了永久性军事基地，但在大中东部署的军事基地却为数寥寥。由于大中东和非洲地区是英法等美国盟国的势力范围，与欧洲和远东地区相比，美国对大中东地区所谓“共产主义扩张”的关注并不多，美国也缺乏同该地区国家建立联系的历史经验。1958 年美国海军陆战队在黎巴嫩部署了几个月，随后美国宣布撤军；战后美国只在沙特的宰赫兰和利比亚维勒斯两处空军基地，并在 20 世纪 60 年代均关闭了上述两处基地。

随着战后美国实力的膨胀，美国在海外的军事基地数量和规模也达到顶峰。截至 20 世纪 60 年代初，美国海军拥有 17 艘航母：1 艘“企业”号核动力航母，6 艘“福莱斯特”级航母，3 艘“中途岛”级航母，7 艘“奥里斯坎尼”级航母。[③] 此外，美国拥有数量众多的远程轰炸机，并在紧靠

---

① 丁川：《美国在法国的主要军事基地》，载《世界知识》1966 年第 6 期，第 30 页。

② 朱崇坤主编：《霸权的历程——美国军事战略冷观察》，北京：新华出版社，2000 年版，第 131—132 页。

③ ［苏］谢·格·戈尔什科夫著，济司二部译：《国家的海上威力》，北京：三联书店，1977 年版，第 282—283 页。

苏联的欧亚大陆边缘地区部署了陆、海、空基地，美国的核力量能够突破苏联的空中防御网络，具有摧毁苏东集团大部分预定目标的能力。

表 4—1 冷战时期美国在各区域主要军事基地统计①

地区	1947 年	1949 年	1953 年	1957 年	1967 年	1975 年	1988 年
欧洲	506	258	446	566	673	633	627
太平洋	343	235	291	256	271	183	121
拉美	113	59	61	46	55	40	39
非洲与大中东	74	28	17	15	15	9	7
南亚	103	2	0	0	0	0	0
合计	1139	582	815	883	1014	865	794

20 世纪 60 年代开始，由于美苏冷战愈演愈烈，美国在苏联周边地区部署的军事基地也逐步增加，其主要承担以下任务：第一，投射美国的常规军事力量；第二，准备美苏之间可能爆发的核大战；第三，在热点地区如德国、日本和韩国等为盟国提供保护伞；第四，彰显美国的全球实力。② 到 20 世纪 60 年代末，美国的海外军事基地不仅没有减少，反而增加至 3400 个。这些军事基地无疑将战区推到了欧亚盟国与社会主义阵营国家，以确保美国本土像二战时期一样，避免沦为战区。③

20 世纪 60 年代，美国在大中东的军事基地以土耳其为中心，以英国在海湾地区、法国在吉布提和美英在印度洋迪戈加西亚军事基地为依托，维护美国在大中东的四个层面利益：第一层是战略与安全利益，特别是阻止苏联向大中东地区渗透军事力量，确保大中东战略要道处于美国和欧洲盟国控制之下；第二层是商业和经济利益，主要是确保美国和西方盟国石油的正常供应，维护大中东地区的自由贸易；第三层是维护西方阵营政治和价值观利益，拓展美国在大中东意识形态影响力；第四层是保证以色列的生存、独立与安全，维持阿以之间的战略平衡。④

---

① James R. Blaker, *United States Overseas Basing: An Anatomy of the Dilemma*, New York and London: Praeger, 1990, p. 33. 美国在海外小型军事基地不在统计之列。

② Chalmers Johnson, *The Sorrows of Empire: Militarism, Secrecy and the End of the Republic*, New York: Metropolitan Books, 2004, p. 151.

③ ［苏］谢·格·戈尔什科夫著，济司二部译：《国家的海上威力》，北京：三联书店，1977 年版，第 264—265 页。

④ Haim Shaked and Itamar Rabinovich, *The Middle East and the United States*, New Brunswick and London: Transactions Books, 1980, pp. 58 – 79.

到了20世纪70年代初，由于美国深陷越南战争的漩涡，其在全球军事基地呈萎缩状态，尤其是1979年伊朗伊斯兰革命爆发后，美国综合国力进一步下降，丧失了在伊朗、牙买加、利比亚、马达加斯加、摩洛哥、莫桑比克、巴基斯坦、南非、中国台湾和南越的军事基地，美国的战略防线退缩到东北亚、北美、欧洲和加勒比等地区，从全球战略攻势转为全球战略守势。[①]

截至1983年，美国在海外的军事基地下降至2500处，海外驻军为48万人（其中32.52万人在欧洲，13.1万人在亚太地区，1.51万人在拉美，8800人在大中东和其他地区），其海外基地分布在114个国家和地区，其中大型军事基地150处。同时期，苏联步美国的后尘，由守专攻，在海外20多个国家部署了军事基地，如民主德国、波兰、捷克、匈牙利、保加利亚、罗马尼亚、阿尔及利亚、安哥拉、古巴、索马里、埃塞俄比亚、柬埔寨、利比亚、莫桑比克、秘鲁、南也门、叙利亚、越南和蒙古等。20世纪80年代末，随着美苏关系的缓和，美国仅留下约5600座海内外军事基地，其中国内基地下降至4000处左右，海外基地下降至1600多处。当时美国国会指出，如果美国能够将全球军事基地减少10%，其每年可减少20亿美元的开支。冷战结束前夕，美国审计署（General Accounting Office）和国防部均认为，随着苏联由全球战略攻势转入战略守势，美国应减少在海外军事基地的数量和规模。[②]

冷战结束前，美国军队规模进一步减少，但仍拥有海军56.5万人，其中9.2万人部署在海外，拥有14个航母战斗群，其中包括4个核动力航母；[③] 美国在46个国家部署了794处军事基地。[④] 为适应苏联解体引发的国际安全环境的变化，美国军事战略从远洋走向近海和陆地，开始在苏联解体后填补权力真空，由守转攻，其作战指导思想发生了变化，军事力量结构也面临改革。冷战后，美国陆军部下设15个一级司令部，它们是：

---

① Robert E. Harkavy, *Bases Abroad: The Global Foreign Military Presence*, Oxford: Oxford University Press, 1989, p. 1; p. 27.

② Fred Thompson, "Why America's Military Base Structure Cannot Be Reduced," Public Administrative Review, Vol. 48, No. 1, 1988, pp. 557 –562.

③ Robert E. Harkavy, *Bases Abroad: The Global Foreign Military Presence*, Oxford: Oxford University Press, 1989, p. 43.

④ James R. Blaker, *United States Overseas Basing: An Anatomy of the Dilemma*, New York and London: Praeger, 1990, p. 57.

1. 陆军情报与保密司令部（除本土外，还在日本的三泽和冲绳、韩国的平泽、德国的柏林和奥格斯堡等地设有通信情报搜集站）；2. 陆军医疗司令部；3. 陆军器材司令部；4. 陆军训练与条令司令部；5. 军事交通管理司令部；6. 陆军华盛顿军区；7. 陆军部队司令部；8. 特种作战司令部；9. 驻欧陆军及第七集团军司令部（其责任区还包括非洲和大中东以色列、塞浦路斯和土耳其）；10. 太平洋陆军司令部（领导和管理驻夏威夷、阿拉斯加和日本的美国陆军部队，总部设在夏威夷瓦胡岛沙夫特堡）；11. 陆军第8集团军司令部（行政上归太平洋陆军司令部领导，作战受驻韩美军司令部指挥），总部设在首尔；12. 陆军南方司令部，总部设在巴拿马的克莱顿堡；13. 陆军信息系统司令部；14. 刑事犯罪调查司令部；15. 陆军工兵司令部。[①] 美国太平洋和大西洋两洋舰队下辖5个作战舰队，即太平洋、印度洋方向的第3、第5（部署在波斯湾地区）和第7舰队；大西洋方向第2和第6舰队（部署在地中海地区）。[②] “9·11”事件后，由于美国和沙特关系恶化，美国中央司令部的前沿总部从沙特迁至卡塔尔；美国第5舰队的总部则设在巴林。

除陆军和海军外，冷战后美国强大的空军力量也进一步凸显优势，海外军事基地成为其空军力量投射的重要支点。美国国防部认为，苏联解体后，伊拉克、伊朗、叙利亚、朝鲜对美国构成了现实威胁，印度、中国、日本、德国、俄罗斯和乌克兰对美国构成了潜在威胁，这两类威胁都挑战了美国在全球霸权，因此美国必须维持强大的空军力量，对上述威胁保持警惕。[③] 冷战结束后，美国空军的9大司令部包括：1. 空军作战司令部；2. 空军机动司令部；3. 空军装备司令部；4. 空军航天司令部；5. 空军特种作战司令部；6. 空军训练和教育司令部；7. 太平洋美国空军司令部；8. 驻欧洲美空军司令部；9. 空军后备队司令部。[④] 其中太平洋空军司令部于1957年1月1日由远东空军司令部改编，驻地在夏威夷的希开姆空军基

---

① 樊高月著：《美国陆军扫描》，北京：光明日报出版社，1999年版，第16—20页。

② 王志文著：《美国海军曝光》，北京：光明日报出版社，1999年版，第10—11页。

③ Michael C. Desch, “Bases for the Future: U. S. Post-Cold War Military Requirements in the Third World,” *Security Studies*, Vol. 2, No. 2, 1992, p. 205.

④ 胡思远著：《美国空军解密》，北京：光明日报出版社，1999年版，第30页。另可参见 C. T. Sandars, *America's Overseas Garrisons: The Leasehold Empire*, New York and Oxford: Oxford University Press, 2000, p. 321.

地，负责美国空军在亚洲和太平洋战区内的空中作战行动计划、指挥和协调等工作。它接受美国太平洋总部的作战指挥，负责范围是美国西海岸到非洲东海岸、从北极到南极的广大地区，下辖 4 个航空队，即第 5、7、11、13 四个航空队。第 5 航空对驻日本横田；第 7 航空队驻韩国乌山；第 11 航空队驻美国阿拉斯加；第 13 航空队驻关岛，平时不辖作战部队，根据形势需要可随时扩充作战部队。另外，第 13 航空队还指挥一个 497 战斗机中队驻扎在新加坡的巴耶黎巴空军基地，由太平洋空军的其他航空队轮流派出 6 架 F-15 或 F-16 进驻，与新加坡空军联合训练。[①] 第 3 航空队驻扎在英国米尔登霍尔空军基地，负责中欧和西北欧地区作战行动，并支援整个欧洲战区的空中作战行动；第 16 航空队驻在意大利阿维亚诺空军基地，负责南欧空中作战行动，其中第 39 战斗机联队驻在土耳其因切尔利克空军基地。[②] 此外，美国还有后备军第 4、10 和 22 航空队。

随着苏联的解体和两极格局的瓦解，美国面临的传统安全威胁减弱。1992 年 10 月，美国海军正式颁布《从海到陆战略白皮书》，对冷战后美国海外军事基地部署产生了深远影响；1993 年，克林顿政府提出"同时打赢两场战争"的基本要求，在重申对盟友安全承诺的同时，提出将欧洲和远东地区的驻军人数维持在 10 万人左右。1993 年 7 月，美国政府宣布其在海外军事基地比 1990 年 1 月减少 50%，美国关闭了 840 处军事基地，其中欧洲 773 处；1994 年，美国又发表《前沿存在——从海到陆》的重要文件，进一步完善和扩展"从海到陆"的作战思想，开始将填补苏联解体后欧亚大陆留下的权力真空视为美国重要的战略任务，以减少军事人员数量、提高军事作战质量为目标。1989 财年美国在海外军事战斗人员为 51 万，1995 财年减少至 23.8 万人。[③] 从 1989 年到 1996 年，美国国防开支减少了 1000 亿美元，裁军 10 万人，同时国防部裁减文官 4.5 万人。[④] 随着国防预算和军队人数的减少，美国关闭了海外近百个军事基地。"9·11"事件发生前，美国在海外维持了约 25 万驻军，在 150 个国家部署有军事力

---

① 胡思远著：《美国空军解密》，北京：光明日报出版社，1999 年版，第 111、第 126 页。

② 胡思远著：《美国空军解密》，北京：光明日报出版社，1999 年版，第 127、131 页。

③ C. T. Sandars, *America's Overseas Garrisons: The Leasehold Empire*, New York and Oxford: Oxford University Press, 2000, p. 312.

④ David S. Sorenson, *Shutting Down the Cold War: The Politics of Military Base Closures*, London: Macmillan, 1998, p. 16.

量，驻军人数在1000人以上的有十余个国家，其中驻军欧洲10万人（包括在德国7.1万人），10万人在东亚（绝大部分在日本和韩国），2.5万人部署在海湾和美国中央司令部管辖的其他大中东地区（主要部署在科威特）。[①] 冷战后美国以德国、日本和科威特为重点的三大军事基地群——西欧、亚太和海湾初见端倪。

表4—2 1996年美国在大中东国家驻军人数统计

东道国	总人数	军人人数	文官人数	受国防部资助的军人家属	未受国防部资助的军人家属	文官家属
土耳其	6866	2922	884	2882	47	131
塞浦路斯	67	50	0	16	1	0
阿尔及利亚	8	8	0	0	0	0
巴林	1430	598	276	527	3	26
埃及	1408	1066	234	83	3	22
以色列	186	44	42	43	0	57
约旦	67	24	7	36	0	0
科威特	5610	5531	56	18	2	3
黎巴嫩	2	2	0	0	0	0
摩洛哥	42	17	2	23	0	0
阿曼	50	30	2	16	2	0
卡塔尔	47	43	4	0	0	0
沙特	2275	1587	442	211	2	33
叙利亚	20	11	0	9	0	0
突尼斯	39	19	2	18	0	0
阿联酋	42	23	5	14	0	0
也门	17	11	3	3	0	0
吉布提	8	7	0	1	0	0
索马里	3	0	3	0	0	0
近海舰艇驻军	3914	3914	0	0	0	0

资料来源：U. S. Department of Defense, *Worldwide Manpower Distribution by Geographical Area*, 1996, Washington D. C.: Department of Defense Washington Headquarters Services, September 30, 1996, pp. 5－10.

① M. O'Hanlon, *Unfinished Business: U. S. Overseas Military Presence in the 21st Century*, Washington D. C.: Center for a New American Security, June 2008, p. 13.

21世纪初，随着全球格局发生的新变化，尤其是随着恐怖主义与大规模杀伤性武器扩散产生的非传统威胁增加，美国全球军事基地部署的态势也发生了变化。美国国防部透露，截至2001年9月，美国在海外共部署了725处军事基地[①]，其主要保护美国在全球六个层面的利益：一是保护美国本土免受国家或非国家行为体的袭击；二是在欧亚大陆地区大国之间保持深度和平；三是打击恐怖主义、确保世界能源正常供应；四是维护开放性的国际经济秩序；五是在全球拓展民主和法治，保护人权，阻止热点地区爆发大规模内战；六是支持美国外交，预防全球气候变化。[②]

表4—3　“9·11”后美国在大中东主要国家驻军人数变化

	总人数		军人人数		文官人数		受国防部资助的军人家属		未受国防部资助的军人家属		文官家属	
年份 东道国	2002	2005	2002	2005	2002	2005	2002	2005	2002	2005	2002	2005
土耳其	4259	4947	1587	1780	647	549	1887	1628	26	911	112	79
塞浦路斯	69	45	28	43	0	0	41	2	0	0	0	0
阿尔及利亚	9	12	8	10	0	0	1	0	0	2	0	0
巴林	2548	2089	1560	1641	429	349	302	35	139	51	118	13
埃及	637	645	433	410	88	64	104	55	3	113	9	3
以色列	174	134	36	42	41	23	52	35	12	8	33	26
约旦	60	46	32	25	2	2	25	12	1	7	0	0
科威特	678	不详	567	不详	103	不详	7	不详	0	不详	1	不详
黎巴嫩	2	10	2	4	0	0	0	6	0	0	0	0
摩洛哥	29	35	18	15	1	2	10	9	0	9	0	0
阿曼	49	102	31	36	5	2	13	47	0	17	0	0

① Chalmers Johnson, *The Sorrows of Empire: Militarism, Secrecy and the End of the Republic*, New York: Metropolitan Books, 2004, p. 4.

② Robert S. Ross, Øystein Tunsjø, and Zhang Tuosheng, *US-China-EU Relations: Managing the New World Order*, London and New York: Routledge, 2010, p. 8.

续表

年份 东道国	2002	2005	2002	2005	2002	2005	2002	2005	2002	2005	2002	2005
卡塔尔	104	522	71	463	31	55	0	2	0	2	2	0
沙特	1222	731	776	258	402	299	32	39	12	130	0	5
叙利亚	11	8	9	8	0	0	2	0	0	0	0	0
突尼斯	27	22	17	14	1	1	9	7	0	0	0	0
阿联酋	40	197	21	71	7	11	7	21	3	92	2	2
也门	7	16	4	14	3	0	0	0	0	2	0	0
吉布提	3	625	2	622	1	3	0	0	0	0	0	0
索马里	1	8	0	8	1	0	0	0	0	0	0	0
近海舰艇驻军	588	2559	588	2559	0	0	0	0	0	0	0	0

资料来源：U. S. Department of Defense, *Worldwide Manpower Distribution by Geographical Area*, 2002, Washington D. C.: Department of Defense Washington Headquarters Services, September 30, 2002, pp. 1 - 3; U. S. Department of Defense, *Worldwide Manpower Distribution by Geographical Area*, 2005, Washington D. C.: Department of Defense Washington Headquarters Services, September 30, 2005, pp. 2 - 4.

21 世纪初，尽管美国相对实力下降，但军事实力仍然遥遥领先。2003 年，美国的国防开支占全球总额的 40%，是位居第二位中国的 7 倍，是排在美国之后 13 个国家国防开支的总和。美国国防部每年投入超过 500 亿美元用于新军事技术的研究、开发、测试和评估，其军事投入超过中、德、英、法、俄、日等国的国防研发预算总和。由于国防预算保持高位，截至 2004 年，美国仍在 100 多个国家部署了 25 万陆、海、空军（不包括在伊拉克从事军事任务的部队），在十余个国家的驻军人数超过 1000 人，在 130 多个国家有军事培训项目，拥有 800 多处海外军事基地，海外基地的重置价值达 1180 亿美元，进一步奠定了美国的“一超”地位。① 在 21 世纪初美国全球海外军事基地部署中，大中东的战略地位上升。截至 2006 年，美国在大中东部署的军事人数分别为：卡塔尔 6540 人，阿联酋 1300

① 斯蒂芬·M. 沃尔特著，郭盛、王颖译：《驯服美国权力：对美国首要地位的全球回应》，上海：上海世纪出版集团，2008 年版，第 17—18 页。另可参见 Chalmers Johnson, *The Sorrows of Empire: Militarism, Secrecy and the End of the Republic*, New York: Metropolitan Books, 2004, Chapter 6.

人，巴林 3000 人，沙特 300 人，科威特 17.6 万人，阿富汗 12.16 万人，伊拉克 2.525 万人。由于 21 世纪初美国相继发动阿富汗战争和伊拉克战争，美国在大中东的驻军人数超过了美国在欧洲和亚太驻军人数的总和，历史上第一次成为美国全球战略的首要地区。[①]

布什政府时期，由于全球反恐成为美国政府的首要任务，国防部在美国对外战略中的影响力远远超过了国务院。2007 年，美国国防部拥有 70 万文职人员和 230 万各类军事人员，而美国外交部门——国务院仅有 3 万名雇员，前者是后者人数的 100 倍；2009 财年美国的国防部预算为 5154 亿美元以及 1500 亿美元补充资金，而国务院的预算仅为 112 亿美元，前者是后者的 60 倍；美国国防部在海外部署的军事基地和设施的数量也远远超过国务院在海外设立的使领馆数量。美国国防部门参与美国对外事务具有不同形式，如国际军事教育与训练项目、对外军事资助项目等。2007 财年，美国的对外军事资助总额为 45 亿美元，其中绝大部分流向了大中东国家，包括以色列 23 亿美元，埃及 13 亿美元，约旦 2.06 亿美元，巴基斯坦 3 亿美元等[②]，以改变美国在大中东地区部署军事基地和发动伊拉克战争后的负面形象，国防部对外援助和培训项目有力地配合了美国在大中东的军事基地部署。据统计，2007 年美国在海外驻军超过 1000 人的国家有 20 多个，其中 1/3 以上位于大中东，包括卡塔尔、巴林、阿曼、阿联酋、科威特、伊拉克、吉布提、约旦、土耳其等 8 国，仅次于欧洲，超过了亚太地区，大中东成为 21 世纪美国全球战略的三大重点地区。以下两节以美国在土耳其和东地中海其他地区的军事部署为例，加以具体分析。

第二节　案例 1：美国在土耳其的军事基地

土耳其是北约在大中东地区唯一的成员国，也是美国在大中东军事基地部署历史最长的国家。美国在该国的基地部署可分为冷战时期、冷战结

---

① Kent E. Calder, *Embattled Garrisons: Comparative Base Politics and American Globalism*, Princeton: Princeton University Press, 2007, p. 51.

② Derek S. Reverson and Judith Hicks Stiehm, *Inside Defense: Understanding the U. S. Military in the 21st Century*, New York: Palgrave, 2008, p. 16; p. 43; p. 48; p. 52.

束初期、反恐时期和中东剧变以来四个阶段，其功能分别是阻止苏联向地中海东部地区扩张、遏制伊拉克与俄罗斯、发动反恐战争和应对中东剧变以来地区局势的不确定性。影响美国在土耳其军事基地部署的主要有四个因素，即美国在东地中海的利益、东地中海地区的安全威胁、东道国土耳其的立场与基地部署的法律依据。上述因素决定了美国在土耳其军事基地部署的理论考察与未来发展轨迹。

土耳其是大中东地区政治、军事和经济大国。历史上，土耳其与沙俄长期处于敌对状态，迫使其寻找第三方力量制衡沙俄；二战结束后，苏联继续向土耳其施压，试图迫使其归还1918年占领的卡尔斯省（Kars）和阿尔达汉省（Ardahan）；苏联还希望以“共同防御土耳其海峡”为目标，试图在博斯普鲁斯海峡（Bosporus）和达达尼尔海峡（Dardanelles）附近建立军事基地。[①] 与其他欧洲大国不同，土耳其与苏联之间缺乏战略缓冲区，土军方和政治领导人对苏联觊觎土耳其领土一直保持警惕，引入美国的军事力量、借助美国遏制苏联在黑海地区的扩张成为冷战时期土耳其的一贯政策。

目前学界对二战结束以来美国在土耳其军事基地部署的专题研究不多，相关成果散见于一些英文著作和论文中，系统的历史梳理与理论分析较少。本章采取历史学研究方法，将美国在土耳其军事基地部署划分为四个阶段，考察每个阶段美国基地部署的特点和功能，提出影响美国在土耳其军事基地理论考察的四个影响因素：海外利益、安全威胁类型、土耳其政府的立场以及海外基地的国际法依据，并对美国在土耳其军事基地的前景作展望。

一、美国在土耳其军事基地部署的第一阶段：遏制苏联

美国与土耳其的军事伙伴关系离不开美苏冷战的大背景，其军事基地部署可上溯到二战结束后。安卡拉附近的贝尔巴西（Belbasi）是美国记录苏联地震数据的理想基地，旨在监测苏联地下核试验情况；美国在土耳其迪亚巴克尔（Diyarbakir）和克拉米塞尔（Karamürsel）的军事基地则主要用

① C. T. Sandars, *America's Overseas Garrisons: The Leasehold Empire*, New York and Oxford: Oxford University Press, 2000, p. 269.

于监测苏联的导弹试验情况；美国在土耳其的其他军事基地则用于搜集苏联海军与航空情报，并对苏联发射导弹采取预警措施，如美国在土耳其黑海地区的锡诺普（Sinop）和萨姆松（Samsun）情报站、土耳其中部贝尔巴西情报站、土耳其东南部的迪亚巴克尔、土耳其西北部的克拉米塞尔情报站等，后者位于马尔马拉海（Marmara）沿岸地区，在北约军事情报网中占据重要位置。在上述情报站中，锡诺普和克拉米塞尔两处规模最大。①

1952 年 1 月 7 日，美土两国以换文的方式正式达成了秘密军事基地协定，但其中关键条款至今未对外公布；当年 2 月 18 日，土耳其正式加入北约。1953 年美国空军开始使用土耳其伊兹密尔（Izmil）空军基地，该基地距离伊斯坦布尔不足 400 千米，战略位置显要，成为遏制苏联的重要一环。1954 年，美国向该基地派驻第 7206 空军基地中队；美国空军力量（欧洲）在伊兹密尔为美国和北约的军事力量提供支持服务，该基地后成为美国、土耳其和北约军队交流与合作的平台，是北约联盟空军司令部总部所在地，部署有 170 名美军官兵。② 除上述两大军事基地外，美国还在北约的框架下，与土耳其军队联合使用其他 22 处军事基地，包括：（1）希莱（Sile）空军基地，主要用于发射“毒刺”导弹；（2）科尼亚（Konya）第三喷气式飞机基地群司令部（3rd Main Jet Base Group Command）；（3）土耳其阿马西亚省（Amasya）梅尔济丰（Merzifon）空军基地；（4）土耳其北部巴丁（Bartin）省的巴丁空军与海军基地；（5）皮林奇利克（Pirinclik）空军基地，该基地是北约和美国重要的侦察基地，于 1997 年关闭；（6）位于地中海东北沿岸的伊斯肯德伦（Iskenderun）海军基地；（7）阿菲永—卡拉—希萨（Afion-Kara-Hissar）空军基地，该基地是北约在土耳其军事司令部所在地，是土耳其境内规模最大的军事基地；（8）北约在伊斯坦布尔的快速反应部队，部署有 17 名美国官兵；（9）美国在土耳其首都安卡拉的国防合作办公室，部署有 30 名美军官兵；（10）美国在土耳其巴特曼空军基地等。③

---

① Richard F. Grimmett, *United States Military Installations and Objectives in the Mediterranean: Report*, Washington D. C.: GPO, 1977, p. 37.

② "Izmir Air Base Turkey," http://militarybases.com/overseas/turkey/.

③ "NATO's Eastern Anchor, 24 NATO Bases in Turkey," *Global Research*, 14 February, 2011; Jim Zanotti, "Turkey-U. S. Defense Cooperation: Prospects and Challenges," *Congressional Research Service*, April 8, 2011, p. 23.

1954 年，美土两国签署“军事设施协定”，以规范美国在土耳其的军事力量及设施。这项协定的具体条款扩大了美军在土耳其的权力范围，超过了美国与其他北约成员国签订的《驻军地位协定》中美军的权限，包括土耳其政府允许美军将 3200 万平方米的土地用于军事基地建设区，负责保护基地和维持环境安全。作为补偿，美军每年向土耳其政府支付 8 亿美元。[①] 1955 年 2 月 20 日，美军第 7216 空军中队约 200 人离开利比亚维勒斯（Wheelus）空军基地，并根据美土两国照会和签订的《驻军地位协定》，进驻阿达纳空军基地（1958 年后更名为“因切尔利克（Incirlik）”空军基地），其主要任务是利用 U－2 间谍飞机对苏联进行战略侦察，跟踪苏联在黑海和地中海地区的军事动向。[②]

冷战初期，北约在土耳其最有价值的军事基地是 1957 年建立起来的位于伊兹密尔的北约空军基地，部署有第六联合战术空军（Sixth Allied Tactical Air Force），以及位于爱琴海海岸、土耳其中西部的澈勒（Çığlı）空军基地等；土耳其的因切尔利克空军基地位于西南部，它是根据美国杜鲁门计划而建立的战略空军司令部。[③] 此外，北约还在土耳其全境建立了 14 处雷达预警站，专门搜集有关苏联的军事情报，与美国在土耳其的其他情报站资源共享。此外，美国在土耳其因切尔利克空军基地与美国在西班牙的托雷洪（Torrejon）空军基地和意大利阿维亚诺（Aviano）空军基地连为一体，构成了阻止苏联南下地中海的“军事基地链”。[④]

美国在土耳其的军事基地具有战略性，这与 1960 年 U－2 侦察飞机事件[⑤]和 1962 年古巴导弹危机息息相关，打上了美苏冷战对峙的烙印。在美国 U－2 飞机被苏联击落前，外界并不知晓美国已经利用土耳其的军事基地执行对苏联的军事侦察；1962 年古巴导弹危机爆发后，经美苏协商，美国承诺撤走部署在土耳其军事基地的“丘比特”（Jupiter）导弹，作为交

---

① Ayse Gul Altinay and Amy Holmes, “Opposition to the U. S. Military Presence in Turkey in the Context of the Iraq War,” in Catherine Lutz, ed., *The Bases of Empire: The Global Struggle against U. S. Military Posts*, N. Y.: New York University Press, 2009, pp. 271－272.

② Selin M. Bölme, “The Politics of Incirlik Air Base,” *Insight Turkey*, Vol. 9, No. 3, 2007, p. 82.

③ C. T. Sandars, *America's Overseas Garrisons: The Leasehold Empire*, New York and Oxford: Oxford University Press, 2000, pp. 272－273.

④ Richard F. Grimmett, *United States Military Installations and Objectives in the Mediterranean: Report*, Washington D. C.: GPO, 1977, p. 41.

⑤ 1960 年 5 月，苏联在斯维尔德洛夫市上空首次击落美国 U－2 侦察机。

换，苏联撤走部署在古巴的导弹。1964 年，苏联海军在埃及建立首个永久性军事基地后，美国以维持美苏军事平衡为由，在土耳其的驻军人数大幅度增加，于 1967 年达到历史高峰的 2.6 万人，其中约 5000 名官兵和 1000 名家属位于安卡拉。①

土耳其的军事基地对美国来说至关重要，美国搜集的关于苏联的情报中 25% 是从土耳其获取的，土耳其向美国提供军事基地无疑将自己绑在了美国的战车上，限制了土耳其与苏联关系的改善空间。② 由于地缘上的临近性，苏联把美国在土耳其部署军事基的做法视为一种挑衅行为，也增加了土耳其遭受苏联攻击的危险。为进一步增加同美国政府讨价还价的筹码，土耳其同西方阵营拉开距离，于 1972 年和 1978 年分别与苏联签署《睦邻关系原则宣言》和《友好合作宣言》，体现出更加灵活务实的外交政策。塞浦路斯危机爆发后，尽管土耳其利用军事基地反制美国，但其奉行"有理、有利、有节"的原则，并将土耳其境内的军事基地分成了两类：服务于北约的军事基地和服务于美国的基地，土耳其终止美国在土耳其的军事基地活动，主要出于打击美国目的，却并没有妨碍北约日常军事训练和军事行动，以避免引起其他北约盟国的反感。因此这些基地的关闭对美国的情报搜集以及美土关系产生了严重影响，却未对北约造成重大损失。

1979 年伊朗伊斯兰革命爆发后，土耳其军事基地成为美国从伊朗撤侨的重要中转站，进一步彰显其在美国安全战略中的地位。1980 年 9 月 12 日，土耳其发生军事政变，美国和土耳其新政府重启军事合作，土耳其重申了对北约的防务承诺，美国则宣布继续对土耳其安全负责。美土两国于 1980 年续签《防务与经济合作协定》（《美土军事基地补充协定》），旨在确保美军继续使用一度"失去"的土耳其军事设施，协定同时还规定：今后美国在实现军事基地设备现代化、或将装备运送到在土耳其基地前，须经土耳其政府允许，实际上也顾及了土耳其政府对国家主权和民族尊严的

① Alexander Cooley, *Base Politics: Democratic Change and the U. S. Military Overseas*, Ithaca: Cornell University Press, 2008, p. 117.

② Altinay and Holmes, "Opposition to the U. S. Military Presence in Turkey in the Context of the Iraq War," in Catherine Lutz, ed., *The Bases of Empire: The Global Struggle against U. S. Military Posts*, N. Y.: New York University Press, 2009, p. 274.

关切。① 1982 年 11 月，土耳其议会通过一项决议，允许外国军队驻扎在其土地上，使美国在土耳其军事基地部署有了国内立法依据，一场美土围绕军事基地之争告一段落；当年美国与土耳其签订一项基地合作新协定，美国承诺将帮助土耳其更新 10 处机场，并在安纳托利亚（Anatolia）以东帮助土耳其新建两处机场。②

表 4—4　冷战时期美国在土耳其的军事基地③

所在地点	美国驻军军种	承担主要任务
阿达纳（Adana）	美国空军	欧洲联合司令部、负责通往因切尔利克军事基地的输油管道安全
埃尔祖鲁姆（Alemdağ）	美国空军	美国通讯基地
安卡拉（Ankara）	美国空军	美国驻土耳其军事力量总部
巴勒克西尔（Balikesir）	美国空军	部署有 F－104 战斗机
巴特曼（Batman）	美国空军	联合行动基地
贝尔巴西（Belbasi）	美国空军	针对苏联核试验的地震监测基地
恰克马克勒（Çakmaklı）	美国空军	第 528 炮兵集群司令部（528 Artillery Group Command）驻地、美国军火库
卡马科（Camak）	美国陆军	部署 240 名美军
澈勒（Çiğli）	美国空军	北约训练、控制、指挥与后勤基地
乔尔卢（Çorlu）	美国空军	美国国防通讯系统网络（DCS）
埃尔马山（Elma Dagi）	美国空军	美国国防通讯系统网络（连接伊斯坦布尔）
艾尔哈克（Erhac）	美国空军	核武器储存基地
埃尔祖鲁姆（Erzurum）	美国空军	第 27 野战炮兵驻地、军火库

① Altinay and Holmes, "Opposition to the U. S. Military Presence in Turkey in the Context of the Iraq War," in Catherine Lutz, ed., *The Bases of Empire: The Global Struggle against U. S. Military Posts*, N. Y.: New York University Press, 2009, p. 274.

② Nasuh Uslu, *The Turkish-American Relationship between* 1947 *and* 2003: *The History of a Distinctive Alliance*, New York: Nova Science Publishers, 2003, pp. 95－96.

③ Simon Duke, *United States Military Forces and Installations in Europe*, Oxford: Oxford University Press, 1989, pp. 288－289.

续表

所在地点	美国驻军军种	承担主要任务
阿斯基谢希尔（Eskisehir）	美国陆军	美国在土耳其核武器控制小组
因切尔利克（Incirlik）	美国空军	第39空军基地联队、核武器储存基地等
伊斯坦布尔（Istanbul）	美国空军	国防通讯系统网络、军事空投司令部
伊斯肯德伦（Iskenderun）	美国海军/陆军	第六舰队加油基地
伊兹密尔（Izmil）	美国空军	第六联盟战术空军司令部（6th Allied Tactical Air Force Headquarters）
伊斯米特（Izmit）	美国陆军	美国陆军通讯终端
卡拉米塞尔（Karamursel）	美国空军	美国空军通讯站
卡拉塔什（Karatas）	美国空军	美国空军通讯站
卡拉布伦（Karraburun）	美国海岸警卫队	美国海岸警卫队工作站

截至20世纪70年代末，北约和美国在土耳其拥有61座军事基地，这些军事基地成为美国联系欧洲、地中海、北非、西亚和印度洋军事基地的枢纽。[①] 美国在土耳其部署的军事力量，随大中东与地中海安全形势和美苏关系的变化而不断调整。1968年，美军驻土耳其人数达到了2.5万人高峰，到1970年下降至1.6万人，到1980年则进一步下降至9000人。20世纪80年代末，随着苏联的威胁减弱，美国在土耳其军事基地仅维持约7000人驻军。[②] 美国为获取军事基地、加强对苏联的遏制，向土耳其提供了各种经济和军事援助，以支持土耳其的经济和军工业发展。[③] 冷战时期，土耳其是美国第三大受援国，仅次于以色列和埃及。1950—1991年，作为美国在土耳其部署军事基地的经济补偿，美国共向土耳其提供了94亿美元的直接经济援助，其中61亿美元为赠款，33亿美元为优惠

① Robert E. Looney, ed. , *Handbook of US-Middle East Relations*: *Formative Factors and Regional Perspectives*, Londond and New York: Routledge, 2009, p. 306

② "Turkey-Military Cooperation with the United States," http: //www. mongabay. com/history/turkey/turkey-military_cooperation_with_the_united_states_. html.

③ Robert E. Harkavy, *Strategic Basing and the Great Powers*, 1200 - 2000, New York: Routledge, 2007, p. 158.

贷款。[①]

二、美国在土耳其军事基地部署的第二阶段：遏制伊拉克和俄罗斯

1991 年至 2000 年为美国在土耳其军事基地部署的第二阶段。伴随东欧剧变、苏联解体和冷战结束，美国为遏制苏联在土耳其部署军事基地的原有条件不复存在，土耳其在美国全球军事基地网络中的作用开始下降。但是，1990 年海湾危机的爆发再次彰显了冷战后美国在土耳其的军事基地仍发挥着不可替代的作用。

1991 年 1 月 17 日，土耳其议会通过第 126 号决议，支持联合国安理会 678 号决议，允许联军使用土耳其因切尔利克和其他基地打击伊拉克萨达姆政权。[②] 在美国的催促之下，安卡拉还同意向美军开放军事通道，允许美国及多国部队的军用飞机从因切尔利克和巴特曼空军基地起飞，穿越土耳其领空对伊拉克发动打击。土耳其认为，土耳其参与海湾战争凸显了其在大中东地缘政治中的重要性，希望在后冷战时期加强与美国的战略伙伴关系，同时在海湾战争结束后分享胜利果实，增加在西亚地区新秩序构建中的发言权。

为配合美国发动海湾战争，土耳其还关闭了伊拉克经土耳其出口石油的管道，并派出约 10 万人部队到土伊边境地区，牵制伊拉克萨达姆军队。[③] 为确保土耳其军事基地及土耳其本土免受萨达姆“飞毛腿导弹”的袭击，美国派遣了一支“爱国者”导弹部队驻扎在因切尔利克军事基地，以加强土耳其的防空能力。

如前所述，美国在土耳其的军事基地是美国欧洲司令部唯一部署在大中东的军事基地群，在海湾战争中作用突出。1991 年，土耳其军事基地对美国和多国部队开放，为美国取得海湾战争大捷作出了巨大贡献。正如美

---

① “Turkey-Military Cooperation with the United States,” http: //www. mongabay. com/history/turkey/turkey-military_cooperation_with_the_united_states_. html.

② C. T. Sandars, *America's Overseas Garrisons*: *The Leasehold Empire*, New York and Oxford: Oxford University Press, 2000, p. 281.

③ F. Stephen Larrabee and Ian O. Lesser, “Turkey and the United States,” in Ali Carkoglu and William Hale eds. *The Politics of Modern Turkey*, *Critical Issues in Modern Politics*, *Volume* Ⅲ, *Modern Turkey's Foreign Policy*, New York: Routledge, 2008,

国欧洲司令部上尉乔治·杰万斯（George Joulwanz）在美国国家安全委员会作证词时指出的：美国在欧洲司令部辖区的军事基地使我们获得了重要基地和基础设施。特别是在“沙漠盾牌”与“沙漠风暴”行动中，美国欧洲司令部的军事基地提供了95%的空运支持、90%的空中力量和85%的海军力量。美国在土耳其、西班牙和英国的军事基地在空袭伊拉克北部的军事行动中发挥关键作用。其中在“验证的力量”（“PROVEN FORCE”）行动中，美军派出了300架战斗机，实施了5000次作战飞行，这些大多是从土耳其南部基地起飞的。[①]

海湾战争结束后，土耳其还允许美军在土耳其通往伊拉克唯一的战略关口——哈布尔关口（Habur Gate）部署军事基地，为美军此后打击萨达姆政权提供了重要燃料、食品和后勤补给站。[②] 此外，美国还鼓励其盟友以色列与土耳其建立密切安全合作关系，使以色列得以在土耳其使用军事训练基地，帮助土耳其训练空军飞行员，交流两国军事情报信息，增强了美国在土耳其军事基地使用的稳定性与可靠性。[③] 但土耳其支持美国发动海湾战争也付出了代价：海湾战争后伊拉克难民大量涌入土耳其，库尔德人工人党武装利用伊拉克北部库尔德人自治区壮大实力，土耳其与伊拉克贸易中断也给土带来巨额经济损失等。因此，1998年，美英对伊拉克采取“沙漠之狐”军事行动时，土耳其议会虽同意联军继续使用因切尔利克空军基地，但提出今后土耳其政府将每半年评估一次美国在该军事基地的使用情况。[④]

20世纪90年代，美国与土耳其的军事合作除针对伊拉克萨达姆政权外，还出于阻止俄罗斯在里海和大中东地区恢复影响力的需要。在里海地区，冷战后土耳其与俄罗斯之间的安全竞争激烈。首先，冷战后俄罗斯多次指责土耳其与格鲁吉亚和阿塞拜疆一道，暗地支持车臣分裂武装；土耳其政府则认为俄罗斯联合叙利亚，向土耳其库尔德工人党提供了军事和政

① Jennifer Medcalf, *Going Global or Going Nowhere? NATO's Role in Contemporary International Security*, Oxford: Peter Lang, 2008, pp. 52 – 53.

② Jim Zanotti, "Turkey-U. S. Defense Cooperation: Prospects and Challenges," *Congressional Research Service*, April 8, 2011, p. 22.

③ Robert E. Looney, ed., *Handbook of US-Middle East Relations: Formative Factors and Regional Perspectives*, Londond and New York: Routledge, 2009, p. 300.

④ C. T. Sandars, *America's Overseas Garrisons: The Leasehold Empire*, New York and Oxford: Oxford University Press, 2000, p. 283.

治支持。土耳其还认为，俄罗斯向伊朗出售大量武器装备，打破了里海地区的军事平衡。1991 年 11 月 9 日，即苏联解体前夕，土耳其就迫不及待地承认阿塞拜疆独立。此后，突厥语国家增至六个，即土耳其、哈萨克斯坦、吉尔吉斯斯坦、乌兹别克斯坦、土库曼斯坦和阿塞拜疆。土耳其积极利用其语言和文化优势对中亚和里海国家加强渗透，引起俄罗斯高层的警觉。俄罗斯总统叶利钦认为，冷战结束后，土耳其领导人抱有建立所谓"泛突厥大同盟"的野心，对俄构成了安全挑战。1992 年，俄罗斯支持的亚美尼亚打败了阿塞拜疆，独联体军事总司令、空军元帅叶夫根尼·沙波什尼科夫（Evgeny Shaposhnikov）警告说："如果土耳其卷入亚阿冲突，第三次世界大战将不可避免，土耳其恐将受到核打击。"[①] 此外，1993 年，俄罗斯总统叶利钦要求联合国和欧洲安全与合作会议组织承认俄罗斯有责任维护独联体国家的安全，但土耳其则积极主张中亚和里海国家奉行独立自主的外交政策，不需要唯俄罗斯马首是瞻，并倡议中亚伊斯兰国家建立"中亚关税同盟"，摆脱俄罗斯的影响。随着美、欧、俄等大国对里海油气资源的竞争日益激烈，里海沿岸国家的矛盾更加突出。2001 年 7 月，伊朗在里海的海军与阿塞拜疆军队爆发冲突，英国 BP 石油公司也卷入其中，使俄罗斯与土耳其之间的矛盾进一步复杂化。[②]

俄罗斯与美土军事联盟在里海地区的安全竞争日趋激烈，更加坚定了美国在土耳其维持军事基地的决心。例如，冷战后俄罗斯以打击车臣分裂武装为由，在亚美尼亚和格鲁吉亚建立军事基地，特别是在亚美尼亚的军事基地靠近土耳其，引起美土双方的警觉和不满。[③] 20 世纪 90 年代起，在克林顿政府的积极鼓励下，以色列与土耳其作为美国在大中东重要的盟友，战略合作关系不断深化，双方在贸易和反恐领域的交流也不断频繁。1993 年，土以双边贸易额仅为 2 亿美元，2006 年上升至 24 亿美元，土耳其自 20 世纪 90 年代末开始就是以色列国民出境旅游的首选地；美、土、以在反恐、联合军事演习、军事技术开发等方面的合作也卓有成效，以遏

---

① Ali Çarkoğlu and William Hale, *The Politics of Modern Turkey: Critical Issues in Modern Politics*, Volume III, Modern Turkey's Foreign Policy, London and New York: Routledge, 2008, p. 221; p. 242.

② Anoushiravan Ehteshami, *Globalization and Geopolitics in the Middle East: Old Games*, New Rules, London and New York: Routledge, 2007, p. 100.

③ Ali Çarkoğlu and William Hale, *The Politics of Modern Turkey: Critical Issues in Modern Politics*, Volume III, Modern Turkey's Foreign Policy, London and New York: Routledge, 2008, p. 241.

制近敌伊拉克和远敌俄罗斯。例如，以色列帮助土耳其更新了 F－4“鬼怪式”战斗机，向土耳其出售先进电子设备、作战无人机、雷达、反雷达无人机、军事任务报告系统等。2002 年，以色列军工企业决定帮助土耳其更新 M—60 主战坦克。[①] 土以战略合作关系对俄罗斯以及大中东反美国家伊拉克、叙利亚和伊朗均形成了制衡作用。

20 世纪 90 年代中后期，尽管美土在遏制萨达姆政权和阻止俄罗斯南下问题等上存在战略利益，两国关系也出现不和谐音符，在军事基地使用问题上一度出现了裂痕。一方面，美国国会针对土耳其在奥斯曼帝国时期对亚美尼亚人大屠杀的讨论，招致土耳其领导人的公开谴责，土耳其民族主义者甚至要求政府停止美国在非北约框架内使用因切尔利克空军基地；[②] 另一方面，海湾战争结束后，土耳其越境镇压伊拉克北部库尔德工人党武装遭到了美国国会、媒体和人权组织的批评，认为土耳其此举侵犯了库尔德人人权，美国政府敦促土耳其通过政治方式推进库尔德问题的解决。[③] 尤其是克林顿总统在对外政策中积极推行民主，强调不能无视土耳其侵犯库尔德人人权的行为；而在现实主义和民族主义思想双重影响下，土耳其对美国横加干涉他国内政的做法也十分不满。2001 年，在美国的强烈反对下，土耳其恢复了与巴格达的正式外交关系。这既是土耳其对美国外交的不满举动，也是土耳其在海湾战争结束后自主外交的体现——土耳其不愿意在遏制伊拉克萨达姆政府问题上成为美国的工具。

纵观整个 20 世纪 90 年代，尽管美土军事关系出现了上述波折，但总体稳定；土耳其从北约军事合作的大战略出发，视对美关系为外交基轴，因为失去美国的支持，不仅将失去美国的经济和军事援助，而且必将丧失加入欧盟的机会。美土关系在这十年并未出现持续恶化的趋势，土耳其议会仍定期通过美国使用因切尔利克空军基地执行伊拉克北部“禁飞区”的申请。[④]

---

① Robert O Freedman, ed. , *Contemporary Israel*: *Domestic Politics*, *Foreign Policy*, *and Security Challenges*, Boulder, CO: Westview Press, 2009, p. 229.

② Altinay and Holmes, “Opposition to the U. S. Military Presence in Turkey in the Context of the Iraq War,” in Catherine Lutz, ed. , *The Bases of Empire*: *The Global Struggle against U. S. Military Posts*, N. Y. : New York University Press, 2009, p. 288.

③ 孙德刚：《危机管理中的国家安全战略》，上海：上海人民出版社，2010 年版，第 248—250 页。

④ William Hale, *Turkey*, *the US and Iraq*, London: SAQI, 2007, pp. 70－71.

三、美国在土耳其军事基地部署的第三阶段：发动阿富汗和伊拉克战争

2001—2010 年为美国在土耳其军事基地部署的第三阶段。美国在土耳其的军事基地以空军基地为主，因切尔利克和伊兹密尔是美国在土耳其两大军事基地，前者拥有 3000 多米长的主跑道和 2700 多米长的副跑道。冷战时期，美国在因切尔利克空军基地一度部署了 2.5 万人；冷战后，美国部署了 60－70 枚 B－61 型核弹头和 1500 名美军空军官兵，加上其他雇员 3500 人，总人数达 5000 人，其主要隶属美国第 39 空军基地联队（39th Air Base Wing）。①

“9·11”事件后，小布什政府根据是否支持美国全球反恐战争来重新界定敌友，土耳其成为美国在大中东重要的反恐盟友。据美国欧洲司令部估计，从 2001 年阿富汗战争和 2003 年伊拉克战争，因切尔利克军事基地在美国大中东反恐战争中发挥重要作用，美国 C－17 运输机平均每天飞行 2000 架次，在上述两次战争中 68% 美军后勤物资是从因切尔利克军事基地运往前线的，仅因切尔利克军事基地每年就为美国节省了 2.1 亿美元的运输费用。② 21 世纪第一个十年，美国在土耳其的军事基地主要出于全球反恐的需要。

第一，美国在土耳其的军事基地有力地支持了美国发动阿富汗战争。根据《北大西洋共同防御条约》第五条规定，对缔约国一方的攻击等于是对所有缔约国的攻击，土耳其积极投入美国的全球反恐战争中。随着 2001 年美国展开对塔利班和“基地”组织的围剿并占领阿富汗，土耳其与美国的军事合作也逐步升级，美国在土耳其军事基地的功能再次发生转变——由遏制伊拉克和俄罗斯转向支持美国在大中东的反恐行动。2001 年 9 月 21 日，土耳其宣布为美国飞机从欧洲军事基地飞往阿富汗开放领空，大大缩短了美国战斗机和运输机的飞行里程，加快了阿富汗战争的进程。2001 年 10 月 1 日，土耳其议会通过的一项决议，同意在北约组织框架内向阿富汗派遣军队，并最终派兵 267 人参加英国司令部在阿

---

① Jim Zanotti, “Turkey-U. S. Defense Cooperation: Prospects and Challenges,” *Congressional Research Service*, April 8, 2011, p. 22.

② Jim Zanotti, “Turkey-U. S. Defense Cooperation: Prospects and Challenges,” *Congressional Research Service*, April 8, 2011, p. 22.

富汗的维和行动。[①] 土耳其不仅向北约军队开放领空，而且允许北约使用因切尔利克、阿菲永、耶尼谢希尔（Yenisehirk）等空军基地、伊斯坦布尔—萨比哈（Sabiha）、格克琴（Gokcen）和特拉布宗（Trabzon）机场、阿克萨斯（Aksaz）海军基地和安塔利亚（Antalya）、伊兹密尔和伊斯坦布尔军港等，美国和北约在土耳其的军事基地在阿富汗战争中发挥了重要作用。[②]

第二，阿富汗战争告一段落后，美国的反恐战争进入第二阶段，开始将反恐军事行动的重心从中亚转向大中东，从阿富汗转向伊拉克，其阶段性目标就是推翻萨达姆政权。美国国防部计划从南北两面夹击伊拉克，亦即从海湾地区向伊拉克发动进攻的同时（第一战场），在土耳其增兵6万人开辟北方战场（第二战场）。2002年之后，土耳其和美国高层就美国对伊拉克采取军事行动问题开始了一系列接触。2002年7月中旬，美国国防部副部长沃尔福威茨向土耳其提出了军事合作的请求：希望土耳其允许美军使用因切尔利克基地以及其他至少5个军用机场，另提供8个机场作为后勤支持转运站，再拿出5个海港作为物资供给站。沃尔福威茨预计，一旦战争爆发，美军将有8万名士兵和250架军用飞机部署在土耳其。[③] 为换取土耳其的支持，沃尔福威茨承诺战后不会改变伊拉克的主权和领土完整，伊拉克北部库尔德人不会独立，而这正是土耳其政府的主要关切，因为其担心伊拉克库尔德人会在战后伊拉克北部建立独立的“库尔德斯坦”，引发土耳其库尔德人独立倾向。即使伊拉克库尔德人在未来联邦政府中享有高度自治权也是土耳其政府所难以容忍的，因为打击以伊拉克北部权力真空地带为后方基地的库尔德工人党武装是土耳其安全战略的重要目标。[④]

---

① Ayse Gul Altinay and Amy Holmes, "Opposition to the U. S. Military Presence in Turkey in the Context of the Iraq War," in Catherine Lutz, ed., *The Bases of Empire*: *The Global Struggle against U. S. Military Posts*, N. Y.: New York University Press, 2009, p. 277; Ralph H. Salmi and Gonca Bayraktar Durgun, *Turkish-U. S. Relations*: *Perspectives from Ankara*, Baca Raton: Brown Walker Press, 2005, p. 4.

② William Arkin, *Code Names*: *Deciphering U. S. Military Plans*, *Programs and Operations in the 9/11 World*, Hanover: Steerforth Press, 2005, p. 225.

③ Altinay and Holmes, "Opposition to the U. S. Military Presence in Turkey in the Context of the Iraq War," in Catherine Lutz, ed., *The Bases of Empire*: *The Global Struggle against U. S. Military Posts*, N. Y.: New York University Press, 2009, pp. 277 – 278.

④ Saban Kardas, "Turkey and the Iraqi Crisis," in Ali Carkoglu and William Hale eds. *The Politics of Modern Turkey*, *Critical Issues in Modern Politics*, *Volume* Ⅲ, *Modern Turkey's Foreign Policy*, New York: Routledge, 2008, p. 295.

伊拉克战争爆发前，土耳其与美国反恐合作的最大预期就是能在未来伊拉克政治重建中拥有发言权。美国允诺给土耳其的“诱饵”还不止如此。在两国谈判阶段，小布什政府还承诺提供20亿美元的赠款和240亿美元的贷款。[①] 美国甚至承诺：如果美国驻土耳其官兵在基地设施外违反土耳其法律，将在土耳其法庭接受审判——前提是土耳其允许美国部署6.2万人军队、255架战斗机和65架直升机，期限为半年以上。土耳其政府则继续抬高要价，除要求获得经济援助外，还希望美国放宽对其纺织品出口的限制。[②]

但是，2002年10月，土耳其议会选举改变了国内政治格局。11月3日，土耳其正义与发展党（AKP，正发党）在伊斯坦布尔市长埃尔多安（Recep Tayyip Erdoğan）的带领下，赢得大选，埃尔多安当选总理。[③] 正发党赢得大选后，美土关系出现了不确定性因素，美国试图利用在土耳其军事基地发动伊拉克战争、开辟北方战场的前景具有不确定性。成为执政党后，正发党强调土耳其的伊斯兰属性，并提出“新奥斯曼主义”的口号，强调土耳其的地区大国地位。埃尔多安政府时期，30%的议员来自于反美主义倾向明显的福利党（Refah，1998年曾遭到取缔），该党坚决反对美国发动伊拉克战争，也反对土耳其以任何形式帮助美国发动伊拉克战争。[④] 受其影响，埃尔多安政府强调伊斯兰在土耳其个体生活中的重要性，主张土耳其在外交上应回归大中东，恢复在大中东的大国地位和影响力；在对外政策上倡导独立自主，不与任何西方大国亦步亦趋。正发党史无前例地占据了土耳其议会约2/3的席位，使之在对外政策上更加自信和自主。

对于土耳其正发党新政府而言，防止伊拉克北部库尔德人建立独立国家、维持伊拉克现状、避免伊拉克战争殃及本国符合土耳其利益，且由于该党在议会中占据主导优势，其决策自主权更强。埃尔多安总理（2014年以来担任总统）认为，战争必将破坏伊拉克经济，严重影响土耳其与伊拉

① William Hale, *Turkey, the US and Iraq*, London: SAQI, 2007, p. 110.

② Kent E. Calder, *Embattled Garrisons: Comparative Base Politics and American Globalism*, Princeton: Princeton University Press, 2007, p. 144.

③ Ali Çarkoğlu and William Hale, *The Politics of Modern Turkey: Critical Issues in Modern Politics*, Volume III, Modern Turkey's Foreign Policy, London and New York: Routledge, 2008, p. 367.

④ Barak A. Salmoni, "Strategic Partners or Estranged Allies: Turkey, the United States, and Operation Iraqi Freedom," *Strategic Insights*, Vol. 2, No. 7, 2003, p. 6.

克乃至整个大中东的经贸关系，因此避免战争是最佳选择。在发动伊拉克战争问题上，土耳其与美国讨价还价的两个目标是：美国以书面协定的形式承诺补偿土耳其的经济损失，并允许土耳其在伊拉克拥有单边军事行动权。随着伊拉克战争的邻近和美国军事调动进入关键阶段，土耳其各界组织的反战示威活动活跃，给土耳其政府和议会造成巨大压力。[①] 此外，欧洲大国法国和德国反对美国出兵伊拉克也影响了土耳其在军事基地问题上的立场。长期以来，土耳其迫切希望加入欧盟，然而法德政府试图以欧盟成员资格为诱饵，鼓励土耳其加入到法、德、俄反战阵营中去，进一步增强了美土关系的离心倾向。[②]

尽管美国国防部副部长沃尔福威茨此前提出向土耳其提供20亿美元的赠款和240亿美元的贷款，帮助土耳其更新群军事基地、港口和军事设施，但埃尔多安政府并没有为之所动，因为新政府担心：一旦萨达姆政府被推翻，伊拉克就会从共和国变成某种形式的逊尼派—什叶派—库尔德人"邦联"，伊拉克北部库尔德人事实上的自治必然引发连锁反应，加快土耳其库尔德人的分离倾向。在开辟北方战场的谈判过程中，土耳其一度迫使美国作出巨大让步，包括承诺向土耳其提供价值260亿美元的经济和军事赠款与贷款，但在强大国内反战舆论面前，埃尔多安政府宣布绝不拿原则做交易。

伊拉克战争爆发前，美英在伊拉克周边国家的军事基地和附近海域已经部署了30万人军队，包括4.75万人部署在波斯湾海域，14万美军和2.5万英军部署在科威特，9000名美军部署在沙特，8000名美军部署在卡塔尔，5000名美军部署在巴林，1200名美军部署在阿联酋，3000名美军部署在阿曼，1000美军以及B-2、B-52轰炸机部署在迪戈加西亚军事基地，还有5000美军部署在土耳其军事基地。[③] 从南方和北方战场两面夹击伊拉克萨达姆政权，成为美国军事战略部署的两大支柱。2003年3月，土

① Altinay and Holmes, "Opposition to the U. S. Military Presence in Turkey in the Context of the Iraq War," in Catherine Lutz, ed., *The Bases of Empire: The Global Struggle against U. S. Military Posts*, N. Y.: New York University Press, 2009, pp. 280-285.

② Robert E. Harkavy, *Strategic Basing and the Great Powers*, 1200-2000, New York: Routledge, 2007, p. 153.

③ "US, UK military presence in Gulf," http://english.chinamil.com.cn/special/e-ymwar/txt/79.htm.

耳其议会最终作出了令双方政府均感到意外的决定：美国在土耳其部署6.2万兵力入侵伊拉克的动议在土耳其议会未获通过，即土耳其议会拒绝美国第4步兵师登陆，而第4步兵师当时正在土耳其伊斯肯德伦港口海岸，准备随时登陆并从北部进攻伊拉克。除第4步兵师外，美军第3装甲骑兵团（3rd Armored Cavalry Regiment）和特种部队也未能经土耳其开辟伊拉克北方战场，第4步兵师最后不得不通过苏伊士运河、绕过波斯湾抵达科威特，但由于延误时机，该陆军师最终未能参与伊拉克主要战事。[①] 因此，美军试图利用在土耳其军事基地、开辟北方战场的计划最终破灭。

2003年6月，小布什总统宣布伊拉克主要战事结束后，美国从土耳其因切尔利克空军基地撤走1400人、50架空中加油机，只留下服务于北约军事活动的少量美国工作人员，此举实际上是在警告土耳其：美国可以减少在土耳其军事基地的驻军，未来土耳其的军事基地并非不可替代。[②] 伊拉克战争结束后，为减少对土耳其军事基地的依赖，美国在卡塔尔、巴林、科威特、乌兹别克斯坦、吉尔吉斯斯坦和塔吉克斯坦等大中东和中亚国家相继建立了若干新的军事基地，美国中央司令部前沿军事基地部署呈"分散化"特征，主要避免军事基地东道国（如土耳其）对美"政治要挟"。

在美国减少在土耳其驻军规模的同时，美土外交关系也纠纷不断，美国在土耳其的军事基地在反恐时代由合作走向纷争。2003年7月4日，美军在伊拉克北部城市苏莱曼尼亚（Sulaymaniya）逮捕11名土耳其特工首领，称这些特工试图谋杀当地库尔德人政治家和官员，以阻止伊拉克库尔德人力量的上升、维护土耳其库尔德地区的稳定。美国不顾土耳其政府的反对，关押这些特工并进行审判，使美土关系雪上加霜；[③] 美军占领伊拉克后，由于美国中央司令部疲于应对伊拉克反美武装，无力对盘踞在伊拉克北部库尔德人地区的土耳其库尔德工人党武装采取军事打击政策，甚至客观上为其提供了庇护所，引起土耳其政府的不满，土耳其甚至以自卫为

---

① Robert E. Harkavy, *Strategic Basing and the Great Powers*, 1200 – 2000, New York: Routledge, 2007, pp. 153 – 154.

② Rachel Rager, "Turkish-American Relations: Historical Context and Current Issues," Georgetown University, 2003, p. 2.

③ Ioannis N. Grigoriadis, "Friends No More? The Rise of Anti-American Nationalism in Turkey," *The Middle East Journal*, Vol. 64, No. 1, 2010, p. 58.

由多次越境打击库尔德工人党武装，美土关系再度紧张。土耳其认为，越境打击库尔德工人党恐怖分子是土耳其维护主权、保护国家利益的手段，美国则认为土耳其政府的行为侵犯了伊拉克主权，也侵犯了人权。土耳其领导人指责美国的这一立场是“指手画脚”，甚至认为美国已经将土耳其“降格为一个海湾酋长国”，并强调：21 世纪土耳其不是一个只能提供军事基地的小伙伴。①

伊拉克战争结束后，美土两国围绕人权问题也波折不断。土耳其政府多次声明，如果美国在所谓人权问题上向土耳其发难，土耳其将拒绝美国使用因切尔利克军事基地，该基地将只为北约军事行动提供服务。② 2010 年 3 月 4 日，美国国会众议院外交事务委员会通过决议，将奥斯曼土耳其帝国杀害 100 多万亚美尼亚人的事件定性为“种族屠杀”，两国关系因此受到影响。土耳其政府随后立即发表抗议声明，宣布召回土驻美大使纳米克·唐（Namik Tan），认为这项决议可能损害美土关系并阻碍土耳其与亚美尼亚关系正常化进程。声明还说，这项决议的支持者受政治动机的影响，其立场是“错误的和不公正的”，“无视历史事实和专家的争议”。③

综上所述，美国在土耳其的军事基地尽管在反恐战争的第一阶段——阿富汗战争发挥了重要作用，但是在美国反恐战争的第二阶段——伊拉克战争中却未能发挥战略性作用。由于土耳其政府的强硬立场，美国在土耳其的军事基地难以在伊拉克战争中发挥实际效果，特别是由于土耳其议会拒绝美军从伊拉克开辟北方战场，美国发动伊拉克战争的政治风险和经济成本增加。即便如此，两国并未在伊拉克战争期间切断一切军事合作渠道，只不过军事合作主要以秘密的渠道展开。例如，2003 年 3 月 20 日，土耳其国防部长承认：伊拉克战争期间，联军 4000 多架次飞机从欧洲基地经土耳其领空飞往伊拉克执行任务，尽管因切尔利克空军基地不承担运送

---

① David W. Lesch, *The Middle East and the United States: A Historical and Political Reassessment*, Boulder: Westview, 2007, pp. 295 – 297.

② Ali Çarkoğlu and William Hale, *The Politics of Modern Turkey: Critical Issues in Modern Politics*, Volume III, Modern Turkey's Foreign Policy, London and New York: Routledge, 2008, pp. 196 – 197.

③ 《美通过亚美尼亚议案，“屠杀决议”激怒土耳其》，载《新快报》2010 年 3 月 6 日，第 A25 版。

军火的任务，却承担了运输人道主义物资的重任。[①] 2003 年 11 月 28 日，土耳其议会再次通过决议，允许美军使用土耳其因切尔利克军事基地前往伊拉克轮岗，美国与土耳其之间围绕军事基地使用的矛盾趋于缓和，美国也恢复了对土耳其的军事援助。[②]

四、美国在土耳其军事基地部署的第四阶段：应对中东剧变的新挑战

2010 年中东剧变以来是美国在土耳其军事基地部署的第四阶段。2010 年底中东剧变的发生，对埃尔多安总理的外交和国防政策产生了重要影响。尽管奥巴马总统 2009 年访问土耳其时，将两国关系视为“伙伴关系的典范”，但美土两国在所谓“奥斯曼土耳其帝国屠杀 150 万名亚美尼亚人”问题上龃龉不断；另一方面，随着美国深陷全球金融危机，奥巴马政府对土耳其的各种援助数量减少，也削弱了土耳其与美国军事合作的动力。然而，中东剧变发生后，美国和土耳其重新在北约框架下展开了安全合作，主要包括应对大中东变局、默许土耳其打击库尔德工人党武装和在土耳其部署导弹防御系统等。

（一）支持美国发动利比亚战争

2011 年 3 月，北约作出干预利比亚局势的决定后，美国和北约在土耳其伊兹密尔的北约联盟空军司令部空军基地，成为北约武力干预利比亚事务的前沿司令部，在利比亚战争中发挥了重要作用；作为北约成员国中军事武装人数第二大国，土耳其还在利比亚战争中以北约的名义派出至少 6 艘舰艇，包括 4 艘护卫舰、1 艘潜艇和 1 艘辅助舰，在地中海水域承担巡逻任务，支持美国第六舰队以及美英对利比亚的空袭。[③] 2012 年以来，随着叙利亚局势的进一步发展，美国在土耳其的军事基地恐将成为未来西方

---

① Altinay and Holmes, “Opposition to the U. S. Military Presence in Turkey in the Context of the Iraq War,” in Catherine Lutz, ed. , *The Bases of Empire*: *The Global Struggle against U. S. Military Posts*, N. Y. : New York University Press, 2009, p. 288.

② Selin M. Bölme, “The Politics of Incirlik Air Base,” *Insight Turkey*, Vol. 9, No. 3, 2007, p. 86.

③ Jim Zanotti, “Turkey-U. S. Defense Cooperation: Prospects and Challenges,” *Congressional Research Service*, April 8, 2011, p. 10.

设立“禁飞区”、建立“人道主义长廊”和打压巴沙尔政权的重要前沿阵地。[①]

（二）打击恐怖主义

土耳其允许美军使用其军事基地的重要动因是争取美国支持、打击库尔德工人党分裂武装，并成功说服美国将库工党武装列为“恐怖组织”。近年来，土耳其依靠美国在其境内军事基地的 U－2 侦察机和其他无人机搜集库工党武装分裂势力的情报，以更好地打击库工党武装分裂势力。2011 年 9 月，土耳其甚至请求美国在其军事基地中部署“捕食者”无人机，同时向土耳其出售此机型无人机，以更好地帮助土耳其掌握叙利亚和土耳其边境库尔德分裂势力的活动情况。[②] 2012 年 9 月，叙利亚自由军总部宣布，他们将把指挥中心从土耳其转到叙利亚，主要是在阿勒颇省等地区[③]，意味着叙利亚反政府武装与巴沙尔政府军的军事斗争已经从第一阶段的防御战略进入第二阶段的相持阶段。随着叙利亚国内局势进一步走向复杂化，叙利亚北部库尔德人分离倾向明显，土耳其面临国内库尔德人分离主义运动的压力再次增大，美国总体上对其采取默许态度。

（三）应对北约在土耳其部署导弹防御体系问题

近年来，美国和欧洲大国试图以叙利亚和伊朗构成的安全威胁为借口，积极建立欧洲反导系统。2010 年北约里斯本峰会期间，与会成员讨论在未来部署反导系统的具体问题，包括在土耳其。土耳其并不反对在其境内部署弹道导弹防御系统，但提出两个条件：第一，在建立弹道导弹防御系统时，不能公开指明安全威胁的来源国（如叙利亚或伊朗）；第二，土耳其必须完全处于导弹防御系统保护之下。[④] 2011 年，美土两国达成一项

---

① 参见 Nathalie Tocci, and Ömer Taşpınar, et. , *Turkey and the Arab Spring: Implications for Turkish Foreign Policy from a Transatlantic Perspective*, Washington D. C. : The German Marshall Fund of the United States, 2011。

② Agence Frabce-Presse, " Turkey Asks U. S. to Base Predator There: Report," http://www.defensenews.com/article/20110911/DEFSECT01/109110303/Turkey-Asks-U-S-Base-Predators-There-Report.

③ "Free Syria Army Base Moved From Turkey To Syria," *Huffington Post*, September 22, 2012.

④ Jim Zanotti, "Turkey-U. S. Defense Cooperation: Prospects and Challenges," *Congressional Research Service*, April 8, 2011, p. 16.

新协定：土耳其允许美国在其东部城市马拉蒂亚（Malatya）附近军事基地建立预警雷达系统。这一系统是北约在欧洲导弹防御系统的组成部分，主要是防止所谓伊朗“流星”级导弹对欧洲构成的安全威胁。该协定被认为是两国过去15—20年来达成的最重要协定。2012年1月，土耳其外交部宣布该雷达预警系统正式投入使用，美国在土耳其军事基地在中东剧变的新时期面临新的任务。[①]

五、美国在土耳其军事基地的影响因素分析

60余年来，美国在土耳其部署军事基地既实现了双方重要安全战略目标，也曾经爆发过严重危机，其部署受美国在东地中海的利益、东地中海地区的安全威胁、东道国土耳其的立场与基地部署的法律依据四个因素的影响。

（一）美国在东地中海的利益

60余年来，美国在东地中海地区的利益主要包括：（1）战略利益，包括控制黑海海峡到地中海之间的战略要道，主导地中海东部地区；（2）确保以色列生存和安全；（3）确保塞浦路斯不落入反西方势力手中；（4）打击反美、反以势力，包括在冷战后阻止伊朗利用黎巴嫩真主党、叙利亚和巴勒斯坦哈马斯向以色列和美国盟友发动战略袭击；（5）推动大中东国家的去激进化和民主化。

美国在东地中海地区的利益，即通过在土耳其部署军事基地，将东地中海地区的军事基地与美国第六舰队在希腊、意大利的其他基地连为一体，确保地中海地区成为美国掌控的“内湖”，美国不允许任何非北约成员国控制从地中海到大西洋、从黑海到红海的战略通道，美国在东地中海地区的军事基地部署主要出于保护美国的这一战略利益。因此，地中海东部地区对于美国全球军事力量投射起到重要作用，尤其是美国欧洲司令部在土耳其的军事基地对于美国增强对东地中海地区的干预能力、打击伊斯兰极端势力和保护以色列安全起到重要支撑作用。首先，土耳其同挪威一

---

① Jim Zanotti, “Turkey: Background and U. S. Relations,” *Congressional Research Service*, January 17, 2012, p. 20.

样，是地缘上最靠近苏联以及冷战后俄罗斯的北约盟国。土耳其扼守黑海海峡，控制俄罗斯经黑海南下地中海和大中东的咽喉，成为北约搜集苏联和俄罗斯情报的最重要前沿基地。冷战时期，土耳其作为大中东地区唯一的北约成员国，向北约提供的军队人数居第二位，一度牵制了华沙条约组织约50个师的兵力；第二，土耳其控制安纳托利亚高原，美国控制了这一有利的地理位置就可以控制大中东“肥沃新月地带”，这一地势平坦的“肥沃新月地带”一直延伸到波斯湾和红海。第三，冷战时期与冷战后，美国在土耳其的军事基地成为美国干预大中东地区事务最重要的前沿阵地，包括1967年第三次大中东战争、1973年第四次大中东战争、1982年黎巴嫩战争、1980—1988年两伊战争、1991年海湾战争、2001年阿富汗战争、2003年伊拉克战争和2011年利比亚战争等。美国无不利用土耳其等地中海地区的军事基地和军事设施，对冲突地区施加军事和政治影响力。正如冷战时期北约欧洲地区总司令莱曼·兰尼兹尔（Lyman Lemnitzer）在谈到土耳其军事基地重要性时所指出的：“在搜集华沙条约组织成员国情报的能力方面，世界上没有哪个地方能够与土耳其的战略基地相媲美。这些战略基地一旦投入使用，就能够提供重要的、不可替代的情报。”①

冷战结束后，随着苏联的解体，地中海东部处于美英军事基地的完全控制之下——美国在土耳其的军事基地，以及英国在直布罗陀的军事基地和在塞浦路斯岛上的主权基地等，基本实现了对地中海地区的战略合围。拥有这一系列军事基地，从直布罗陀海峡到土耳其，从黑海到苏伊士运河，均处于美英的掌控之下，成为美国在地中海地区的重要战略利益。

美国在大中东地区增加军事存在、维护战略利益的另一层面是在大中东地区推广西方民主体制和价值观，通过发动阿富汗和伊拉克战争等军事手段、推行“大中东民主计划”等政治和社会手段实现对大中东“威权国家”和“失败国家”的改造，通过扩大在大中东的军事存在拓展政治影响。美国政府认为，大中东地区缺乏“良治”，“失败国家指数”在全球最高，成为伊斯兰激进主义与恐怖主义的温床，沦为反美主义的“大本营”，主要是因为大中东地区缺乏民主。只有对大中东地区进行民主改造，才能消除大中东暴力与冲突的根源。美国在土耳其的军事基地部署有助于推动

① Nasuh Uslu, *The Turkish-American Relationship between* 1947 *and* 2003: *The History of a Distinctive Alliance*, New York: Nova Science Publishers, 2003, p. 102.

大中东地区的民主改造，这是美国在该地区战略利益的重要组成部分。

（二）东地中海地区的安全威胁

应对安全威胁是美国在土耳其部署军事基地的又一重要影响因素，即美国反对旨在对美国在该地区主导权构成威胁的任何力量，其威胁大体可分为四个阶段和四种类型。

第一阶段：冷战时期，挑战美国第六舰队在地中海军事存在、构成现实威胁的，主要是苏联黑海舰队以及地中海特遣队，美国在土耳其和塞浦路斯的军事存在与苏联在地中海地区的军事力量保持一种战略平衡。

第二阶段：苏联解体后，美国在东地中海地区的主要威胁是伊拉克等对美国的战略盟友以色列构成的威胁，以及俄罗斯重新崛起所构成的威胁，因此20世纪90年代美国在东地中海地区的威胁主要来自于大中东地区反美、反以力量。美国积极鼓励以色列与土耳其的军事合作，建议以色列利用在土耳其的军事基地，扩大两国在军事训练、军事技术研发、联合军演、打击库尔德工人党武装在叙利亚的势力等领域的合作，美国在土耳其的军事基地成为土以两国军事合作的平台。

第三阶段："9·11"事件后，恐怖主义成为美国在东地中海地区的主要威胁。美国在土耳其的军事力量旨在配合美国长达十年的全球反恐战争，特别是发动阿富汗战争和伊拉克战争、清剿大中东地区极端组织和恐怖组织。美国在土耳其的军事力量在美国发动阿富汗和伊拉克战争、打击伊拉克反美武装方面发挥了重要作用。2004年，美国国防部副部长克里斯托弗·亨利（Christopher Henry）在向国防部长拉姆斯菲尔德提交的报告中指出：美国冷战时期的国际驻军态势和军事部署在应对后冷战时期非传统战争、恐怖袭击、游击战、大规模杀伤性武器和新技术威胁等方面准备不足（习惯上被称为"第四代战争"），美军长远战略及投资方向须作相应调整。①

第四阶段：2010年中东剧变发生后，美国在东地中海地区军事基地面临的威胁演变为地区局势动荡的影响，特别是利比亚和叙利亚内战产生的冲击波对美国在地中海地区的传统影响力构成了挑战。2011年利比亚战争

---

① 魏宗雷：《美国"新战争"理论下的驻军调整》，载《现代国际关系》2004年第9期，第35页。

期间，美英积极利用在土耳其和塞浦路斯的军事基地，向利比亚卡扎菲政府发动军事打击；2011 年以来，叙利亚逐步陷入严重内战局面，“胜利阵线”“伊斯兰国”组织等攻城略地，成为地区稳定的新挑战。美国在东地中海地区的军事力量一直密切关注叙利亚乱局对地区局势构成的威胁，并酝酿以北约的名义在土耳其部署导弹防御系统。此外，俄美在叙利亚激烈对峙后，美国在土耳其的军事基地客观上有反制俄罗斯的目的。2017 年 12 月，俄罗斯“马卡洛夫海军上将”号护卫舰加入黑海舰队，增强了俄在地中海地区的影响力，加上俄强化在叙利亚的永久性军事基地，引起特朗普政府的警觉。①

（三）东道国土耳其的立场

据统计，1995—2003 年，“基地”组织在伊斯兰国家实施了 71 起自杀式袭击，其中在美国拥有军事基地的国家实施的自杀式袭击是没有美国军事基地国家的 10 倍。1998 年 2 月，本·拉登、扎瓦赫里和其他三位来自孟加拉国、埃及和巴基斯坦的伊斯兰领袖一起正式号召全球穆斯林对美国军人和平民发动“圣战”，强调这是世界全体穆斯林的宗教职责：“七年来，美国占领了伊斯兰世界最神圣的部分——阿拉伯半岛，掠夺财富，扶植傀儡的独裁统治，侮辱人民，恐吓邻国，把在阿拉伯半岛的军事基地变成了进攻周边穆斯林国家的桥头堡。”②

相比之下，土耳其对美国在该地区部署军事基地却持欢迎态度，这是其允许美国部署军事基地的重要原因。土耳其接受美国部署军事设施和人员，一方面出于获得美国经济和军事援助的考量；另一方面出于安全因素的考虑。土耳其与邻国希腊、俄罗斯和亚美尼亚外交关系长期紧张，加上塞浦路斯问题、国内库尔德问题和中东剧变久拖不决，不得不在安全上依靠美国。

尽管土耳其 60 余年来总体上接受美国的军事部署，但美国在土耳其的军事基地部署也常常受土耳其国内反美势力的影响。特别是在 2003 年伊拉克战争爆发前后，阿拉伯民众普遍反对美国利用在东地中海地区的军事基

---

① 《俄又一新护卫舰加入黑海舰队》，载《参考消息》2017 年 12 月 30 日，第 6 版。

② Bradley L. Bowman, “After Iraq: Future U. S. Military Posture in the Middle East,” *The Washington Quarterly*, Vol. 31, No. 2, 2008, p. 84.

地向伊拉克发动战争。包括土耳其在内的大中东地区舆论普遍认为，美国在大中东的军事基地实际上执行了英法等近代欧洲列强在大中东实行的“分而治之”政策，这些军事基地不仅破坏了伊斯兰世界的团结和统一，而且损害了东道国的主权和民族尊严。不仅如此，美国在大中东的军事基地是美国与以色列特殊安全伙伴关系的延伸，是“十字军东征者与犹太复国主义”的共谋[①]，试图永远分化和控制大中东地区。土耳其、叙利亚、巴勒斯坦、利比亚和黎巴嫩等均反对美国在东地中海地区部署军事基地，认为美国军事力量介入地中海不利于地区局势稳定，这是美国在土耳其部署军事基地的不利因素，影响了其稳定性。

（四）基地部署的法律依据

冷战后，美国在土耳其的军事基地部署还受到法律因素的影响，即美国如何使部署在他国主权管辖范围内的军事力量、军事设施和武器装备合法化。美国在土耳其军事基地总体上具有国际法依据。例如，美国在土耳其的军事基地部署源于土耳其加入北约时签订的《北大西洋公约组织宪章》（《北约宪章》），因此美土两国以《北约宪章》为依据，同时根据美土两国签订的《驻军地位协定》，使美国在土耳其部署军事力量、建立军事设施乃至储存核武器合法化。美国在土耳其的军事基地部署具有国际法基础，同时美国的军事部署又受到土耳其国内法的制约，如2003年伊拉克战争爆发前，土耳其议会通过决议，反对美军利用在土耳其的军事基地开辟北方战场。

六、美国在土耳其军事基地的前景

美国自20世纪50年代开始就在土耳其部署了军事基地，迄今已持续60余年。美国选择在土耳其部署军事基地，主要是因为其成为联系欧洲、西亚、中亚、高加索和里海地区的战略长廊，扼守黑海与地中海战略通道，对于里海与大中东地区能源地缘政治、尤其成为大中东与里海能源输出管道的重要枢纽；土耳其是世界上第17大经济体（2014年），美土双边经贸额达200亿美元，其在大中东强大的综合国力和发展潜力也是美国重

---

① David W. Lesch, *The Middle East and the United States: A Historical and Political Reassessment*, Boulder: Westview, 2007, p. 504.

视土耳其军事基地的重要因素之一。

土耳其在美国部署军事基地问题上一直表现出矛盾性。一方面，土耳其希望通过与美国在政治和军事上的结盟抵抗苏联、俄罗斯、叙利亚、库尔德工人党分裂势力、叙利亚内战和“伊斯兰国”组织构成的威胁，并希望在美国的帮助下融入欧盟，促进其经济、社会的全面发展。由于其北约成员国的身分，土耳其今后仍将继续保持与美国的军事联盟关系，并长期允许美军驻土耳其军事基地，这是土耳其对外安全战略的基轴。

另一方面，土耳其又是一个穆斯林人口占绝对多数的国家，与欧盟成员国希腊存在塞浦路斯争端，还面临着民族分裂势力——库尔德工人党的侵扰，土耳其与亚美尼亚人在历史上的恩怨导致其至今未实现关系正常化。近年来，土耳其注重与俄罗斯、中国、巴基斯坦与韩国的军事交流和军事合作，试图促进军事合作伙伴的多元化[①]，这就注定土耳其在与美国的关系发展将是复杂多变的。

新时期，随着“伊斯兰国”组织的影响力上升和叙利亚内战的久拖不决，土耳其军事基地将持续发挥独特作用。2014 年 10 月 3 日，土耳其议会通过决议，允许美军、欧洲盟国以及沙特、约旦等国军队利用其领空和因切尔利克军事基地清剿“伊斯兰国”和叙利亚“胜利阵线”，美国在大中东反恐行动中继续使用土耳其军事基地。尽管未来不排除土耳其以关闭军事基地为要挟，迫使美国在塞浦路斯问题、库尔德问题、亚美尼亚人大屠杀问题、入欧盟问题、土耳其出口美国产品配额等问题上向土耳其提供军事、政治、外交和经济支持，但是土耳其无疑在安全上仍然无法摆脱对美国军事援助的依赖，特别是由于美国第六舰队客观上在土耳其、意大利和希腊均拥有军事基地，即使土耳其关闭其境内军事基地，美国第六舰队仍然能够找到替代基地，土耳其利用军事基地同美国讨价还价的能力有限。[②] 海外军事基地成为联系美土关系的桥梁，也是两国政治关系的“风向标”，折射出美土长达60年的“麻烦伙伴关系”。

2015 年 11 月，土耳其击落一架俄罗斯战机后，土俄关系迅速紧张，

---

① Jim Zanotti, "Turkey: Background and U. S. Relations," *Congressional Research Service*, January 17, 2012, p. 33.

② Simon Duke, *United States Military Forces and Installations in Europe*, Oxford: Oxford University Press, 1989, p. 284.

美国则支持埃尔多安政府维护主权的措施。为进一步增强北约对东地中海地区的控制力，压制俄罗斯向叙利亚扩展影响力，打击“伊斯兰国”组织和应对叙利亚可能出现的变局，未来美国国防部很可能在土耳其因切尔利克空军基地和伊兹密尔空军基地的基础上，再租用三处军事基地，一处位于地中海沿岸的伊斯肯德伦；另一处位于爱琴海的乌尔拉（Urla），第三处位于伊兹密尔空军基地附近的摩尔多昂（Mordogan）海港，以增强美国和北约在土耳其的指挥、控制、通讯和情报系统。这些军事基地一旦建成，美国和土耳其以及北约其他国家军队更容易在未来地区危机爆发后采取联合行动。① 美国在土耳其的军事基地将有效应对中东剧变在北非和东地中海地区构成的新威胁。2016 年 7 月，土耳其发生未遂军事政变后，埃尔多安政府指责居伦运动是背后推手，甚至认定美国中央情报局与此事有染，并要求美国引渡居伦回国。在该问题上，美国尚未满足埃尔多安政府的要求，美土关系也陷入僵局，土耳其部分民族主义者和左翼力量甚至要求美国关闭在土耳其的军事基地，这对今后美国在土耳其的军事基地恐将产生深远影响。

2017 年 4 月 16 日，土耳其举行修宪公投，结果以 51.4% 的微弱优势得以通过。2019 年土耳其将同时举行总统和议会选举，届时将改变 1923 年土耳其之父——凯末尔制定的世俗主义和议会制路线，土耳其的发展将迎来新的一百年。此次大选将对土耳其内政与外交产生深远影响。在新的体制下，埃尔多安政府恐将执行三环外交：第一环是通过北约军事联盟继续保持与美国和欧洲大国的军事关系，巩固土耳其的军事大国地位；第二环是通过上海合作组织对话伙伴国和二十国集团成员国的身份，与中国、俄罗斯、中亚国家和发展中经济体保持密切合作，提升土耳其的政治大国地位；第三环是通过参与中东地区安全事务，扩大土耳其在叙利亚等热点问题上的发言权，推行“新奥斯曼主义”，提升土耳其模式在中东影响力，巩固土耳其的地区大国地位。美国和北约在土耳其的军事基地是否将延续下去，仍将具有不确定性。

七、结语

本节考察了二战以来美国在土耳其的军事基地部署的战略演变及其影

---

① “US Plans to Open Three Military Bases in Turkey,” http：//www.democraticunderground.com/discuss/duboard.php？ az = view_all&address = 364x955196.

响因素。美国在该地区的军事力量隶属于美国欧洲司令部，冷战时期，这些军事基地是其遏制共产主义意识形态在大中东扩张和遏制大中东反美势力的据点，在维护美国在大中东地区的领导地位、主导大中东事务中充当“桥头堡”的作用。[①] 冷战后，美国的主要关切是控制黑海海峡到地中海之间的战略要道，主导地中海东部地区，保障以色列国家安全，确保塞浦路斯不落入反西方势力手中，打击反美势力，遏制俄罗斯，空袭“伊斯兰国”组织和“胜利阵线”。为此，冷战后美国不仅没有关闭在土耳其的军事基地，反而进一步强化军事基地的功能，为发动海湾战争、阿富汗战争、伊拉克战争、利比亚战争和空袭“伊斯兰国”组织等提供了前沿阵地，为危机爆发后美国干预地中海东部地区事务提供重要支撑。

21 世纪以来，尽管土耳其安全环境大大改善，但俄罗斯在黑海与高加索地区迅速改变战略收缩态势，在格鲁吉亚和亚美尼亚恢复了苏联时期建立的军事基地，以及俄空袭叙利亚境内的“伊斯兰国”组织等对土耳其国家安全构成了新的挑战。大中东地区变局后，土以、土美、土希、土伊（拉克）等矛盾上升，安尔多安政府与邻国的“零问题”目标落空，土耳其在地区安全竞争中面临严峻挑战，争取美国的支持仍然是其对外战略的重中之重。近年来，埃尔多安政府在战略上向俄罗斯靠拢，建立俄罗斯、土耳其和伊朗阿斯塔纳会谈机制，讨论叙利亚危机；土耳其还于 2017 年 12 月与俄罗斯签署 S－400 导弹采购合同，俄罗斯以 25 亿美元的价格出售土 4 个营的 S－400 防空导弹系统，土耳其成为北约成员国中首个部署 S－400 系统的国家。[②] 美国在土耳其的军事基地，对土耳其打击库尔德工人党武装、加强与希腊和以色列的安全博弈、遏制俄罗斯在黑海、里海和地中海地区的扩张、打击“伊斯兰国”组织、应对伊拉克和叙利亚乱局等无疑也起到重要作用。土耳其未遂政变的发生，美土关系的冷淡，土耳其与俄罗斯和上合组织关系的改善，都对今后美国在土耳其的军事基地，尤其是核武器部署产生重大影响。

---

① Philip Robins, “The Foreign Policy of Turkey,” in Raymond Hinnebusch and Anoushiravan Ehteshami, eds., *The Foreign Policies of Middle East States*, Boulder and London: Lynne Rienner Publishers, 2002, p. 328.

② 《俄土签订 S－400 导弹采购合同》，载《参考消息》2017 年 12 月 30 日，第 2 版。

第三节 案例2：美国在以色列和塞浦路斯的军事存在

土耳其是美国重要的盟国，也是美国在地中海和大中东地区重要的军事基地东道国。相比之下，美国在以色列和塞浦路斯等国的军事存在规模较小，但同土耳其一样，塞浦路斯和以色列是美国欧洲司令部责任区和管辖范围。尤其是以色列尽管在地缘上更接近美国中央司令部辖区，美国国防部认为，从政治、外交和文化的角度来看，以色列与欧洲的往来更加密切，故以色列和土耳其与塞浦路斯一样，划归美国欧洲司令部责任区。

一、美国在以色列的军事存在

以色列是中东地区唯一的非伊斯兰国家，也是该地区唯一的拥核国家。自 1948 年建国以来，以色列被美国亲以派视为美国在中东的“民主灯塔”“战略桥头堡”和“永不沉没的航空母舰”。[①] 维系美以特殊关系的纽带主要是双方的安全合作。目前，国内学界对于美以关系的研究主要集中在双方的政治、外交、经济、文化等领域[②]，国外的相关跟踪研究虽成

---

① Norman Podhoretz, “Israel and the United States: A Complex History”, *Commentary*, Vol. 105, No. 5, 1998, p. 48.

② 参见储永正：《美以军事外交关系研究：基于军事援助的考察》，时事出版社，2016 年版；李伟建：《以色列与美国关系研究》，时事出版社，2006 年版；王梦、王洋：《美以关系再解读》，载《当代世界与社会主义》2012 年第 2 期，第 110 ~ 114 页；白玉广：《美国基督教锡安主义及其对美以关系的影响》，载《美国研究》2011 年第 1 期第 69 ~ 89 页；沈鹏、周琪：《美国对以色列和埃及的援助：动因、现状与比较》，载《美国研究》2015 年第 2 期，第 9 ~ 31 页；范鸿达：《美国与以色列关系的再思考》，载《长安大学学报》（社会科学版）2014 年第 3 期，第 104 ~ 109 页；王震：《论 20 世纪 60 年代美国对以色列的核不扩散政策》，载《国际政治研究》2013 年第 2 期，第 98 ~ 116 页；余国庆：《以色列的安全环境：变化与挑战》，载《西亚非洲》2013 年第 6 期，第 52 ~ 63 页；储永正：《美国对以色列军援政策的变化及其成因》，载《西亚非洲》2011 年第 9 期，第 78 ~ 91 页；岳汉景：《美国与以色列在伊朗核问题上的共识与分歧》，载《阿拉伯世界研究》2010 年第 4 期，第 29 ~ 36 页；孙德刚：《浅析约翰逊政府时期美以特殊关系的基础》，载《世界民族》2003 年第 6 期，第 12 ~ 21 页。

果丰富，但对安全合作关系研究尚不够深入。①

美国把以色列的生存视为自己国家利益的一部分，甚至不顾广大阿拉伯—伊斯兰国家的反对而偏袒以色列，这在国际关系史上是少有的。尽管美以经常以盟友互称，甚至以色列还成为美国在中东首批“非北约盟国”，但是两国从未签订正式联盟协定，联系两国安全合作纽带的主要是1981年时任美国国防部长温伯格（Caspar Weinberger）和以色列国防部长沙龙签订的《谅解备忘录》及2007年的《合作备忘录》。前者声明，美以之间的友谊建立在共同安全关系的基础之上——防范苏联及其在中东的盟友；后者则确认了21世纪美以全方位战略合作关系。从1948年到2012年，美国在联合国安理会共动用了83次否决权，其中42次出于保护以色列。1991—2011年，美国共投了24次否决票，其中15次是为了保护以色列。②2016年12月23日，在奥巴马总统任期最后阶段，美国在联合国安理会对以色列停止所有在巴勒斯坦土地上的定居点建设决议投了弃权票，安理会第2334号决议的通过给双方的安全合作蒙上了一层阴影。尽管奥巴马后期美以关系经受挫折，但随着亲以的共和党领袖特朗普及其团队入主白宫，美以安全合作将迎来改善与升级的战略机遇期。

以色列地处亚洲与非洲交界处，沟通红海与地中海，成为美国维护中东战略利益的前沿阵地，在以色列部署军事存在成为美国和以色列安全合作的重要载体。

（一）美以军事基地合作的内在动因

美国与以色列的军事基地合作是基于双方的相互需求：

第一，美国在以色列设立相关军事设施同美国的国家利益及中东地区的安全情势变化息息相关。20世纪50年代，美国在地中海东部地区的重要任务是阻止苏联的黑海舰队及后来的“地中海特遣队”控制中东地区，美国第六舰队（总部位于意大利那不勒斯）成为其战略意志的象征，处于遏制苏联向中东地区扩张的最前线，地中海一度成为美国海军控制之下的

① George W. Ball, and Douglas B. Ball, *The Passionate Attachment: America's Involvement with Israel, 1947 to the Present*, New York: W. W. Norton, 1992; Jalil Rawshandil and Nathan Chapman Lean, *Iran, Israel, and the United States: Regime Security vs. Political Legitimacy*, Santa Barbara: Praeger, 2011.

② Sahar Okhovat, “The United Nations Security Council: Its Veto Power and Its Reform”, CPACS Working Paper, No. 15, December 1, 2011.

"内湖"。1951 年 1 月，美国同黎巴嫩签订秘密的《补充条款》，获得征用黎巴嫩港口、机场、铁路设施和驻军的权利。1958 年黎巴嫩危机爆发后，美国海军陆战队迅速进驻黎巴嫩并干预该国局势，但鉴于阿以冲突的对抗性，美国始终难以在东地中海地区部署永久性军事基地。

20 世纪 60 年代中期，埃及、叙利亚、约旦等阿拉伯邻国对以色列形成战略包围，特别是埃及纳赛尔政府出兵也门后，以色列非常担心红海沦为埃及和沙特控制下的"阿拉伯内海"，进而封锁以色列进出红海的蒂朗海峡，故积极联合埃塞俄比亚、伊朗等非阿拉伯国家，对阿拉伯邻国形成"反包围"。以色列积极帮助埃塞俄比亚训练指挥官和安全人员，并在该国设立信息中心，获取情报。埃塞俄比亚还将红海上的达荷拉克岛（Dahlek，今属于厄立特里亚）租给以色列作为海军基地，以确保以色列船只自由进出曼德海峡。[①]

1982 年以色列发动黎巴嫩战争后，西方组成的维和部队进驻黎巴嫩，黎巴嫩事实上成为西方临时部署军事基地的东道国。这支维和部队由 800 名美军、800 名法军、400 名意大利军人组成，美军在黎巴嫩驻军人数后增加至 1800 人。1983 年 10 月 23 日，一辆装满炸药的卡车在美国驻黎巴嫩基地附近爆炸，造成 241 名美军士兵、水手和其他海军陆战队队员死亡，迫使里根政府于 1984 年 3 月决定撤走所有驻黎巴嫩的官兵。[②] 此事件发生后，美国开始将东地中海地区军事部署的重心从阿拉伯国家秘密转向以色列，以色列成为继土耳其后美国在地中海东北部地区的第二根安全支柱。

第二，美以安全合作符合以色列的国家安全利益。与美军在阿拉伯国家军事基地常常受当地政府、媒体和民众责难不同，以色列从政府到民众普遍欢迎美国建立军事基地，并将发展与美国的安全关系视为战略基石。但是，历届美国政府不愿意同以色列签订正式的军事联盟协定，也不愿意在以色列公开部署永久性军事基地，以免将中东伊斯兰国家推到对立面。

2007 年，美国宣布将每年对以军事援助额增加 25%，使年援助额达

---

① Peter Woodward, *The Horn of Africa: Politics and International Relations*, London and New York: I. B. Tauris, 2003, p. 153.

② Andrew T. H. Tan, *The Politics of Maritime Power: A Survey*, London and New York: Routledge, 2007, p. 253.

31 亿美元，确保对以军事援助占以色列国内生产总值的 1.5% 和以国防开支的 21%；[①] 作为回报，以色列扩大美国在该国军火储存基地、雷达站和秘密军事基地的规模。

（二）美国在以色列军事存在的方式

尽管美国在以色列军事部署的细节一直是机密，但是透过两国政府的政策报告、学者的研究和媒体的报道可以看出，美国在以色列的军事存在大体可分为以下三类：

第一类是美国政府公开使用的以色列军事设施。以色列属于美国欧洲司令部战区，同时也是美国中央司令部关注的重点地区。根据美以达成的军事合作协定，美国三军有权使用以色列军事设施。2012 年美国从伊拉克撤军后，大约 9000 名美军在以色列境内军事基地短暂停留，然后再前往欧洲、美国或其他地区。[②]

以色列海法军港是美国第六舰队修整与后勤补给基地，在危机爆发后，美国有权租用这一海军基地。美国海军舰艇还定期或不定期访问红海沿岸的埃拉特港（Eilat）并使用其他设施。除海军外，美国在以色列内盖夫沙漠中凯伦山（Keren）的导弹预警雷达站也是美国在该国重要的军事存在。该雷达站隶属于美国陆军，长期部署有 500—700 名美军官兵。雷达设施高达 400 英尺，是以色列最高的雷达塔，可监测 1500 英里范围内的导弹。[③] 正如美国学者和媒体指出的，"9·11" 事件以来，美国在以色列内盖夫沙漠中的军事基地比美军在沙特的军事基地还多 6 处，并且更加坚固，不用担心伊斯兰激进分子的袭击。尽管这些设施是公开的秘密，但在美国官方公布的报告中很难找到更详尽的数据。[④]

第二类是美国帮助以色列修建的半公开共享军事设施。早在 20 世纪 90 年代，为遏制中东伊斯兰反美、反以势力，美以两国政策分析家和学者

---

① Haim Malka, *Crossroads: The Future of the U.S. – Israel Strategic Partnership*, Washington D.C.: CSIS, 2011, p. 1.

② 孙德刚：《美国与以色列的安全合作关系探析》，载《西亚非洲》2017 年第 2 期，第 28 页。

③ William Arkin, *Code Names: Deciphering U.S. Military Plans, Programs and Operations in the 9/11 World*, Hanover: Steerforth Press, 2005, p. 139.

④ ［美国］查尔斯·约翰逊：《帝国的悲哀：黩武主义、保密与共和国的终结》，任晓、张耀、薛晨译，上海：上海人民出版社，2005 年版，第 180～181 页。

均建议，美国应利用以色列先进军事设施和得天独厚的地理位置储备军火，以应对中东突发事件，这一政策建议最终被采纳。① 此后，美国在以色列储备的军事装备在和平时期成为双方军事交流、互访、联合军演的平台；在危机爆发后，则供两国联合作战使用。

美国参议员杰西·赫尔姆斯（Jesse Helms）曾经把以色列称为"美国在中东的桥头堡"，将其视为美国在中东最可靠的军事盟友。冷战结束后，美国曾在以色列存储 1 亿美元的军事物资，以做到未雨绸缪。2005 年 12 月，美国在距离特拉维夫国际机场驱车仅 10 分钟路程的中部地区建立了一处陆军基地，该基地耗资 1.25 亿美元，占地 2.3 万平方米，拥有 210 栋建筑，可驻扎 10 个连的兵力，作为军火储存与作战基地。这是美国根据《怀伊河备忘录》为以色列建造的第三处也是最大的军事基地。根据《怀伊河备忘录》，以色列逐步关闭在约旦河西岸的军事基地，同时美国出资帮助以色列建造新的军事基地。② 2010 年，美国在以色列的军事储备物资增加至 8 亿美元，为两国军事合作、应对突发危机奠定了基础。③ 截至 2011 年，美国在以色列军火库存放了大约 10 亿美元的武器装备，一旦危机爆发，两国有权共同使用。④

第三类是美国在以色列的秘密军事基地。这类军事基地的位置和功能一直是个谜。正如查尔斯·约翰逊在《帝国的悲哀：黩武主义、保密与共和国的终结》一书中所言："美国许多海外基地是秘密的，或者伪装起来而不出现在官方公布的资料里……这些基地要么是美国国防部管理的国家安全局（National Security Agency）和国家侦察局（National Reconnaissance Office）的监测站，要么是军事—石油复合体的秘密哨所。而国家安全局和国家侦察局都是美国最机密的情报机构。"⑤ 如美国在塞舌尔的无人机基地、美国在科索沃和波黑的军事基地等等，在美国国防部公布的数据中均

① Shai Feldman, *The Future of U. S. – Israel Strategic Cooperation*, Washington, D. C.: Washington Institute for Near East Policy, 1996, pp. 56 – 57.

② Yaakov Katz, "Wye-era Base Set to Open", *The Jerusalem Post*, December 27, 2005.

③ Jeremy M. Sharp, "U. S. Foreign Aid to Israel", *Congressional Research Service*, March 12, 2012, p. 15.

④ Haim Malka, *Crossroads: The Future of the U. S. – Israel Strategic Partnership*, Washington D. C.: CSIS, 2011, p. 1.

⑤ ［美国］查尔斯·约翰逊：《帝国的悲哀：黩武主义、保密与共和国的终结》，任晓、张耀、薛晨译，上海：上海人民出版社，2005 年版，第 186 页。

未被列出。据美国学者估计，美国在至少18个国家和地区的军事部署不能从美国国防部公布的数据中找到，这些大部分是秘密军事基地，包括在以色列的军事设施。①

冷战后在有关美国与以色列战略合作的著作和智库研究报告中，很少提及美国在以色列部署军事基地的部分，足见其隐蔽性。不过，美国《华盛顿邮报》军事记者和评论家威廉·阿尔金（William Arkin）在其著作《密码代号："9·11"时代美国军事计划、项目和行动解密》中透露了美国在以色列的5处军事基地，分别称之为第"51""53""54""55"和"56"处军事基地，其中第51处位于本—古里安机场，第53处位于赫兹利亚—皮图阿赫军事基地（Herzliya Pituah），第54处位于内瓦蒂姆（Nevatim）机场，第55处位于欧夫达（Ovda AB），第56处位置不详。根据"盟军战时军品储备—以色列"项目（WRS-Israel），美国欧洲司令部在这些秘密军事重地为海军陆战队、特种兵和空军等储存了价值5亿美元的军火，预先部署了车辆、军事设备及500张军医病床。②

因此，在以色列部署军事存在是美国控制从地中海到红海战略要道的重要手段，也是冷战后美以安全合作的重要载体。美国和以色列不仅可以增强中东反恐的军事情报、增强战略威慑能力，而且通过在以色列建立前沿军火库共享武器技术和导弹防御系统，共同研发军事装备。③

2017年9月，以色列国防军防空师负责人兹维卡·哈伊姆奥维奇透露，以色列和美国决定在以色列防空学校启用首个美国驻以色列永久军事基地。哈伊姆奥维奇在启用仪式上说，为在以色列南部建立首个美驻以军事基地，以美双方已经密切合作长达两年，军事基地的基础设施即将建成，届时会有美国士兵长期驻扎该基地。④

---

① David Vine, "The True Costs of Empire: Garrisoning the Planet Picking Up a $170 Billion Tab", *Global Research*, December 13, 2012.

② William Arkin, *Code Names: Deciphering U. S. Military Plans, Programs and Operations in the 9/11 World*, Hanover: Steerforth Press, 2005, p. 139.

③ Lenore G. Martin, *Assessing the Impact of U. S. – Israeli Relations on the Arab World*, Carlisle Barracks, PA: Strategic Studies Institute, U. S. Army War College, 2003, p. 7.

④ 新华网："美国在以色列启用首个永久军事基地，" http://news.xinhuanet.com/mil/2017-09/20/c_129708339.htm.

（三）美以军事合作的前景

美以军事合作关系尽管持续了近70年，但是两国在战略目标上存在明显差异，主要表现为三组矛盾——整体与局部、进攻与守成、牵连与抛弃。

1. 整体与局部的矛盾

美国和以色列在维护各自的安全利益、打击反美和反以势力、联合反恐、推广西方民主价值观等方面，存在相互借力的动力。然而，美国是全球霸权国，海外利益具有多重性与整体性。为维护在中东的战略利益，美国除借助以色列外，还依靠海合会、土耳其、埃及、约旦、摩洛哥等中东伊斯兰大国或大国集团，这与以色列的利益诉求存在一定的不兼容性。相比之下，以色列只是地区强国，其利益具有单一性和局部性，安全关切仅限于周边地区和国家生存。

冷战时期，以色列政府一直反对美国向中东阿拉伯国家出售先进武器，如战机、雷达系统和精确制导武器，特别是美国向沙特、埃及和约旦等国提供武器。1984 年，由于以色列游说美国国会，美国政府最终取消对约旦出售“毒刺”防空导弹的计划。此后，美国对约旦出售的 40 架“鹰式”导弹计划也无限期推迟，引起美方的不满。① 进入 21 世纪以来，越来越多的以色列人尤其是政府高层和精英阶层认为，美国不会永远支持以色列。以色列前总理沙龙曾经在 2001 年指责美国政府为了发动反恐战争，与阿拉伯盟国沙特、约旦、埃及等站在一起，忽视了以色列的安全与关切。美以特殊关系也限制了以色列同新兴大国的军事合作。如美国强烈反对以色列将先进武器装备转让给中国、俄罗斯、南非、埃塞俄比亚、智利和其他发展中国家。在美国的施压下，以色列于 2000 年撕毁了向中国提供“费尔康”（Falcon）预警机的协议，2008 年底以色列也被迫取消对俄出售 100 架“苍鹭”（Heron）无人机的协议。②

在巴勒斯坦问题上，美国既坚定维护以色列的生存权，又主张巴勒斯

---

① Clyde R. Mark, “Israeli-United States Relations”, CRS Issue Brief for Congress, Foreign Affairs, Defense, and Trade Division, December 21, 2001, p. 8.

② Jeremy M. Sharp, “U. S. Foreign Aid to Israel”, *Congressional Research Service*, March 12, 2012, p. 19.

坦独立建国。奥巴马担任总统后，美国政府反对以色列在被占领土上修建新的犹太人定居点，其第一个国际电话打给的是巴勒斯坦总统阿巴斯，接下来才是以色列前总理奥尔默特、埃及前总统穆巴拉克和约旦国王阿卜杜拉，足见奥巴马政府高度重视同阿拉伯世界的关系。[①] 为赢得阿拉伯—伊斯兰世界的支持，美国改变以往偏袒以色列的政策，采取了对巴以双方以压促变的做法，希望促成巴以领导人达成一致。

然而，内塔尼亚胡政府反对在得不到安全保证的前提下建立独立的巴勒斯坦国，更不接受未来的巴勒斯坦国以东耶路撒冷为首都，强调耶路撒冷并不是被占领土，不会归还给巴勒斯坦，也不接受巴勒斯坦难民的回归。以色列与哈马斯于 2014 年再次爆发严重的武装冲突，以色列发动的“防务之刃”行动导致 1700 多名巴勒斯坦人死亡，美国斡旋巴以和平进程再次失败。2014 年 10 月 1 日，奥巴马总统会见以色列总理内塔尼亚胡时指出，必须改变巴以对峙、双方儿童惨遭屠杀的局面，希望双方尽快重回谈判桌。但是，这一倡议并未得到巴以双方的积极响应。[②] 2015 年 3 月，以色列总理内塔尼亚胡不顾奥巴马的反对，应共和党的邀请访问美国，并在美国国会发表演讲，进一步阐释了以色列对于维护美国在中东安全利益中发挥的关键作用。以色列在美国两党政治中公开站在共和党一边，引起奥巴马的不满。2016 年 12 月 23 日，联合国安理会以 14 票赞成、1 票弃权的结果通过敦促以色列停止一切定居点活动的决议，奥巴马政府在离任前“破例”投了弃权票，更引起以色列政府的强烈不满。上述情况表明，美国在中东的整体利益与以色列的局部利益之间难以调和。

2. 进攻与守成的矛盾

以色列的中东政策追求绝对安全，更具进攻性；美国的中东政策追求“离岸平衡”，更具守成性，影响了美以安全合作的深度。21 世纪以来，以色列以“先发制人”为战略理念，以攻为守，多次对哈马斯和真主党发动军事打击，甚至攻击叙利亚和苏丹境内的目标。伊朗核问题升级后，以色列专门制定对伊朗作战计划，还介入叙利亚国内冲突，试图在周边地区建

---

① Gregorio Bettiza and Phillips, Christopher, “Obama's Middle East Policy: Time to Decide”, *IDEAS Reports*, 2010, p. 13.

② “Obama and Netanyahu Barely Conceal Tension in Discussions over the Middle East”, *The Telegraph*, October 1, 2014.

立安全区和缓冲带。

半个多世纪以来，美国被以色列视为最可信赖的盟友。但是冷战结束后，大约90万名俄罗斯犹太人来到以色列，占以色列人口的12%，新犹太移民的增加改变了以色列人口的构成比例与国内政治，使美以关系受到影响。以色列声称必须未雨绸缪，奉行独立自主、自力更生的政策，否则将成为美国战略重心东移亚太和中东政策调整的牺牲品。①

相比之下，在经过阿富汗战争、伊拉克战争和利比亚战争后，美国背上了沉重的军事、政治、财政和心理包袱，从中东脱身是奥巴马政府乃至今后特朗普政府重要的战略目标，美国在中东采取更加超脱和消极的政策。为实现战略重心从中东向亚太转移这一目标，美国关闭在伊拉克全部军事基地，减少在中东的军事部署，在阿以之间奉行更加平衡的政策，通过签订《伊核全面协议》改善与伊朗的关系，在叙利亚和也门危机、打击“伊斯兰国”等中东热点问题上避免成为矛盾的焦点，以色列在美国中东战略中的地位受到一定削弱。加上在叙利亚危机、打击“伊斯兰国”等问题上，美国采取超脱与“不作为”政策，也使以色列倍感失望。

3. 牵连与抛弃的矛盾

美国与以色列安全关系具有不对称性，即美国担心受到以色列的牵连，而以色列担心受到美国的抛弃，这组矛盾也限制了美以安全合作的范围。21世纪以来，伊朗、哈马斯、真主党等被以色列视为第一层威胁；叙利亚、“基地”组织和“伊斯兰国”被视为第二层的威胁；土耳其和海合会国家被视为第三层威胁，但是这些威胁并不是美国政府的首要安全关切，美国更担心的是俄罗斯、中国等新兴大国在欧洲和亚太的影响力上升。

对于美国政府来说，维持中东地区的稳定、避免卷入与中东伊斯兰国家新的战争对于美国巩固全球领导地位至关重要；而以色列担心伊朗、“什叶派新月地带”和中东极端主义势力将斗争矛头不再指向美国，而是指向以色列，增加了以色列受到美国抛弃的忧虑。中东剧变以来，阿拉伯世界的内乱，尤其是利比亚、也门和叙利亚内战的爆发，“伊斯兰国”组织的崛起，沙特与伊朗的断交等等，都使以色列从矛盾的当事方成为“局

① Haim Malka, “Crossroads: the Future of the U. S. – Israel Strategic Partnership”, Center for Strategic and International Studies, Washington, D. C., 2011, p. xix.

外人”和“旁观者”。但是，国际社会一致声援巴勒斯坦人独立建国，以伊朗为代表的什叶派力量影响力上升，叙利亚内战的外溢效应增加，“伊斯兰国”组织的垂而不死，均意味着以色列很难在中东乱局中成为“不沾锅”，而真正能够为以色列提供安全保证的仍然只有美国。

2015 年 7 月，美国和伊朗等多方达成《伊核全面协议》，引起以色列的忧虑与不满。① 以色列总理内塔尼亚胡指出，尽管《伊核全面协议》出于美国从中东战略抽身的考虑，但该协议威胁到了以色列的生存，因为伊朗支持巴勒斯坦哈马斯、黎巴嫩真主党、伊拉克什叶派力量等，试图搅乱伊拉克、巴勒斯坦和黎巴嫩局势。② 以色列受到冷落，甚至暗地破坏该协议，试图将美国重新绑在自己的战车上。以色列对黎巴嫩真主党发动多轮空袭，实际上向美国发出了信号，逼迫美国重申对盟友的安全承诺。随着美国对中东能源需求量的减少和美国与伊朗关系的改善，以色列在美国中东战略中的地位下降。在打击“伊斯兰国”组织、维护地区稳定等问题上，土耳其、伊朗、埃及、沙特和叙利亚巴沙尔政府甚至比以色列更会发挥重要的作用。

2017 年 1 月，随着美国政府的改组，美以安全合作恐将迎来新的机遇。为表达对以色列的支持，特朗普任命亲以的右翼人士大卫·弗里德曼（David Friedman）作为美驻以色列大使。弗里德曼公开表示，美国有意将驻以使馆从特拉维夫迁到耶路撒冷，并指出：“期待在以色列永久的首都——耶路撒冷的美国驻以色列新使馆工作。”③ 随着亲以色列人士相继进入特朗普内阁，延续半个多世纪的美以安全合作将在新的安全环境下达到新的平衡点。2017 年 12 月，特朗普不顾阿拉伯—伊斯兰世界的反对，宣布承认耶路撒冷是以色列首都。未来特朗普政府是否会兑现将美国驻以使馆从特拉维夫迁往耶路撒冷的承诺，是否会为了“取悦”以色列而撕毁《伊核全面协议》，仍有待进一步观察。

① 包澄章：《巴勒斯坦问题与中东地缘政治的发展》，载《阿拉伯世界研究》2015 年第 3 期，第 92 页。

② Brian Katulis and Dan Arbell, “Strengthening the Foundations of U. S. – Israel Ties at a Time of Change in the Middle East”, Center for American Progress, April 22, 2015, p. 1.

③ “Trump Chooses Pro-settlement Hardliner as Israel Envoy”, BBC News, 16 December 2016. http：//www. bbc. com/news/world-us-canada-38337108, 2017 – 01 – 19.

二、美国在塞浦路斯的军事存在

目前，塞浦路斯不是北约军事联盟成员国，美国在塞浦路斯没有刚性军事基地，却建立了柔性军事存在，其中，一部分在塞浦路斯共和国，一部分在英国在塞浦路斯主权基地上，还有部分军事设施位于塞岛北部的“塞浦路斯土耳其共和国”。20 世纪 70 年代，为监视埃及和以色列执行停火协定情况，英国允许美国 U－2 侦察机部署在亚克罗提利空军基地，20 世纪 80 年代又允许美国在该基地部署“黑鹰”直升机。美国利用这些基地获取黎巴嫩真主党游击队的情报后，又将情报传给黎巴嫩政府。[①] 1982 年黎巴嫩内战爆发后，美国等西方大国向黎巴嫩派驻维和部队，英国在塞浦路斯的军事基地成为美国重要后勤支持场所。如果说美国在吉布提的军事基地帮助美国控制了苏伊士运河以东的战略地区，美国在塞浦路斯和土耳其的军事基地则帮助美国控制了苏伊士运河以西的地中海东部地区。

“9·11”事件以来，英国在塞浦路斯的军事基地不仅成为其重要的情报搜集站，而且成为英美在大中东联合打击恐怖主义的情报共享平台，事实上，是美国空军提供了战术基地。[②] 2004 年 6 月，美国国防部曾经指出，如果塞浦路斯南北双方愿意实现统一，美国将更新其在塞浦路斯长达半个世纪的情报站（主要在首都尼科西亚英国使馆），正式建立军事基地——前沿行动基地；且美国希望将北约军队部署在塞浦路斯，以取代目前联合国在该国的维和行动。[③] 据英国媒体报道，2011 年叙利亚危机爆发后，英国塞浦路斯军事基地，尤其是阿耶斯·尼克拉斯（Ayios Nikolaos）监听站为叙利亚反政府武装秘密提供了重要情报支持。该情报站运用卫星、雷达和无线电设备搜集有关叙利亚巴沙尔政府的情报，尤其是主权基地上的三军联合信令小组（塞浦路斯）将搜集的情报直接交给美国和土耳其，后者

---

① Giorgos Georgiou, “British Bases in Cyprus and Signals Intelligence,” http://cryptone.org/2012/01/0060.pdf; “Akrotiri Sovereign Base Area,” http://www.globalsecurity.org/military/world/europe/uk-bot-akrotiri.htm.

② Michael Theodoulou, “Britain Keeps Last Outpost in UN Scheme to Reunite Cyprus,” *Times*, 20 February, 2004.

③ Steven Katsineris, “Cyrpus: Washington Seeks New Military Base,” *Green Left Weekly*, June 9, 2004.

再转交给叙利亚反政府武装。[①] 目前，美国在塞浦路斯岛上的军事存在主要有三处：

第一，希腊族控制的南部地区，即塞浦路斯共和国实际控制区。冷战结束后，塞浦路斯共和国境内最高峰——特罗多斯山（Mount Troodos）长期部署有美英先进的监控设备，以搜集大中东、里海、地中海东部沿岸和中亚等广大地区的情报；美国在塞浦路斯首都尼科西亚使馆也拥有情报设施，主要负责监听阿拉伯国家广播电台。未来，美国希望将塞浦路斯共和国的情报站和监控基地变成"前沿行动基地"，美军可定期轮岗，建立柔性军事存在。[②] 美国视塞浦路斯共和国为大中东地区仅次于以色列的西方民主国家，被美国智库视为"大中东民主转型的灯塔"[③]；塞浦路斯在"9·11"事件后与美国在反恐领域的密切合作，并给予美国诺伯尔（Noble）能源公司塞浦路斯近海 A 区石油开采权，使美国更加重视该国地缘政治和地缘经济价值。近年来，美国不断请求塞浦路斯向美国提供军事基地、港口和机场，包括拉纳卡（Larnaca）国际机场。[④]

从 2010 年到 2016 年上半年，由于土耳其和以色列军事合作中断，土耳其禁止以色列使用其境内的军事基地，以色列开始打塞浦路斯牌，以提供开发塞浦路斯岛近海石油和提供安全保障为条件，租用塞浦路斯的帕福斯（Paphos）空军基地。[⑤] 未来，东地中海地区很可能会出现美国、英国和以色列同时使用塞浦路斯岛上军事设施的局面，类似于 2011 年以来美国、法国和日本共同使用吉布提军事基地的情况，塞浦路斯恐将成为美英与以色列军事合作与交流的新平台。

第二，英国在塞浦路斯岛上的主权基地。二战后英美两国签订协定，规定两国将长期共享情报源，共同使用在地中海地区的军事基地与军事设施。英国在塞浦路斯岛两处主权基地上的情报弥补了美国在东地中海地区

---

① "British Bases in Cyprus Supporting Syrian Rebels," *Famagusta Gazette*, 19 August, 2012.

② Steven Katsineris, "Cyrpus: Washington Seeks New Military Base," *Green Left Weekly*, June 9, 2004; Steven Katsineris, "The United States Seeks Major Military Base on a United Cyprus," *Al-Jazeerah*, October 13, 2006.

③ Lason Athanasiadis, "US Seeks Major Military Base on United Cyprus," *Asia Times*, April 10, 2004.

④ "Cyprus-United States relations," http://en.wikipedia.org/wiki/Cyprus%E2%80%93United_States_relations.

⑤ "Israel Asks Airbase in Exchange for Air Defense," *Defense Greece*, September 26, 2011.

的情报搜集能力不足。英国不仅允许美军在主权基地上部署 U－2 侦察机，而且允许美军部署轰炸机；美英两国还利用主权基地上的监听站对大中东国家实施监听活动。正如英国工党政治家、外交大臣杰克·斯特劳（Jack Straw）在谈到英美在大中东的合作时所指出的，英美特殊关系源于“深深的意识形态亲和力”①，这种亲和力不仅使英美在大中东和平进程、伊拉克战争、伊朗核问题和中东剧变等问题上步调一致，而且表现于英国在塞浦路斯、迪戈加西亚的军事基地为两国所共同使用。海湾战争、阿富汗战争和伊拉克战争期间，这两处军事基地都发挥了重要作用，成为美英全面合作的典范。未来，美国在英国塞浦路斯主权基地上的军事设施将与美国在土耳其、海湾和吉布提的军事基地形成战略呼应；阻止敌对国家占有和支配塞浦路斯及其周边地区，是美英两国在大中东安全合作的首要战略目标。②

第三，塞浦路斯岛北部土耳其人控制的“塞浦路斯土耳其共和国”。③除在塞浦路斯共和国和英国在塞浦路斯岛上两处主权基地外，美国在塞浦路斯岛北部地区也部署了少量军事存在。美国在塞浦路斯北部的情报与侦察基地主要出于保护巴库—第比利斯—杰伊汉石油运输线的安全，增强其对大中东、里海和中亚地区军事干预能力，特别是塞浦路斯北部是美国理想的军事基地部署地。1974 年塞浦路斯危机爆发后，美国一直使用北方土耳其人控制地区的情报站，使美国成为迄今在塞浦路斯岛上情报设施最多、装备最先进的国家。④

三、其他地区

由于涉及敏感内容，美国在地中海其他国家部署的秘密军事基地情况，目前很难获得数据，如在约旦；美国国防部年度《基地结构报告》从

---

① John Calabrese, “The United States, Great Britain, and the Middle East: How Special the Relationship?” *Mediterranean Quarterly*, Summer 2001, p. 70.

② Steven Katsineris, “The United States Seeks Major Military Base on a United Cyprus,” *Al-Jazeerah*, October 13, 2006.

③ 目前仅土耳其一国予以外交承认。

④ Lason Athanasiadis, “US Seeks Major Military Base on United Cyprus,” *Asia Times*, April 10, 2004.

未公布其在约旦的秘密军事基地的部署与功能。但是，通过媒体报道和西方学者的研究成果可以大体了解到，这些秘密基地（尽管规模可能较小）客观上是存在的。正如美国军事战略研究者所指出的，“9·11”事件发生后，约旦成为美国在大中东重要的反恐伙伴。美国国防部证实，在打击阿富汗塔利班政权时，约旦允许美国及其盟军使用其军事基地；美国在大中东打击“基地”分支机构时也使用了约旦的军事设施。[①] 研究表明，伊拉克战争爆发后，美国在约旦曾秘密部署军事基地。2003 年前后，美国与约旦政府达成默契：约旦政府允许美军在约旦、伊拉克和叙利亚边境地区秘密部署了 5000 人的作战部队。同时，约旦政府与中央情报局合作，默许约旦成为中情局的情报中心，并允许美军在约旦境内审判从伊拉克抓获的反美武装及恐怖分子。但时至今日，约旦政府一直强调其与美国之间从未签订任何军事安排协定，其境内也没有任何美国军事基地或驻军。[②] 2015 年以来，约旦成为美国打击“伊斯兰国”组织的重要前线国家，约旦空军基地为美军提供了重要前沿行动基地，尤其在约旦和叙利亚边境地区，美国部署了 300—400 人专门用于培训叙利亚自由军。

除在约旦外，穆巴拉克执政时期，美国在埃及也曾建立柔性军事存在。1979 年伊朗伊斯兰革命后，美国被迫关闭在伊朗的军事存在，包括侦察苏联核试验的地震观测站，并撤出 3 万人军队。此后，美国国防部考虑在埃及建立军事基地，特别是西开罗（Cairo West）空军基地和红海沿岸的拉斯巴纳斯（Ras Banas）基地，以替代此前在伊朗的军事基地。1981 年，埃及同意在阿拉伯国家受到威胁时美军使用拉斯巴纳斯基地，但是 1984 年美埃双方就更新和未来管理该基地设施问题上发生矛盾，美国国会坚持两国签订正式协定，而埃及更倾向于签订非正式协定，根据具体情况决定美军在该国军事基地的权限。此后，美国在埃及使用军事基地的问题一度搁浅，冷战结束后，双方达成一项共识：美国放弃在埃及建立永久性军事基地计划，但在危机爆发后，经双方讨论，美军有权临时使用埃及的

---

① Robert E. Looney, ed., *Handbook of US-Middle East Relations: Formative Factors and Regional Perspectives*, Londond and New York: Routledge, 2009, p. 203.

② 参见 Johnson Chalmers, *Nemesis: The Last Days of the American Republic*, New York: Metropolitan Books, 2006。

军事设施。①

美国使用在埃及的军事设施也给埃及带来了可观的军事援助。自 1979 年以来，埃及一直是美国在大中东地区第二大受援国，仅次于以色列。冷战后埃及每年获得的美国军事援助额高达 13 亿美元，经济援助 6 亿美元，占美国对外援助总额的 10% 左右。美国援助埃及，不仅出于鼓励埃及和以色列关系朝着积极的方向发展，而且增强了美国在大中东地区的反恐行动。特别是“9·11”以来，埃及最大的两个伊斯兰极端组织“伊斯兰团”（Jamatt al-Islamiyya）和“埃及伊斯兰圣战组织”（Egyptian Islamic Jihad）都与“基地”组织存在人员、资金等联系。②

2014 年 4 月，应塞西政府的请求，美国国务院宣布把“耶路撒冷支持者”列为恐怖组织，并加大了与埃及打击该组织的合作力度。就在当年，“耶路撒冷支持者”宣布脱离“基地”组织，转而宣布效忠“伊斯兰国”，并宣布自己为“伊斯兰国西奈省”，多次袭击位于西奈半岛上的埃及安全部队。该组织还加大报复力度，包括袭击外国游客，在西奈半岛上空击落俄罗斯民航客机，在集市、教堂等人员较为集中的地区发动炸弹袭击，其中最主要对象是基督徒科普特人。2016 年 8 月，埃及军队击毙了“伊斯兰国西奈省”头目安萨里和其他数十名武装分子，该组织的报复行动也随之升级。2017 年 11 月，“伊斯兰国西奈省”袭击了埃及北西奈省首府阿里什市以西偏僻的阿贝德镇一座苏菲派清真寺，造成 300 多人死亡，100 多人受伤。这是自“9·11”事件以来发生的伤亡最严重的恐怖袭击事件。③

因此，美国在埃及部署了 400 名战斗人员，主要是美国空军官兵④，这些军事部署一方面旨在控制苏伊士运河这一战略地区，另一方面旨在切断西亚和东非恐怖组织之间的金融和人员联系。

---

① William Evans and Daniel J. Harris, eds., *Politics and Economics of the Middle East*, New York: Nova Science Publishers, 2008, p. 103.

② Jack Covarrubias and Tom Lansford, *Strategic Interests in the Middle East: Opposition and Support for US Foreign Policy*, Burlington, VT: Ashgate, 2007, p. 167.

③ 《“伊斯兰国”战略转移西奈半岛成为新目标》，载《南方都市报》2017 年 12 月 3 日，第 A18 版。

④ M. O'Hanlon, *Unfinished Business: U. S. Overseas Military Presence in the 21st Century*, Washington D. C.: Center for a New American Security, June 2008, p. 30.

第四节　美国在地中海东部地区军事基地的理论考察

本章前三节通过对冷战后美国欧洲司令部在大中东的责任区——土耳其、以色列和塞浦路斯等东地中海地区军事基地部署的实证分析，初步检验了第二章和第三章关于海外军事基地部署与调整的假设。

一、美国在地中海东部军事基地部署的动因

冷战后，美国在地中海东部部署军事基地首先受内部因素的影响，主要包括战略维度、军事维度、政治维度和利益维度四个因素。

（一）战略维度

实证研究表明，维护美国在东地中海地区的主导权是其军事基地部署的首要因素；地缘政治主导型战略文化能够促进大国在海外军事基地部署；地缘经济主导型战略文化更有助于抑制大国在海外军事基地的部署。美国在审视东地中海地区形势时，主要从地缘政治的角度评估华盛顿政府在该地区的主导权，这是美国在土耳其部署刚性军事基地和在塞浦路斯和以色列等部署柔性军事存在的重要因素。冷战结束后，随着苏联解体和东西方冷战对峙局面的终结，美国在欧洲面临的安全威胁大大降低。冷战后，大中东地区出现新一轮伊斯兰复兴运动，大中东在美国全球战略中的地位上升。克林顿时期，美国提出了在大中东和东北亚同时打赢两场战争的军事战略；小布什政府时期，国防部长拉姆斯菲尔德提出“1-4-2-1”战略，即保卫美国安全（“1”）、在全球四大关键战略地区遏制和威慑潜在对手（欧洲、东北亚、东亚和大中东）（“4”）、在上述四大关键地区同时打赢两场战争（“2”）、在这两场战争的同时介入另一场局部战争（“1”）。[①] 可见，大中东在美国全球领导地位中处于非常重要的地位。无

---

① Thomas Donnelly and Frederick W. Kagan, *Ground Truth: The Future of U. S. Land Power*, Washington D. C.: AEI Press, 2008, p. 12. 另可参见 Chalmers Johnson, *Nemesis: The Last Days of the American Republic*, New York: Metropolitan Books, 2007.

论是保卫美国国家安全、遏制潜在对手，还是打赢两场战争、赢得其中一场战争的决定性胜利，美国在土耳其、塞浦路斯和以色列的军事基地与军事存在均对美国的地中海战略乃至全球战略起到重要支撑作用。

（二）军事维度

通过对冷战后美国在东地中海地区军事基地部署的实证研究可以发现，美国军事技术的进步并没有对东地中海地区军事基地部署产生消极影响。换言之，随着美国军事技术水平的调高，美国在英国、葡萄牙、西班牙、意大利和希腊的军事基地足以保证美国在东地中海地区爆发危机数小时内对热点地区进行军事干预；美国的 B－52 战略轰炸机问世后，干预大中东安全事务在技术上已经不再是问题。但是美国仍然维持在土耳其、塞浦路斯和以色列的军事存在，表明军事技术水平的提高并没有使美国在该地区海外军事基地部署过时。

（三）政治维度

美国在东地中海地区的军事基地旨在维护土耳其、以色列、约旦、埃及、塞浦路斯等盟国和准盟国的安全与利益，维护美国第六舰队在地中海地区的主导优势。本章实证研究还表明，美国国内舆论对其在东地中海地区军事基地以及美国主导的东地中海联盟体系影响力有限。美国民主与共和两大党在东地中海地区部署军事基地持相似立场，美国媒体也未就该地区军事基地部署产生激烈争论；除美国犹太人院外集团利用美国国会和美国大选积极主张美国协防以色列、在以色列建立军火库以应对阿以冲突外，美国国内舆论对其在该地区军事基地部署和调整未产生明显影响。

（四）利益维度

实证研究表明，黑海—土耳其海峡—东地中海—苏伊士运河的海上运输线路安全，对于美国来说至关重要。尤其是随着以色列、塞浦路斯、埃及近海天然气的发现，以及随着经土耳其出口的石油管道陆续铺设，美国在东地中海地区的利益不断增加。此外，财政状况对美国在东地中海地区军事基地部署的影响有限。与冷战时期相比，20 世纪 90 年代美国的经济快速增长，财政状况也持续好转，但美国在土耳其的驻军人数和军事基地规模却呈下降趋势；2008 年全球金融危机爆发以来，美国财政状况逐步恶化，奥巴马政府不得不连续数年削减国防开支，但是对东地中海地区美国军事基地的部署影响不大，美国在东地中海地区并未出现大规模关闭军事基地的情况。本章案例研究显示，冷战后美国财政状况的变化对其在欧洲和亚太地区的军事基地部署影响较大，但对东地中海地区的军事基地部署影响不明显。

二、美国在地中海东部部署军事基地调整的动因

冷战后，美国在地中海东部调整军事基地受到以下因素的影响，主要包括地区格局的变化、美国决策者的认知、基地政治化和第三方的反制四个因素。

（一）地区格局的变化

美国在东地中海地区的军事基地和军事存在具有较为明显的地缘政治考量，即美国积极应对地区格局的变化，反对旨在对美国在该地区主导权构成威胁的任何力量，其威胁大体可分为四个阶段和四种类型。

第一阶段：冷战时期，挑战美国第六舰队在地中海军事存在、构成现实威胁的，主要是苏联黑海舰队以及地中海特遣队，美国在土耳其和塞浦路斯的军事存在与苏联在地中海地区的军事力量保持一种战略平衡。美苏两极格局决定了美国在东地中海地区的军事基地部署。

第二阶段：苏联解体后，美国在东地中海地区的主要威胁是伊拉克和伊朗等反美国家利用黎巴嫩真主党、叙利亚和巴勒斯坦哈马斯对美国的战略盟友以色列构成的威胁，因此20世纪90年代美国在东地中海地区的威胁主要来自于大中东地区反美、反以力量。美国积极鼓励以色列与土耳其的军事合作，建议以色列利用在土耳其的军事基地，扩大两国在军事训练、军事技术研发、联合军演、打击库尔德工人党武装在叙利亚的势力等领域的合作，美国在土耳其的军事基地成为土以两国军事合作的平台。美国主要的联盟体系与反美国家组成的“抵抗联盟”形成了一组均势。

第三阶段：“9·11”事件后，恐怖主义成为美国在东地中海地区的主要威胁，恐怖与反恐的矛盾上升为大中东地区的主要矛盾。美国在土耳其、以色列和塞浦路斯的军事力量旨在配合美国长达10年的全球反恐战争，特别是发动阿富汗战争和伊拉克战争、清剿大中东地区极端组织和恐

怖组织。美国在土耳其、塞浦路斯和以色列的军事力量在美国发动阿富汗和伊拉克战争、打击伊拉克反美武装方面发挥了重要作用。2004 年，美国国防部副部长克里斯托弗·亨利（Christopher Henry）在向国防部长拉姆斯菲尔德提交的报告中指出：美国冷战时期的国际驻军态势和军事部署在应对后冷战时期非传统战争、恐怖袭击、游击战、大规模杀伤性武器和新技术威胁等方面准备不足（习惯上被称为“第四代战争”），美军长远战略及投资方向须作相应调整。① 根据这一提议，2005 年，美国国防部长拉姆斯菲尔德在国会所作的证词中指出：当前美国海外军事基地部署主要是冷战的产物而不是应对新时期美国面临威胁的产物，因而“严重过时”，必须作出战略调整，即减少美国在德国和韩国的军事基地数量，增加在大中东和伊斯兰“动荡弧”地区的军事基地部署，尤其是增加小型、灵活的前沿行动基地与合作安全基地。②

表 4—5　2005 年美国在大中东主要国家驻军人数统计

东道国	总人数	陆军人数	海军人数	海军陆战队人数	空军人数
土耳其	1780	1587	647	1887	26
塞浦路斯	43	3	0	16	24
阿尔及利亚	10	1	0	7	2
巴林	1641	20	1392	204	25
埃及	410	327	6	32	45
以色列	42	9	3	19	11
约旦	25	10	0	7	8
科威特	678	567	103	7	0
黎巴嫩	4	4	0	0	0
摩洛哥	15	3	3	6	3
阿曼	36	3	0	9	24
卡塔尔	463	170	3	75	215
沙特	258	140	23	25	70

① 魏宗雷：《美国“新战争”理论下的驻军调整》，载《现代国际关系》2004 年第 9 期，第 35 页。

② Robert D. Critchlow, “U. S. Military Overseas Basing: New Developments and Oversight Issues for Congress,” *CRS Report for Congress*, October 31, 2005, pp. 4 – 5.

续表

东道国	总人数	陆军人数	海军人数	海军陆战队人数	空军人数
叙利亚	8	2	0	6	0
突尼斯	14	4	2	7	1
阿联酋	71	3	7	16	45
也门	14	6	0	8	0
吉布提	622	1	0	621	0
索马里	8	0	8	0	0
近海舰艇驻军	2559	0	352	2207	0

资料来源：U. S. Department of Defense，*Selected Manpower Statistics*，*Fiscal Year* 2005，Washington D. C.：Department of Defense，2005，pp. 23 – 25.

第四阶段：2010 年中东剧变发生后，美国在东地中海地区军事基地面临的威胁演变为地区局势动荡的影响，特别是利比亚和叙利亚内战产生的冲击波对美国在地中海地区的传统影响力构成了挑战，世界和地区强国的地缘政治博弈成为大中东格局的新特征。2011 年利比亚战争期间，美英积极利用在英国塞浦路斯两处主权基地，向利比亚卡扎菲政府发动军事打击；2011 年以来，叙利亚逐步陷入严重内战局面，美国在东地中海地区的军事力量一直密切关注叙利亚乱局对地区局势构成的威胁，并酝酿以北约的名义在土耳其部署导弹防御系统。为进一步增强对东地中海地区的控制力，美国国防部未来很可能在土耳其因切尔利克空军基地和伊兹密尔空军基地的基础上，再租用三处军事基地，一处位于地中海沿岸的伊斯肯德伦；一处位于爱琴海的乌尔拉（Urla），第三处位于伊兹密尔空军基地附近的摩尔多昂（Mordogan）海港，增强美国和北约在土耳其的指挥、控制、通讯和情报系统。这些军事基地一旦建成，美国和土耳其以及北约其他国家军队更容易在未来地区危机爆发后采取联合行动。① 美国在东地中海地区的军事基地将有效应对中东剧变在北非和东地中海地区产生的新威胁。但是 2016 年 7 月土耳其突如其来的未遂政变对美土关系和美国在土耳其的军事基地均产生了影响。

① "US Plans to Open Three Military Bases in Turkey," http：//www.democraticunderground.com/discuss/duboard.php? az = view_all&address = 364x955196.

（二）美国决策者的认知

冷战后，美国决策者对东地中海地区的利益认知主要包括：（1）战略利益，包括控制黑海海峡到地中海之间的战略要道，主导地中海东部地区；（2）确保以色列生存，保障以色列国家安全；（3）确保塞浦路斯不落入反西方势力手中；（4）打击伊斯兰反美、反以势力，阻止伊朗利用黎巴嫩真主党、叙利亚和巴勒斯坦哈马斯向以色列和美国盟友发动袭击；（5）推动大中东国家的民主化，打击恐怖主义。

冷战时期以及冷战结束以来，美国在东地中海地区的利益，是其地中海战略利益的一部分，即美国希望通过在土耳其、以色列和塞浦路斯部署军事基地和柔性军事存在，将美国在东地中海地区的军事基地与美国第六舰队在希腊、意大利的其他基地连为一体，确保东地中海地区成为美国掌控的“内湖”，美国不允许任何非北约成员国控制从地中海到大西洋、从黑海到红海的战略通道，美国在东地中海地区的军事基地部署主要为了保护美国的这一战略利益。因此，地中海东部地区对于美国全球军事力量投射起到重要作用，尤其是美国欧洲司令部在土耳其的军事基地和在以色列与塞浦路斯岛上的军事存在对于美国增强对东地中海地区的干预能力、打击伊斯兰极端势力和保护以色列安全起到重要支撑作用。以土耳其为例，该国自二战结束后就是北约在大中东地区最重要的军事基地东道国。首先，土耳其同挪威一样，是地缘上最靠近苏联以及冷战后俄罗斯的北约盟国。土耳其扼守黑海海峡，控制俄罗斯经黑海南下地中海和大中东的咽喉，成为北约搜集苏联和俄罗斯情报的最重要前沿基地。冷战时期，土耳其作为大中东地区唯一的北约成员国，向北约提供的军队人数居第二位，一度牵制了华沙条约组织约50个师的兵力；[①] 第二，土耳其控制安纳托利亚高原，美国控制了这一有利的地理位置就可以控制大中东“肥沃新月地带”，这一地势平坦的“肥沃新月地带”一直延伸到波斯湾和红海。[②] 第三，冷战时期与冷战后，美国在土耳其的军事基地成为美国干预大中东地

① Nasuh Uslu, *The Turkish-American Relationship between* 1947 *and* 2003: *The History of a Distinctive Alliance*, New York: Nova Science Publishers, 2003, p. 101.

② Nasuh Uslu, *The Turkish-American Relationship between* 1947 *and* 2003: *The History of a Distinctive Alliance*, New York: Nova Science Publishers, 2003, p. 101.

区事务重要的前沿阵地，包括1967年第三次中东战争、1973年第四次中东战争、1982年黎巴嫩战争、1980—1988年两伊战争、1991年海湾战争、2001年阿富汗战争、2003年伊拉克战争和2011年利比亚战争等。美国无不利用土耳其和塞浦路斯等地中海地区的军事基地和军事设施，对冲突地区施加军事和政治影响力。正如冷战时期北约欧洲地区总司令莱曼·兰尼兹尔（Lyman Lemnitzer）在谈到土耳其军事基地重要性所指出的："世界上没有哪个地方能够在搜集华沙条约组织成员国情报的能力方面与土耳其的战略基地相媲美。这些战略基地一旦投入使用，就能够提供重要的、不可替代的情报。"①

冷战结束后，随着苏联的解体，地中海东部基本处于美国和英国军事基地的完全控制之下——美国在土耳其的军事基地、在以色列和塞浦路斯的军事存在，以及英国在直布罗陀的军事基地和在塞浦路斯岛上的主权基地等，基本实现了对地中海地区的战略合围。拥有这一系列军事基地，从直布罗陀海峡到以色列，从黑海到苏伊士运河，基本处于美英的掌控之下，成为美国在地中海地区的重要战略利益。

美国在大中东地区增加军事存在、维护战略利益的另一层面是在大中东地区推广西方民主体制和价值观，通过发动阿富汗和伊拉克战争等军事手段、推行"大中东民主计划"等政治和社会手段实现对大中东"威权国家"和"失败国家"的改造，通过扩大在大中东的军事存在拓展其政治影响。美国政府认为，大中东地区缺乏"良治"，"失败国家指数"在全球较高，成为伊斯兰激进主义与恐怖主义的温床，沦为反美主义的"大本营"，主要是因为大中东地区缺乏民主。只有对大中东地区进行民主改造，才能消除大中东暴力与冲突的根源。美国在东地中海地区的军事基地部署有助于推动大中东地区的民主改造，这是美国在该地区战略利益的重要组成部分。

（三）基地政治化

美国在地中海东部地区的军事基地部署也常常考虑到大中东地区反美舆论的影响。特别是在2003年伊拉克战争爆发前后，土耳其和塞浦路斯民

---

① Nasuh Uslu, *The Turkish-American Relationship between* 1947 *and* 2003: *The History of a Distinctive Alliance*, New York: Nova Science Publishers, 2003, p. 102.

众普遍反对美国利用在东地中海地区的军事基地向伊拉克发动战争。包括土耳其在内的大中东地区舆论普遍认为，美国在大中东的军事基地实际上执行了英法等近代欧洲列强在大中东实行的“分而治之”政策，这些军事基地不仅破坏了伊斯兰世界的团结和统一，而且损害了东道国的主权和民族尊严。不仅如此，美国在大中东的军事基地是美国与以色列特殊安全伙伴关系的延伸，是“十字军东征者与犹太复国主义”的共谋[①]，试图永远分化和控制大中东地区。叙利亚、巴勒斯坦、利比亚和黎巴嫩等均反对美国在东地中海地区部署军事基地，认为美国军事力量介入地中海不利于地区局势稳定，这是美国在土耳其部署军事基地、在塞浦路斯利用英国的两处主权军事基地以及在以色列建立秘密军事存在的不利因素。

大中东激进组织坚决反对美国在大中东任何地区建立军事基地，并试图通过自杀式袭击等方式予以回应。据统计，1995—2003 年，“基地”组织在伊斯兰国家实施了 71 起自杀式袭击，其中在美国拥有军事基地的国家实施的自杀式袭击是没有美国军事基地国家的 10 倍。[②] 1998 年 2 月，本·拉登、扎瓦赫里和其他三位来自孟加拉国、埃及和巴基斯坦的伊斯兰领袖一起正式号召全球穆斯林对美国军人和平民发动“圣战”，强调这是世界全体穆斯林的宗教职责：“七年来，美国占领了伊斯兰世界最神圣的部分——阿拉伯半岛，掠夺财富，扶植傀儡的独裁统治，侮辱人民，恐吓邻国，把在阿拉伯半岛的军事基地变成了进攻周边穆斯林国家的桥头堡。”[③]

表 4—6　美国认定的所谓阿拉伯世界的“失败国家指数”[④]

国家	排名（共 177 个国家）	失败国家指数（满分 120 分）
伊拉克	2	111.4
也门	24	93.2

---

① David W. Lesch, *The Middle East and the United States: A Historical and Political Reassessment*, Boulder: Westview, 2007, p. 504.

② Bradley L. Bowman, “After Iraq: Future U. S. Military Posture in the Middle East,” *The Washington Quarterly*, Vol. 31, No. 2, 2008, p. 85.

③ Bradley L. Bowman, “After Iraq: Future U. S. Military Posture in the Middle East,” *The Washington Quarterly*, Vol. 31, No. 2, 2008, p. 84.

④ Tamara Cofman Wittes, *Freedom's Unsteady March: America's Role in Building Arab Democracy*, Washington D. C. : Brookings Institution Press, 2008, p. 52.

续表

国家	排名（共177个国家）	失败国家指数（满分120分）
黎巴嫩	28	92.4
埃及	36	89.2
叙利亚	40	88.6
约旦	82	76.6
沙特	83	76.5
摩洛哥	86	76.0
阿尔及利亚	89	75.9

相比之下，土耳其、塞浦路斯和以色列对美国在该地区部署军事基地却持欢迎态度，这是上述三国允许美国部署军事存在的重要原因。尽管土耳其于2016年7月发生了未遂政变，但是美土关系在短期内不会出现颠覆性逆转。这三国接受美国部署军事设施和人员，一方面出于获得美国经济和军事援助的考量，如冷战后以色列和土耳其是美国在大中东重要的受援国；另一方面出于安全因素的考虑。土耳其与邻国希腊、俄罗斯和亚美尼亚外交关系长期紧张，加上塞浦路斯问题和国内库尔德问题久拖不决，不得不在安全上依靠美国；以色列因多年来中东和平进程举步维艰而同阿拉伯邻国陷入安全困境与“冷和平”之中，近年来伊朗核问题愈演愈烈更加深了以色列的不安全感；塞浦路斯至今尚未实现国家统一与民族和解，在安全上也需要依靠美国，这成为上述3国欢迎美国部署军事基地的重要原因。

（四）第三方的反制

通过实证研究可以发现，冷战后美国在东地中海地区的军事基地部署十分重视法律依据问题，即美国如果使部署在他国主权管辖范围内的军事力量、军事设施和武器装备合法化，以阻止第三方的反制，包括俄罗斯、叙利亚、黎巴嫩真主党、巴勒斯坦哈马斯以及极端组织“伊斯兰国”组织等，但影响力有限。这主要是因为，美国在土耳其、以色列和塞浦路斯的军事存在具有法律依据，尽管法律依据的性质不同。美国在土耳其的军事基地部署源于土耳其加入北约时签订的《北大西洋公约组织宪章》（《北约宪章》），因此美土两国以《北约宪章》为依据，同时根据美土两国签订的《驻军地位协定》，使美国在土耳其部署军事力量、建立军事设施乃至储存核武器合法化。美国利用塞浦路斯岛上英国的主权基地，主要根据美英两国广泛的军事合作备忘录和协定，成为美英在百慕大、迪戈加西亚等军事基地合作的又一平台。美国在以色列建立军火库和秘密基地不同于美国在土耳其部署军事基地的法律条约，前者主要基于非正式安全合作协定，如1988年两国签订的《谅解备忘录》等和其他反恐协定等。

小　　结

本章从美国大中东军事基地部署的历史演变出发，主要考察了冷战后美国在地中海东部地区的军事基地部署。美国在该地区的军事基地部署隶属于美国欧洲司令部，包括土耳其、塞浦路斯、以色列等属于其责任区，其主要关切是控制黑海海峡到地中海之间的战略要道，主导地中海东部地区，保障以色列国家安全，确保塞浦路斯不落入反西方势力手中，打击伊斯兰反以势力，阻止伊朗利用黎巴嫩真主党、叙利亚和巴勒斯坦哈马斯等向以色列发动战略袭击、打击“伊斯兰国”组织和胜利阵线（后更名为“征服叙利亚阵线”）等。为保障上述利益，冷战后美国不仅没有关闭在土耳其的军事基地，反而进一步强化了在土耳其的军事基地部署，为发动海湾战争、阿富汗战争和伊拉克战争提供了前沿阵地；除土耳其外，美国还在塞浦路斯、以色列等美国欧洲司令部辖区建立了柔性军事存在，如前沿军火库、临时部署军事力量、军事训练基地、情报站等，为危机爆发后美国干预地中海东部地区事务提供重要支撑。

第五章／美国在海湾地区的军事基地

海湾地区是冷战后美国海外用兵的重点地区之一，包括 1991 年海湾战争、2003 年伊拉克战争、应对伊朗核问题、“阿拉伯之春”和“伊斯兰国”组织的威胁等。美国在海湾地区的军事基地隶属于中央司令部。该司令部前身是快速部署联合任务部队（RDJTF），成立于 1983 年里根政府时期，管辖陆地面积 1425 万平方千米，海洋面积 78 万平方千米（波斯湾与红海）。成立初期，其责任区从埃及到巴基斯坦，从肯尼亚到中亚（其中以色列和塞浦路斯归美国欧洲司令部管辖）。2007 年非洲司令部成立后，非洲之角联合任务部队从中央司令部划归非洲司令部，即索马里、吉布提、肯尼亚、苏丹、埃塞俄比亚、厄立特里亚、塞舌尔等东非国家属于美国非洲司令部责任区。冷战结束以来，在美国六大司令部中，尽管中央司令部辖区范围最小，但任务却最重：1991 年海湾战争、2001 年阿富汗战争、2003 年伊拉克战争以及 2010 年年底以来中东剧变均与美国中央司令部责任区息息相关。2010 年 8 月以来，中央司令部司令是马蒂斯将军（James Mattis）。

美国长期以来将海湾地区分为“盟友区”和“威胁区”两大阵营。冷战结束后，美国在海湾地区的军事基地主要部署在伊拉克、沙特、科威特、卡塔尔、巴林、阿联酋、阿曼等国，成为美国在大中东军事基地部署的重中之重，其主要依据美国与上述阿拉伯国家的双边军事协定。美国以军事基地为平台，加强与海合会成员国的军事训练、联合军演、向海合会国家派出军事顾问、促进对外军售等，与海湾阿拉伯国家建立了密切联系。

第一节 美国在海湾地区军事基地的战略走向

西方大国在大中东部署的军事基地是应对所谓“东方问题”的工具和手段。一战结束后，奥斯曼帝国丧失了对西亚北非地区的有效控制能力，留下了巨大的权力真空，英国在海湾地区、埃及和苏丹，法国在北非、叙利亚和黎巴嫩，意大利在意属索马里，沙俄在高加索地区纷纷寻求填补奥斯曼帝国瓦解留下的权力真空。当时美国的对外战略重心主要在加勒比与太平洋地区，未参与大中东权力争夺。在近代西方大国中，美国在大中东地区设立军事基地起步较晚，只是在第二次世界大战末期。1945 年 2 月，罗斯福总统与沙特国王阿卜杜拉·阿齐兹在美国“昆西”号（Quincy）巡洋舰上会晤，为美国在沙特宰赫兰建立空军基地奠定了基础。1945 年 9 月，杜鲁门总统正式批准在沙特建立空军基地，试图将欧洲战场和太平洋战场连为一体，宰赫兰空军基地成为战略中转站。[①]

冷战爆发后，东亚和西欧成为美国遏制苏联与共产主义运动的主战场，冷战在大中东的影响相对较弱。1947 年初，美国关闭了在西亚和北非地区 30% 的战时军事基地。[②] 然而，在海湾地区，美国仍希望保持二战时期临时部署的军事基地，特别是在沙特的军事基地，尽管该基地的规模已经缩小。1947 年中期，由于担心苏联向海湾加强渗透，美国又在巴林建立军事基地，成为继沙特后拥有美国军事基地部署的第二个国家。[③] 此后，美国海军的大中东力量（U. S. Middle East Force）利用在巴林和阿曼的军事设施，不定期在海湾地区展开巡逻。总的来看，二战结束后十年时间里，美国在巴林和阿曼的空军和海军力量规模较小，主要具有政治象征意义；美国在沙特的宰赫兰空军基地同 20 世纪 50 年代开始建设的土耳其因切尔利克空军基地则具有战略意义，使美国能够直接威胁苏联战略地位重

---

① 此节部分内容可参见孙德刚：《冷战后欧美大国在中东的军事基地研究》，北京：世界知识出版社，2015 年版，第五章第一节。

② James R. Blaker, *United States Overseas Basing: An Anatomy of the Dilemma*, New York and London: Praeger, 1990, p. 31.

③ Kent E. Calder, *Embattled Garrisons, Comparative Base Politics and American Globalism*, Princeton, N. J.: Princeton University Press, 2007, p. 26.

要的所谓“柔软的下腹部”——阿塞拜疆的油田和乌拉尔工业区，1960 年 5 月苏联击落从因切尔利克空军基地起飞的 U－2 侦察机，足以表明苏联对其能源与工业基地安全的重视。[①] 截至 20 世纪 60 年代，除土耳其、塞浦路斯、摩洛哥和利比亚外，美国在大中东的军事基地部署的重心拓展至海湾地区，包括在巴林、沙特、伊朗等海湾国家。1963 年，美国成立“大中东、非洲、南亚司令部”，该司令部只是一个名义上的战区司令部，后因尼克松政府奉行全球收缩战略，于 1972 年撤销，美国在海湾地区的军事力量部署进一步削弱。[②]

与东地中海地区如土耳其相比，20 世纪 70 年代美国在海湾地区部署的军事基地数量和规模仍十分有限，尤其是尼克松政府奉行战略收缩政策后，美国希望通过对伊朗的支持来保护美国在海湾的利益，而且随着通讯卫星、洲际导弹等先进军事技术的发展，美国对海外军事基地的依赖程度客观上有所降低。[③] 1977 年前后，苏联后来者居上，在伊拉克、南也门和索马里建立了军事基地；美国只在巴林和印度洋上迪戈加西亚建有军事基地；与此同时，英国正式从阿曼马西拉撤出军事力量，并将该岛上的军事设施移交给阿曼政府，美苏在海湾地区的安全博弈与军事平衡朝着有利于苏联的方向发展。

伊朗伊斯兰革命的爆发摧毁了海湾地区的战略平衡，使美国在该地区依靠伊朗和沙特两大战略支点的目标受挫，导致美国完全丧失针对苏联核试验而部署的伊朗情报监听站；随后发生的苏联入侵阿富汗事件和国际石油价格的再次飙升使美国不得不在战略上重新评估如何才能在海湾地区维护能源地缘政治安全，最大限度地维护美国的海湾利益。

美国在海湾地区的军事基地的重新部署源于“卡特主义”。1980 年卡特总统指出，大中东地区石油的正常供应，对于美国经济和国家安全具有生死攸关的重要性。外部力量对海湾地区的主导权，将被看作是对美国利

---

① Kent E. Calder, *Embattled Garrisons*, *Comparative Base Politics and American Globalism*, Princeton, N. J. : Princeton University Press, 2007, p. 26.

② 赵国忠：《论美国在阿拉伯国家的军事存在》，载《当代阿拉伯问题研究——“当代阿拉伯问题”国际研讨会论文集》，北京：人民出版社，2006 年版，第 34 页。

③ 20 世纪 70 年代美国向海湾地区部署军事力量、建立军事基地，以填补英国撤军后留下的权力真空，此部分外交档案已经解密，详见 *Foreign Relations of the United States*, (*FRUS*), 1969－1976, Vol. XXIV, Persian Gulf States, No. 72－126, pp. 226－398.

益的侵犯。卡特主义的出台，拉开了此后美国在海湾地区重新部署军事基地的序幕，包括在埃及、阿曼、沙特建立军事基地和成立“快速反应部队”。[①] 为延续卡特主义提出的遏制苏联的“新冷战”，里根政府于1983年成立了美国中央司令部（CENTCOM），负责管理从非洲之角经波斯湾到阿富汗的区域安全事务，主要针对苏联构成的安全挑战。[②]

随着两伊战争在20世纪80年代不断升级，苏联在海湾地区影响力提高，在亚丁、南也门的索科特拉岛（Socotra）、叙利亚、埃塞俄比亚、莫桑比克、马里、利比亚、阿尔及利亚、几内亚、几内亚比绍、刚果（金）和阿富汗等海湾与非洲地区部署了军事基地或军事存在；美国则针锋相对，在亚丁湾—阿拉伯海—印度洋地区强化了军事基地群，包括在迪戈加西亚、肯尼亚、阿曼马西拉岛、索马里和埃及等地相应部署和强化军事基地。[③] 此外，美国在以色列内盖夫沙漠的空军基地和海法海军基地、巴林的哈瓦（Hawar）、沙特利雅得、吉达、朱拜尔（Jubayl）、托布鲁克（Tabruk）等地建有军事基地；美国还临时使用吉布提、苏丹港和毛里求斯等军事基地，阻止这些非洲国家的军事基地落入苏联手中。在上述军事基地中，美国在印度洋上的迪戈加西亚军事基地尽管在地域上超出了海湾地区，但部署有战略轰炸机，主要应对海湾地区变局，且可随时对海湾地区反美国家采取军事打击行动。[④] 在海湾地区内部，美国军事部署的规模有限。截至1989年底，美国在巴林、科威特、阿曼、沙特和阿联酋5国部署的总兵力仅为700人。[⑤]

20世纪80年代末，随着东欧剧变、苏联解体和两德统一，美国开始调整其海外军事基地部署，以应对后冷战时期海外传统和非传统安全问题的双重挑战，尤其是在海湾地区。在海湾战争的大背景之下，美国在海湾及周边的军事基地经历了战略调整，其背后反映出美国与海湾地区国家间

---

① Lawrence Korb and Ian Moss, *Moving Beyond the Carter Doctrine: Rethinking the U. S. Military Presence in the Persian Gulf*, New York: Century Foundation Report, 2008, p. 3.

② "U. S. Central Command (USCENTCOM)", *GlobalSecurity. org*. www. globalsecurity. org.

③ Mazher A. Hameed, *Saudi Arabia, the West and the Security of the Gulf*, London: Croom Helm, 1986, p. 3; p. 61.

④ Roland G. Simbulan, *The Bases of Our Insecurity: A Study of the US Military Bases in the Philippines*, Metro Manila, Philippines: Balai Fellowship, 1983, pp. 47 – 49.

⑤ Bradley L. Bowman, "After Iraq: Future U. S. Military Posture in the Middle East," *The Washington Quarterly*, Vol. 31, No. 2, 2008, p. 80.

关系在纷繁复杂的地区和国际格局中发生了深刻变化。冷战结束后，尽管苏联的威胁不复存在，但海湾地区巨大能源蕴藏量成为美国争夺这一战略要地的重要动力。美国在大中东设立军事基地不仅出于对大中东能源安全的考量，而且因为它在地缘上靠近伊朗和伊拉克，可以对两伊的能源和军事设施构成威胁，符合克林顿政府提出的"遏制两伊"的战略布局。从冷战时期到后冷战时期，在美国海外军事基地部署中，海湾的地位不断上升，因为其具有独特的地缘政治和地缘经济意义。从能源地缘政治的角度来看，海湾地区是牵动国际体系变革的心脏地带之一，是国际体系中最具变革性的地区；海湾地区安全形势的变化会带动整个欧亚大陆安全形势的变化。①

萨达姆领导下的伊拉克入侵科威特，为美军增强在海湾地区的军事存在提供了重要机遇，美国在海湾地区拥有的军事基地及驻军人数相比冷战时期有了大幅度增长。1990 年下半年开始，老布什总统宣布将美国陆军第七军从德国中部调到海湾，欧洲司令部的军事力量开始承担发动海湾战争的新任务。海湾战争结束后，遏制伊拉克和伊朗仍然是美国政府海湾战略的首要目标。1995 年 7 月 1 日，美国海军进一步加强在海湾地区的前沿军事存在，在原有"大中东海军部队"的基础上，组建第五舰队，该舰队主要部署在海湾地区，统辖波斯湾、红海、阿曼湾、亚丁湾和阿拉伯海的海军部队，作战上隶属于美国中央司令部，行政管理和后勤供应则由两洋舰队负责。第五舰队司令部设在柏林，司令由中央司令部海军部队司令兼任。②根据克林顿政府"同时打赢两场战争"（东亚和大中东）的战略部署，美国加强在海湾地区的军事存在，以遏制两伊为近期目标。1997—1998 年，美国在沙特和科威特等海湾国家部署了 4000 人军队，以防止所谓萨达姆政府对海合会成员国发动的攻击。③ 同时，英国向科威特部署了 8 架"龙卷风"战斗机；载有 8 架战机和 11 架直升机的英国"无敌号"航母也驶入波斯湾，配合美国的军事行动。④ 但是，由于萨达姆政府受到国

---

① Anoushiravan Ehteshami, *Globalization and Geopolitics in the Middle East: Old Games, New Rules*, London and New York: Routledge, 2007, p. 3.

② 王志文著：《美国海军曝光》，北京：光明日报出版社，1999 年版，第 105—106 页。

③ Ivan Eland, "The U. S. Military: Overextended Overseas," http: //www. cato. org/publications/commentary/us-military-overextended-overseas, July 24, 1998.

④ "U. S. Strength in the Persian Gulf," *the Washington Post*, February 24, 1998.

际社会的制裁，已经无力对沙特等国发动进攻，美国在沙特和科威特的军事基地还承担了其他任务。1998 年 8 月 20 日，为报复美国驻肯尼亚和坦桑尼亚使馆遭恐怖袭击，美国第五舰队实施了代号为“无所不至”的军事行动，该舰队部署在红海和阿拉伯海的 7 艘舰艇，向苏丹等地发射了 76 枚“战斧”式巡航导弹，成为美国维护在东非和海湾地区安全利益的重要军事保障。①

“9・11”事件的发生，拉开了美国全球十年反恐战争的序幕，海湾地区成为美国全球反恐的重中之重。但是随着 2003 年伊拉克战争的爆发，海湾国家内部出现亲美与反美、挺战与反战的分化，海合会成员国中有的大量减少甚至完全拒绝美国的驻军（以沙特为代表），有的则继续保留甚至大大增加了美国的驻军（以科威特、卡塔尔和巴林为代表），还有的则采取模糊的中间路线（以阿曼和阿联酋为代表）。海湾地区不像美国在德国、日本、韩国那样拥有大型军事基地，该地区复杂多变的形势和不稳定的国际关系凸显了其背后复杂的矛盾，成为研究美国冷战后海外军事基地部署与调整的典型案例。

归纳起来，冷战结束后第一个十年里（以 1991 年海湾战争的爆发为起点），美国的海湾军事基地部署主要出于遏制伊朗和伊拉克的需要，以遏制伊拉克为重点；在冷战结束后第二个十年里（以 2001 年“9・11”事件的爆发为序幕），美国的海湾军事基地部署主要出于反恐和防扩散需要，以打击“基地”组织在伊拉克和阿拉伯半岛的分支机构为重点；在冷战结束后第三个十年里（以 2010 年年底中东剧变的全面爆发为序幕），美国在海湾的军事基地主要出于应对多元化安全威胁：（1）维护大中东石油供应与运输线安全；（2）保持美国与伊拉克新政府的友好关系，使伊拉克局势朝着有利于美国利益的方向发展；（3）遏制伊朗，阻止其推行核计划；（4）反恐与反对大规模杀伤性武器扩散；（5）推广西方民主和价值观。②以下两节分别以冷战后美国在伊拉克和海合会的军事基地部署为案例，考察美国在海湾军事基地的战略部署与调整。

---

① 王志文著：《美国海军曝光》，北京：光明日报出版社，1999 年版，第 111 页。

② 关于前 4 点可参见 Sedky Sobhy, *The U. S. Military Presence in the Middle East: Issues and Prospects*, Carlisle Barracks, Pennsylvania: U. S. Army War College, 2005, p. 6.

第二节　案例1：美国在伊拉克的军事基地

海湾地区是美国在大中东利益的重点，其在海湾的军事基地旨在保护以下三个层面的利益：确保沙特、科威特、阿联酋、巴林、卡塔尔、阿曼等盟友的国家安全和政权稳定；确保大中东能源运输线路畅通无阻和经济安全，维护美国的能源利益；在逊尼派与什叶派之间、伊朗与阿拉伯国家之间保持战略平衡，维护美国的地缘政治利益。在上述三个层面的利益中，伊拉克处于中心位置，直接关系到美国在海湾的战略利益。21世纪初以来，美国在伊拉克的军事基地一度成为其在大中东主要的基地群；美国在伊拉克军事力量的战略部署经历了从刚性军事基地到柔性军事存在的调整过程。2003年以来，美国在伊拉克的军事基地主要承担两项任务，一是打击恐怖组织和反美武装分子，维护伊拉克新政权的稳定；二是担任军事顾问，训练和援助伊拉克军事战斗人员。①

美国在伊拉克的军事基地经过若干次调整，突出表现为军事基地数量的减少和大型军事基地的关闭。截至2011年12月底，美国关闭在伊拉克所有永久性军事基地后，同时维持了柔性军事存在，包括聘用私人保安公司、保留军事训练人员、利用驻伊使领馆安插安全和情报人员、为伊拉克防空力量派驻特种兵等。这些柔性军事存在出于维护在伊拉克主导地位、确保伊拉克政局稳定和阻止伊朗对伊拉克渗透等多重目的。从全球层面来看，美国在伊拉克的柔性军事存在凸显了美国的大中东军事基地日益呈小型化、机动化和隐蔽化的趋势，有助于美国减轻国防开支，将军事战略重心转向亚太；从地区层面来看，美国维持在伊拉克的柔性军事存在，既避免过多介入伊拉克内部事务，又维持在伊拉克的主导权和影响力，有助于应对伊朗核问题，成为新时期美国维持伊朗、伊拉克和沙特三大国之间战略平衡的筹码，但柔性军事存在难以阻止伊拉克日益升级的教派冲突和恐怖袭击，也难以扭转叙利亚内战的持续升温。即便如此，美国在伊拉克的柔性军事存在和在海合会成员国的刚性军事基地部署恐将呈常态化与长期

---

① David E. Thaler, etc., *Future U. S. Security Relationship with Iraq and Afghanistan: U. S. Air Force Roles*, Santa Monica: RAND, 2008, p. 89.

化趋势。

一、伊拉克战争后美国在伊拉克的军事基地部署

2003年3月伊拉克战争爆发前，美国在海湾地区已部署3.4万军队，这些军事力量大部分来自于欧洲司令部；战争爆发后，第3机械化步兵师、第101空降师、第7骑兵团、第1陆战队远征部队以及随后抵达的第4机械化步兵师成为发动地面进攻的主要力量。[①] 此后，第173空降旅开辟了北方战场，相继占领摩苏尔和基尔库克，美国在伊拉克部署军事基地的序幕也徐徐拉开。[②] 截至2003年中期，美国在伊拉克维持了13万军队，尽管美国曾与90个国家举行过磋商，希望盟国能够向伊拉克派出军队，但遭到绝大多数成员的拒绝，美国盟友更希望通过派出二线力量，承担后勤、医疗、工程建设等非战斗任务。[③] 2004年6月28日，以美国为首的联军占领当局在巴格达宣布向伊拉克临时政府移交权力，美国在伊拉克的占领当局宣告解散。权力移交后，多国部队仍继续承担安全协防任务，美国总统布什宣称："我们将保护（伊拉克）基础设施，使之免遭袭击。我们将为即将到来的（伊拉克）大选提供安全保障……只要伊拉克稳定需要，只要伊拉克政府提出请求，我们的军队就会在那里一直驻扎下去。"[④]

按照小布什政府的最初构想，萨达姆政权不堪一击，美军迅速占领伊拉克后可以通过民主选举解决新政府的人选问题，使伊拉克成为大中东民主化改造的样板，美国在伊拉克的军事基地将扮演"民主守护神"的作用。但是截至2004年底，随着伊拉克国内教派冲突日益严峻，美国在伊拉克动用了陆军等各军种40%的预备役部队，但美军在伊拉克人手不足问题始终未能得到根本性解决，不得不首次从韩国撤出3000名美军再派往伊拉克。[⑤] 截至2005年，大约13.7万美军部署在伊拉克，其中现役部队9.46

---

① Steve Bowman, "Iraq: U.S. Military Operations," *CRS Report for Congress*, July 15, 2007, p. 3.

② Raymond W. Copson, "Iraq War: Background and Issues Overview," *CRS Report for Congress*, April 22, 2003, p. 12.

③ 陶文钊：《美国在伊拉克的困境》，载《和平与发展》2003年第4期，第11页。

④ 郭拥军：《美国在伊拉克面临的四大新问题》，载《现代国际关系》2004年第7期，第39—40页。

⑤ 朱立群：《当前国际关系的基本特征》，载《外交学院学报》2004年第4期，第31页。

万人，国民警卫队 2.96 万人，预备役部队 1.29 万人，驻军人数居海外首位。[①] 由于伊拉克局势陷入持续混乱，美国在伊拉克驻军和军事活动成为消耗美国财政的严重“毒瘤”，如 2004 年，美国国会用于伊拉克的拨款多达 1511 亿美元，2005 年初布什总统又要求国会通过 700 亿美元的紧急拨款，用于伊拉克和阿富汗的战后重建，美国在伊拉克的月开支从 2004 年 6 月以前的 22 亿美元增至 2005 年的 58 亿美元。[②]

表 5—1　美国在伊拉克部署的军事力量（截至 2005 年 5 月 5 日）[③]

现役部队	人数	国民警卫队	人数	预备部队	人数
陆军	65044	陆军国民警卫队	29140	陆军	9773
海军	2299	空军国民警卫队	500	海军	430
空军	7149			空军	343
海军陆战队	20103			海军陆战队	2376
小计	94595	小计	29640	小计	12922

美国在伊拉克的军事力量主要部署在军事基地，美国在伊拉克的军事基地最多时达 500 多处，分布在伊拉克主要城镇和局势动荡地区，其中大部分是萨达姆时期的军事基地、萨达姆的官邸、废弃的校舍等。由于投入大量维修资金，美国在伊拉克的军事基地拥有先进的军事设施和比较完善的生活配套设施，如餐馆、商店、健身房等。[④] 多年来，美国白宫和国防部在是否在伊拉克维持永久性军事基地问题上一直举棋不定，内部争论较多，其外交政策表述也前后不一致。如 2005 年 2 月 17 日，美国前国防部长拉姆斯菲尔德指出：“我们在目前情况下无意在伊拉克建立永久性军事基地”，而截至 2005 年 5 月，美国在伊拉克新建了 106 处军事基地，还设

---

① Linwood B. Carter, “Iraq: Summary of U. S. Forces,” *CRS Report for Congress*, May 23, 2005, pp. 1 – 2.

② 顾关福等：《美国在伊拉克的战略挫败和困难前景》，载《和平与发展》2005 年第 1 期，第 36 页。

③ Linwood B. Carter, “Iraq: Summary of U. S. Forces,” *CRS Report for Congress*, May 23, 2005, pp. 1 – 2.

④ Dennis Steele, “The Sun Sets on Operation New Dawn, but the Shadows Remain,” *ARMY*, January 2012, p. 53.

立了若干后勤补给站和拘留所等，并无关闭永久性军事基地的决心。2005年12月23日，在问到美国是否在伊拉克谋求建立永久性军事基地时，前国防部长拉姆斯菲尔德却回答说："目前我们没有答案"。2006年3月11日，美国驻伊拉克大使扎勒米·哈利勒扎德（Zalmay Khalilzad）在伊拉克电视上说："美国没有在伊拉克建立永久性军事基地的打算"，但随后美国五角大楼发言人维纳伯中校（Col. Barry Venable）指出："我们正在伊拉克建立永久性军事基地"。小布什总统本人也积极主张在伊拉克建立永久军事基地，认为伊拉克的地位与冷战时期的联邦德国一样重要——冷战时期，联邦德国是西方与苏联共产主义意识形态斗争的最前线。伊拉克战争结束后，伊拉克成为美国与大中东恐怖主义斗争的最前线，美国在伊拉克的军事基地成为美国全球反恐的重要依托，不可轻易关闭。① 由此可见，美国政府关于是否在伊拉克维持永久性军事基地问题上前后表态不一致，甚至相互矛盾。2006年中期，伊拉克新政府宣告成立后，从伊拉克撤军、关闭永久性军事基地的呼声成为主流，国防部也制定了两个阶段撤军计划——2006年12月31日前实现第一阶段撤军计划，撤走8万人；2007年开始执行第二阶段撤军计划，撤走剩下的6万人军队。② 即便如此，2006年中期，美国虽然将48处前沿行动基地交还给伊拉克政府，但仍在伊大规模建设14个永久性军事基地，包括南部地区的塔利尔（Tallil）、西部地区的阿萨德（al-Asad）、中部地区的巴拉德（Balad）和北部地区的古热亚（Quayyarah）。2005—2006年，美国共投入10亿美元的建设费用，包括建设伊拉克巴拉德空军基地，并无关闭迹象。此外，美国在伊拉克阿萨德军事基地占地19平方英里，拥有汽车交易市场、汉堡王、必胜客等较为方便的配套生活设施，2006年美国在该地的军事基地建设费用为740万美元。维护在伊拉克关键地区的军事基地、关闭非关键性军事基地，成为小布什政府时期美国在伊拉克的战略目标之一。为配合美国分阶段关闭军事基地，2007年1月10日，美国总统小布什发表了关于"伊拉克新战略"的讲话，其主要内容包括：第一，今后伊拉克新政府要负起安全责任；第

---

① Thomas Donnelly, "Rebasing, Revisited," *American Enterprise Institute for Pubic Policy Research*, December 2004, p. 2.

② Lawrence J. Korb and Brian Katulis, *Strategic Redeployment: A Progressive Plan for Iraq and the Struggle Against Violent Extremists*, Washington D. C.: Center for American Progress, 2006, p. 5.

二，美国将在短期内暂时向伊拉克增兵；第三，美国警告伊朗和叙利亚不要干涉伊拉克内政，填补权力真空。2007 年开始，为维护伊拉克新政府的稳定，小布什宣布增派 2.15 万人军队，其中 4000 人派往“基地”组织在伊拉克的大本营——安巴尔省，其他军事力量则部署在巴格达附近；美国还向海湾地区增派海军力量，“斯坦尼斯号”和“艾森豪威尔号”两艘航母编队分别部署在波斯湾地区，以遏制伊拉克反美武装和伊朗。通过这次增兵计划，美国在伊拉克军事基地的驻军人数从原先的 13.2 万人增至 15.3 万人，但伊拉克的安全形势未见好转。[①] 2007 年夏，伊拉克公布其第一份国家安全战略报告，即《伊拉克为先：伊拉克国家安全战略，2007—2010》。该报告指出，尽管美国发动伊拉克战争，标榜自己是“无私的解放者”，但是美国不会让伊斯兰激进势力抢占“胜利的果实”，并计划今后在伊拉克保留 14 处永久性军事基地。[②] 伊拉克普通民众的反美情绪尤其是反对美国在伊拉克长期驻军、主张独立自主的呼声不断高涨。他们认为，美国的军事基地是强加给伊拉克人民的“枷锁”，伊拉克政府出卖了人民的利益，损害了国家主权。2007 年是伊拉克发生各类教派冲突事件最多的一年，美国在伊拉克的军事基地未能解决其日益恶化的安全问题，为此，2007 年小布什政府实际增兵 3 万人，使 2007 年 9 月驻伊美军总人数达 16.8 万人，但当时美军在伊拉克阵亡 3968 人，受伤 2.9 万人，美国不得不投入巨大的经济和人力资源维护在伊拉克的军事基地和确保战斗人员安全。[③] 2007 年 11 月 26 日，美国总统布什与伊拉克总理马利基（Nuri Al Maliki）签订《长期友好合作原则宣言》，为两国建立更加平等的关系奠定了基础，也为伊拉克敦促美军关闭军事基地埋下了伏笔。

2007 年美国增兵伊拉克后，兰德公司一份为美国空军撰写的研究报告建议，考虑到伊拉克政治、安全和运营风险以及维持基地所需较高经济成本，美国政府应向外界宣布其无意在伊拉克维持永久性军事基地，且美国在伊拉克军事基地的一切活动都应基于双方达成的合作协定，确保军事行

---

① 陶文钊：《布什的新战略和美国在伊拉克的困境》，载《和平与发展》2007 年第 2 期，第 8—9 页。

② Mark L. Gillem, *America Town: Building the Outposts of Empire*, Minneapolis: University of Minnesota Press, 2007, Introduction xvii.

③ Andrew T. H. Tan, *U. S. Strategy Against Global Terrorism*, New York: Palgrave Macmillan, 2009, p. 59.

动的合法性。报告还认为，美国从伊拉克撤军后，应保留1—2处永久性军事基地，如美国在伊拉克贝拉德和阿萨德的空军基地，今后可以承担诸如部署“捕食者”无人机、参与近程空中支援（XCAS，On-call Close Air Support）、作战搜寻与援救（CSAR，Combat Search and Rescue）、支援战术性空运等战术性任务；而远程情报、预警和侦察（ISR，Intelligence，Surveillance，and Reconnaissance）、空中加油、打击高价值目标（HVT，High Value Target）和军事威慑等重大安全任务应交给美国在伊拉克邻国的军事基地来完成。①

小布什政府酝酿关闭在伊拉克大部分军事基地，除因经济代价高昂这一原因外，还因为美国在伊拉克的军事基地一直受到当地民众的反对。例如，除北方库尔德人外，什叶派和逊尼派穆斯林均对美国在伊拉克部署军事基地持负面评价。2008年，美国马里兰大学国际政策态度项目（Program on International Policy Attitudes）所做的一项民意测验显示，70%的伊拉克人主张美国从伊拉克撤军。②

尽管美国在伊拉克部署的军事基地饱受诟病，但美国并不愿意立即关闭在伊拉克的军事基地，主要是担心伊拉克胜利果实落入伊朗、“基地”组织或伊拉克其他反美势力手中。2006年6月五角大楼的一份报告建议，今后美国应保留4处大型军事基地，即南部的塔利尔空军基地、西部的阿萨德基地、中部的巴拉德空军基地和北部的托尔阿法尔（Tal Afar）军事基地。其中巴拉德空军基地一度部署2万—2.5万美军，四周是长25千米的“安全带”，它是进出巴格达的门户，在4大军事基地中最为关键。③

2008年下半年，美国国内关于是否应继续在伊拉克维持军事基地，再次爆发激烈争论。美国一位不愿透露姓名的高官表示，推翻萨达姆政权后，美国应谋求霸权、控制波斯湾石油和主导大中东，建立类似于二战后在日本和德国、以及朝鲜战争后在韩国的永久性军事基地。④ 在美国和平

① David E. Thaler, etc., *Future U. S. Security Relationship with Iraq and Afghanistan: U. S. Air Force Roles*, Santa Monica: RAND, 2008, pp. 115 – 116.

② Alexander Cooley, *Base Politics: Democratic Change and the U. S. Military Overseas*, Ithaca: Cornell University Press, 2008, p. 269.

③ David E. Thaler, etc., *Future U. S. Security Relationship with Iraq and Afghanistan: U. S. Air Force Roles*, Santa Monica: RAND, 2008, pp. 115 – 116.

④ Stanley A. Renshon, *National Security in the Obama Administration: Reassessing the Bush Doctrine*, New York and London: Routledge, 2010, p. 216.

研究所举行的一次研讨会上，美国战争研究所所长金伯利·卡根（Kimberly Kagan）也认为，美军应继续留在伊拉克，以确保伊民主选举和国内局势稳定；只有伊局势稳定了，美国才能逐步撤军；美国新安全研究中心高级研究员、军事分析家查尔斯·奈特（Charles Knight）则认为，伊拉克战争是一场灾难，而伊拉克反美势力的上升与美国在伊基地部署息息相关。因此，美国必须立即从伊拉克撤军，让伊拉克6个邻国、联合国和五个常任理事国向伊拉克提供安全公共产品；[①] 美国战略家罗伯特·阿特（Robert J. Art）也持相似观点，认为一方面，海湾地区关系到美国生死攸关的利益，美国应向海湾阿拉伯国家提供核保护伞，以应对伊朗构成的威胁；另一方面，美国不仅应关闭在伊拉克的军事基地，而且应进一步减少在海湾地区的“足迹”。[②] 从当时的争论来看，主张美国关闭军事基地的观点占上风。

为减少军事基地的成本、为美国在阿富汗—巴基斯坦边境地区发动针对塔利班的新战争提供更多兵力，小布什政府最终被迫决定从伊拉克撤军并关闭所有军事基地。2008年11月17日，伊拉克外长兹巴里（Hoshiyar Zebari）与美国驻伊拉克大使莱恩·克劳克（Ryan Crocker）签订两份协定，一份是《美国与伊拉克友好合作关系战略框架协定》（Strategic Framework Agreement for a Relationship of Friendship and Cooperation between the United States and the Republic of Iraq），另一份是《美国与伊拉克驻军地位协定》（U. S. -Iraq Status of Forces Agreement），后者规定美军在2009年6月30日前从伊城市撤军。在2011年底前从伊拉克完全撤军。该协定还规定了美军在伊拉克携带武器、着装、进出伊拉克等具体要求，美国在伊拉克部署军事力量的有效期至2011年12月31日。[③] 美国总统布什热烈欢迎两国达成的协定，认为此安全协定处理了美国在伊拉克军事存在、活动和从

---

① United States Institute of Peace, “The Future of the U. S. Military Presence in Iraq,” *USI Peace Briefing*, September 2008, p. 1.

② Robert S. Ross, Øystein Tunsjø, and Zhang Tuosheng, *US-China-EU Relations: Managing the New World Order*, London and New York: Routledge, 2010, p. 21.

③ 《驻军地位协定》（SOFA）是规定一国武装力量在他国执行任务的框架协定，它是和平时期签订的协定，不会规定战争法、冲突法等内容。除北约外，国际上签订的《驻军地位协定》都是行政协定，不具有法律效力，一般无需国会批准。参见 R. Chuck Mason, “U. S. -Iraq Withdrawal/Status of Forces Agreement: Issues for Congressional Oversight,” *Congressional Research Service*, July 13, 2009, p. 6.

伊拉克撤军的问题。国防部长盖茨宣布，2009 年 6 月 30 日后，美军将把伊拉克 18 个省的军事管辖权移交给伊拉克当地政府。伊拉克议会随后通过了《美国与伊拉克友好合作关系战略框架协定》，同意撤军后两国继续加强在安全、能源、教育、环境、卫生、信息技术、通讯和执法等领域的全方位合作。[①]

奥巴马在竞选总统时曾承诺将从伊拉克迅速撤军，即每个月从伊拉克撤出一个战斗旅的作战力量，并在上任 19 个月内完成撤军计划，这些撤军计划被称为“新黎明行动”（Operation New Dawn）。“新黎明行动”堪称二战结束以来国际上军事调动规模最大的一次。奥巴马入主白宫后，美国立即宣布向阿富汗和巴基斯坦边境地区增兵 1.7 万人，另增 4000 人用于培训而不是一线作战。[②] 奥巴马坚信，美国长达十年的反恐战争偏离了方向，应尽快实现从伊拉克和阿富汗撤军，将战略重心转向亚太地区（即奥巴马政府所谓的“亚洲枢纽”）[③]，因为亚太地区在全球的影响力日益上升，与美国的战略利益息息相关。奥巴马担任总统后指出，“未来美国在海外的军事力量必须与美国的智慧和外交力量结合起来，通过增强与盟国的关系来提升美国的全球利益与安全”。[④] 基于这一设想，美国开始从伊拉克分批撤军。美国国防部提供的数据显示，截至 2008 年 6 月 1 日，驻伊美军为 182060 人，其中现役部队 150400 人，国民警卫队军队和预备役部队 31660 人。此外，美军在科威特和海湾其他地区的 2.3 万人军队也执行海湾巡逻任务。[⑤]

根据美伊 2008 年 12 月 14 日签署的《美国—伊拉克驻军地位协定》，到 2009 年 6 月底，驻伊美军全部撤出伊拉克城镇，剩余的上百处军事存在集中于偏远地区，以降低与伊拉克当地民众发生冲突的机会，并将部分战

---

① R. Chuck Mason, “U. S. – Iraq Withdrawal/Status of Forces Agreement: Issues for Congressional Oversight,” *Congressional Research Service*, July 13, 2009, p. 1.

② Stanley A. Renshon, *National Security in the Obama Administration: Reassessing the Bush Doctrine*, New York and London: Routledge, 2010, p. 215; p. 217.

③ 其中以冲绳、关岛、驻日美军、驻韩美军、驻澳大利亚美军以及美国第七舰队等为支撑，参见魏岳江：《美军大规模调整亚太军事基地》，载《当代世界》2007 年第 7 期，第 51—53 页。

④ Catherine Lutz, “Obama's Empire: An Unprecedented Network of Military Bases That is Still Expanding,” *The New Statesman*, July 30, 2009, p. 1.

⑤ JoAnne O'Bryant and Michael Waterhouse, “U. S. Forces in Iraq,” *CRS Report for Congress*, July 23, 2008, p. 1.

斗人员转移至阿富汗，以支持在阿富汗和巴基斯坦边境地区的新军事行动。到2009年6月，美国在伊拥有357处军事基地，而到2010年，美国在伊拉克军事基地只剩下92处，其中58处属于同伊拉克军队共享的基地；截至2010年1月，驻伊美军总人数为11.2万人，当年5月底减至8.8万人，而到当年8月又减至5万人，呈逐月减少之势，且主要担任伊安全力量的训练和军事顾问。美国在伊军事基地的设备也从2009年的340万件降至2010年8月的120万件。[①] 即便如此，奥巴马政府仍寄希望于保留1—2处永久性军事基地，确保伊拉克朝着民主化方向发展。

2011年伊拉克法院作出裁决，拒绝给驻伊美军提供豁免权，使美军在伊拉克丧失了治外法权，美国原先在伊拉克保留1—2处永久性共享军事基地的幻想破灭。2011年10月15日，奥巴马政府宣布：美国将于2011年底完成从伊拉克撤军。

2011年11月29日，美国副总统拜登突访伊拉克。30日，他在巴格达重申，驻伊美军将依照约定日期全部撤离。他当天在与伊总理马利基举行的联合记者招待会上说："我们的军队正撤离伊拉克，我们正开辟新的篇章，两个主权国家间关系将进入新阶段。"[②] 12月1日，拜登、伊拉克总统塔拉巴尼和总理马利基在"胜利"兵营出席仪式，纪念伊战8年多时间里阵亡的美军和伊拉克军人，美国于第二天将伊拉克境内最大的军事基地——"胜利"兵营移交给伊拉克政府。该兵营距首都巴格达国际机场仅5公里，兵营四周防爆围墙长达42公里。出于安全的考量，美伊双方2日签署移交军事基地协定时未举行隆重仪式，这一标志性美军基地的易手显得十分低调。[③] 2011年12月，美国又将伊西部的阿萨德空军基地也移交给伊拉克政府。截至2011年12月8日，美国已先后向伊拉克新政府移交501处军事基地，仅保留首都巴格达南部的4处军事基地，即希拉（Hilla）、迪瓦尼耶（Diwaniyah）、巴士拉（Basra）与纳西里耶（Nasiriyah），驻军总人数为8000人，此后每天大约500—800名美军士兵从伊拉克撤至科

---

① Office of the Press Secretary, "Facts and Figures on Drawdown in Iraq," The White House, August 2, 2010. http://www.whitehouse.gov/the-press-office/facts-and-figures-drawdown-iraq.

② Dennis Steele, "The Sun Sets on Operation New Dawn, but the Shadows Remain," *ARMY*, January 2012, p. 55.

③ Liz Sly, "Camp Victory, Emptied of U. S. Troops, Is Handed to Iraqi Government," *The Washington Post*, December 2, 2011.

威特。

二、撤军后美国在伊拉克的柔性军事存在

截至2011年底，美国尽管关闭了在伊拉克几乎所有大型军事基地，但仍以隐性的方式维持在伊拉克的军事存在。美国建立柔性军事存在的思想，早在2004年《全球防务态势评估》报告中就明确指出：今后不能期望我们的前沿军事力量能够随时部署在前线作战，因为部署前沿军事力量的主要目的是在危机爆发后在危机爆发地点迅速扩大军事影响力，实际上表明了美国在和平时期部署柔性军事存在、在危机爆发后扩大前沿军事存在的主要方向。[①] 美国在伊拉克的柔性军事存在主要表现为以下几种形式：

第一，私人保安力量。美国一方面从伊拉克撤走军事作战部队，另一方面不断增加私人保安力量，其中许多私人保安都是刚刚脱下军装的美国军人。美国以私人保安公司这种柔性军事存在的形式，维护撤军后伊拉克的社会和政治稳定，以保护美国在伊拉克的侨民安全，同时尽可能减少伊拉克民众对美国军事基地和驻军的反感。2010年8月31日以来，美国国务院雇佣的私人保安人数从2700人增至6000人以上，其主要任务是保护美国外交官、使领馆设施等。美国保安承包公司如“黑水”公司（Xe服务公司）[②] 雇佣了众多经验丰富的退役军人和职业特工，其作战经验丰富，单兵素质和战斗力甚至比正规军更强，属于特种兵。[③] 2011年10月，“黑水”公司总裁泰德·怀特（Ted Wright）告诉《华尔街日报》记者，该公司已经并将进一步恢复在伊拉克的业务。[④]

第二，使馆安全与情报人员。2011年底以来，由于伊拉克政府拒绝美国在伊拉克军事人员享受治外法权，美国不得不以使领馆为依托，大批安插美国安全和情报人员。据美国国务院透露，美国在伊拉克巴格达的使馆

① Sasha Davis, “The US Military Base Network and Contemporary Colonialism: Power Projection, Resistance and the Quest for Operational Unilateralism,” *Political Geography*, Vol. 30, 2011, p. 217.

② 2007年9月16日，受雇于美国国务院的私营黑水公司保镖队护送美国外交官前往位于巴格达西部的财政部大楼参加会议时，共误杀17名伊拉克平民，酿成“尼苏尔广场”惨案。

③ 马晓霖：《美国在伊拉克战略利益得失分析》，载《阿拉伯世界研究》2010年第5期，第4页；美国国务院：《奥巴马宣布驻伊美军作战任务结束》，载《国际参考》，http://chinese.usembassy-china.org.cn。

④ James Denselow, “The US Departure from Iraq is an illusion,” *the Guardian*, 25 October, 2011.

是世界上规模最大、造价最昂贵的使馆，成为美国在伊拉克柔性军事存在的“绿色地区”和“大本营”。美国的巴格达使馆不仅拥有自己的武装力量和供水、供电、排污系统，而且占地104英亩，与梵蒂冈面积相差无几，成为“国中之国”，拥有1.7万工作人员，其中包括外交官、武官、情报人员等，这些工作人员大多享有外交豁免权。据《华盛顿邮报》透露，美国占领伊拉克后曾向该国派出了300名情报官、500名情报工作人员，是越南战争结束后美国在海外情报人员分布最密集的地区，仅次于20世纪60年代末美国在南越的西贡。① 2012年初美国完成从伊拉克撤军后，伊拉克使馆仍有大约16000名外交官、情报人员和私人保安，以确保外交官和美国侨民的人身安全。② 除美国在巴格达的使馆外，美国还在南部城市巴士拉、北部城市摩苏尔和基尔库克设有领馆，每个领馆均拥有1000名左右工作人员，其中包括武官、保安和情报系统的工作人员。③

第三，军事培训人员。2003年美军占领伊拉克后，美国一直向伊拉克派出军事训练官，帮助伊拉克培训军事战斗人员和警察。美国对外关系委员会等智库曾建议，为减少当地民众对美国在伊拉克军事基地的反感，未来美国应以军事培训为平台，让军事作战部队和中央情报局成员渗透在该国，以减少外界的过分关注。④ 2008年，美国驻伊拉克军队指挥官奥德耶诺（Raymond Odierno）也透露，2009年6月后，美国部分军事力量将长期留在当地安全检查站，担任训练、监视、医疗、空中管制、直升机支持等任务。2011年，美伊共签订约400个军事合作项目，价值100亿美元；美伊两国还就另外110个价值9亿美元的军事合作项目展开谈判，包括就伊拉克向美国购买18架F－16战机举行谈判（价值20多亿美元）。2011年底，两国达成的军事合作新项目使160名美国文官和军官在伊拉克从事培训项目，另外750名文官则常驻伊拉克，以监督美国国防部对伊军事援助项目的执行。2011年12月底美军撤离伊拉克后，留下了大约4亿美元的武器装备，2012年美国还向伊拉克提供价值60亿美元的军售和民用援助

---

① Bruce Hoffman, *Insurgency and Counterinsurgency in Iraq*, Arlington: RAND, 2004, p. 10.

② Dennis Steele, “The Sun Sets on Operation New Dawn, but the Shadows Remain,” *ARMY*, January 2012, p. 54.

③ James Denselow, “The US Departure from Iraq is an illusion,” *the Guardian*, 25 October, 2011.

④ Bradley L. Bowman, “After Iraq: Future U. S. Military Posture in the Middle East,” *The Washington Quarterly*, Vol. 31, No. 2, 2008, pp. 83－84.

项目，这些项目的执行都需要大量的军事培训人员。[①] 为执行这些培训项目，美国在伊拉克设有10个办事处，拥有大约3500名美籍工作人员。[②]此外，美国第402陆军战场保障旅为伊拉克提供军事维修支持，也成为美国重要的军事存在。截至2012年初，美国在伊拉克的军事训练人员总数在1万至1.5万人之间，成为影响伊拉克政治和安全走向的重要力量，其今后将继续留在伊拉克，成为不可忽视的军事存在。[③]

第四，在海湾地区保留和扩建无人机基地。近年来，美国在大中东地区秘密建立了许多无人机基地，如巴基斯坦、阿富汗、也门、沙特、吉布提等。2006—2010年，美国无人机在巴基斯坦靠近阿富汗部落地区杀死了1900多名武装分子，并使用RQ—170长期跟踪本·拉登[④]，美国在阿富汗和巴基斯坦的无人机基地发挥了重要作用。早在2009年，美国就在印度洋上的塞舌尔部署了“捕食者”MQ-9无人机，美国和塞舌尔政府均确认这一事实。2011年9月20日，美国《华盛顿邮报》称，为打击西亚和非洲地区日益膨胀的恐怖主义势力，美国正在该地区秘密加速无人机基地的部署。在建无人机基地共有4处，将分别位于非洲之角的埃塞俄比亚、非洲岛国塞舌尔、红海与亚丁湾交界处的吉布提以及阿拉伯半岛。[⑤] 这些无人机基地尽管未部署在伊拉克，却对未来伊拉克的安全局势产生重要影响。

第五，维护伊拉克防空安全的特种部队。尽管2011年底后美国一线作战部队已离开伊拉克，但是伊拉克防空力量事实上仍控制在美军手中，特别是部署在科威特的美军手中。美国官员多次强调，今后美国仍将承担对伊拉克的协防任务，保留对伊拉克“伊斯兰国”组织成员定点打击的权利，包括使用无人机对恐怖分子实施定点清除。[⑥] 因此，尽管美国关闭了在伊拉克的永久性军事基地，但却将大部分军队暂时部署在科威特、巴

---

① Dennis Steele, “The Sun Sets on Operation New Dawn, but the Shadows Remain,” *ARMY*, January 2012, p. 53.

② James Denselow, “The US Departure from Iraq is an illusion,” *the Guardian*, 25 October, 2011.

③ Dennis Steele, “The Sun Sets on Operation New Dawn, but the Shadows Remain,” *ARMY*, January 2012, pp. 54 - 55.

④ Stuart S. Brown, *The Future of US Global Power: Delusions of Decline*, London: Palgrave Macmillan, 2013, p. 38.

⑤ 贺文萍：《利比亚战争的相关影响及启示》，载《亚非纵横》2011年第6期，第25页；Craig Whitlock and Greg Miller, “U. S. Assembling Secret Drone Bases in Africa, Arabian Peninsula,” *Washington Post*, September 20, 2011.

⑥ James Denselow, “The US Departure from Iraq is an illusion,” *the Guardian*, 25 October, 2011.

林、卡塔尔、阿联酋、沙特和阿曼等海合会成员国，且巴林是美国第五舰队的总部①，卡塔尔是美国中央司令部的前沿总部，科威特则成为美国在海湾军事力量最集中的地区。美国在海湾军事基地成为干预伊拉克乃至叙利亚局势的重要力量。

特朗普担任美国总统以来，美国加大打击“伊斯兰国”组织的力度，并向伊拉克派驻特种兵和军事训练官等总数达5600人，参与摩苏尔解放行动，并一直留在伊拉克。美国军事力量重返伊拉克成为重要事件，意味着美国政府在伊拉克的军事部署，在经历奥巴马政府的收缩期后，又开始进入新一轮战术扩张期。

三、美国在伊拉克维持柔性军事存在的动因分析

美国关闭在伊拉克的军事基地，但却维持在伊拉克的柔性军事存在，主要出于以下几点考虑：

第一，继续维持在伊拉克的军事影响力。二战时期，美国在欧洲和亚太地区投入重兵，付出巨大人力、物力和财力，最终才赢得了国际反法西斯战争的胜利。二战结束后，美国在战败国德国、意大利、日本建立了大型永久性军事基地；1950年朝鲜战争爆发后，美国也付出了十几万人伤亡的代价，此后美国在韩国也维持了大型永久性军事基地；冷战后，以美国为首的北约干预巴尔干局势，发动了科索沃战争，之后在前南斯拉夫地区建立了军事基地；2001年和2003年美国相继发动阿富汗战争和伊拉克战争后，也长期维持在这两个伊斯兰国家的军事存在。因此，在战败国土地上建立军事存在、维持主导优势是美国长期以来的一贯战略措施，它将具有重要经济价值和地缘政治意义的“战败国”纳入到美国的发展轨道，阻止潜在敌国对这些国家的渗透、颠覆和控制，防止伊朗、伊拉克和叙利亚什叶派力量形成德黑兰—巴格达—大马士革“什叶派轴心”。换言之，伊朗什叶派轴心有三大支柱——伊拉克什叶派领导下的新政府、伊朗什叶派政府和黎巴嫩、科威特、沙特、巴林、阿联酋和巴基斯坦的什

① 此外，美国第六舰队司令部位于意大利那不勒斯海军基地；第七舰队司令部位于日本横须贺海军基地。

叶派力量;[①] 2011年伊拉克总理马利基公开支持伊朗发展核计划、支持叙利亚巴沙尔政府采取军事手段维持国内稳定已经引起美国的猜疑和不满。[②] 美国入侵伊拉克后9年时间里，美军在伊拉克阵亡4485人，受伤72271人，死亡的政府雇员超过2097人。2003年小布什政府提交给国会的伊拉克战争全部战争预算是600亿—1000亿美元，但9年里美国在伊拉克实际军费开支是8050亿美元，远远超过了原计划。[③] 维持在伊拉克的柔性军事存在是保持美国在伊拉克主导地位的重要手段，特别是伊拉克石油储量居海湾地区前三甲，控制了伊拉克石油无疑将对其他大国形成牵制作用，具有战略意义。

第二，帮助伊拉克政府维持政治稳定。美国发动伊拉克战争、积极鼓励西方国家参与伊拉克战后重建，在一定程度上彰显了美国在大中东国家推行西方民主和价值观、反击暴力恐怖主义、改造大中东国家的决心。美国希望将伊拉克作为美国改造非西方国家和“失败国家”的民主样板，证明伊斯兰与民主具有兼容性，西方民主制度具有“普适性”。伊拉克处于大中东的中心位置，民主改造伊拉克具有强烈的象征意义并能产生“辐射效应”，对“中东剧变”后的阿拉伯国家如埃及、突尼斯和利比亚等也具有示范效应。美国以培训伊拉克军队和警察为抓手，在伊拉克的柔性军事存在还具有阻止伊拉克陷入教派冲突、维护伊拉克民主政体的保障功能。2011年10月，伊拉克总理马利基透露，伊拉克已经逮捕了615名官员和政治家，这些人主要是逊尼派穆斯林，其涉嫌与前萨达姆政权的伊拉克复兴党分子相勾结，但马利基的“复兴党阴谋论”遭到逊尼派穆斯林的强烈反对，认为这是一场什叶派针对逊尼派的“政治清洗运动”。[④] 在什叶派与逊尼派出现激烈对峙局面、伊拉克现政府持反美政策的同时，伊拉克北部

---

① Mahmood Monshipouri, “Iran's Foreign Policy and Islamic Ideology,” in Thomas Juneau and Sam Razavi, eds., *Iranian Foreign Policy since 2001: Alone in the World*, London and New York: Routledge, 2013, p. 63.

② “America's New Middle East ‘Mini-NATO’,” *The Guardian*, 31 October, 2011.

③ 《驻伊美军剩余1.3万人 将于年底全部撤出》, http://war.163.com/11/1201/15/7K6S47E000011MTO.html。另据美国国防部的统计，2003年3月19日至2010年6月11日，美国在伊拉克阵亡4407人，受伤31844人。参见 Hannah Fischer, “Iraq Casualties: U.S. Military Forces and Iraqi Civilians, Police, and Security Forces,” *CRS Congressional Report*, June 11, 2010, p. 1; Yakub Halibi,, *US Foreign Policy in the Middle East: From Crises to Change*, Burlington: Ashgate, 2009, p. 118.

④ “America's New Middle East ‘Mini-NATO’,” *The Guardian*, 31 October, 2011.

库尔德人则持亲美政策，三派之间缺乏国家重建的政治共识，导致伊拉克战后政治重建面临诸多不确定性。2011 年 11 月 26 日，库尔德人领袖、伊拉克总统塔拉巴尼批评议会过于激进，造成美伊未能达成一致、给予美国军事武装和训练人员治外法权的待遇。他指出，美国在 2011 年之后在伊拉克继续维持军事存在至关重要，因为伊拉克空军和海军力量薄弱，对于新型武器的运用也不够熟练。美国保留军事训练人员很有必要。伊拉克总理马利基在 2012 年访问美国时，也会讨论美国在伊拉克训练人员的地位问题。[①] 美国在伊拉克的柔性军事存在以训练警察和军队、聘用私人保安公司、借助美国使馆进行渗透等间接方式维护伊拉克国内局势稳定。2017 年以来，特朗普政府宣布增兵伊拉克，帮助政府军收复被“伊斯兰国”控制的摩苏尔，进一步显示美国对伊拉克现政府维护国内稳定的决心。

第三，遏制伊朗。完成从伊拉克撤军后，美国最担心的是伊朗将抓住机会，填补美军撤走后留下的权力真空，加速对伊拉克的军事和政治渗透。今后不排除伊朗在伊拉克南部什叶派地区扩大影响力，在中东剧变、亲美阿拉伯国家政权倒台后，形成约旦国王阿卜杜拉提出的伊朗—伊拉克—叙利亚—黎巴嫩真主党“什叶派新月地带”。多年来，伊朗希望伊拉克乱局能够有效牵制美国，使这股祸水不要过早“东移”伊朗。[②] 伊朗支持下的伊拉克什叶派力量包括：伊拉克伊斯兰高级委员会（Islamic Superme Council for Iraq），其前身是“伊拉克伊斯兰革命委员会”（Council for the Islamic Revolution in Iraq）、巴德尔武装旅（Badr Brigade）、以及美国入侵伊拉克后新成立的“正直联盟”（Asaib Ahl al-Haq）、“真主旅”（Kataib Hezbollah）和“承诺日旅”（Promised Day Brigade）等。[③]

美军占领伊拉克后，反美武装将伊拉克作为反击美国的重要战场，有时每天发生多达 100—140 起袭击美军及其设施的事件。据美国白宫和五角大楼提供的数据，2005 年，大约 1000—3000 名伊拉克反美武装分子来自

---

① “Talabani: US Presence in Iraq beyond 2011 is a Necessity,” http: //theiraqidinar. com/2011/11/26/talabani-us-Presence-in-iraq-beyond-2011-is-a-Necessity/.

② Edward P. Djerejian and Frank G. Wisner, *Guiding Principles for U. S. Post-Conflict Policy in Iraq*, Washington D. C. : Council on Foreign Relations, 2003, p. 13.

③ Kayhan Barzegar, “The Shifting Nature of Iranian Influence in Iraq,” in Thomas Juneau and Sam Razavi, eds. , *Iranian Foreign Policy since 2001: Alone in the World*, London and New York: Routledge, 2013, pp. 90 – 92.

于国外，包括来自伊朗。[①] 2011 年 10 月，美国国务卿希拉里在接受美国有线新闻网采访时指出："我们在伊朗周边邻国建有军事基地，我们有北约盟国土耳其，我们在该地区拥有很多军事存在。今后美国将继续对伊拉克人民作出安全承诺、协防伊拉克，希望世界上任何国家都不要对形势作出误判，特别是伊朗。"[②] 希拉里此次讲话旨在"敲山震虎"，公开警告伊朗不要在美国撤军伊拉克后染指伊拉克。与此同时，美国国防部长帕内塔证实了美国在伊朗周边地区强大的军事存在，即除当时在伊拉克仍维持 10 万美军外，美国在海合会成员国土地上还部署了 4 万人军队，其中在科威特 2.3 万人，在卡塔尔 7500 人，在巴林 5000 人，在阿联酋 3000 人。[③] 2011 年 11 月，美国联合欧洲盟国，宣布对伊朗石油公司和银行实施更严厉的制裁，遭到伊朗政府的强烈反对，伊朗甚至宣布，如果遭到严厉制裁，伊朗不排除封锁霍尔木兹海峡，届时国际油价恐将在短期内上扬 50%，使西方经济复苏更加艰难。[④] 2012 年 1 月美国国防战略报告《维持美国的全球领导地位：21 世纪国防的优先任务》指出，为遏制伊朗、阻止伊朗采取破坏行动，美国将与海合会和其他盟友合作，维持在海湾地区的军事存在。[⑤] 美国认为，伊朗对美国在大中东的利益构成了系统性威胁，美国与伊朗在大中东的利益几乎全部是对立的，包括（1）伊朗的神权制度阻碍了大中东世俗化、民主化道路；（2）伊朗是所谓支持恐怖主义的国家；[⑥]（3）伊朗主张要消灭以色列；（4）伊朗核问题恐将造成大中东地区大规模杀伤性武器扩散；（5）伊朗支持伊拉克什叶派的破坏和颠覆活动；（6）伊朗破坏了美国主导下的阿富汗局势；（7）伊朗领导下的什叶派新月地带形成反美、反西方轴心等。美国对伊朗的军事遏制战略就是构筑从阿富汗、土耳其、伊拉克、科威特、巴林、卡塔尔、沙特、阿联酋、阿曼和波斯湾等陆

---

① Bruce Hoffman, *Insurgency and Counterinsurgency in Iraq*, Arlington: RAND, 2004, p. 13.

② James Denselow, "The US Departure from Iraq is an illusion," *the Guardian*, 25 October, 2011.

③ Walter Pincus, "After Iraq Pullout, U. S. Serves A Reminder to Iran," *The Washington Post*, October 24, 2011.

④ Clifford Krauss, "Oil Price Would Skyrocket if Iran Closed the Strait of Hormuz," *New York Times*, January 5, 2012.

⑤ U. S. Department of Defense, *Sustaining U. S. Global Leadership: Priorities for 21st Century Defense*, Washington D. C.: GPO, January 2012, p. 2.

⑥ William O. Beeman, "US-Iran Relations: Mutually Assurd Estrangement," in Thomas Juneau and Sam Razavi, eds., *Iranian Foreign Policy since 2001: Alone in the World*, London and New York: Routledge, 2013, p. 199.

上和海上构建针对伊朗的包围圈。美国在上述国家的刚性基地和柔性存在成为遏制、乃至武力攻击伊朗的“桥头堡”。其中美国在伊拉克的柔性存在成为连接美国在海湾与土耳其和阿富汗军事基地的纽带，对今后美国通过非和平手段解决伊朗核问题至关重要。

第四，实现美国全球军事基地的重新部署。美国从伊拉克撤军是奥巴马全球军事战略调整的组成部分。2012 年 1 月 5 日，奥巴马在介绍美国最新军事战略计划时指出，未来美国的全球军事战略调整主要表现在以下三个方面：（1）减少在欧洲、非洲和拉美的军事存在，对大中东的伊朗等反美国家保持警惕，增加在亚太的军事存在；（2）减少陆军的规模（从 57 万减至 49 万），增强海军和空军的投射能力；（3）减少大型、永久性海外军事基地，增加小型、机动性军事存在。由于奥巴马政府将亚太作为新的战略地区，并将澳大利亚、关岛、日本和东南亚盟国的军事基地视为权力投射的前沿阵地。① 从伊拉克撤军是美国全球军事战略调整的需要，缓解美国目前兵力不足和国防预算紧张的困难；特朗普扩大在伊拉克的柔性军事存在，则体现出特朗普政府“以军事促安全”、加大对中东安全事务介入深度的决心。

四、美国在伊拉克保持柔性军事存在的影响

2011 年底以来，美国仅保留在伊拉克的柔性军事存在，其军事与安全人员的人数在 1 万—3 万之间，对美国大中东战略乃至全球军事战略将产生深远影响。

第一，美国在伊拉克的柔性军事存在解决了美国全球军事基地部署的力量不足问题，有助于美国全球军事战略的调整，使美国今后能够将关注的安全重点转向亚太地区。② 2006 年以来，美国在伊拉克撤出的 8 万人军队中大约 1.8 万人被派往阿富汗，以加强在阿富汗和巴基斯坦边境地区的反恐任务；有 4.6 万人被调回国内；有 1000 人被调往吉布提，以增强美国

---

① Elisabeth Bumiller and Thom Shanker, “Obama Puts His Stamp on Strategy for a Leaner Military,” *New York Times*, January 6, 2012, A 18.

② Dennis Steele, “The Sun Sets on Operation New Dawn, but the Shadows Remain,” *ARMY*, January 2012, p. 55.

在非洲之角打击海盗的能力；另有1000人被调往东南亚地区，以增强美国在亚太地区的军事存在。美国战略重心东移亚太这一趋势已经初见端倪。①

2011年11月16日，美国总统奥巴马访问澳大利亚。11月17日，奥巴马在访问澳大利亚时在澳下议院发表演讲，重申了两国长达60年的战略联盟关系，称美国将增加在澳大利亚附近的活动。海军陆战队将进驻澳大利亚军事基地，与澳大利亚国防军开展更多军事演习和人员训练，使美国在亚太地区拥有强大的军事存在，确保亚太地区的安全与和平，对人道主义灾难和自然灾害作出更快速的反应。美国从2012年中开始在澳大利亚北部达尔文市驻扎250名海军陆战队队员，未来驻澳美军总兵力将达到2500人。② 奥巴马强调指出："毋庸置疑，21世纪是亚太时代，我们慎重作出决定把重心转移到亚太地区。"③ 奥巴马政府从伊拉克撤出主要军事力量、仅维持在伊拉克的柔性军事存在有助于美国在全球范围内将战略重心移至亚太地区；特朗普加大对中东安全事务的介入深度，空袭叙利亚、阿富汗、利比亚和伊拉克境内的"伊斯兰国"组织、打击也门胡塞武装，空袭西奈半岛上的"伊斯兰国"西奈省，则在军事上开始有限度地重返中东。

第二，美国在伊拉克保持柔性军事存在有望在中长期缓解日益吃紧的美国财政赤字。据美国财政部门统计，截至2011年，美国国债总额已达14.056万亿美元，与美国GDP基本持平，人均负公债4.5万美元。2011年12月31日，奥巴马批准一项总额为6620亿美元的2012年度国防预算授权法案，比上一年有所减少，以缓解财政赤字④；奥巴马政府还指出，未来十年美国的基本国防预算将减少近5000亿美元。⑤ 正如《维持美国的全球领导地位：21世纪国防的优先任务》所指出的，美国将减少国防开

① Lawrence J. Korb and Brian Katulis, *Strategic Redeployment: A Progressive Plan for Iraq and the Struggle Against Violent Extremists*, Washington D. C.: Center for American Progress, 2006, p. 6.

② 《美国将在澳大利亚长期驻军》，http://news.163.com/11/1116/23/7J14L73200014JB6.html。

③ 《奥巴马称美将加强在亚太的军事存在》，载《新华每日电讯》2011年11月18日，第5版。

④ David Nakamura, "Obama Signs Defense Bill, Pledges to Maintain Legal Rights of U. S. Citizens," *Washington Post*, January 1, 2012.

⑤ Elisabeth Bumiller and Thom Shanker, "Obama Puts His Stamp on Strategy for a Leaner Military," *New York Times*, January 6, 2012, A 18.

支，采取创造性的方法，维持在海外军事存在。[①] 所谓“创造性的方法”，包括在海外建立投资少、规模小、灵活实用的军事存在，就像美国减少在伊拉克的军事力量、建立柔性军事存在一样，通过建立机动性强的小型军事存在执行特种任务，减少国防开支。

第三，保持柔性军事存在有利于美国改善同伊拉克的双边关系。刚性基地不仅具有军事作战功能，而且具有政治象征意义。早在2008年美国对外关系委员会波曼教授（Bradley L. Bowman）就在《华盛顿季刊》上撰文指出，美国在伊拉克的军事基地诱发了伊斯兰激进组织和恐怖主义势力的抬头，其斗争的矛头直指美国。因此，美国在伊拉克维持大规模军事基地不仅没有必要，而且适得其反，引起敌意，美国应该关闭在伊拉克的军事基地，因为美国中央司令部部署在波斯湾的海军力量足以应对“基地”组织在伊拉克和阿拉伯半岛的分支机构和伊朗构成的威胁。[②]

在1991年海湾战争爆发后的13年时间里，由于美国和国际社会对伊拉克实施经济制裁，加上2003年美军入侵伊拉克，导致150万伊拉克人死亡，造成严重的人道主义灾难，成为伊拉克反美主义的重要根源。[③] 根据非政府组织“伊拉克遗体统计机构”（Iraq Body Count）的统计，从2003年3月19日伊拉克战争爆发到2010年6月11日，美国在伊拉克的军事行动共造成96663—105408名伊拉克平民和4884名警察与安全人员伤亡。[④] 伊拉克临时政府成立后，议会要求美国撤军、关闭军事基地的呼声不断高涨，认为美国的军事基地损害了伊拉克主权和尊严。美国从伊拉克撤军后仅保留柔性军事存在，使两国关系发展中的主要障碍得以扫清。

第四，美国在伊拉克的柔性军事存在表明，未来美国在大中东军事基地的部署将逐步实现小型化、机动化和隐蔽化。2012年1月5日公布的最新国防战略报告《维持美国的全球领导地位：21世纪国防的优先任务》指出，今后美国在必要时将以军事演习、动态性军事部署和军事顾问的形

---

① U. S. Department of Defense, *Sustaining U. S. Global Leadership: Priorities for 21st Century Defense*, Washington D. C.: GPO, January 2012, p. 6.

② Bradley L. Bowman, "After Iraq: Future U. S. Military Posture in the Middle East," *The Washington Quarterly*, Vol. 31, No. 2, 2008, p. 79.

③ Hans Sponeck, *A Different Kind of War: The UN Sanctions Regime in Iraq*, New York: Berghahn Books, 2006, p. 20.

④ Hannah Fischer, "Iraq Casualties: U. S. Military Forces and Iraqi Civilians, Police, and Security Forces," *CRS Congressional Report*, June 11, 2010, p. 9.

式，建立创新性、低成本、占地面积小的军事存在。① 目前美国在土耳其、吉布提、沙特、科威特、巴林、卡塔尔、阿联酋、阿曼等拥有永久性军事基地，在以色列、伊拉克、阿尔及利亚等国拥有柔性军事存在。特别是在海湾地区，美国将密切关注伊朗核问题的发展动向，以北约和联合国维和、军事训练、联合军事演习、联合反恐、港口访问、反海盗、护航等为任务，建立小型、机动、隐蔽的军事存在，维持伊拉克、伊朗和沙特等海湾大国之间的战略平衡，扩大在大中东的军事威慑力和政治影响力。

表 5—2　2011 年美国在海外军事基地的规模分类②

	大型基地	中型基地	小型基地	其他基地	合计
陆军基地	4	7	238	6	255
海军基地	6	2	97	9	114
空军基地	8	6	201	6	221
海军陆战队基地	3	1	13	5	22
合计	21	16	549	26	612

奥巴马政府和布什政府在伊拉克部署军事力量问题上既有共同点，又有差异。从共同点来看，奥巴马和布什都认为，伊拉克战争爆发以来美军在伊拉克投入了巨大人力、物力和财力，不应轻易放弃对其主导权。因此，两位总统均认为，2003 年伊拉克战争结束以来美国政府的一贯目标是维持在伊拉克和海湾地区的主导权。

从不同点来看，奥巴马与布什在维护伊拉克主导权的手段上存在差异。布什认为应积极利用和彰显美国的硬权力，包括奉行单边主义、对敌先发制人、在大中东反美国家的前沿部署强大军事基地，认为只有强大的

① U. S. Department of Defense, *Sustaining U. S. Global Leadership: Priorities for 21st Century Defense*, Washington D. C. : GPO, January 2012, p. 3.

② Department of Defense, Office of the Deputy Undersecretary of Defense, *Base Structure Report, Fiscal Year 2011Baseline*, 2011, p. 25. 大型军事基地是指设施重置价值在 17. 15 亿美元以上的基地；中型军事基地是指设施重置价值在 9. 15 亿美元至 17. 15 亿美元的基地；小型军事基地是指设施重置价值在 0 与 9. 15 亿美元之间的基地；其他军事基地是指设施重置价值等于 0 的基地。根据美国国防部的界定，设置重置价值系指“按照目前人力和物力成本和标准，替换这些基地及其相关援助设施的价值”。

硬权力才能对大中东反美主义产生震慑作用。布什政府还认为，大中东地区是唯一尚未融入西方主导的国际体系的地区，是美国民主改造的战略重心和反恐的主战场。按照这一逻辑，美国必须在撤军伊拉克后继续保留若干关键军事基地。而奥巴马入主白宫后，则采取了一系列灵活措施，在对外军事战略上避其锋芒，慎用军事力量，主张运用美国的巧权力，以一种隐蔽、小型、机动的方式投射美国在全球的军事力量。奥巴马还认为，美国在大中东反恐、打击伊斯兰激进势力和防扩散只是美国全球战略的一部分，而积极应对新兴大国崛起产生的结构性压力才是美国的战略重点。基于这一逻辑，奥巴马主张美国在伊拉克的军事力量化整为零，建立柔性存在。而特朗普在某种程度上打破了奥巴马政府时期的收缩进程，开始有选择地“重返军事部署”，包括在伊拉克，提升在以色列军事存在的级别，同时扩大在“冲突区”如叙利亚的军事部署。

五、2013 年以来美国在伊拉克柔性军事存在的新挑战

2012 年以来，美国在伊拉克的柔性军事存在进一步减少。据美国驻伊拉克大使比克罗夫特（Robert Stephen Beecroft）透露，截至 2012 年初，美国在伊拉克的军人与文职人员为 1.6 万，到 2013 年 3 月已下降至 1.05 万人，到 2013 年底将进一步下降至 5500 人左右。[①] 随着美国在伊拉克人数的减少，柔性军事存在所带来的弊端也逐步暴露出来，尤其是美国对撤军后伊拉克局势与外交政策的掌控能力大大下降，对陷入内战的叙利亚也不能发挥应有的影响力。美国在伊拉克的柔性军事存在将面临以下挑战。

首先是撤军后美国难以阻止伊拉克陷入新一轮教派冲突的危险局势中。2011 年底奥巴马宣布关闭在伊拉克的所有军事基地后，伊拉克陷入严重的恐怖袭击漩涡，逊尼派与什叶派相互发动针对平民的恐怖袭击活动，加上“基地”组织在伊拉克的分支机构混水摸鱼，频繁实施恐怖袭击，使该国有陷入内战的危险。[②] 尤其是 2013 年 1 月以来，伊拉克教派冲突进一步白热化，每月平均发生数十起恐怖袭击事件，月均死亡人数在 400 人左

① “US Diplomatic Presence in Iraq Shrinking Fast,” March 21, 2013, http://www.philstar.com/breaking-news/2013/03/21/922357/us-diplomatic-presence-iraq-shrinking-fast.

② “Al-Qaeda in Iraq,” http://www.cfr.org/iraq/al-qaeda-iraq/p14811.

右。尽管美国国务院强烈谴责发生在伊拉克的恐怖袭击活动，但却无力在伊拉克阻止灾难的发生。[①] 美国撤军以来，伊拉克安巴尔省（Anbar）和迪亚拉省（Diyala）的逊尼派武装分子以叙利亚逊尼派聚居区为掩护，一方面向伊拉克什叶派马利基政府发动袭击，另一方面向叙利亚巴沙尔政府发动袭击，美国政府对其既想利用，又不得不持反对态度。更具讽刺意味的是，2013 年以来，美国支持亲伊朗的伊拉克马利基政府打击逊尼派发动的恐怖袭击活动，同时又支持叙利亚逊尼派武装分子反对巴沙尔政权（伊朗支持的叙利亚什叶派）。[②]

其次，美国在伊拉克的柔性军事存在不能改变伊拉克现政府的外交走向。奥巴马政府希望通过在伊拉克部署柔性军事存在，确保其成为美国在大中东改造威权国家的“民主样板”和美国的“势力范围”，成为大中东的“日本”或“德国”，但撤军后，马利基政府迅速与伊朗建立特殊伙伴关系，事实上与伊朗、叙利亚和黎巴嫩真主党合作，形成了“什叶派新月地带”，这是奥巴马政府所不愿意看到的。不仅如此，2013 年以来，马利基政府还与俄罗斯就购买俄防空武器问题举行会谈，进一步威胁到了美国在海湾地区的战略利益。[③] 美国前国防部长帕内塔在离职前曾抱怨，奥巴马政府未能与伊拉克马利基政府达成部署军事基地协定，导致美国丧失了对伊拉克局势和外交政策走向的掌控能力，并对马利基政府的“威权化”和“专制化”趋势深表担忧。[④]

最后，美国在伊拉克的柔性军事存在缺乏影响叙利亚局势发展的能力。尽管美国政府对叙利亚内战和人道主义危机深表担忧，却缺乏影响其内战走向的手段。为解决柔性军事存在带来的问题，2012 年底，美国曾经与伊拉克政府积极磋商，探讨美军重返伊拉克建军事基地的可能性。2012 年 10 月，伊拉克议员希姆瑞（Kazzem al-Shimri）向媒体透露：“鉴于美国在该地区面临的现实挑战，奥巴马与马利基政府正在积极磋商，讨论美国

---

① “The United States Condemns the Terrorist Attacks Across Iraq,” http://iraq.usembassy.gov/pr_april_16_2013.html.

② Tom Hayden, “US Special Forces Deployed in Iraq Again,” http://www.thenation.com/article/170158/us-special-forces-deployed-iraq-again.

③ “American Special Forces deployed to Iraq: US general,” http://www.presstv.com/detail/2012/09/29/264108/us-special-forces-deployed-to-iraq/.

④ Michael R. Gordon, “Report Details Mistakes Made by U.S. in Improvement Projects for Iraq,” *New York Times*, March 6, 2013.

重建伊拉克军事基地的具体方式。”[①] 2012 年 12 月，尽管美国国防部声称美国在伊拉克仅剩下 157 名军人执行外交任务，但西方媒体称，五角大楼实际上从科威特向伊拉克秘密派出了 3000 名特种部队，且这些部队大部分部署在巴拉德军营以及安巴尔省的阿萨德空军基地，以增强未来美国对叙利亚的影响力[②]，尤其是积极应对叙利亚阿萨德政府使用化学武器后可能产生的严重后果。[③] 2013 年 6 月，奥巴马政府以叙利亚巴沙尔政府使用化学武器为由，宣布向反对派提供武器装备[④]，但鉴于美国在伊拉克柔性军事存在力量单薄，难以发挥关键作用。

因此，未来美国政府是否将重建在伊拉克的军事基地，仍需进一步观察。2014 年 6 月 19 日，奥巴马总统宣布向伊拉克派出 300 名军事顾问，以帮助伊拉克安全部队一道维护美国在伊拉克使领馆及美国公民的安全，增强伊拉克政府打击“伊斯兰国”的能力。[⑤] 2015 年美国《国家安全战略报告》指出，在伊拉克，美国采取了综合措施，以便最终打败“伊斯兰国”组织；美国将继续支持伊拉克政府，使之从教派纷争与极端主义的阴影中走出来，也使伊拉克不要成为“伊斯兰国”组织的避难所。[⑥] 但是从整个海湾地区部署来看，未来美国恐将进一步缩小海湾地区军事基地的规模，“将鸡蛋放入不同篮子中”，以军事训练、联合军事演习、国际反恐、反海盗、护航等为主要任务，建立小型、机动、隐蔽的军事存在。当然，无论是依靠硬权力和刚性基地的“布什主义”，还是依靠巧权力和柔性存在的“奥巴马主义”，美国巩固在大中东的领导地位、保持海湾地区战略平衡和谋求在伊拉克主导地位这三个战略目标是一致的。特朗普政府采取的“军事重返中东”的计划，则在某种程度上是“布什主义”和“奥巴马主义”的一种折中。

---

① “Iraqi MP: US Trying to Restore Military Presence in Iraq,” http: //english. farsnews. com/newstext. php? nn = 9107111450.

② “3000 US troops secretly return to Iraq via Kuwait,” http: //www. presstv. com/detail/2012/12/09/277127/3000-us-troops-secretly-return-to-iraq/.

③ Carlo Muñoz, “DOD Denies Deployments of US Forces Back to Iraq, December 10, 2012, http: //thehill. com/blogs/defcon-hill/operations/272049-dod-denies-deployments-of-us-forces-back-to-iraq-.

④ Mark Mazzetti, Michael R. Gordon, and Mark Landler, “U. S. Is Said to Plan to Send Weapons to Syrian Rebels,” *New York Times*, June 13, 2013, A1.

⑤ Barbara Salazar Torreon, “Instances of Use of United States Armed Forces Abroad, 1798 – 2014,” *Congressional Research Service*, September 15, 2014, p. 33.

⑥ The White House, *National Security Strategy*, 2015, Washington D. C. , February 2015, p. 9.

第三节　案例2：美国在海湾小国的“珍珠链”

“9·11”事件发生时，美国中央司令部部署在海湾地区的军事基地共有驻军1.85万—2.1万人，成为美国中央司令部海外军事基地部署最集中的地区。[①] 2002年美国关闭在沙特的军事基地、2011年美国关闭在伊拉克的军事基地后，美国在海湾五个中小国家的军事基地成为美国大中东军事基地部署的重中之重，科威特在北线、卡塔尔和巴林在中线、阿联酋和阿曼在南线分别构成了美国在海湾地区军事部署的“珍珠链”战略。[②]

与美国在沙特和伊拉克这两个海湾地区大国的军事基地遭遇一波三折、最终被迫关闭不同，冷战后美国在海合会其他五个中小国家的军事基地总体稳定。奥巴马担任总统以来，美国在科威特、卡塔尔、巴林、阿联酋和阿曼五国的军事基地由北向南，在海湾地区形成了弧形的“珍珠链”，即北线的科威特，中线的卡塔尔和巴林，南线的阿联酋和阿曼。美国的“珍珠链”战略向北主要应对伊拉克乱局、打击“伊斯兰国”组织，向东主要应对伊朗构成的安全挑战，向南主要应对也门出现的教派纷争，其构成了美国在海湾地区面向北、向东和向南三个方向的“安全墙”。

一、“珍珠链”的北线：美国在科威特的军事基地

二战结束后，科威特长期处于英国的委任统治之下。当时美国曾在科威特建立一处秘密的潜水艇基地。[③] 1991年9月，美国与科威特签订有效期为10年的《军事合作协定》（2001和2011年两国分别续签10年），规定两国将联合使用科威特境内军事基地，包括科威特的海港，同时科威特为美军提供后勤支持和驻军费用。

---

① Sedky Sobhy, *The U. S. Military Presence in the Middle East*: *Issues and Prospects*, Carlisle Barracks, Pennsylvania: U. S. Army War College, 2005, p. 5.

② 此节部分内容可参见孙德刚：《冷战后欧美大国在中东的军事基地研究》，北京：世界知识出版社，2015年版，第五章第三节。

③ 托尔钦诺夫著，姚嘉政译：《美国在国外的军事基地是对全世界人民和平和安全的威胁》，上海：新知识出版社，1956年版，第11页。

2003 年，科威特拿出国土的 1/3 为美国推翻萨达姆政权的“伊拉克自由行动”服务，包括提供阿瑞坎、多哈兵营、艾哈迈德·贾比尔（Ahmed al Jaber AB）、阿里·萨雷姆（Ali Al Salem AB）、科威特城、艾哈迈迪港（Mina al-Ahmadi）和科威特机场等众多军事要地。[①] 20 世纪 90 年代至 21 世纪初，美国在科威特部署了 3000—4000 人，此外，美国在波斯湾的航母上还部署有数千人官兵，其在科威特的陆军、海军、空军和导弹部队执行对伊朗和伊拉克的“双重遏制战略”。[②] 2003 年 1 月，美国将迪戈加西亚军事基地 2 个海军陆战队中队的军事力量、军事装备和其他设施移至科威特，增加美国对海湾地区的军事投射能力，为发动伊拉克战争作准备，科威特成为伊拉克战争爆发前美国在海湾最重要的军火储存基地。[③] 伊拉克战争爆发前，美军在科威特境内共有 5 个军事基地和兵营，其中贾贝尔和萨雷姆两个空军基地主要执行在伊拉克南部地区的禁飞区任务；多哈兵营是美国陆军在海湾地区的核心基地。美国在科威特部署了陆军驻海德堡的第五集团军、驻加州彭德尔顿营的海军陆战队第一远征部队、驻佐治亚图尔特堡的第三机械化步兵师、3 个阿帕奇攻击直升机中队、一支特种兵部队及英国第一装甲师的第三先遣部队，这些军队装备有 230 辆艾布拉姆斯主战坦克、120 辆布雷德利战车和 40 门帕拉丁 155 毫米自行火炮等。[④]

美国在科威特最重要的陆军基地曾经是多哈兵营（Camp Doha），其成为提升两国政治合作关系的平台。随着美国与科威特战略合作关系的提升，其每年可获得美国 300 万美元的反恐援助基金，在军事采购和反恐研发项目方面也获得美国的优先帮助。[⑤] 2007 年夏，美国宣布向海湾国家提供总价值 200 亿美元的一揽子军售合同，其中包括科威特。

伊拉克战争结束后，美国在科威特维持了约 10 个军事基地，其中最重

① William Arkin, *Code Names: Deciphering U. S. Military Plans, Programs and Operations in the 9/11 World*, Hanover: Steerforth Press, 2005, p. 150.

② Barry M Rubin and Thomas A Keaney, *US Allies in a Changing World*, London and Portland, OR: Frank Cass, 2001, pp. 139 – 140.

③ William Arkin, *Code Names: Deciphering U. S. Military Plans, Programs and Operations in the 9/11 World*, Hanover: Steerforth Press, 2005, p. 107.

④ 查尔斯·约翰逊著，任晓、张耀、薛晨译：《帝国的悲哀：黩武主义、保密与共和国的终结》，上海：上海人民出版社，2005 年版，第 281 页。

⑤ Anthony H. Cordesman and Khalid R. Al-Rodhan, Gulf Military *Forces in an Era of Asymmetric Wars*, Washington D. C.: Praeger Security International and CSIS, 2007, p. 89.

要的是比林兵营（Camp Buehring）和阿瑞坎兵营（Camp Arifjan）。截至2008年7月，美国在海湾地区共部署了20万人军队，其中14万人在伊拉克，其他6万人部署在海合会成员国，其中大约2万人部署在科威特，美国在科威特的驻军人数占其在海合会六国驻军人数的1/3。截至2012年上半年，美国在科威特的军事基地主要集中在阿瑞坎兵营、阿里·萨雷姆(Ali Al Salem）空军基地和比林兵营，人数在1.5万左右，未来可能会随海湾局势的缓和而下降至1.35万人。[①] 在海湾地区，科威特一直是美军人数最集中的地区，美国在科威特使用大量基地设施，并在科威特预先部署了军火和军事战斗人员，以应对上述三类主要威胁——伊拉克教派冲突、伊朗拥核崛起和恐怖主义。依靠美国的军事基地抵御内外部威胁是科威特政府过去20余年来的一贯政策。

美国在科威特的军事基地除维护了王室统治外，也给美国军工企业带来了可观的订单，促进了美国对科威特的军火销售，成为美国海外军火利益最集中的地区之一。2008年，美国与科威特国防部共签订100多个军售合同，价值81亿美元，其中包括价值19亿美元的218辆M1A2坦克；价值8亿美元的5个“爱国者”反导系统（包括25个发射器），210枚爱国者导弹，以及40架F/A—18“大黄蜂”（Hornet）战斗机、16架AH—64“阿帕奇”直升机等。[②]

2011年以来，美国在科威特的军事基地除应对伊拉克教派冲突、伊朗崛起和恐怖主义威胁外，还成为阻止中东剧变向海合会盟国扩散的“稳定器”，以阻止科威特出现类似于巴林的大规模反政府示威游行。美军完成从伊拉克撤军后，美国在科威特的军事人员主要分布在阿瑞坎兵营、萨雷姆空军基地和比林兵营等。美国国防部长对外透露，截至2011年10月，美国在海湾地区共部署了4万人军队，其中在科威特部署了2.3万人，大部分为驻伊拉克军队承担后勤保障等任务。[③] 截至2012年上半年，美国在

① Donna Cassata, "US Plans Significant Military Presence in Kuwait," *Times of Israel*, June 19, 2012.

② Robert E. Looney, ed., *Handbook of US-Middle East Relations: Formative Factors and Regional Perspectives*, London and New York: Routledge, 2009, pp. 458 – 459.

③ Thom Shanker and Steven Lee Myers, "U. S. Planning Troop Buildup in Gulf After Exit From Iraq," *New York Times*, October 29, 2011.

海湾部署的4万人军队中，35%（1.4万）位于科威特境内[①]，对于美国的海湾战略具有举足轻重的地位。特别是美国第五舰队总部所在地——巴林因中东剧变出现骚乱后，科威特相对稳定的安全环境为美国在海湾的军事基地提供了良好场所。2012年，美国参议院对外关系委员会的一份题为《美国与海合会六国关系》的研究报告指出，未来美国应继续在科威特维持1.35万人左右的驻军，一是为了遏制伊朗，二是在美国从伊拉克撤军后继续承担对伊拉克的安全义务。美国参议院对外关系委员会前主席、美国国务卿约翰·克里（John Kerry）指出："对于大中东来说，这（中东剧变）是个历史性的也是动荡的时期。我们必须弄清楚美国在大中东究竟有哪些利益以及我们如何去保护它们。"[②] 2012年12月12日，美国国防部长帕内塔访问科威特，重申了美国在科威特部署1.35万军队、美国在海湾部署的官兵总人数增至5万人的重要性："我们在科威特的军事存在，以及我们在整个海湾地区的军事存在，将有助于我们增强伙伴国的防御能力、阻止侵略，使我们能够更好应对该地区出现的危机。"[③] 2014年伊拉克安全局势恶化、"伊斯兰国"组织占领伊拉克中部地区摩苏尔等地后，美军特种部队从科威特出发前往伊拉克，帮助伊政府打击"伊斯兰国"组织。

二、"珍珠链"的中线：美国在卡塔尔和巴林的军事基地

"9·11"事件发生前，美国在卡塔尔已有4处独立的军事设施，同时美军租用卡塔尔24处其他军事设施作为两国共享基地，多哈国际机场、埃斯萨利亚（Al-Saliyah）兵营、乌代德军事基地、乌姆萨义德（Umm Said）等是美国在卡塔尔重要军火库。美军在卡塔尔埃斯萨利亚的军事基地成为美国中央司令部在吉布提、吉尔吉斯斯坦、塔吉克斯坦首都杜尚别、阿曼马西拉、阿富汗坎大哈、巴基斯坦俾路支省舍姆西（Shamsi）等重要军事基地的中枢和前沿总部。[④]

---

① Donna Cassata, "US Plans Significant Military Presence in Kuwait," *Times of Israel*, June 19, 2012.

② "US to Boost Military Presence in Kuwait," *Kuwait Times*, June 20, 2012.

③ "US to Retain Mideast Role," *Kuwait Times*, December 12, 2012.

④ William Arkin, *Code Names: Deciphering U. S. Military Plans, Programs and Operations in the 9/11 World*, Hanover: Steerforth Press, 2005, p. 190.

卡塔尔处于海湾地区大国伊朗、伊拉克和沙特的中间位置，其重要的战略地位是吸引美国部署军事基地的重要原因。卡塔尔同情和支持巴勒斯坦人事业，同时与以色列建立公开而紧密的贸易关系，还欢迎美国在卡塔尔部署军事基地，彰显卡塔尔政府灵活务实的外交政策。2002 年 12 月，根据美国与卡塔尔签订的《军事合作协定》，美军承诺将更新其在卡塔尔的军事基地设施，并于 2002 年将中央司令部前沿总部从沙特迁往卡塔尔埃斯萨利亚。2003 年，美国大中东空军行动中心从沙特苏尔坦亲王空军基地迁往卡塔尔乌代德基地，该基地成为美国在海湾地区的空军行动中心，即“联合空中行动中心”（CAOC）。① 卡塔尔一方面希望维持与美国的特殊关系，另一方面又不想激怒邻国，并希望安抚国内民众的反美情绪，故卡塔尔政府对美国发动伊拉克战争采取两面政策。

卡塔尔的乌代德空军基地在支持美国海湾军事战略方面也扮演着重要角色。2002 年美国中央司令部前沿总部迁至卡塔尔首都多哈附近的埃斯萨利亚军事基地，该基地成为两国军事合作最重要的场所。埃斯萨利亚基地曾经是美军在海湾地区的军需库，同时也是美军发动阿富汗战争的前沿基地之一。“9·11”事件后美军驻扎在该基地的主要是空军第 379 空中远征联队，其装备有 F－15、F－16 以及空中加油机等。2002 年之后，该基地占地 36 英亩，当时是美国在大中东地区最大的军事基地，美国部署了 2 个旅的兵力；多哈机场附近的史努比兵营也是“9·11”后美国陆军在海湾的重要军事基地。②

像美国在沙特和科威特的军事基地“政治化”一样，美国在卡塔尔的军事基地也产生了负面影响，成为海湾阿拉伯国家反美主义和反阿拉伯酋长制度的重要根源之一，尽管卡塔尔政府和民众反美情绪远不及沙特。2001 年 11 月，卡塔尔一名叫阿卜杜拉·穆巴拉克的军人向乌代德军事基地扫射，打伤基地附近两名美国雇员；2002 年 2 月，一位武装分子袭击乌代德空军基地的主门，最后遭击毙；2002 年 10 月，一位沙特公民试图劫持一架飞往吉达的飞机，结果这架飞机被拦截在苏丹喀土穆。后调查显

---

① Robert E. Looney, ed., *Handbook of US-Middle East Relations: Formative Factors and Regional Perspectives*, London and New York: Routledge, 2009, p. 395.

② Kent E. Calder, *Embattled Garrisons: Comparative Base Politics and American Globalism*, Princeton: Princeton University Press, 2007, p. 30.

示，该劫机者对美国在海湾的军事基地表示愤慨，并试图驾机撞击美国在卡塔尔乌代德的空军基地。[①] 2005 年 3 月，一位埃及人在卡塔尔针对西方人较为集中的一处剧院发动袭击，其动机也是反对美军在卡塔尔部署军事基地、借以发动伊拉克战争。[②] 为应对卡塔尔和海湾反美主义势力的上升，2011 年 10 月美国中央司令部参谋长卡尔·霍斯特（Karl R. Horst）指出，未来美国在海湾的军事基地部署将呈现新态势，中央司令部将部署“小而精”的军事力量，即维持规模较小但军事干预能力强的特种部队，因为“这样的军事力量更健康、更有效、也更实用”。[③] 即便如此，卡塔尔作为美国中央司令部前沿总部的地位短期内是不可替代的。

1991 年，巴林和美国签订新的有效期为 10 年的《军事合作协定》，成为两国军事合作新的历史转折点。该协定规定，巴林将为美军提供港口设施。海湾战争爆发后，以美国为首的多国部队 17500 人和 250 架作战飞机驻扎在巴林谢赫·伊萨（Shaykh Isa）空军基地；[④] 巴林是美国第五舰队的总部及母港，成为美国海军在海湾地区重要的军事力量。海湾战争后，美国在巴林长期维持大约 1300 人永久驻军、1.5 万人海上军事力量、1 个配有巡航导弹的航母战斗群、20 余艘各类舰艇等武装人员和设施；美国第一海军陆战队师派出的远征军也曾经部署在巴林。[⑤]

截至 1998 年，美国海军在巴林部署的军事存在整整 50 年，双方领导人都重申重视彼此间战略关系。当年，巴林作为美国第五舰队的总部，共部署有 103 架美军各类战机、“乔治·华盛顿”号和“独立”号 2 艘航母及 20 艘军舰，驻军人数增加至 2 万人；当时美国在沙特、科威特、巴林、迪戈加西亚和土耳其等大中东国家共部署作战飞机 300 架，军舰 30 艘，陆、海、空和海军陆战队员 3.5 万人，其中美国在巴林的第五舰队成为美

---

① Anthony H. Cordesman and Khalid R. Al-Rodhan, Gulf *Military Forces in an Era of Asymmetric Wars*, Washington D. C.: Praeger, 2007, p. 158.

② William Evans and Daniel J. Harris, eds., *Politics and Economics of the Middle East*, New York: Nova Science Publishers, 2008, p. 36.

③ Thom Shanker and Steven Lee Myers, “U. S. Planning Troop Buildup in Gulf After Exit From Iraq,” *New York Times*, October 29, 2011.

④ Kenneth Katzman, “Bahrain: Key Issues for U. S. Policy,” *CRS Report for Congress*, March 24, 2005, p. 3.

⑤ Lawrence Korb and Ian Moss, *Moving Beyond the Carter Doctrine: Rethinking the U. S. Military Presence in the Persian Gulf*, New York: Century Foundation Report, 2008, p. 3.

国在大中东军事基地的重中之重。[①] 1998 年巴林第五舰队司令部新建项目竣工后，该基地扩大至 62 英亩，价值 3650 万美元。同美国在沙特军事基地严格遵守伊斯兰教法（“沙利亚法”）不同，美军在巴林的军事基地享有更多治外法权，如驻守巴林军事基地的美军可以饮酒而无需遵守伊斯兰教法，而驻守沙特的美军则严格实施伊斯兰教法。

此外，美军还扩大了在巴林麦纳麦希亚克·伊萨空军基地的面积。20 世纪 90 年代，美国海军陆战队接管该基地后，美国空军第 366 空中远征联队的 1200 名官兵以及 B－1B、F－15 和 F－16 战斗机、KC－135 空中加油机等 40 余架战机也进驻该空军基地。[②] 2000 年，美国“科尔”号在也门附近水域遭“基地”组织袭击后，巴林成为美国对也门极端组织采取侦察和报复性军事打击行动的前沿阵地。[③] “9·11”事件后，美国空军在海湾地区部署了 170 余架战斗机、轰炸机、情报与电子战飞机等，其中 6000 名空军战斗人员部署在巴林。当然，美国在巴林和海湾其他地区的军事基地也为美国带来了重要军火利益。据五角大楼统计，1990—1995 年，海湾阿拉伯国家共购买价值 725 亿美元的美国军火。[④]

20 世纪 90 年代末，巴林境内共有 5 处美军基地，其中，贾法勒基地是美国海军在大中东地区的大本营，萨勒西亚兵营是美军中央司令部陆军司令部的驻扎地。“9·11”发生前后，美国在巴林增加至 7 处独立军事设施，同时，美军还可使用巴林军队在全国的 110 处军事设施；[⑤] 美国在巴林的驻军达 4000 人，其中，美国海军第五舰队在巴林港一度部署了 185 艘军舰，成为美国发动阿富汗及伊拉克战争的重要支持力量。美军还使用穆哈拉格（Muharraq）机场，用于 EP－3 电子侦察机执行对伊拉克萨达姆政权的侦察任务。伊拉克战争期间，巴林政府允许美军部署驱逐舰，有力地保障了美国海上力量在波斯湾的安全。美国第五舰队还以巴林基地为依

---

① “U. S. Strength in the Persian Gulf,” *The Washington Post*, February 24, 1998.

② 查尔斯·约翰逊著，任晓、张耀、薛晨译：《帝国的悲哀：黩武主义、保密与共和国的终结》，上海：上海人民出版社，2005 年版，第 284—285 页。

③ David F. Winkler, *Amirs, Admirals and Desert Sailors: Bahrain, the U. S. Navy, and the Arabian Gulf*, Annapolis, Maryland: Naval Institute Press, 2007, p. 174.

④ Kourosh Ahmadi, *Islands and International Politics in the Persian Gulf*, London and New York: Routledge, 2008, p. 157.

⑤ William Arkin, *Code Names: Deciphering U. S. Military Plans, Programs and Operations in the 9/11 World*, Hanover: Steerforth Press, 2005, p. 80.

托，伊拉克战争结束后在海湾地区举行军事巡逻，预防海湾地区的走私与恐怖袭击活动。

美国还以巴林的军事基地为平台，积极促进双方在其他领域的安全合作。例如，作为巴林提供军事基地的回报，冷战结束后美国向巴林提供了抵御任何内外部威胁（包括伊朗、恐怖主义、教派纷争、政变等）的安全保证。1993—2004 约 12 年时间里，美国共向巴林提供了 11 亿美元的军火，而沙特也在美国的鼓励下为巴林提供了重要的经济援助，并帮助其加强内部安全部队。2004 年美国与巴林宣布建立自由贸易区，预示着两国关系将朝着更加健康的方向发展，同时大约 3000 名美军（主要是美国海军官兵）部署在巴林，美国海军的 2 艘航母、各类舰艇、扫雷艇也长期停靠在巴林海军基地，使美国在巴林建立了强大军事存在。巴林在阻止恐怖组织融资等方面也积极配合美国，并于“9・11”事件后应美国要求冻结了恐怖组织和成员 1800 万美元的资金。[①] 2003 年，巴林打击“基地”组织在其境内的分支机构，宣布逮捕 5 名“基地”组织成员，其中 2 人为巴林国民。[②] 两国在反恐领域的合作是双边军事合作的延伸。

尽管如此，美国与巴林两国的关系发展也不是一帆风顺的。2010 年中东剧变发生后，巴林出现逊尼派反对什叶派统治的街头政治后，示威者曾经要求美国关闭在巴林的第五舰队总部并结束在海湾其他地区的军事部署。美国默许海合会出兵镇压巴林的街头抗议示威群众，恐将在未来对美国在巴林的军事部署产生负面影响。此外，美国部分民主党参议员如俄勒冈的魏登（Ron Wyden）和马萨诸塞州参议员吉姆・麦考文（Jim McGovern）反对美国向巴林出售武器零件或设备，原因是巴林王室政权残酷镇压游行示威者，美国这一抛弃巴林王室政权的主张也引起巴林王室政府的不满。[③] 未来，如果巴林什叶派街头政治进一步发展和国内局势陷入动荡，美国在巴林的军事基地具有不确定性。

截至 2018 年初，美国在海湾地区中线最大的军事基地是卡塔尔乌代德军事基地，驻有美军 1 万多人，成为美国中央司令部最重要的前沿总部，

---

① Kenneth Katzman, "Bahrain: Key Issues for U. S. Policy," *CRS Report for Congress*, March 24, 2005, p. 3.

② Anthony H. Cordesman and Khalid R. Al-Rodhan, Gulf Military *Forces in an Era of Asymmetric Wars*, Washington D. C.: Praeger, 2007, p. 84.

③ "US to Boost Military Presence in Kuwait," *Kuwait Times*, June 20, 2012.

成为美国在海湾地区采取军事行动的枢纽。

三、“珍珠链”的南线：美国在阿联酋和阿曼的军事基地

阿联酋武装部队总司令部下辖三个军区：西部军区（总部设在阿布扎比）、中部军区（总部设在迪拜）、北部军区（总部设在哈伊马角）。[①]在安全上阿联酋不得不依靠三环：美国、欧洲大国和海合会，这“三环”成为阿联酋外交与国防政策的基轴。阿联酋政府强调，其首要安全威胁来自于伊朗。一方面，伊朗是海湾地区军事强国，拥有至少36万陆军部队、1800辆坦克和300余架战机，实力远远超过阿联酋；[②] 另一方面，阿联酋与伊朗在海湾三岛（阿布穆萨岛、大通布岛和小通布岛）长期存在岛屿争议。

海湾战争爆发后，阿联酋积极支持美国，向美军开放领空，允许美国陆军驻扎在该国，并向多国部队提供了100亿美元的援助，包括65.72亿美元的直接援助、2.18亿美元的商品和服务。此外，迪拜的杰布阿里港（Jabel Ali）成为美国海军在海湾战争行动的重要军港，该深水港口可以停泊美国的航母；富查伊拉（Fujayrah）成为美国应对大国封锁霍尔木兹海峡的重要港口。海湾战争结束后，阿联酋的军事基地还有力地支持了美军在伊拉克南部的禁飞区行动。[③]

阿联酋迪拜杰布阿里港是海合会国家中能够停泊美国航母的不多的几处港口之一。1994年7月25日，阿美签署《军事合作协定》，允许美军在阿联酋建立永久性军事基地，并允许美军军舰访问阿联酋港口，包括人造港口——迪拜杰布阿里港，同时阿联酋为美军飞机提供加油等后勤服务。阿联酋杰布阿里港一度停泊有数百艘美国舰只，其数量超过了任何一个美国在海外的港口。[④] 阿联酋为停泊在杰贝阿里的美国军舰提供了丰富的后勤补给和充分的安全保障。

---

① Anthony H. Cordesman and Khalid R. Al-Rodhan, Gulf*Military Forces in an Era of Asymmetric Wars*, Washington D. C.: Praeger Security International and CSIS, 2007, p. 285.

② "US to Boost Military Presence in Kuwait," *Kuwait Times*, June 20, 2012.

③ Kourosh Ahmadi, *Islands and International Politics in the Persian Gulf*, London and New New York: Routledge, 2008, p. 155; p. 158.

④ White House, "Fact Sheet: The United States-UAE Bilateral Relationship," February 2006, *whitehouse. com.* internet.

虽然阿联酋在军事现代化上所花费的资金远超过卡塔尔、巴林和科威特,[①] 但就像其他海合会成员国一样，阿联酋有限的人口和国土面积、特殊的政治制度和复杂多变的安全环境使得它即便增加军费开支、增强军事实力也难以有效维护国家安全。因此，冷战结束20余年来，阿联酋需要美国的支持来保障它的安全，而阿联酋强大的军购需求、发达的经济发展水平和独特的地缘位置也为美国主导海湾提供了独特的条件。“9·11”事件后，阿联酋允许美国中央司令部独立使用其8处军事设施，同时，美军还获得与阿联酋联合使用其他38处军事设施的权力。美国海军继续使用杰贝阿里深水港，其海军潜艇则使用阿联酋阿布扎比和富查伊拉军事设施；宰夫拉成为美军重要的加油、情报、侦察和军火基地。[②]

随着两国军事合作的全面拓展和军事存在的增加，美国在阿联酋也加强了重要的经济存在。2007年，美国与阿联酋双边贸易额突破130亿美元。2008年1月，布什成为访问阿联酋的首位美国总统。阿联酋总统哈里发·本·扎耶德（Khalifa Bin Zayed）说：“阿联酋是美国反恐战争的伙伴，将努力维护地区和世界稳定。”[③] 2009年5月，奥巴马批准布什政府时期同阿联酋签署的《美国—阿联酋和平利用核能合作协定》，并表示该协定的执行将有助于推动双方的共同防务关系。自2009年起，美国与阿曼自贸区协定正式生效，今后两国的经济整合将提升双方政治和军事合作关系。

伊拉克战争结束十多年来，阿联酋成为美国在海湾最重要的基地东道国之一。奥巴马入主白宫后，美军在阿联酋境内的基地虽然只留下宰夫拉1处空军基地，但却至关重要，因为其负责为整个西亚地区的美军战机加油。[④] 2006年，大约600艘美国军舰停泊在阿联酋港口，为美国在海湾地区加强军事巡逻提供了重要后勤支持。尤其是阿联酋迪拜杰布阿里成为美国重要的海军补给基地，在美国发动伊拉克战争、海湾地区反恐和遏制伊朗等行动中发挥了关键作用。2006年，美国白宫一份研究报告指出：“阿联酋为我们在阿富汗和伊拉克的军事行动提供了重要支持，切断了恐怖分

---

① “U. S. Pushes Middle East Arms Sales,” *BBC News*: *World Edition*, September 6, 2002.

② William Arkin, *Code Names*: *Deciphering U. S. Military Plans*, *Programs and Operations in the 9/11 World*, Hanover: Steerforth Press, 2005, pp. 231 –232.

③ Robert E. Looney, ed., *Handbook of US-Middle East Relations*: *Formative Factors and Regional Perspectives*, Londond and New York: Routledge, 2009, p. 387.

④ 谢含里：《美军在海湾有多少基地》，载《四川统一战线》2003年第3期，第21页。

子的资金渠道，维护了美国的国土安全，增强了美国对海湾地区油轮和商船的保护。"[①] 2009 年法国在阿联酋阿布扎比部署军事基地后，美法两国同时在该国部署了军事力量，阿联酋的军事基地成为北约遏制伊朗的前沿阵地。

2010 年底中东剧变以来，美国在阿联酋的军事基地还发挥了其他重要干预作用：一是继续支持美军在阿富汗的军事行动；二是海合会在巴林的军事行动；三是美国在也门的反恐行动；四是干预利比亚的军事行动。在阿富汗，阿联酋和巴林同美国一道参与维和行动；阿联酋和卡塔尔还在 2011 年利比亚战争爆发后，派出战斗机前往地中海，参与美国领导的军事干预利比亚的军事行动。[②] 美国与阿联酋的军事合作，从中亚和海湾地区已拓展至地中海地区，美国在阿联酋的军事基地成为两国新时期军事合作的平台。

美国在阿曼的军事存在可上溯到伊朗伊斯兰革命和两伊战争爆发后。面对海湾地区爆发的军事冲突，1980 年 6 月，美国与阿曼签订《军事合作协定》，规定美军可使用阿曼的马西拉军事基地临时停放 P－3C "猎户座"（Orion）反潜巡逻机，但不得永久部署美军，且美军需支付 2. 55 亿美元的军事设施使用费用。1981—1983 年，美国为更新阿曼的军事设施，给阿曼的援助额增加至 3 亿美元。1991 年海湾战争期间，阿曼同其他海湾国家一样，允许美军和多国部队全面使用其领空与领海，大约 4300 名美军部署在阿曼，阿曼军队也积极参与美军发起的"沙漠风暴"行动，并派出 1000 多名军人驻守沙特。[③] 海湾战争结束后，美国陆军、海军和空军曾长期利用阿曼境内 4 个主要机场，并获得加油、后勤与情报服务。值得一提的是，阿曼在马斯喀特（Muscat）以西 80 英里的阿尔迈斯奈阿沙漠中曾耗资 1. 2 亿美元修建一个高度机密的空军基地，该基地对美国加强在海湾的影响力十分重要。美方支付该基地的修建费，基地跑道能够起降最先进的美国轰炸机、战斗机和运输机。阿尔迈斯奈阿还为美军提供空中指挥与控制设

① Robert E. Looney, ed. , *Handbook of US-Middle East Relations: Formative Factors and Regional Perspectives*, Londond and New York: Routledge, 2009, p. 384; p. 387.

② Thom Shanker and Steven Lee Myers, "U. S. Planning Troop Buildup in Gulf After Exit From Iraq," *New York Times*, October 29, 2011.

③ Robert E. Looney, ed. , *Handbook of US-Middle East Relations: Formative Factors and Regional Perspectives*, Londond and New York: Routledge, 2009, p. 426.

施，以应对伊朗可能封锁霍尔木兹海峡所构成的威胁。①

“9·11”事件发生前，美国中央司令部在阿曼部署了5处军事设施，阿曼承担美国驻军79%的费用，美国政府仅承担21%的费用。② 其中，马西拉空军基地成为美国存储战争装备的地点，配备有海军P-3“猎户座”反潜巡逻机和EP-3“白羊座II”电子侦察机的美军巡逻中队将该基地作为母港，成为美军空运中心和轰炸机前沿基地。阿曼是世界上4个永久驻扎美国海军P-3间谍飞行中队的地区之一，其他3处分别是位于巴林的麦纳麦军事基地、冲绳的嘉手纳空军基地和印度洋上的迪戈加西亚军事基地。③ 2006年1月19日，美国总统批准了与阿曼的自贸区协定，阿曼也成为继以色列、约旦、摩洛哥和巴林之后第五个与美国签订自贸区协定的大中东国家。④

在发动伊拉克战争过程中，美国在阿曼的军事基地于海合会其他国家的军事基地一道，发挥重要支援作用。伊拉克战争爆发前，美国在阿曼的军事基地主要集中在首都马斯喀特附近的军事基地。⑤ 伊拉克战争结束后，美国在海湾的驻军主要集中在卡塔尔、科威特和巴林3国，美国在阿联酋、沙特和阿曼的驻军人数下降。2009年，美国在阿曼的军事基地驻军人数也仅为35—50人，在海湾地区的作用进一步下降。⑥ 奥巴马担任总统以来，美国在阿曼的军事基地以合作安全基地为主，即和平时期美国仅部署少量人员以减少军费开支，主要担任侦察、情报搜集、反恐和军事训练等任务；在危机爆发后，美国可以迅速扩大在该国军事基地的规模，美国在阿曼的合作安全基地升级为主要行动基地。2015年也门爆发内战后，美国政府公开支持沙特等国对也门胡塞武装的空袭行动，反对所谓胡塞武装的非

---

① 查尔斯·约翰逊著，任晓、张耀、薛晨译：《帝国的悲哀：黩武主义、保密与共和国的终结》，上海：上海人民出版社，2005年版，第291页。

② William Arkin, *Code Names: Deciphering U. S. Military Plans, Programs and Operations in the 9/11 World*, Hanover: Steerforth Press, 2005, p. 178.

③ 查尔斯·约翰逊著，任晓、张耀、薛晨译：《帝国的悲哀：黩武主义、保密与共和国的终结》，上海：上海人民出版社，2005年版，第292页。

④ William Evans and Daniel J. Harris, eds. , *Politics and Economics of the Middle East*, New York: Nova Science Publishers, 2008, p. 119.

⑤ Robert E. Looney, ed. , *Handbook of US-Middle East Relations: Formative Factors and Regional Perspectives*, Londond and New York: Routledge, 2009, p. 428.

⑥ Kenneth Katzman, "Oman: Reform, Security, and U. S. Policy," *Congressional Research Service*, June 29, 2009, p. 3.

法占领。美国在阿曼和阿联酋的军事基地发挥了重要威慑作用。

四、美国在海湾小国部署军事“珍珠链”的战略动因

海外军事基地是美国全球战略的“桥头堡”。美国在海湾地区军事基地部署的“珍珠链战略”，主要出于以下原因：

（一）维护在海湾地区领导地位

美国在海湾地区部署军事基地，首先是受冷战后美国战略原则的影响，即海湾地区对于美国来说具有十分重要的地缘政治意义；海湾地区成为美国主导国际能源格局和大中东事务的重点地区。2001 年 9 月，美国国防部发表的《四年防务评估报告》指出：“从大中东到东北亚绵延着一条广阔的动荡弧（Arc of Instability），这些地区既有崛起的、也有衰弱的地区性大国，二者复杂多变地交织在一起。这些国家的政府有些比较脆弱，容易被内部激进主义或极端主义的政治势力或社会运动所推翻；许多国家拥有大规模军队，拥有开发与获取大规模杀伤性武器的潜力。”美国国防部强调，这条弧形地带除东亚地区外，均为伊斯兰世界的重要成员国。冷战结束后，美国的全球反恐主要是在大中东—伊斯兰“动荡弧”地区针对伊斯兰极端势力所实施的反恐战略，这条大中东—伊斯兰“动荡弧”从北非、索马里、也门、海湾、叙利亚、中亚、阿富汗、巴基斯坦一直延伸到东南亚地区，彰显出美国改造大中东地区的进攻性战略原则。①

美国在海湾地区军事基地部署中谋求领导地位，还可以从美国智库的政策建议中看出。美国芝加哥研究机构——国家安全论坛发表的 2010 年美国国家安全战略预测报告指出，未来美国国家安全面临的主要挑战，既包括主权国家又包括非主权国家构成的威胁，前者包括伊朗及实力较弱的朝鲜和委内瑞拉，后者包括宗教、种族、民族冲突及恐怖主义，而当上述各种传统和非传统反美势力形成联合阵线后，对美国海外设施发动非对称性打击的可能性会大大增加。② 无论从传统威胁还是从非传统威胁的角度来

---

① 高祖贵著：《美国与伊斯兰世界》，北京：时事出版社，2005 年版，第 140 页。

② John Allen Williams, “The U. S. Military: Balancing Old and New Challenges of US National Security Strategy 2010,” *National Strategy Forum Review*, Vol. 19, No. 1, Winter 2009, pp. 1 – 3.

看，海湾地区都是美国今后安全防务的战略重点。伊拉克战争结束以来，美国在海合会成员国的军事基地部署可以应对该地区各种不确定性，包括应对伊朗核问题的升级、伊拉克教派冲突、“基地”组织在海湾地区分支机构的威胁等，并从侧翼支持美国在阿富汗和巴基斯坦的军事行动。

（二）保护美国的海外利益

2010 年《美国国家安全战略报告》提出，21 世纪初美国的国家利益包括：（1）美国、公民、盟友和伙伴的安全；（2）不断增长的强劲和创新性美国经济及开放性国际经济体系；（3）尊重普世价值；（4）美国领导下能够促进世界和平、安全与机会的国际秩序（即安全利益、经济利益、价值观利益和国际秩序利益）。美国在大中东地区存在重要利益，包括与亲密盟友以色列在广泛领域的合作，对以色列的安全负责，支持巴勒斯坦人民建国的合法诉求，促进伊拉克的民主化进程，阻止伊朗发展核武器和支持恐怖主义，反恐，防扩散，促进大中东融入国际市场等。[①] 海外利益是美国国家利益的重要组成部分。美国是冷战后唯一的超级大国，其在海湾地区的多层面利益决定了其必须依靠海外军事基地维护国家利益。美国著名前国家安全事务助理布热金斯基曾经将“欧亚大棋局”南部的“弧形地带”称之为“欧亚大陆的巴尔干”（即前文所指出的伊斯兰“动荡弧”），认为每年世界 1/4 的贸易从黑海—地中海—红海—波斯湾—印度洋—马六甲这条海上黄金水道经过，控制该地区对于获得全球主导权至关重要。[②] 特别是海湾地区石油储量约为 7550 亿桶原油，占世界探明储量的 61%；其天然气储量约 73.21 兆立方米，占世界探明储量的 41%；该地区的石油与天然气产量则分别占世界总产量的 31% 和 12% 。[③] 海湾地区能源对于世界能源政治至关重要，美国在该地区拥有重要地缘经济和地缘政治利益。近年来，随着美国大幅度从墨西哥、加拿大、委内瑞拉和尼日利亚等大中东以外地区进口石油，美国对海湾地区能源的依赖度不及中、日、印、韩

---

① The White House, *National Security Strategy of the United States of America*, 2010, Washington D. C.: May 2010, p. 7; p. 24.

② 高祖贵著：《美国与伊斯兰世界》，北京：时事出版社，2005 年版，第 137 页。

③ Robert E. Looney, ed., *Handbook of US-Middle East Relations: Formative Factors and Regional Perspectives*, Londond and New York: Routledge, 2009, p. 119.

等亚洲大国。但海湾地区事关美国生死攸关的地缘政治利益，因为控制海湾地区，足以影响世界其他大国的战略发展。确保海湾地区能源正常供应、阻止伊朗、中国、俄罗斯、印度或其他新兴大国垄断海湾能源资源，是美国在海湾地区重要的地缘政治利益。

（三）海湾地区5国持欢迎立场

东道国对于美国军事基地的接受程度，成为美国在海湾地区军事基地部署的重要外部因素。正如美国兰德公司的研究报告所指出的，就安全而言，大中东是世界上最重要的地区之一，但在该地区部署海外军事基地可能会产生最多的问题。① 美国在海湾军事基地的部署使伊斯兰地区反美、仇美情绪反弹。2003 年美国关闭在沙特的主要军事基地、以及 2011 年年底美国关闭在伊拉克的军事基地都与东道国政府和民众反对美国部署军事力量有关。数十年来，伊斯兰世界对大国在军事、政治和文化上的扩张和渗透极为敏感，认为大国在伊斯兰土地上修建众多军事基地破坏了伊斯兰世界的纯洁性和统一。② 例如，1979 年苏联入侵阿富汗后，来自多国的伊斯兰极端势力以发动“圣战”为由，向苏联在阿富汗的军队发动打击，最终迫使苏联从阿富汗撤军；2001 年“基地”组织在美国本土发动袭击、造成了“9·11”事件，部分原因是美国在沙特设立军事基地。最终也迫使美国大幅度从沙特撤出军事力量。

海湾国家政府反对美国部署军事基地的立场，是受其国内伊斯兰激进势力的影响。例如，针对美国在海湾的军事基地部署，“基地”组织号召全世界穆斯林发动对美国的“圣战”，并直接导演了“9·11”事件。1998 年 2 月，本·拉登的新圣战思想转化为行动，发起组建了“反犹太和十字军世界阵线”。该“阵线”的成立，是本·拉登领导的“基地”组织发展史上一个具有里程碑意义的转折点。本·拉登、埃及圣战组织头目扎瓦赫里、埃及伊斯兰组织协商委员会成员里法伊·塔哈、巴基斯坦贤哲会书记莫尼尔·哈姆扎和孟加拉国圣战组织埃米尔法德勒·拉赫曼 5 人在“反犹

---

① Mahyar A. Amouzegar, *Evaluation of Options for Overseas Combat Support Basing*, Santa Monica, CA: RAND, 2006, p. 37.

② Kylie Baxter and Shahram Akbarzadeh, *US Foreign Policy in the Middle East: The Roots of Anti-Americanism*, London and New York: Routledge, 2008, p. 3.

太和十字军世界阵线”成立声明上签了字。美国在伊斯兰世界部署军事基地，被认为是破坏了伊斯兰社会，协助以色列掠夺伊斯兰领土。①

“9·11”事件后，美沙两国关系出现了不和谐音符，此后沙特禁止美国使用利雅得等地区的军事设施，禁止“战斧式”巡航导弹飞越沙特领空，最终迫使美国不得不将中央司令部前沿总部迁往卡塔尔。伊拉克战争结束后，驻在利雅得附近的美国空军和“爱国者”导弹部队正式从沙特撤走，美军仅留下数十人执行安全协防任务。沙美关系的疏远主要有两个原因：一是“9·11”后沙特国内反美主义势力上升，影响了沙特政府的政策；二是“9·11”后沙特的大国意识、外交主体意识增强，改变了以往在安全上一味靠美国的“一边倒”政策，转而寻求更加均衡的“大国平衡战略”。美国将军事基地部署的重心从沙特移至卡塔尔、巴林和科威特，表明东道国的接受程度是影响美国在海湾军事基地部署的重要因素。②

与美国在沙特和伊拉克军事基地部署遭受当地政府与民众强烈不满、并最终迫使美国关闭主要军事基地不同，海合会其他成员国反美主义相对较弱，它们无意在美、俄、欧、中之间开展“等距离外交”，而是将发展对美关系作为安全政策的重中之重，因而对美国在海湾的军事基地持欢迎态度。例如，巴林于2003年2月决定允许美军继续使用朱费尔海军和空军基地，两国关系日益密切。③ 卡塔尔一方面维持与美国的特殊关系，另一方面又不愿惹怒邻国，这种“地区平衡战略”有利于其开展“均衡外交”，包括欢迎土耳其在卡塔尔部署军事基地，但与美国关系无疑是最重要一环。④ 2017年沙特率众与卡塔尔断交后，卡塔尔进一步加强与美国的军事合作关系，并从美国购置200多亿美元的军火，承诺将继续欢迎美国在卡塔尔的军事基地部署。与巴林和卡塔尔一样，近年来阿联酋与美国关系也不断发展。阿联酋扩建阿布扎比附近的宰夫拉空军基地为美军提供了重要立足点。

---

① 斯蒂芬·M. 沃尔特著，郭盛、王颖译：《驯服美国权力：对美国首要地位的全球回应》，上海：上海世纪出版集团，2008年版，第133页。

② Charles M. Perry and Toshi Yoshihara, *The U. S. – Japan Alliance: Preparing for Korean Reconciliation & Beyond*, Dulles, VA: Brassey's Inc., 2004, p. 12.

③ 韩志斌主编：《巴林》，北京：社会科学文献出版社，2009年版，第179页。

④ 2017年6月，土耳其议会通过决议，允许在卡塔尔部署军事基地，并向卡塔尔派驻3000人军队承担军事培训任务。

五、结语

在伊朗、伊拉克乱局和恐怖主义构成的多重威胁下，美国在科威特、巴林、卡塔尔、阿联酋和阿曼的军事基地形成了一座“防火墙”，成为遏制伊朗、稳定伊拉克局势和执行反恐任务的有力保障；美国在卡塔尔的军事基地也成为这个海湾小国抗衡沙特的第二道“防火墙”。第一，这些军事基地促进了美国与海合会国家的军事交流，帮助海合会提升了反恐能力，促使海合会成员国更多地使用美制武器。1991 年以来，尽管美国国会认为海合会成员国人权纪录差，但美国政府从未阻止向这些国家提供军火。2010 年初，海合会国家建立“合作带”，增强了上述国家之间空军力量的升级。美国还与海合会举行联合演练项目，以预防化学武器和生物武器对海湾酋长国的攻击。[①] 第二，美国在海湾的军事基地部署促进了海合会国家军事力量的整合，使“半岛盾牌”（Peninsula Shield）成为应对伊朗威胁和中东剧变的重要力量。美国在海湾 5 国的军事基地，使海湾阿拉伯国家在安全上与美国形成非对称性依赖关系，美国借机将海湾阿拉伯国家纳入其战略轨道，以削弱俄、伊朗等其他大国对海湾事务的介入能力，同时，预防沙特垄断海合会事务，建立地区霸权。2017 年 6 月，沙特和卡塔尔断交后美国在沙卡之间寻求平衡，就是这一“双重遏制”战略的集中体现。

第四节　美国在海湾地区军事基地的理论考察

本节通过对美国中央司令部在海湾地区军事基地部署的实证分析，探讨海外军事基地的本质，考察影响美国在伊拉克和海合会成员国部署军事基地的动因，分析战略维度、军事维度、政治维度和经济维度等四个因素的影响，并从地区格局的变化、美国决策者的认知、基地政治化和第三方的反制四个因素考察美国调整在伊拉克及海合会军事部署的影响。

---

① William Evans and Daniel J. Harris, eds. , *Politics and Economics of the Middle East*, New York: Nova Science Publishers, 2008, p. 14; p. 20.

一、美国在海湾地区军事基地部署的动因

（一）战略维度

美国在海湾地区部署军事基地，首先是受冷战后美国维护在大中东地区主导权这一因素的影响，即海湾地区对于美国来说具有十分重要的地缘政治意义；海湾地区成为美国主导国际能源格局和大中东事务的重点地区。2001 年 9 月，美国国防部发表的《四年防务评估报告》指出："从大中东到东北亚绵延着一条广阔的动荡弧（Arc of Instability），这些地区既有崛起的、也有衰弱的地区性大国，二者复杂多变地交织在一起。这些国家的政府有些比较脆弱，容易被内部激进主义或极端主义的政治势力或社会运动所推翻；许多国家拥有大规模军队，拥有开发与获取大规模杀伤性武器的潜力。"①美国国防部强调，这条弧形地带除东亚地区外，均为伊斯兰世界的重要成员国。冷战结束后，美国的全球反恐主要是在大中东—伊斯兰"动荡弧"地区针对伊斯兰极端势力所实施的反恐战略，这条大中东和伊斯兰"动荡弧"从北非、索马里、也门、海湾、叙利亚、中亚、阿富汗、巴基斯坦一直延伸到东南亚地区，彰显出美国改造大中东地区的进攻性战略文化。

无论从传统威胁还是从非传统威胁的角度来看，海湾地区都是美国今后安全防务的战略重点。伊拉克战争结束以来，美国在伊拉克和海合会成员国军事基地部署的分散化、小型化和网络化可以应对该地区各种不确定性，包括应对伊朗核问题的升级、伊拉克教派冲突、"基地"组织在海湾地区分支机构的威胁等，并从侧翼支持美国在阿富汗和巴基斯坦的军事行动。截至 2016 年，美国已经关闭在乌兹别克斯坦、巴基斯坦、吉尔吉斯斯坦等中央司令部在中亚地区的军事基地，美国在海湾的军事基地将发挥重要的替代作用，支持美军在中亚、海湾、亚丁湾等地区的军事行动，美国在海湾地区军事基地部署是美国谋求地区主导权的体现。

（二）军事维度

从军事维度来看，美国在海湾地区的军事基地部署旨在增强其权力投

① 高祖贵著：《美国与伊斯兰世界》，北京：时事出版社，2005 年版，第 140 页。

射能力。一般而言，军事技术水平越高，大国对海外军事基地的依赖度越低，因为战略轰炸机、航母可以从国内基地出发执行作战和其他军事任务；潜艇也可以从公海上发动对军事目标的袭击。但是，美国冷战后军事技术的提高，并没有减轻美国在海湾地区对海合会成员国以及伊拉克军事基地的依赖度。冷战结束后，美国在海湾地区的军事力量多次参与军事行动，包括 1991 年的海湾战争、2001 年的阿富汗战争、2003 年的伊拉克战争、2014 年以来空袭“伊斯兰国”组织等。近年来，随着沙特与伊朗断交、沙特等国与卡塔尔断交、中东剧变在海湾地区产生的冲击波、也门冲突、“伊斯兰国”组织的持续影响等，美国在海湾地区的军事基地部署将呈常态化趋势，其并未随着美国军事技术的提高而受到削弱。

（三）政治维度

冷战结束 20 余年来，无论是美国民主党还是共和党执政，美国在海湾地区部署永久性军事基地成为两党的共识，美国民众和媒体在此问题上也未出现明显的分歧，亦即美国在海湾地区部署军事基地成为美国保护沙特、阿联酋、卡塔尔、科威特、巴林和阿曼等美国盟友的重要手段，也是遏制美国在海湾现实敌人——伊朗、“伊斯兰国”组织的重要举措。唯一不同的是，美国白宫、国务院、国防部、国会和媒体就美国在海湾地区部署军事基地的规模和类型偶尔存在不同看法。如布什政府从全球反恐和投射美国硬权力的角度，主张在海湾地区部署大型军事基地，主要用于军事作战目的；奥巴马政府则主张在海湾地区部署规模更小、更灵活、更高效的军事基地，为无人机和快速反应部队执行特别任务提供合作安全基地。因此，美国的两党政治、国内舆情和大众媒体对美国在海湾地区军事基地的部署与战略调整影响不大。

（四）利益维度

海湾地区对于世界能源政治至关重要，美国在该地区拥有重要地缘经济和地缘政治利益。一方面，美国在海湾地区拥有重要能源利益，美国进口石油的一半来自于海湾地区；近年来，随着美国大幅度从墨西哥、加拿大、委内瑞拉和尼日利亚等大中东以外地区进口石油，美国对海湾地区能源的依赖度已不及中、日、印、韩等亚洲大国。另一方面，能源利益只是影响美国在海湾地区军事基地部署的重要因素之一，并非关键因素。比能源利益更为重要的，是美国在海湾地区的地缘政治利益。正如 1980 年 1 月美国总统卡特在国情咨文中所言："让我们表明自己的立场，那就是外部力量控制波斯湾地区将被视为是对美国生死存亡利益的攻击，美国将会采取一切必要的手段，包括采取军事手段。"[①] 海湾地区事关美国生死攸关的地缘政治利益，是因为控制海湾地区，足以影响世界其他大国的战略发展，改变大国综合国力的对比。确保海湾地区能源正常供应、阻止伊朗、中国、俄罗斯、印度或其他新兴大国垄断海湾能源资源，是美国在海湾地区重要的地缘政治利益。地缘政治利益而不是地缘经济成为冷战后美国在海湾部署军事基地的关键因素。

二、美国在海湾地区军事基地调整的动因

美国在海湾地区军事基地的调整主要受地区格局的变化、美国决策者的认知、基地政治化和第三方的反制四个因素的共同影响。

（一）地区格局的变化

美国在海湾地区军事基地的部署与调整还折射出美国、海合会国家和伊拉克新政府共同的安全威胁，是地区格局变化的产物。海合会成员国允许美国部署军事基地，是因为这些国家与美国拥有相似的安全威胁，包括对伊朗拥核崛起的担心和对也门、伊拉克和叙利亚乱局的担心。冷战结束后，海湾阿拉伯国家与美国具有相似的安全威胁认知。

海湾战争爆发后，美国的战略任务是打压萨达姆政权，美国加强了在伊拉克最前沿——沙特和科威特的军事基地部署，直到伊拉克战争的结束。伊拉克战争结束后，伊朗成为美国海湾霸权的主要挑战者，美国在伊拉克、沙特、科威特、巴林、卡塔尔、阿联酋和阿曼的军事基地成为美国遏制伊朗的前沿阵地。2004 年 4 月 1 日，美国将科威特、巴林、埃及、约旦和以色列视为"主要非北约盟国"[②]，反对伊朗提出的建立"波斯湾集体安全条约机制"，关闭美国在海湾地区的军事基地的要求。

---

① Robert E. Looney, ed., *Handbook of US-Middle East Relations: Formative Factors and Regional Perspectives*, Londond and New York: Routledge, 2009, p. 378.

② Charles Aldinger, "U. S. Honors Kuwait as Major Non-NATO Ally," *Reuters*, April 1, 2004.

近年来，美国将恐怖主义与大规模杀伤性武器扩散视为大中东安全的最大威胁，认为其主要来自于高加索、中亚、大中东、南亚的“动荡弧地区”，海湾地区则处于这一威胁的“中心位置”。[①] 冷战结束后，美国通过政治、经济、贸易和结盟等各种手段，将欧洲、亚太和拉美等主要地区纳入到西方主导的国际体系中，成为美国所谓的“和平区”；唯独大中东地区长期游离于美国主导的国际体系之外，成为反美、反西方势力最强大的地区，也成为美国所谓的“冲突区”，美国与伊斯兰激进势力的冲突与纷争成为该地区动荡的根源。因此，伊拉克战争后，美国国防部围绕“动荡弧”地区大幅调整海外驻军的兵力部署，以应对未来新的冲突。从地区视角来看，美国在海湾的军事基地部署与其在土耳其和吉布提的军事基地，构成了大中东军事基地的“铁三角”；从全球视角来看，美国在海湾的军事基地部署彰显全球军事基地部署的“五指战略”，即美国在亚太、欧洲、北美、加勒比和大中东地区建立了五大海外军事基地群。这五大军事基地群在战略上遥相呼应，维护美国的全球霸主地位，应对挑战美国全球霸主地位的威胁。美国在海湾地区面临的主要威胁有二：伊朗拥核崛起；海湾地区恐怖威胁导致的局势动荡。

（二）美国决策者的认知

美国是冷战后唯一的超级大国，其在海湾地区的多层面利益决定了其必须依靠海外军事基地维护国家利益。美国前国家安全事务助理布热津斯基曾经将“欧亚大棋局”南部的“弧形地带”称之为“欧亚大陆的巴尔干”（即前文所指出的伊斯兰“动荡弧”），认为每年世界 1/4 的贸易从黑海—地中海—红海—波斯湾—印度洋—马六甲这条海上黄金水道经过，控制该地区对于获得全球主导权至关重要。[②] 特别是海湾地区石油储量约为 7550 亿桶原油，占世界探明储量的 61%；其天然气储量约 73.21 兆立方米，占世界探明储量的 41%；该地区的石油与天然气产量则分别占世界总产量的 31% 和 12%。[③]老布什、克林顿、小布什、奥巴马和特朗普等美国

① Clive Moore, *Happy Isles in Crisis*, Canberra: Asia Pacific Press, 2004, p. 9.

② 高祖贵著：《美国与伊斯兰世界》，北京：时事出版社，2005 年版，第 137 页。

③ Robert E. Looney, ed., *Handbook of US-Middle East Relations: Formative Factors and Regional Perspectives*, Londond and New York: Routledge, 2009, p. 119.

总统率领的团队对中东在全球战略中的地位存在不同看法，影响了其对海外军事部署与调整的态度与政策。

（三）基地政治化

实证研究表明，东道国对于美国军事基地的接受程度，成为美国在海湾地区军事基地部署的重要外部因素。正如美国兰德公司的研究报告所指出的，就安全而言，大中东是世界上最重要的地区之一，但是在该地区部署海外军事基地可能会产生很多的问题。① 美国在海湾军事基地的部署使伊斯兰地区反美、仇美情绪反弹。2003 年美国关闭在沙特的主要军事基地以及 2011 年年底美国关闭在伊拉克军事基地都与东道国政府和民众反对美国部署军事力量有关。数十年来，伊斯兰世界对大国在军事、政治和文化上的扩张和渗透极为敏感，认为大国在伊斯兰土地上修建众多军事基地破坏了伊斯兰世界的纯洁性和统一。② 例如，1979 年苏联入侵阿富汗后，来自多国的伊斯兰极端势力以发动“圣战”为由，向苏联在阿富汗的军队发动打击，最终迫使苏联从阿富汗撤军；2001 年“基地”组织在美国本土发动袭击、制造了“9·11”事件，部分是因为美国在沙特设立军事基地，最终也迫使美国大幅度从沙特撤出军事力量。

海湾战争爆发后，伴随西方影响的上升和外国军事力量的存在，西方文化和生活方式进一步渗入，大中东固有的伊斯兰传统文化乃至生活习俗受到猛烈冲击，从而损害了穆斯林的宗教感情，引起穆斯林对美国空前的反感。海湾战争期间，大部分阿拉伯国家，特别是海湾地区的产油国政府对以美国为首的西方大国在海湾的军事行动竭力支持。海湾战争后，海合会国家出于自身安全需要默许美军在驻守设防，这使伊斯兰原教旨主义者坚信：海湾阿拉伯国家的统治阶层已经沦为西方国家的帮凶和西方利益的保护者。因此，他们试图通过各种方式推翻现政权，终结伊斯兰世界各国政府的“腐朽”统治，从而迫使美国撤出在海湾的军事部署。

---

① Mahyar A. Amouzegar, *Evaluation of Options for Overseas Combat Support Basing*, Santa Monica, CA: RAND, 2006, p. 37.

② Kylie Baxter and Shahram Akbarzadeh, *US Foreign Policy in the Middle East: The Roots of Anti-Americanism*, London and New York: Routledge, 2008, p. 3.

海湾国家政府反对美国部署军事基地的立场，受到其国内伊斯兰激进势力的影响。例如，美国在海湾的军事基地部署引发“基地”组织号召全世界穆斯林发动对美国的“圣战”，并直接导演了“9·11”事件。1998年2月，本·拉登的新圣战思想转化为行动，发起组建了“反犹太和十字军世界阵线”。该“阵线”的成立，是本·拉登领导的“基地”组织发展史上一个具有里程碑意义的转折点，本·拉登、埃及圣战组织头目扎瓦赫里、埃及伊斯兰组织协商委员会成员里法伊·塔哈、巴基斯坦贤哲会书记莫尼尔·哈姆扎和孟加拉国圣战组织埃米尔法德勒·拉赫曼5人在“反犹太和十字军世界阵线”成立声明上签了字。该“阵线”成立声明列举了美国的“三宗罪”：第一，美国在过去7年里占领了阿拉伯半岛等伊斯兰世界的广袤土地，掠夺和侵略伊斯兰世界，并把美军在阿拉伯半岛的军事基地变成了进一步侵略临近穆斯林国家的基地，对此，阿拉伯国家政权无力制止；[①] 第二，美国不顾海湾战争及随后对伊拉克制裁给人民造成的巨大痛苦和超过100万伊拉克人死亡的事实，一再对伊拉克实施暴行，“妄图消灭这个民族剩下的成员和加害他们的穆斯林邻邦”；第三，美国发动战争不仅有宗教和经济目的，而且是为了帮助以色列这个犹太国家，一方面分散国际社会对以色列占领耶路撒冷圣城和屠杀阿拉伯人罪行的关注，另一方面也使伊斯兰世界维持分裂、虚弱的现状，使之无力与犹太人抗争，以确保以色列的存在。因此，美国在伊斯兰世界部署军事基地，破坏了伊斯兰社会，协助以色列掠夺伊斯兰领土。[②]

与美国在沙特和伊拉克军事基地部署遭受当地政府与民众强烈不满、并最终迫使美国关闭主要军事基地不同，海合会其他成员国反美主义相对较弱，它们无意在美、俄、欧、中之间开展“等距离外交”，而是将发展对美关系作为安全政策的重中之重，因而对美国在海湾的军事基地持欢迎态度。例如，巴林于2003年2月决定允许美军继续使用朱费尔海军和空军

---

① 1996年，本—拉登在“圣战宣言”中指出：“自先知穆罕默德归真以来，降临到穆斯林头上最大的灾难就是基督徒、美国人及其帮凶对沙特这一伊斯兰世界圣地的占领。”参见 Bradley L. Bowman, “After Iraq: Future U. S. Military Posture in the Middle East,” *The Washington Quarterly*, Vol. 31, No. 2, 2008, p. 84.

② 斯蒂芬·M. 沃尔特著，郭盛、王颖译：《驯服美国权力：对美国首要地位的全球回应》，上海：上海世纪出版集团，2008年版，第133页。

基地，两国关系日益密切。[①] 卡塔尔一方面维持与美国的特殊关系，另一方面又不愿惹怒邻国，这种“地区平衡战略”有利于其开展“均衡外交”，但与美国的关系无疑是最重要一环。与巴林和卡塔尔一样，近年来阿联酋与美国关系也不断发展。阿联酋扩建阿布扎比附近的宰夫拉空军基地为美军提供了重要立足点。大约1500名美国军事人员曾在阿哈弗拉空军基地执行任务，该军事基地有力地支持了美国在海湾地区的军事行动，对美国国家安全有很大价值。[②] 此外，阿哈弗拉空军基地还设有“海湾空战中心”，承担为盟国提供飞行员培训任务。[③] 阿联酋迪拜的最大港口杰贝阿里曾停泊数百艘美国海军舰只。

（四）第三方的反制

美国在海合会六国以及伊拉克的军事部署始终受法律依据的影响，特别是美国与上述七国分别签订的《驻军地位协定》成为美国在上述国家部署军事基地的国际法律依据。同样，2011年底美国被迫关闭在伊拉克的军事基地，主要是因为伊拉克政府拒绝让美军继续享受治外法权，美国以此为由被迫关闭在伊拉克的军事基地。除《驻军地位协定》外，美国还给予巴林、卡塔尔、科威特等“主要非北约盟友”的待遇，也为美国部署军事基地增加了合法性依据（例如，2002年3月25日，布什总统称巴林为“主要的非北约盟友”）。[④] 2006年，布什政府启动了合作防御计划（Cooperative Defense Initiative），进一步强化美国与海合会国家的军事合作的法律依据。但是，伊朗作为第三方，长期呼吁海合会国家和伊拉克不要将海外军事基地租让给美国，甚至呼吁海湾国家缔结集体安全条约，不要给西方大国干预海湾事务提供借口，这些政策措施都促使美国被迫调整在海湾地区的军事部署。

---

① 韩志斌主编：《巴林》，北京：社会科学文献出版社，2009年版，第179页。

② David S. Cloud, “U. S. Sees Emirates as Both Ally and, Since 9/11, a Foe,” *New York Times*, February 23, 2006.

③ Michael Sirak, “Interview: U. S. Air Force Lieutenant General Walter Buchanan,” *Jane's Defense Weekly*, September 29, 2004, pp. 32 – 37.

④ Ed Blanche, “Getting Smart: Gulf States Go for U. S. Wonder Weapons,” *The Middle East*, Vol. 4, No. 9, 2002, p. 24.

小　　结

本章主要考察了冷战后美国在伊拉克和海合会六国的军事基地部署与调整。海湾地区是美国大中东安全战略的关键地区。二战后，美国在海湾地区的军事基地部署是其大中东安全战略的重要组成部分，它经历了从“防苏”到“防扩散”、再到“巩固海湾领导权”的两次战略转型。“9·11”事件以来，美国在海湾军事基地的调整突出表现为两大特征，一是战略任务从发动海湾战争和伊拉克战争等临时性任务转向建立美国主导的海湾安全架构、反恐和遏制伊朗等长期性任务；二是军事基地的部署由20世纪90年代主要集中于沙特转向依靠海合会所有成员，美国—沙特单一安全架构逐步被美国—海合会多元安全架构所代替，彰显21世纪初美国在海湾军事基地部署的五大特点，即分散化、小型化、前沿化、机动化和网络化。

奥巴马执政以来，美国的全球战略重点主要集中在欧洲、大中东和亚太地区，美国维持在上述三大地区战略利益的主要手段是部署军事基地。在大中东地区，美国的军事基地主要集中在海湾地区，以美国与沙特、科威特、巴林、卡塔尔、阿联酋和阿曼的双边军事合作以及美国—海合会多边军事合作为基轴，同时以美国在伊拉克的柔性军事存在为辅助。中东剧变发生后，美国与海合会围绕巴林、也门、利比亚和叙利亚爆发的骚乱，开展了密切磋商与军事合作，美国在海合会的军事基地成为奥巴马政府影响大中东局势走向的重要抓手，海湾地区也在美国国防部全球战略中的地位上升。如果说冷战时期美国组建的北约军事联盟旨在遏制苏联，新时期美国正把海合会打造成海湾地区的“小北约”（Mini-NATO），以帮助海合会整合三军和导弹防御系统，遏制伊朗和应对海湾地区的不确定性。①

与奥巴马中东政策强调巧实力、战略收缩、多边外交和适度退缩不同，特朗普的中东政策更加强调依靠军事硬实力、战略遏制、单边主义和战术性进攻，以进一步强化美国在中东地区事务上的主导权。新政府以维

① “America's New Middle East ‘Mini-NATO’,” *The Guardian*, 31 October, 2011.

护美国本土安全为出发点，以反恐为首要任务，以叙利亚危机的解决为切入点，以建立“反伊朗大同盟”为依托，以巴以和平进程为突破口，从而构建了特朗普政府中东政策在安全、政治、军事和外交领域的四大支柱。特朗普中东政策的调整具有从“以柔克刚”到“以暴制暴”、从部署柔性军事存在到部署刚性军事基地、从弱化联盟到重新强化联盟、从战略防御到战略进攻的变化过程。

因此，特朗普上台后，促进以色列与逊尼派穆斯林国家的合作是美国中东联盟战略的关键。利用上述国家对伊朗“拥核崛起”的疑虑，特朗普政府试图重构以色列、沙特、土耳其、埃及、约旦、阿联酋等亲美力量大同盟。与奥巴马时期沙特的地位遭忽视不同，特朗普政府重新确立了沙特在维护美国在海湾地区安全利益的重要桥头堡作用。2017 年 3 月 14 日，沙特副王储萨勒曼访问美国，承诺将在 4 年内对美国能源、工业、基础设施建设和科技产业投资超过 2000 亿美元。经济利益成为特朗普新政府的务实考量。美国和沙特是一对互补的盟友。美国为沙特提供安全保护，沙特则投资美国的基础设施。特朗普政府强调国内基础设施建设，称将公布 1 万亿美元基建计划，而沙特愿意对美国进行投资。未来，美国在海湾地区军事基地的调整将面临新的变化。

第六章／美国在中亚地区的军事基地

冷战结束初期，欧洲、亚太和大中东是美国全球军事部署的三大要地。相比之下，经济发展滞后、政治转型步履蹒跚的“大中亚”① 地区不是美国全球军事基地部署的重点地区。“9・11”事件发生前，美国在该地区并未建立军事基地。阿富汗战争爆发后，美国、俄罗斯、印度和欧洲大国分别单独或在多边军事联盟的框架下在“大中亚”部署了军事基地，但没有一个国家或组织能够主导冷战后的“大中亚”格局。

“9・11”事件后，阿富汗成为美国反恐战争的主战场，也是美国在大中亚地区军事基地部署的重点国家；乌兹别克斯坦、巴基斯坦和吉尔吉斯斯坦也曾是美国重要的军事基地东道国。美国在上述国家的军事基地依托多边联盟体系与任务导向性统一战线，经历了部署主要军事基地（2001—2004）——拓展前沿行动基地（2005—2011）——保留合作安全基地（2012 年至今）三个阶段，其分别承担军事作战、战后维稳和从阿富汗脱身三大任务。与美国在西亚、地中海和东非三大伊斯兰地区的海军基地不同，美国在中亚以空军和陆军基地为主，以谋求美国在阿富汗反恐战争中取得胜利、维护阿富汗局势稳定和巩固在阿富汗主导权为追求目标。美国在中亚的军事基地寻求两个维度的战略均势：一是维持美国、俄罗斯、中国、印度、伊朗、土耳其、巴基斯坦等域外大国之间的平衡；二是维持北约、欧亚联盟及上合组织三个地区组织之间的战略平衡。随着美国相继关闭在乌兹别克斯坦、巴基斯坦和吉尔吉斯斯坦的军事基地，美国在阿富汗的军事部署将承担军事训练、情报搜集、打击“伊斯兰国”和“基地”组

① 本书中的“中亚”指狭义上的中亚，即哈萨克斯坦、吉尔吉斯斯坦、塔吉克斯坦、乌兹别克斯坦和土库曼斯坦等五国。“大中亚”指由美国学者斯塔尔提出的，以阿富汗为中心，以中亚五国和阿富汗为主要成员，同时印度、巴基斯坦等国也参与相关事务的地区。

织、执行特种作战、保护侨民等多重任务，军事基地将进一步机动化和小型化。

第一节　美国在中亚地区军事基地的战略走向

冷战结束后，美国的中亚战略经历了老布什、克林顿、小布什和奥巴马四位总统任期。对于美国来说，其在中亚的长期战略目标是确保该地区不会沦为俄罗斯、中国或上合组织的“后院”，也不要成为极端势力传播恐怖主义思想的走廊和大本营，美国无意在中亚寻求军事主导权，但也反对任何大国垄断中亚地区事务。1999 年 10 月起，中亚地区划入美国中央司令部责任区，2006 年美国国务院又将中亚事务纳入到南亚与中亚事务局的管辖范围，美国加大了在国防和外交领域对中亚的介入深度。

2000 年，美国国务卿奥尔布赖特访问中亚，并警告中亚诸国：伊斯兰极端组织恐将跨越国界，上升为严重的安全威胁，必须引起国际社会和中亚国家的警惕。随后美国推出“中亚边境安全行动计划”（the Central Asian Border Security Initiative），并呼吁中亚国家派反恐专家参加当年美国召开的反恐大会。① 即便如此，在冷战结束后十年时间里，中亚对于美国和美国对中亚来说都不重要——除预防中亚核扩散和争夺里海油气资源外，美国在该地区并无明显的地缘政治利益；中亚国家仍然将发展对俄关系作为外交的重中之重。

“9·11”事件拉开了美国长达十年的全球反恐战争的序幕。阿富汗不再是距离遥远、资源匮乏、经济停滞、与美国利益不相干的内陆国，而是直接影响美国国土安全、对美国国家安全构成巨大威胁的首要地区。“9·11”事件发生后，反恐、反对大规模杀伤性武器扩散、对大中东地区伊斯兰国家进行民主化改造成为美国的战略性任务。为打击“基地”组织和塔利班残余势力，美国在阿富汗部署了数十处军事基地，并在阿富汗周边地区的乌兹别克斯坦、巴基斯坦、吉尔吉斯斯坦、塔吉克斯坦以及大中东地区等建立和使用了军事基地。这些军事基地构成了 21 世纪初美国在“大中亚”地区

---

① Evgeny F. Troitskiy, “US Policy in Central Asia and Regional Security,” *Global Security*, Vol. 21, No. 3, July 2007, p. 423.

的军事基地群，与美国在西亚、地中海地区的军事基地群遥相呼应。

表 6—1 阿富汗战争爆发后美国使用的主要军事基地

军事基地	基地东道国	基地功能
巴格拉姆军事基地	阿富汗	美国和北约在阿富汗战争中的重要前沿行动基地
坎大哈空军基地	阿富汗	支持美国和北约在阿富汗南部的军事行动
辛代德空军基地（Shindand）	阿富汗	靠近伊朗边境地区，部署有美军战斗机
彼得·甘西基地（马纳斯）	吉尔吉斯斯坦	部署有 1200 名美军，为美国和北约在阿富汗的军事行动提供加油与后勤服务
因吉尔利克空军基地	土耳其	部署约 2100 名美军，为美军在阿富汗的行动提供支持
宰夫拉空军基地	阿联酋	部署约 1800 名美军，为美军在阿富汗提供后勤支持
乌代德空军基地	卡塔尔	美国中央司令部前沿总部，部署约 5000 名美军，成为美国在阿富汗军事行动的空战协调中心
麦纳麦海军支援处	巴林	部署约 5000 名美军，美军第五舰队总部
汗纳巴德空军基地（Karshi-Khanabad，简称“K-2”基地）	乌兹别克斯坦	2005 年 9 月前是美军支持阿富汗军事行动的重要基地，部署有 1750 名美军，2005 年后关闭
艾尼（Ayni）空军基地	塔吉克斯坦	为法国和印度使用；美军在紧急状态下也可使用该基地，支援在阿富汗的军事行动
达尔本丁（Dalbandin）和夏巴兹（Shahbaz）	巴基斯坦	打击塔利班和“基地”组织成员；向阿富汗运输物资

资料来源：Kenneth Katzman, “Afghanistan: Post-Taliban Governance, Security, and U. S. Policy,” *Congressional Research Service*, 7 – 5700, January 17, 2014, p. 43.

阿富汗战争爆发后，美国使用了全球40个国家的空军基地运送军事战斗人员、后勤人员和军事物资[①]，这些基地包括西亚与中亚伊斯兰国家的军事基地，如卡塔尔、沙特、科威特、阿联酋、阿曼、巴林、乌兹别克斯坦、吉尔吉斯斯坦、塔吉克斯坦、巴基斯坦等。前者以土耳其、阿联酋、卡塔尔和巴林为主；后者以乌兹别克斯坦、吉尔吉斯斯坦、塔吉克斯坦和巴基斯坦为主。美国在中亚的军事基地全部是空军和陆军基地，机场成为这些基地的重要设施，尤其是这些国家的军用机场大多有较长的飞机跑道，为美国、北约和国际安全援助部队（International Security Assistance Force，简称“ISAF”）执行作战、威慑、侦察、后勤补给和运输等任务提供了重要保障。在中亚五国（哈萨克斯坦、吉尔吉斯斯坦、塔吉克斯坦、乌兹别克斯坦和土库曼斯坦），跑道长度超过7500英尺的机场有36个，其中哈萨克斯坦有15个，吉尔吉斯斯坦有2个，塔吉克斯坦有6个，乌兹别克斯坦有10个，土库曼斯坦有3个。在上述36个机场中，有12个机场的跑道长度超过1万英尺，有7个机场的跑道长度超过9000英尺，为美军起降战斗机和大型运输机、发动阿富汗战争和维持战后阿富汗秩序提供了良好基础设施。[②]

第二节　案例1：美国在阿富汗的军事基地

阿富汗位于中亚、西亚与南亚的交汇处，处于伊斯兰文明、中华文明和斯拉夫文明之间的缓冲区。近代以来，阿富汗先后成为埋葬英国和苏联等帝国的“坟墓”。“9·11”事件的发生，标志着恐怖主义第一次成为美国的头号敌人，阿富汗成为美国全球反恐的主战场；美国在阿富汗及其周边地区部署了重要军事基地和军事设施，拉开了全球反恐战争的序幕。

---

① Tom Landford, 9/11 *and the Wars in Afghanistan and Iraq*, Santa Barbara, California: ABC-CLIO, 2012, p. 45.

② Olga Oliker & Thomas S. Szayna, ed., *Faultlines of Conflict in Central Asia and the South Caucasus: Implications for the U. S. Army*, Santa Monica, Calif: Rand Corporation, MG-1598, 2003, p. 253.

一、美国在阿富汗军事基地部署的第一阶段（2001—2004）

从国家安全战略来看，小布什发动的阿富汗战争，旨在实现以下五个目标：第一，正如美国国防部2013年提交国会的报告所指出的，美国将破坏、瓦解“基地”组织及其在阿富汗的训练营，并消灭这些恐怖分子与极端分子；第二，抓捕、击毙本·拉登和“基地”组织其他高层领导人；第三，在阿富汗建立温和、亲西方的民主政体，阻止未来阿富汗政权落入恐怖组织手中；第四，尽量减少美国的人员伤亡；第五，加大对阿富汗的人道主义援助，为该国经济发展创造条件。①

为实现上述战略目标，美国采取以下四个阶段性措施：第一阶段，美国在阿富汗部署了1000名特种部队，配合美国领导下的盟军发动军事空袭行动；第二阶段，美军配合阿富汗北方联盟发动攻势，由北向南，收复失地；第三阶段，美国及其盟友占领喀布尔、坎大哈等阿富汗主要城市；第四阶段，瓦解和捣毁“基地”组织、塔利班和哈卡尼网络等在阿富汗的据点和训练营等。② 阿富汗战争爆发初期，美军和北约领导下的国际安全合作部队形成了两大司令部，其中包括美军第160作战航空特种团（SOAR）、各国特种部队编成的第3特战群、第10山地师第2旅第31步兵团、第10山地师第1旅第87步兵团以及第101空降师第3旅第187步兵团等。③

在美国积极游说下，2001年参加阿富汗战争“永久自由行动”的国家多达68个，占联合国会员国的1/3，其中28个为北约成员国、澳大利亚和新西兰成为中流砥柱。在向阿富汗派出军事力量的美国盟友中，英国、法国、德国、奥地利、比利时、丹麦、芬兰、希腊、意大利、荷兰、新西兰、挪威、葡萄牙、罗马尼亚、西班牙、瑞典和土耳其等派出了主要力量，并成立了北约阿富汗司令部。波恩会议后，联合国于2001年12月20

---

① U. S. Department of Defense, “Report on Progress Toward Security and Stability in Afghanistan,” Report to Congress, November 2013, p. 9.

② Tom Landford, 9/11 *and the Wars in Afghanistan and Iraq*, Santa Barbara, California: ABC-CLIO, 2012, pp. 42 –43.

③ 《阿富汗战争（2001年阿富汗战争）》, http: //baike. baidu. com/link? url = sUFEOSgOfJ-8yDJCSjzT9qH3mEFA7tM7ek6RtvyinCCtpzbG53D7ngHKGGAja—lyL2—NwxaEU1PPdKx7qOaqM.

日通过第1386号决议，同意国际社会向阿富汗派出国际安全援助部队，以帮助阿富汗过渡政府恢复秩序、稳定国家局势。当年年底，以北约成员为主的19个国家组建了4500人国际安全援助部队。在战争爆发后的第一阶段，美国主导了国际安全援助部队在阿富汗的军事布局，其缺陷是美、英和北约成员国之间的军事力量整合有限，协调性不足。

美军在阿富汗部署的第一处前沿行动基地是里诺兵营（Rhino），美国海军陆战队第15远征队（15th Marine Expeditionary Unit（15th MEU））驻守于此，部署有CH—53E“超级种马”直升机和C－130运输机。国际安全援助部队组建后，和美军共同使用里诺兵营。大约1000名第15、第26远征队成员，以及美军第101空降师的300名战斗人员驻守在此，该基地在以美国为首的多国部队和北方联盟部队攻克坎大哈过程中发挥了关键作用。①

巴格拉姆空军基地（Bagram）是美军在阿富汗部署的又一处军事基地，也是美军在阿富汗最大的军事基地。该基地占地5000亩左右。2006年，美军在该基地部署了1.3万人，在中央司令部管辖的西亚和中亚基地群中规模首屈一指，驻军人数一度占到驻阿美军的一半。巴格拉姆基地可以起降任何类型的飞机，为美军、国际安全援助部队和阿富汗北方联盟军队共同使用。巴格拉姆军事基地原本由美军第101空降师管辖，2013年冬季开始移交给第10山地师管理。②

随着美国在阿富汗的战事不断推进，小布什政府逐步意识到美国在阿富汗的军事行动面临各种不确定因素的挑战。阿富汗各地面临的安全威胁也不尽相同，其中西南部赫尔曼德省和中部的瓦尔达克省的安全形势最严重。正如兰德公司向美国国会提交的研究报告所指出的，阿富汗反抗西方的力量实际上包括五类势力：第一类是“基地”组织和塔利班势力，这些力量与阿富汗主体民族普什图族保持着千丝万缕的联系，具有建立“阿富汗伊斯兰酋长国”的强烈政治诉求；第二类是与毒品走私、非法盗取林木和走私相关的犯罪团伙，这类团伙没有明确的政治动机，但出于保护自己现实利益的需要，反对美国和西方势力的入侵；第三类是阿富汗南部和西

① Global Security, “Forward Operating Base Rhino,” http://www.globalsecurity.org/military/world/afghanistan/rhino.htm.

② “Bagram Airfield,” http://en.wikipedia.org/wiki/Bagram_Air_Base.

部普什图族的部落力量，这支势力出于民族情感原因反对外来势力；第四类是阿富汗各地军阀力量，这些军阀不仅相互攻击，而且也反对外部力量占领阿富汗并干涉阿内政；第五类是支持阿富汗抵抗力量的外部势力，如伊朗对阿富汗北部抵抗力量的支持，巴基斯坦普什图人对阿巴边境地区塔利班和“基地”组织某些头目及其他普什图部落抵抗力量的支持等。① 美国在阿富汗的军事基地原本出于发动战争的目的，具有临时性，但由于战后阿富汗政治重建步伐步履蹒跚，小布什和奥巴马政府不得不长期部署军事基地，帮助阿富汗过渡政府稳定国内局势。

为打击上述五类抵抗力量，小布什政府增加了对阿富汗的军事介入程度。2003 年 5 月，美国与阿富汗过渡政府签订《驻军地位协定》（Status of Forces Agreement），为美军和多国部队长期部署阿富汗获得了法律依据。国际社会在阿富汗的驻军主要由三部分组成：一是美国单独领导下的军事部署，如在印度洋海域部署 2 个航母战斗群和 1 个两栖登陆大队；二是在北约和美国亚太军事联盟体系下的军事力量；三是美国在大中东穆斯林世界的盟国派出的“志愿者同盟军”。

按照功能不同，国际安全援助部队在阿富汗的军事基地分为主要行动基地、前沿行动基地、作战基地、军火储存基地、巡逻基地等不同类型，分别由六个地区司令部管辖，即：首都司令部、东方司令部、北方司令部、南方司令部、西南司令部和西方司令部。在上述六个地区司令部中，美国负责东方、南方司令部，北约盟国德国、意大利和土耳其分别领导北方、西方和首都喀布尔三处司令部；加拿大在坎大哈、英国在赫尔曼德、荷兰在乌鲁兹甘省等地区的驻军也均占据主导地位。② 自 2003 年 8 月起，国际安全援助部队的指挥权移交给北约。③

阿富汗塔利班政权被推翻后，美国将北部的巴格拉姆空军基地和南部的辛代德空军基地等作为重要的物资供应基地。其中辛代德空军基地距离

① Seth G. Jones, "U. S. Strategy in Afghanistan," Testimony presented before the House Foreign Affairs Committee, Subcommittee on Middle East and South Asia on April 2, 2009, CT—324, RAND, April 2009, p. 2.

② U. S. Department of Defense, "Report on Progress Toward Security and Stability in Afghanistan," Report to Congress, November 2013, p. 13.

③ Tom Landford, 9/11 *and the Wars in Afghanistan and Iraq*, Santa Barbara, California: ABC-CLIO, 2012, pp. 56 –57.

伊朗边境仅100公里，除具有打击阿富汗塔利班政权和清剿“基地”组织残余势力的军事作用外，还在战略上遏制了伊朗。2004年美国国防部长拉姆斯菲尔德访问阿富汗，承认阿富汗安全形势在恶化，美国必须增强在该国的军事部署。当年12月，美军发言人麦肯（Mark McCann）透露：美国打算在阿富汗修建4处美军专用的军事基地，包括赫拉特省、坎大哈南部、帕克蒂亚省的加德兹（Gardez）以及阿富汗北部的马扎里沙里夫市的军事基地等。①

在美国和北约的强势攻击下，阿富汗塔利班在斗争策略上作出了重要调整，更加重视“不对称”打击手段。第一，塔利班利用阿富汗和巴基斯坦总共约2300万普什图人的正义观，即“家族和部落中的成员要为本家族和部落中男丁受到的不公正待遇报仇，并提供必要的补偿”，激励家族和部落成员为死去的塔利班成员复仇，把斗争的矛头指向美国；第二，塔利班利用美军在阿富汗虐囚事件、侮辱塔利班与“基地”组织囚犯尸体、以及公开焚烧《古兰经》等违反伊斯兰教义和侮辱穆斯林的行为，号召全体阿富汗和巴基斯坦的普什图人发动自杀式恐怖袭击，直到西方列强关闭在阿富汗的军事基地；第三，塔利班避实就虚，将力量分成10—50人不等的小分队，发动游击战，采取“出其不意”“打了就跑”的灵活策略；最后，塔利班利用阿富汗和巴基斯坦边境地区普什图人部落地区，在境外进行军事训练和招募新成员，拉长战线，并从境外如巴基斯坦对美军发动袭击。②

随着阿富汗战争日益推进，北约国家提供的军事力量也不断增强。其中英国、法国和加拿大各派出2000人作战部队，澳大利亚派出1560人。由于土耳其是北约成员中唯一的伊斯兰国家，也是唯一的大中东成员国，其在阿富汗战争爆发后提供了重要基地、情报与后勤支持。土耳其还派出90名特种部队成员帮助阿富汗北方联盟加强军事训练。③ 大中东到中亚再到南亚的伊斯兰国家，成为美国组建的22个非北约志愿者联盟的重要对

① Ramtanu Maitra, “New U. S. Bases in Afghanistan: What Do They Portend?” *EIR*, March 25, 2005, p. 28.

② Tom Landford, 9/11 *and the Wars in Afghanistan and Iraq*, Santa Barbara, California: ABC-CLIO, 2012, pp. 140 – 142.

③ Tom Landford, 9/11 *and the Wars in Afghanistan and Iraq*, Santa Barbara, California: ABC-CLIO, 2012, p. 45; p. 56.

象。这些伊斯兰国家与美国尚未签订正式军事同盟协定，但在“9·11”事件后向美国提供了重要军事支持，其大体可分为四类国家：第一类是北约和平伙伴计划（PfP）的对象国，如哈萨克斯坦、吉尔吉斯斯坦、乌兹别克斯坦等；第二类是地中海对话关系伙伴国（MD），如毛里塔尼亚、摩洛哥、突尼斯、阿尔及利亚、埃及、约旦等；第三类是伊斯坦布尔合作倡议的伙伴国（ICI），包括巴林、科威特、卡塔尔和阿联酋四国；还有“全球伙伴关系国”，包括阿富汗、伊拉克、巴基斯坦等。①

2001—2004 年是美国在阿富汗军事基地部署的第一阶段，其以大型作战基地为主，在类别上属于主要军事基地（Main Bases），特点是占地面积大、驻军人数多、军事装备先进、布局相对集中，主要配合此阶段美国在阿富汗政策——推翻塔利班政权、围剿“基地”组织头目、“解放”阿富汗全境、巩固“永久自由行动”的胜利果实。由于此阶段美国军费投入提高、作战人员增加、北约和周边国家积极配合，美国在战争初期基本实现了战略目标，但随着塔利班和“基地”组织反美行动日益隐蔽化和分散化，美国大型、固定化的军事基地难以发挥有效作用，导致美军在阿富汗的军事行动久拖不决。

二、美国在阿富汗军事基地的第二阶段（2005—2011）

随着美国在阿富汗从作战到战后国家重建阶段，其在阿富汗的政策也发生了调整：第一，打击恐怖主义网络，特别是“基地”组织和塔利班残余势力；第二，阻止大规模杀伤性武器扩散；第三，阻止阿富汗等中亚地区毒品向外部走私；第四，促进阿富汗的民主化和人权事业；第五，阻止任何地区和域外大国主导中亚事务。②

2005 年后，美国在阿富汗新建了 9 处军事基地，其中在赫尔曼德省、

① Daniele Riggio, “NATO Support to the Afghan Stabilization Process: An Evolving Mission for a Long-Term Commitment,” in Oktay F. Tanrisever, ed., *Afghanistan and Central Asia: NATO's Role in Regional Security since* 9/11, Washington D. C.: IOS Press, 2013, p. 21.

② 俄罗斯指责美国没有真正重视阿富汗毒品走私问题。相似的论述还可以参见 Alexey Fenenko, “Prospects for the Cooperation Between the CSTO and NATO after the End of the ‘War on Terror’ in Afghanistan,” in Oktay F. Tanrisever, ed., *Afghanistan and Central Asia: NATO's Role in Regional Security since* 9/11, Washington D. C.: IOS Press, 2013, p. 207.

赫拉特省、尼姆鲁兹省、楠格哈尔省、霍斯特省各新建了一处军事基地，在帕克蒂亚省、巴尔赫省分别新建两处军事基地。此外，美国 196 名军事训练官也抵达坎大哈，承担阿富汗政府军的军事训练任务。① 截至 2006 年，国际安全援助部队人数增加至 10 万人，其中驻军人数超过 1000 人的国家有：美国、英国、德国、意大利、波兰、罗马尼亚、格鲁吉亚、西班牙、澳大利亚和土耳其。

与此前美国在阿富汗的大型军事基地不同，这些新建的军事基地规模相对较小，也更加灵活，以应对“基地”组织和塔利班发动的“游击战”。美国在阿富汗建立新的军事基地，引起卡尔扎伊政府内部民族主义者和爱国人士的强烈不安。阿富汗政府重申：未来美国如果建立永久性军事基地，必须经阿富汗议会批准。迫于阿富汗民族主义情绪抬头的压力，2005 年美国参谋长联席会议前主席迈尔斯（Richard Myers）不得不澄清：“未来美国是否会在阿富汗土地上部署永久性军事基地，目前尚不确定。”②

表 6—2　美国和多国部队组建的阿富汗临时重建队一览表

临时重建队所在地区	临时重建队所在地区（英文）	部署时间	负责国家
阿萨达巴德	Asadabad	2004 年 2 月	美国
巴米扬	Bamian	2003 年月	新西兰
恰赫恰兰	Chagcharan	2005 年 8 月	立陶宛
法扎巴德	Faizabad	2004 年 7 月	德国
法拉	Farah	2004 年 9 月	美国
加德兹	Gardez	2003 年 2 月	美国
加兹尼	Ghazni	2004 年 3 月	美国
赫拉特	Herat	2003 年 12 月	意大利
贾拉拉巴德	Jalalabad	2004 年 1 月	美国

① Ramtanu Maitra, “New U. S. Bases in Afghanistan: What Do They Portend?” *EIR*, March 25, 2005, p. 27.

② Ramtanu Maitra, “New U. S. Bases in Afghanistan: What Do They Portend?” *EIR*, March 25, 2005, p. 27.

续表

临时重建队所在地区	临时重建队所在地区（英文）	部署时间	负责国家
坎大哈	Kandahar	2003 年 12 月	加拿大
霍斯特	Khowst	2004 年 3 月	美国
昆都士	Kondoz	2003 年 3 月	德国
拉什卡尔加	Lashkar Gah	2004 年 9 月	美国
迈马纳	Maimana	2004 年 7 月	英国
马扎·谢里夫	Mazar-e-Sharif	2003 年 2 月	英国
麦赫特拉拉姆	Mehtlaram	2005 年 4 月	美国
帕尔旺	Parwan	2003 年 11 月	美国
普里胡米	Pul-i-Khumri	2004 年 10 月	荷兰
卡拉特	Qalat	2004 年 4 月	美国
卡尔诺儿	Qal-i-Naw	2005 年 8 月	西班牙
夏朗	Sharan	2004 年 10 月	美国
阿萨达巴德	Asadabad	2004 年 2 月	美国

资料来源：Robert M. Perito, "The U. S. Experience with Provincial Reconstruction Teams in Afghanistan," United States Institute of Peace, *Special Report*, 2005, p. 15.

奥巴马入主白宫后，美国进一步加大了在阿富汗驻军的规模。他认为，小布什政府错误地发动了伊拉克战争，而真正对美国国家安全构成威胁的是阿富汗和巴基斯坦边境地区的“基地”组织分支机构及其庇护者塔利班；美国全球反恐的重心在阿富汗和巴基斯坦地区，而不是伊拉克。他在 2009 年 12 月的西点军校发表讲话指出：“我认为，我们的安全与阿富汗和巴基斯坦的形势息息相关。这是‘基地’组织实施的暴力极端主义的中心地带……作为三军统帅，我决心向阿富汗增兵 3 万人，但在 18 个月后将这些军队撤回，这符合我们生死攸关的国家利益。”①

奥巴马政府加大对阿富汗的军事打击力度，不仅将打击的目标锁定在

① Tom Landford, *9/11 and the Wars in Afghanistan and Iraq*, Santa Barbara, California: ABC-CLIO, 2012, pp. 184 – 185.

"基地"组织骨干身上，而且将反恐战争的目标扩大化。众所周知，阿富汗塔利班曾经采取自上而下的垂直管理体制，自称超越部落、种族和民族界限，建立了社会网络结构，在人口占63%的普什图族部落社会中拥有较为坚实的群众基础。[①]

为进一步增强美国在阿富汗的军事行动，奥巴马于2009年更换了总司令大卫·麦基尔南（David McKiernan），任命驻阿新总司令麦克里斯特尔(Stanley McChrystal)。奥巴马上台后，美国在阿富汗增加至10万人驻军，而阿富汗塔利班骨干成员仅8000—10000人。这些力量虽然难以在军事上打败美军，却能够挫伤美国的政治意志，迫使美国放弃长期驻军阿富汗的意图。奥巴马政府的阿富汗政策主要是以外部"输血"带动阿富汗的内部"造血"功能，即希望通过提供军事和经济援助，帮助阿富汗卡尔扎伊政府稳定国内局势，恢复秩序，推动经济发展。为应对"基地"组织和塔利班采取的斗争新策略，美国政府采取了软硬两种手段。"硬手段"即增加美国军事部署的规模，加大对"基地"组织和塔利班残余势力的打击力度；"软手段"即美国国防部配合国务院，成立了阿富汗临时重建小组(PRT)，通过国务院和国际开发署开展对阿富汗的经济外交与公共外交。

正如美国兰德公司提交国会的研究报告所建议的，从"硬手段"来看，美国在阿富汗的驻军人数应按照安全部队与当地居民人口1：50的比例，即当地居民每50人，就需要国外和阿富汗政府军1人维持安全局势。[②] 按照这一比例，阿富汗总共需要27.5万名安全人员维持秩序。考虑到阿富汗主体民族的反美、反西方情绪，同时考虑到"基地"组织和塔利班力量往往打着"反对外来异教徒入侵阿富汗"的旗号，煽动阿富汗国内的反美情绪，绑架美国与阿富汗两国关系，奥巴马担任总统后美军在阿富汗实际上从一线作战退居二线指挥，通过训练阿富汗安全部队和警察等，避免冲锋在前，防止阿富汗反美、反西方情绪的抬头。从"软手段"来

---

① Thomas Ruttig, "How Tribal Are the Taliban?" in Shahzad Bashir and Robert D. Crews, *Under the Drones: Modern Lives in the Afghanistan-Pakistan Borderlands*, Cambridge, Massachusetts and London: Harvard University Press, 2012, p. 131.

② Seth G. Jones, "U. S. Strategy in Afghanistan," Testimony presented before the House Foreign Affairs Committee, Subcommittee on Middle East and South Asia on April 2, 2009, CT－324, RAND, April 2009, p. 5. 兰德公司统计的阿富汗人口为1358万，这与其他有关阿富汗人口的统计相差较大。阿富汗人口总数的统计一直存在争议。一般认为，阿富汗人口为2600万，但在巴基斯坦和伊朗等境外的难民约600万—1000万。

看，截至2005年6月，美国在阿富汗建立了13个临时重建小组，以北约为主体的国际安全援助部队建立了9个临时重建小组，以上22个临时重建小组覆盖阿富汗全境，通过参与战后重建和经济与社会发展改善美国的国家形象，配合美国国务院在阿富汗的公共外交与国防部在阿富汗的维和行动。①

美国还为阿富汗战后重建投入巨额经费。阿富汗战争结束后，尤其是2008年以来，美国每天在阿富汗的军事开支高达1亿美元，而同期美国在阿富汗的非军事开支约700万美元②，旨在配合美国在阿富汗的军事行动。例如，2010年，美国国务院拿出1.13亿美元用于改善阿富汗的民用通信设施；自2003年美国恢复对阿富布赖特项目到2013年共10年里，超过300名阿富汗精英和学者赴美学习；美国国际开发署资助并培训了700多名阿富汗女记者；自2002年1月开始，美国的“自由阿富汗广播电台”一直开展对阿富汗的舆论宣传。③

2008年后，受全球金融危机和美国财政预算减少的影响，国际安全援助部队，特别是美国的北约盟国纷纷从阿富汗撤军。截止2010年底，部署在阿富汗军事基地的国际安全部队人数达13.2万人，其中美国9.8万人，位居第一，英国9500人，德国4900人，法国3970人，意大利3800人，加拿大2900人，新加坡48人，波斯尼亚45人，亚美尼亚40人，蒙古36人，阿联酋35人，马来西亚30人，乌克兰20人，卢森堡9人，爱尔兰7人，冰岛2人。④

截至2013年10月，国际安全援助部队在阿富汗部署了7.9万人左右，其中北约成员国部署了7.4万人左右，澳大利亚、格鲁吉亚、瑞典等非北约成员国部署了约4000人军队。

---

① Robert M. Perito, “The U. S. Experience with Provincial Reconstruction Teams in Afghanistan,” United States Institute of Peace, Special Report, 2005, p. 1.

② Agency Coordinating Body for Afghan Relief (ACBAR), *Falling Short: Aid Effectiveness in Afghanistan*, Kabul: ACBAR, 2008, p. 7; Jorrit Kamminga, “Public Diplomacy in Afghanistan beyond the 2014 Transition: Lessons from the United States and the Netherlands,” Netherlands Institute of International Relations ‘Clingendael’, The Hague, June 2013, p. 8.

③ Jorrit Kamminga, “Public Diplomacy in Afghanistan beyond the 2014 Transition: Lessons from the United States and the Netherlands,” Netherlands Institute of International Relations ‘Clingendael’, The Hague, June 2013, pp. 7 – 8.

④ Tom Landford, 9/11 *and the Wars in Afghanistan and Iraq*, Santa Barbara, California: ABC-CLIO, 2012, p. 187.

表 6—3　国际安全援助部队在阿富汗的军力构成（2013 年、2014 年、2015 年的人数比较）

成员国	2013 年驻军人数	2014 年驻军人数	2015 年驻军人数	约成员国	2013 年驻军人数	2014 年驻军人数	2015 年驻军人数
比利时	193	55	43	阿尔巴尼亚	91	11	42
亚美尼亚	416	121	121	保加利亚	131	320	110
加拿大	950	0	0	奥地利	3	3	10
捷克	213	227	236	澳大利亚	1029	271	400
丹麦	249	149	160	阿塞拜疆	94	94	94
爱沙尼亚	160	2	4	巴林	全部撤离	全部撤离	全部撤离
法国	235	90		波黑	79	8	53
德国	4400	1707	850	克罗地亚	187	153	91
希腊	8	9	4	芬兰	100	90	80
匈牙利	151	84	97	格鲁吉亚	1560	755	885
冰岛	3	3	4	爱尔兰	7	7	7
意大利	2826	1400	500	约旦	全部撤离	616	不详
拉脱维亚	96	18	25	马来西亚	2	2	不详
卢森堡	10	1	1	蒙古	40	40	120
荷兰	400	16	83	黑山	257	25	17
挪威	111	58	56	新西兰	11	1	8
波兰	1553	65	150	韩国	50	0	0
葡萄牙	154	57	10	瑞典	259	13	30
罗马尼亚	1022	317	650	乌克兰	26	14	10
斯洛伐克	199	12	39	阿联酋	35	35	不详
斯洛文尼亚	35	2	7	汤加	55	0	0
西班牙	414	181	294	马其顿		152	38
土耳其	1041	367	503				
立陶宛		72	70				

续表

成员国	2013年驻军人数	2014年驻军人数	2015年驻军人数	约成员国	2013年驻军人数	2014年驻军人数	2015年驻军人数
英国	7900	2839	470				
美国	52000	24050	6827				

资料来源：Kenneth Katzman，“Afghanistan：Post-Taliban Governance，Security，and U. S. Policy，” *Congressional Research Service*，7 –5700，January 17，2014，p. 75；US Department of Defense，*Report on Progress Toward Security and Stability in Afghanistan*，Washington D. C.，October 2014，p. 12；Office of the Under Secretary of Defense，*United States Department of Defense Fiscal Year* 2016 *Budget Request*：*Overview*，Washington D. C.，February 2015，p. 15.

2010 年美国《四年防务评估报告》指出，新时期美国的全球利益包括安全、繁荣、尊重普世价值观和维护国际秩序，这就要求美国必须在海外维持定期轮岗的军事基地。截止 2010 年底，大约 10 万名美军与联军一道在阿富汗和巴基斯坦边境地区打击“基地”组织和塔利班。这些军事力量大多部署在阿富汗人口密集地区，并为阿富汗安全部队提供训练。①

2011 年 10 月 8 日，北约空中预警指挥机进驻阿富汗，同时美国将本土的空中预警指挥机派往阿富汗前线；10 月 10 日，来自北约 8 个成员的 9 艘军舰进驻地中海执行反恐任务；北约还允许美国从巴尔干地区抽调 1000 人派往阿富汗。②在 2011 年伯恩阿富汗国际会议、2012 年阿富汗援助东京会议以及 2012 年北约芝加哥峰会等国际会议上，北约成员国都承诺将为阿富汗的稳定与发展提供援助。③ 2012 年，尽管法国宣布从阿富汗全部撤军，

① U. S. Department of Defense，*Quadrennial Defense Review Report*，2010，Washington，D. C.：U. S. Department of Defense，February 2010，p. 6；p. 9；p. 15.

② Tom Landford，9/11 *and the Wars in Afghanistan and Iraq*，Santa Barbara，California：ABC-CLIO，2012，p. 43.

③ Daniele Riggio，“NATO Support to the Afghan Stabilization Process：An Evolving Mission for a Long-Term Commitment，” in Oktay F. Tanrisever，ed.，*Afghanistan and Central Asia*：*NATO's Role in Regional Security since* 9/11，Washington D. C.：IOS Press，2013，pp. 26 –28.

但是其他北约成员国仍宣布继续承担阿富汗维和任务。①

2005—2011 年是美国在阿富汗军事部署的第二阶段。与第一阶段不同，美国该阶段在阿富汗的军事基地进一步小型化，以前沿行动基地（Forward Bases）为主，利用国际安全援助部队的集体力量，开展反恐特种行动，主要任务是配合该阶段美国在阿富汗的政策——稳定阿富汗全国局势、打击反美武装、推动阿富汗实现政治民主化和国家重建。然而，该阶段美国军事部署并未实现其政治目标，未能帮助阿富汗建立强有力的政府，反而引起阿富汗反美主义和反基地呼声高涨，塔利班借机卷土重来，打乱了美国在阿富汗的战略布局。

三、美国在阿富汗军事基地部署的第三阶段（2012 年至今）

2012 年开始，美国在阿富汗的军事基地部署进入收缩阶段。截至 2012 年 1 月，美国在阿富汗共部署了 349 处军事基地。此后，美国在阿军事基地的数量和规模逐步减少。美国在阿富汗的驻军开始从 2011 年 3 月的 9.98 万人减少至 2012 年的 6.6 万人。② 美军占领阿富汗后，第 82 空降师第 3 旅战斗队（第 505 伞兵团）曾在东南部霍斯特省萨勒诺（Salerno）扩建军事基地，驻扎在该基地的战斗人员、文官和雇员一度达 5000 人，并在基地内建立医院、教堂、购物中心、健身房等，此后驻军人数和基地面积逐年减少。

2012 年开始，奥巴马政府在阿富汗考虑的重大问题是：究竟美军是否需要像在伊拉克那样完全关闭军事基地，还是保留若干关键军事基地。此前美国对外关系委员会发布的研究报告认为，美国在未来相当长时间里，必须继续维持在阿富汗的军事基地，因为保留小规模军事存在的所谓“轻脚印战略”（Light-footprint Strategy）恐将无助于阿富汗的安全形势，使美军难有足够的兵力对付塔利班和搜集情报，阿富汗在美军撤离后将陷入内战或外部势力介入的代理战，甚至还将波及巴基斯坦。因

① U. S. Department of Defense, “Report on Progress Toward Security and Stability in Afghanistan,” Report to Congress, November 2012, p. 14.

② United States Government Accountability Office, “Afghanistan: Key Oversight Issues,” GAO – 13 – 218SP, Report to Congressional Addressees, February 2013, p. 4.

此，美国在未来至少应保留数千人军事力量。[①] 这一建议实际上为奥巴马政府所采纳。

2012 年 5 月，美国与阿富汗签订《永久战略伙伴关系条约》，在很大程度上取代了 2003 年双方签订的《驻军地位协定》。新协定实际上对 2014 年以后美国在阿富汗军事存在的形式与内容作了较为详细的规定，如美军将继续帮助阿富汗政府训练军事力量；清剿塔利班残余势力；双方还同意就《双边安全协定》举行会谈等。[②] 该协定还规定：阿富汗政府将允许美军在 2014 年后继续使用阿富汗的军事设施，以打击“基地”组织及其分支机构，训练阿富汗安全部队，以及出于维护双方安全利益目的而采取的其他联合行动。[③] 2012 年 7 月，奥巴马宣布阿富汗成为第 15 个美国重要的“非北约盟友”，未来将在国防与安全领域获得美国的援助。[④]

2012 年 11 月，美阿两国就 2014 年以后美国在阿富汗的驻军地位问题启动谈判，拟签署《双边安全协定》。[⑤] 尽管阿富汗立法机构——大支尔格会议（大国民会议）于 2013 年 11 月通过了该协议草案，但是卡尔扎伊总统拒绝在协定上签字。这主要是因为该协议包含敏感条款——不仅允许美军继续使用军事基地和驻军 1 万人，而且还给予驻阿美军刑事豁免权；美军在执行特殊任务时可搜查阿富汗人住所；美军在阿富汗可独立开展反恐行动等等，实际上使美军继续在阿富汗保留特权。[⑥]《双边安全协定》最终于 2014 年 9 月 30 日签署，2015 年 1 月 1 日生效，为两国关系的发展指明了方向，也为今后美国在阿富汗驻军的法律地位问题奠定了条约基础。

到 2013 年，83% 的基地都已关闭或移交给当地政府，仅剩下 59 处军事基地和 14 处援助平台，美国在阿富汗的驻军人数也下降至 5.4 万人，占

---

① Richard L. Armitage and Samuel R. Berger, “U. S. Strategy for Pakistan and Afghanistan,” Council on Foreign Relations, Independent Task Force Report No. 65, 2010, p. 14.

② U. S. Department of Defense, “Report on Progress Toward Security and Stability in Afghanistan,” Report to Congress, November 2012, p. 14.

③ “Enduring Strategic Partnership Agreement between the United States of America and the Islamic Republic of Afghanistan,” May 2, 2012, p. 4.

④ United States Government Accountability Office, “Afghanistan: Key Oversight Issues,” GAO – 13 – 218SP, Report to Congressional Addressees, February 2013, p. 33.

⑤ U. S. Department of Defense, “Report on Progress Toward Security and Stability in Afghanistan,” Report to Congress, November 2013, p. 6.

⑥ 吴正龙：《阿富汗“变卦”的背后》，载《解放日报》2014 年 2 月 25 日，第 4 版。

国际安全援助部队总人数的57%。[①] 关闭的上述基地中的455处移交给了阿富汗过渡政府，其中248处移交给了阿富汗国防部；国际安全援助部队特种兵使用的40处军事基地也逐步关闭并移交当地政府。[②] 在上述军事基地中，美国驻军人数最多。2013年11月1日，美军撤出萨勒诺基地，并将军事基地的设施移交给阿富汗政府军。[③] 根据《双边安全协定》，其第七条第二款涉及美军在阿富汗军事基地的地位问题，规定："阿富汗允许美军在双方商定的军事设施和区域范围内享受使用、运行、防务、控制等权利；美军有权根据合同在军事区内利用军事和民事力量启动基地建设项目"；第七条第三款规定："在美军专用的军事设施和军事区，阿富汗授权美军基地的进出口控制权。"[④]

表6—4　美国在阿富汗驻军人数的变化

年份	2002	2003	2004	2008	2010	2011	2012	2014	2015
驻军人数	12350	22500	18300	48250	131000	90000	65900	34000	10800

资料来源：Tom Landford, 9/11 *and the Wars in Afghanistan and Iraq*, Santa Barbara, California：ABC-CLIO, 2012, pp. 52 – 53；p. 145；U. S. Department of Defense, "Report on Progress Toward Security and Stability in Afghanistan," Report to Congress, November 2012, p. 13 Katzman, Kenneth, "Afghanistan：Post-Taliban Governance, Security, and U. S. Policy," *Congressional Research Service*, 7 – 5700, January 17, 2014.

2012年，美国国防部、国务院和情报系统联合向美国国家安全委员会提交了一份《2014年后美国在阿富汗部署永久军事存在计划》，尽管该计划文本至今仍未解密，但美国官方承认，奥巴马政府希望在2014年之后在

---

① U. S. Department of Defense, "Report on Progress Toward Security and Stability in Afghanistan," Report to Congress, November 2013, pp. 11 – 13.

② U. S. Department of Defense, "Report on Progress Toward Security and Stability in Afghanistan," Report to Congress, November 2013, p. 11.

③ "Forward Operating Base Salerno," http：//en. wikipedia. org/wiki/Forward_Operating_Base_Salerno.

④ Ministry of Foreign Affairs, Afghanistan, "Security and Defense Cooperation Agreement between the United States of America and the Islamic Republic of Afghanistan," November 18, 2013, p. 8.

阿富汗继续维持一定规模的军事存在。① 2014 年 5 月，奥巴马总统宣布，美国将在 2014 年之后，在阿富汗保留 9800 人左右的驻军，主要承担向阿富汗政府提供安全援助和训练阿富汗军队等任务。与此同时，美国除在首都喀布尔设有大使馆外，还在坎大哈、赫拉特等地设有四处领事馆，美国的情报与安全力量很可能以这些领事馆为依托，继续在阿富汗发挥影响力。2014 年 12 月，美国国防部长哈格尔在卸任前突然访问阿富汗，并宣布向阿富汗增兵 1000 人，使驻阿美军总人数增加至 10800 人，以帮助阿富汗加尼政府稳定国内局势，预防塔利班卷土重来。截至 2015 年 7 月，美国在阿富汗维持了 10800 人左右驻军。

表 6—5　美国向阿富汗提供的援助（2002—2014 年）

Fiscal Year	2002	2003	2004	2005	2006	2007	2008	2009	2010	2011	2012	2013 (est)	2002 - 2013	2014
ESF	117	239	894	1280	473	1211	1400	2088	3346	2168	1837	1850	16903	1665
DA	18. 3	4. 2. 5	153	170	185	167	149	0. 4	0. 3	0	0	0	884	
GHCS	7. 5	49. 7	33. 4	38	41. 5	101	63	58	92	70	0	0	554	
Refugee Accounts	160	61	63	47	42	54	44	77	82	65	99	13	807	
Food Aid	206	74	99	97	108	70	231	82	32	19	0. 6	0	1017	
IDA	197	86	11	4	0	0	17	27	30	66	61	14	514	
INCLE	60	0	220	709	216	252	308	484	589	400	324	6. 1	3567	475
NADR	44	34. 7	67	38	18. 2	37	27	49	58	69	65	54	506	52
IMET	0. 2	0. 4	0. 7	1. 0	1. 0	1. 2	1. 7	1. 4	1. 8	1. 6	2	0. 8	14	1. 5
FMF	57	191	414	397	0	0	0	0	0	0	0	0	1059	
Other	33	23	36	18	0. 2	0. 1	21	5	5. 8	7. 4	8	0	158	
DOD—ASSF	0	0	0	995	1908	7406	2750	5607	9167	10619	9200	5124	52777	4727
DOD—CERP	0	0	40	136	215	209	488	551	1000	400	400	200	3639	30
Infrastructure Fund	0	0	0	0	0	0	0	0	0	229	400	325	1024	199

① United States Government Accountability Office, "Afghanistan: Key Oversight Issues," GAO - 13 - 218SP, Report to Congressional Addressees, February 2013, p. 40.

续表

Fiscal Year	2002	2003	2004	2005	2006	2007	2008	2009	2010	2011	2012	2013 (est)	2002 - 2013	2014
Business Task Force	0	0	0	0	0	0	0	14	59	239	242	179	733	
DOD—CN	0	0	72	225	108	291	193	230	392	376	421	372	2679	
DOD—Other	7.5	165	285	540	0	0	0	0	0	0	0	0	998	
DEA Counter-narc	0.6	2.9	3.7	17	23.7	20	41	19	0	0	0	0	128	
Total U. S. Assistance	909	970	2392	4712	3319	9818	5732	9292	14854	14800	13058	8084	87963	7260

ESF：经济支持基金；DA：发展援助；GHCS 全球卫生与儿童生存基金；FMF：对外军事资助；NADR：不扩散、反恐、扫雷等相关基金；IMET：国际军事教育与培训基金；INCLE 国际禁毒与执法基金；ASSF：阿富汗安全部队基金；IDA：国际灾难援助基金。

资料来源：Kenneth Katzman，"Afghanistan：Post-Taliban Governance，Security，and U. S. Policy，" *Congressional Research Service*，7 - 5700，January 17，2014，p. 73.

2012 年至今是美国在阿富汗军事基地部署的第三阶段。此阶段美国在阿富汗选择了合作安全基地（Cooperative Security Bases），即除在一些关键地区保持美国独有的军事基地外，美国将数十处基地移交给阿富汗政府，并将原来的军事基地打造成美阿两军军事合作与培训基地；鼓励阿富汗政府军和安全部队承担主要防务责任，美国在背后"掌舵"。这种与时俱进的合作安全基地配合了美国在阿富汗的主要政策目标：减少在阿富汗的军费开支，帮助阿富汗训练自己的军队、警察和安全部队，缓解阿富汗反美情绪，避免成为矛盾的焦点，在维持美国在阿富汗主导权的前提下分阶段从阿富汗撤军，配合奥巴马政府将战略重心向亚太转移。然而，"伊斯兰国"组织向阿富汗加大渗透，塔利班影响力上升，中俄等在阿富汗的政治和经济影响力上升，使奥巴马政府依靠"小而精"的军事部署保持在阿富汗的主导权面临挑战。

2017 年，塔利班、"伊斯兰国"组织、武装组织"哈卡尼网络"等在阿富汗频频发动伤亡惨重的恐怖袭击。4 月 21 日，由塔利班武装分子发动的袭击造成至少140人死亡；5月31日，喀布尔爆炸袭击造成超过150人死亡。在叙利亚和伊拉克的“伊斯兰国”不断被打散的情势下，阿富汗成了恐怖分子重新积蓄力量的选择。截至2017年6月其数量已达3500人，威胁着阿富汗及其邻国的安全。① 仅2017年上半年，阿富汗暴力冲突与袭击就已造成1662名平民死亡、3581名平民受伤，几乎同2016全年伤亡人数（5267人）持平。2017年前7个月，死于恐怖主义的平民人数相当于整个2009年和2010年死亡人数总和。故2017年8月，美国总统特朗普就阿富汗及南亚局势发表讲话，宣布向阿富汗增兵4000人，美军驻阿富汗的人数增至1.2万人。② 在经历奥巴马政府时期的收缩战略后，特朗普时期，美国加大对阿富汗的军事介入力度，以对“伊斯兰国”和塔利班采取高压严打态势。

第三节　案例2：美国在乌兹别克斯坦等国的军事基地

美国发动阿富汗战争后，除在阿富汗部署作战与前沿军事基地外，还在乌兹别克斯坦、吉尔吉斯斯坦、塔吉克斯坦和巴基斯坦部署了军事基地，同时临时使用了哈萨克斯坦和土库曼斯坦的军事设施。美国国务院强调：美国政府无意在中亚谋求长期部署军事基地，但是美国必须部署临时军事基地以预防突发事件及加强与中亚国家的安全合作。③

一、乌兹别克斯坦

乌兹别克斯坦位于阿富汗的前沿；乌兹别克族是阿富汗第三大民族，占阿富汗总人口的9%。在美国发动的“永久自由行动”和战后重建中发挥着举足轻重的作用。21世纪初，卡里莫夫领导下的乌兹别克斯坦政府奉

---

① 杨宁、黄江林：《美国为何欲大幅增兵阿富汗》，载《人民日报（海外版）》，2017年6月20日，第10版。

② 《特朗普增兵阿富汗“象征”大于“实际”》，载《广州日报》2017年8月23日，第10版。

③ Evgeny F. Troitskiy, “US Policy in Central Asia and Regional Security,” *Global Security*, Vol. 21, No. 3, July 2007, p. 425.

行大国平衡战略，试图在美、俄、中之间奉行平衡外交。2001 年底，乌兹别克斯坦的汉纳巴德基地（Karshi-Khanabad，简称“K－2”基地）对美国开放，用于“向阿富汗运送人道物资和在必要时进行搜救工作”。直至 2005 年乌美两国交恶，美军才被迫停止使用该机场。

“9・11”事件后，乌兹别克斯坦积极支持美国在阿富汗的“永久自由行动”，成为美国在中亚关键的反恐盟友和战略伙伴；美国则声明对危及到乌兹别克斯坦安全与领土完整的任何外部威胁表示关切。① 在美国全球反恐战争面前，乌兹别克斯坦无法回避同美国的合作，同时乌兹别克斯坦也不希望疏远与中俄的关系，故乌政府在对外政策上由被动应对到主动出击。一方面，乌兹别克斯坦加入上海合作组织，与中俄建立战略合作伙伴关系；另一方面，2001 年 10 月，美国国防部长拉姆斯菲尔德访问乌兹别克斯坦，双方达成了美国使用乌兹别克斯坦汗纳巴德空军基地的秘密协定。作为交换，美国向乌兹别克斯坦提供军事培训和安全保证。② 汗纳巴德空军基地是苏联使用的一处大型空军基地，是乌兹别克斯坦最大的空军基地之一，机场跑道长 2500 米，宽 40 米，有助于美国大型运输机起降。阿富汗战争爆发初期，美国在乌兹别克斯坦、吉尔吉斯坦和塔吉克斯坦租用军事基地，共部署了 4000 名美军，主要军事力量是美国航空军第 416 远征行动小组（416th Air Expeditionary Operations Group）。汗纳巴德空军基地为打击塔利班和“基地”组织发挥了重要的支撑作用，也有力地支持了美国在阿富汗的搜救行动。③

美国利用汗纳巴德空军基地，部署了约 1500 人及无人侦察机④，还成立了特种部队指挥中心，以支持向阿富汗境内的“基地”组织和塔利班发动袭击；该基地还成为美国人员和物资过境的重要基地。⑤ 2002 年，乌兹别克斯坦总统卡里莫夫访问华盛顿，美国与乌兹别克斯坦政府签订《战略

---

① Evgeny F. Troitskiy, “Central Asian Regional Security Complex: The Impact of Russian and US Policies,” *Journal of Global Society*, Vol. 29, No. 1, 2015, p. 21.

② 又译作“汗阿巴德”。

③ Shahram Akbarzadeh, “Keeping Central Asia Stable,” *Third World Quarterly*, Vol. 25, No. 4, 2004, p. 689.

④ Ramtanu Maitra, “New U. S. Bases in Afghanistan: What Do They Portend?” *EIR*, March 25, 2005, p. 28.

⑤ Tom Landford, 9/11 *and the Wars in Afghanistan and Iraq*, Santa Barbara, California: ABC-CLIO, 2012, p. 104.

合作伙伴关系协定》，双方重申在安全领域的全方位合作，其中汗纳巴德空军基地成为美军在阿富汗最重要的军事基地。美国对乌兹别克斯坦的援助也从 2001 年的 1 亿美元增加至 2002 年的 6 亿美元。[①]

尽管美国增加了对乌兹别克斯坦的援助，但却未增加对该国的经济投资，乌兹别克斯坦的经济发展仍然依靠独联体国家以及后来的中国。不仅如此，小布什对大中东国家从务实主义政策到意识形态型政策，美国与乌兹别克斯坦的外交关系也渐行渐远，影响了美国在乌兹别克斯坦的军事基地的部署和使用。2005 年 1 月，美国小布什政府开始全面推出“大中东民主计划”，并在就职演说中强调美国支持世界上所有国家的民主化运动，认为大中东地区出现的一系列恐怖主义和极端主义势力回潮势头，主要是因为这些国家缺乏民主、法治和公民社会，因此只有对这些伊斯兰国家采取民主化改造，才能釜底抽薪，将伊斯兰国家建成类似于日本和德国那样的民主样板。

2005 年 3 月，吉尔吉斯斯坦发生“郁金香革命”；2005 年 5 月，乌兹别克斯坦安集延发生反政府骚乱，政府为阻止发生类似于吉尔吉斯斯坦的“郁金香革命”，迅速予以处置，造成 100 多人死亡，数百人受伤。[②] 乌兹别克斯坦此次采取的行动引起美国政府的强烈不满，小布什政府指责乌兹别克斯坦政府侵犯人权，且未能推行民主化改革，甚至提出要和欧洲一道独立调查这起“大屠杀”事件。这一行为恶化了美乌关系，美国则声称逃亡吉尔吉斯斯坦的乌兹别克不同政见者不会回到乌兹别克斯坦。2005 年 7 月，上合组织呼吁乌兹别克斯坦为美国关闭在该国的军事基地提供时间表；此后，乌兹别克斯坦政府要求美国半个月内关闭该空军基地，仅保留了乌兹别克斯坦东南部铁尔梅兹（Termiz）军事基地的少量德国军队。中俄等上合组织成员国则对乌兹别克斯坦的这一政策表示欢迎，并支持乌兹别克政府采取的这一项反恐行动。当年 11 月，美国关闭了在该国的军事基地，但拒绝缴纳基地租金；卡里莫夫总统则进一步倒向中俄，并指责美国

---

① Svante E. Cornell, “The United States and Central Asia: in the Steppes to Stay?” *Cambridge Review of International Affairs*, Vol. 17, No. 2, 2004, p. 241.

② Peter J. S. Duncan, “Russia, NATO and the ‘War on Terror’: Competition and Co-operation in Central Asia after 11 September 2001,” in Oktay F. Tanrisever, ed., *Afghanistan and Central Asia: NATO's Role in Regional Security since 9/11*, Washington D. C.: IOS Press, 2013, p. 138.

是“安集延事件”的幕后推手。①

2011 年 10 月，美国前国务卿希拉里访问乌兹别克斯坦，与卡里莫夫总统举行会谈，承诺美国不仅在阿富汗，而且会在整个中亚地区保持更深的影响力。② 2012 年开始，乌兹别克斯坦有意识地与俄罗斯拉开外交距离，并开始修复与美国的合作关系，试图恢复乌在阿富汗战争爆发初期的大国平衡外交。2012 年，乌兹别克斯坦政府宣布退出俄罗斯主导的《集体安全条约组织》，同时，乌兹别克斯坦与美国签订新的军事与政治合作协定，再次影响了中亚地区国际关系的发展方向。③ 2014 年 5 月，北约驻中亚地区代表处在乌兹别克斯坦首都塔什干成立，意味着今后美国将借助北约这一载体，在关闭在乌兹别克斯坦主要军事基地后，继续在多边框架下，维持在中亚的军事影响力。

2017 年 11 月，美国纽约一男子驾卡车在曼哈顿区世贸中心附近的繁忙自行车道上撞向人群，导致 8 人死亡 12 人重伤。经确认，嫌犯为赛普夫(Sayfullo Habibullaevic Saipov)，来自乌兹别克斯坦。乌兹别克斯坦总统米尔济约耶夫随后宣布将与特朗普政府密切合作，共同打击恐怖主义。2017 年 12 月 19 日，特朗普先是和乌兹别克斯坦总统通话，强调未来将加强合作，应对地区安全威胁。④

二、吉尔吉斯斯坦

吉尔吉斯斯坦在地缘上临近阿富汗，在美国发动的阿富汗战争中处于重要地位；阿富汗人口当中 27% 是塔吉克人，成为阿富汗第二大民族。⑤“9·11”事件发生后，小布什政府曾积极接触吉尔吉斯斯坦政府，希望在

---

① Evgeny F. Troitskiy, “US Policy in Central Asia and Regional Security,” *Global Security*, Vol. 21, No. 3, July 2007, p. 427.

② 张晶：《地缘战略视阈中的美国乌兹别克斯坦军事合作》，载《南京政治学院学报》2012 年第 2 期，第 60 页。

③ Alexey Fenenko, “Prospects for the Cooperation Between the CSTO and NATO after the End of the ‘War on Terror’ in Afghanistan,” in Oktay F. Tanrisever, ed., *Afghanistan and Central Asia: NATO's Role in Regional Security since 9/11*, Washington D. C.: IOS Press, 2013, p. 211.

④ 《税改只差最后一步 特朗普感谢共和党议员》，载《地球日报》2017 年 12 月 20 日。

⑤ Kamer Kasim, “Central Asian Neighbours and the 3R Process in Afghanistan,” in Oktay F. Tanrisever, ed., *Afghanistan and Central Asia: NATO's Role in Regional Security since 9/11*, Washington D. C.: IOS Press, 2013, p. 39.

战争爆发时在该国建立前沿行动基地。

马纳斯机场距离首都比什凯克仅 25 千米，是美军在中亚使用的最重要的吉尔吉斯斯坦军事设施。该机场飞机跑道长 4200 米，在中亚国家首屈一指。美国在吉尔吉斯坦的军事基地不同于美国在乌兹别克斯坦和其他中亚国家的军事基地。首先，美国在吉尔吉斯斯坦的军事基地基于公开的条约，而不是秘密军事协定，2001 年规定使用期为一年，后于 2002 年又宣布每三年审查一次；第二，尽管该国允许美国部署军事基地，但是吉政府并未要求美国反恐部队协防吉政府。①

吉尔吉斯斯坦总统阿卡耶夫欢迎美军在马纳斯部署军事基地，原因主要包括以下几点：一是吉尔吉斯斯坦经济落后，希望获得可观的基地租金与美国的援助；二是吉尔吉斯斯坦尽管伊斯兰极端势力人数较少，但是破坏力很大，阿卡耶夫政府希望引进美国的力量维护政权安全，阻止伊斯兰激进势力从阿富汗和乌兹别克斯坦向该国渗透；三是吉尔吉斯斯坦处于中、俄、哈萨克斯坦等强大邻国的包围之中，引入美国的力量有助于在大国之间维持一种战略平衡，通过美吉双边军事合作协定等制度化安排维护该国的生存安全，吉尔吉斯斯坦是世界上仅同时拥有美国和俄罗斯军事基地的国家。②

2001 年 12 月，美国在吉尔吉斯首都比什凯克附近的马纳斯国际机场建立了军事基地，美国空军第 376 远征联队驻扎在该基地，同时驻扎的还有西班牙、法国、澳大利亚、丹麦、荷兰、挪威和韩国等美国盟国的军队。马纳斯空军基地面积约 15 公顷，拥有中亚最长的飞机跑道，也是中亚地区最重要的军事基地之一，年租金 1740 万美元，为美国大型军用运输机如 C－130、C－17 等向阿富汗提供物资运输服务提供了中转站，③ 也为美军战斗机和加油机提供了重要空军基地。马纳斯空军基地是美国、北约和国际安全援助部队联合使用的空军基地，成为攻击"基地"组织和塔利班最重要的前沿行动基地和后期补给基地之一，该基地一度驻扎美军 3000 多

① Evgeny F. Troitskiy, "US Policy in Central Asia and Regional Security," *Global Security*, Vol. 21, No. 3, July 2007, p. 424.

② "The US in Central Asia," *Strategic Comments*, Vol. 10, No. 3, 2004, p. 1.

③ Zakir Chotaev, "The Great Powers in Central Asia: Policies of the US and Russia," in Oktay F. Tanrisever, ed., *Afghanistan and Central Asia: NATO's Role in Regional Security since 9/11*, Washington D. C.: IOS Press, 2013, p. 150.

人，部署有战斗机、运输机和加油机，在向阿富汗运送人员和军事装备及物资方面，发挥了重要作用。[①] 另外，根据美国曾与吉尔吉斯斯坦达成的协议，美国曾经计划在吉南部巴特肯地区建立一个反恐培训中心。

俄罗斯则针锋相对，2002 年与吉尔吉斯斯坦签订《军事基地租借协议》，在马纳斯军事基地外 20 千米处部署了快速反应部队，并强化了在坎特（Kant）军事基地的力量。除坎特军事基地外，俄罗斯还在吉尔吉斯斯坦部署了卡拉科尔水下武器试验基地、卡拉—巴尔特军事通讯中心和迈卢苏无线电地震实验室等军事设施，以巩固俄在中亚的主导地位。由此可见，俄罗斯把中亚地区视为自己的“后院”，坚决反对美国在中亚地区长期谋求军事基地。正如俄罗斯前驻印度大使、外交部第一副部长特鲁布尼科夫（Vyacheslav Trubnikov）所指出的：美国在中亚地区部署军事基地完全是多余，因为俄罗斯在维护该地区发挥着稳定器作用。美国在中亚地区军事设施的唯一作用就是在阿富汗的反恐行动；一旦反恐任务结束，美国就应关闭在中亚的军事基地。[②] 2003 年底，俄罗斯国防部长伊万诺夫（Sergey Ivanov）指出，美国在中亚的军事基地应当主要服务于反恐目的；但是，如果北约的军事设施靠近俄罗斯边境，俄将感到忧虑并将会作出反应。[③] 普京表示：“北约联军撤出阿富汗后，当地的局势未必会趋于好转，而俄罗斯在本地区的驻军，在必要情况下能打击恐怖主义、极端主义和贩毒行为。”[④]

2009 年 2 月，吉议会通过了政府提交的关于废除美军和国际反恐联盟其他 11 国军队租用马纳斯空军基地协议的法案。随后美国与吉尔吉斯斯坦签署了关于使用马纳斯国际机场的新协议，并将马纳斯空军基地更名为“过境运输中心”，每年的基地租金为 6300 多万美元，加上其他建设等费

---

① Tom Landford, 9/11 *and the Wars in Afghanistan and Iraq*, Santa Barbara, California: ABC-CLIO, 2012, p. 104.

② Stephen J. Blank, “Challenges to Russia in Central Asia,” *Journal of American Foreign Policy Interests*, Vol. 33, 2011, pp. 210 - 211.

③ Svante E. Cornell, “The United States and Central Asia: in the Steppes to Stay?” *Cambridge Review of International Affairs*, Vol. 17, No. 2, 2004, p. 246.

④ 杨进：《谁主沉浮：美俄在中亚的军事基地博弈》，载《世界知识》2012 年第 24 期，第 35 页。

用，美国每年支付约 1.5 亿美元。[①]

美军及其盟国军队在使用马纳斯军事基地过程中，产生了两方面的问题：一是吉尔吉斯斯坦认为美国支付的基地租金太少，吉政府未获得充分的物质补偿；二是驻吉美军多次发生枪杀当地平民的事件，引起社会的强烈不满。2011 年 3 月，吉尔吉斯斯坦代总统·奥通巴耶娃（Roza Otunbaeva）正式访问华盛顿，两国达成了关于将美军使用马纳斯军事基地延长至 2014 年 7 月的共识。[②] 2013 年，吉尔吉斯斯坦议会以 91 票赞成、5 票反对通过了政府提交的一项议案，即自 2014 年 7 月起，吉将关闭美军在马纳斯的军事基地。2011 年 10 月，新当选的吉尔吉斯斯坦总统阿坦巴耶夫（Almazbek Atambayev）宣布：他当选总统后将遵守吉尔吉斯斯坦与美国签订的关于美军使用马纳斯国际机场中转站的协议，但在 2014 年 7 月协议到期后不再续签，取消美军对马纳斯军事基地的使用权。[③] 2014 年，美国正式关闭了在吉尔吉斯斯坦的马纳斯空军基地。该基地具有战略性，在 12 年的时间里共为美军、北约军队以及国际安全援助部队输送兵力 530 万人，是美国在中亚地区最大的军事基地。

2015 年，美国国务院宣布，拟授予吉尔吉斯斯坦异见人士阿斯卡罗夫“人权卫士”奖，并由美国助理国务卿马利诺夫斯基授奖。美国干涉吉尔吉斯斯坦内政的做法，引起吉政府的强烈不满。2015 年 7 月，吉尔吉斯斯坦总理萨里耶夫签署法案，宣布单方面废除与美国签署的长达 22 年之久的合作协议，美国对吉废除该协议表示失望。[④]

三、巴基斯坦

“9·11”后，美国决心铲除“基地”组织和庇护本·拉登的塔利班政权，巴基斯坦的战略地位凸显。巴基斯坦与阿富汗在地缘、文化、部落和

---

① Tom Landford, 9/11 *and the Wars in Afghanistan and Iraq*, Santa Barbara, California: ABC-CLIO, 2012, p. 183.

② Zakir Chotaev, “The Great Powers in Central Asia: Policies of the US and Russia,” in Oktay F. Tanrisever, ed., *Afghanistan and Central Asia: NATO's Role in Regional Security since* 9/11, Washington D. C.: IOS Press, 2013, p. 151.

③ U. S. Department of Defense, “Report on Progress Toward Security and Stability in Afghanistan,” Report to Congress, November 2012, p. 147.

④ 《吉尔吉斯斯坦废除与美国合作协议》，载《人民日报》2015 年 7 月 23 日。

历史等方面保持着天然联系。居住在阿富汗东部和南部的普什图人有900万，居住在巴基斯坦西部的普什图人有1400万左右，这一人口规模庞大的跨境普什图人成为联系阿富汗和巴基斯坦的纽带，也是塔利班和“基地”组织获得重要支持的地区。

“9·11”事件后，美国积极筹备在巴基斯坦建立军事基地，成为军事行动、情报搜集和后勤供应的重要基地。阿富汗战争爆发后，美国在阿富汗军事行动所需物资中的40%是从巴基斯坦转口进入；巴基斯坦地面通讯线路（Ground Lines of Communications）大大减少了以美国为首的多国部队的运输成本和时间。作为回报，美国取消了自1998年巴基斯坦核试验后美国对巴基斯坦的经济制裁，并于2004年将巴基斯坦视为“重要非北约盟国”。[①] 美国不仅向巴基斯坦提供了重要军事和经济援助，每年平均向巴基斯坦提供10亿美元以上的军事与安全援助。

截至2004年3月，美国秘密使用了巴基斯坦境内的两处军事基地——达尔本丁（Dalbandin）和夏巴兹（Shahbaz），这两处军事基地在美国执行在阿富汗—巴基斯坦边界地区特别任务和情报搜集具有重要意义。夏巴兹空军基地位于信德省杰克巴德（Jacobadad）附近，在美国反恐攻势中处于重要地位；美国部署的C－17运输机提供了重要后勤供应。巴基斯坦的达尔班丁、贾科巴巴德、帕斯尼和白沙瓦等都是美军重要的军事基地所在地。[②]

巴基斯坦默许美国使用其军事基地向“基地”组织和阿富汗塔利班政权发动袭击，引起本国普什图人部落的强烈不满。巴基斯坦塔利班领导下的20多个伊斯兰组织不仅占领斯瓦特（Swat）谷地，而且频频向巴基斯坦政府军发动袭击。2007年7月，巴基斯坦发生红色清真寺人质劫持事件，导致200多人死亡，巴基斯坦反恐局势恶化。[③] 2009年，奥巴马在公开讲话时认为，巴基斯坦局势不容乐观，因为“毒瘤存在于巴基斯坦”；阿富

---

① Tom Landford, 9/11 *and the Wars in Afghanistan and Iraq*, Santa Barbara, California: ABC-CLIO, 2012, p. 107.

② 朱成虎、孟凡礼主编：《当代美国军事》，北京：社会科学文献出版社，2012年版，第56页。

③ Faisal Davji, “Red Mosque,” in Shahzad Bashir and Robert D. Crews, eds., *Under the Drones: Modern Lives in the Afghanistan-Pakistan Borderlands*, Cambridge, Massachusetts and London: Harvard University Press, 2012, p. 153.

汗与巴基斯坦之间的普什图族聚居区是“基地”组织的大本营，与美国国土安全息息相关。[①] 奥巴马批准《2009 年克里—卢格—伯曼法》（2009 *Kerry-Lugar-Berman Act*），根据该协定，美国政府在今后五年时间里每年向巴基斯坦提供 15 亿美元的援助。作为交换，巴基斯坦政府将在反恐、防扩散和推进民主化进程等方面满足美国的需求。2009 年，巴基斯坦和美国同时对阿富汗与巴基斯坦边界地区的塔利班与“基地”组织成员发动了军事打击，巴美军事行动取得了阶段性成果。2010 年美国《国家安全战略报告》指出：“美国将在互利共赢、相互尊重的基础上促进与巴基斯坦的关系，打败威胁美巴两国的暴力极端主义，帮助巴基斯坦增强打击其境内暴力极端分子的能力，并在其过程中提供相应的安全援助。”[②]

然而，美巴双方却存在严重的“信任赤字”。2011 年 1 月，美国中央情报局的一名雇员在旁遮普省省会拉合尔市（Lahore）枪杀了两名巴基斯坦人；2011 年 5 月，美国海豹突击队秘密进入巴基斯坦境内阿伯塔巴德，打死了本·拉登及其追随者；2011 年 11 月，美国在阿富汗驻军入侵巴境内打死 24 名巴基斯坦士兵。上述事件影响了美国与巴基斯坦之间的信任关系，使美国在巴基斯坦的军事存在面临越来越大的政治压力。2012 年，皮尤公司所做的一项民意调查显示：74% 的巴基斯坦人把美国视为敌人，只有 8% 的巴基斯坦人把美国视为伙伴。[③]

奥巴马一方面加强对巴基斯坦的人道主义援助，如 2010 年巴基斯坦爆发严重的洪涝灾害后，美国在巴基斯坦的军事力量与 2005 年巴基斯坦发生严重地震灾害后参与救灾一样，投入救灾行动，美国国会同意每年向巴基斯坦提供 20 亿美元的军事援助（2010 年财年）和 15 亿美元的非军事援助[④]；另一方面，美国加大了利用无人机对巴基斯坦境内极端分子和恐怖分子进行清剿的力度。仅 2010 年 9 月，就有大约 21 架次的美国无人机对巴基斯坦境内目标发动攻击，造成 100 多名巴基斯坦人死亡，其中包括许

---

① Seth G. Jones, “U. S. Strategy in Afghanistan,” Testimony presented before the House Foreign Affairs Committee, Subcommittee on Middle East and South Asia on April 2, 2009, CT – 324, RAND, April 2009, p. 9.

② The White House, *National Security Strategy*, 2010, Washington D. C. , May 2010, p. 21.

③ Alexander Evans, *The United States and South Asia after Afghanistan*, New York: Asia Society, December 2012, pp. 24 – 25; p. 41.

④ Richard L. Armitage and Samuel R. Berger, “U. S. Strategy for Pakistan and Afghanistan,” Council on Foreign Relations, Independent Task Force Report No. 65, 2010, p. 10.

多平民，引起巴基斯坦政府的强烈不满，认为这种越境打击行为既无合法性，又无法让人理解。[①] 尽管 2010 年 10 月巴基斯坦宣布允许美国通过该国向阿富汗提供物资援助，但当月美国无人机再次连续发动袭击，打死 36 名巴基斯坦人，主要是平民，迫使巴基斯坦于 2011 年 3 月宣布终止与美国的战略谈判，并切断北约领导下的国际安全援助部队在巴基斯坦的地面通讯线。[②]

2011 年 11 月，美国与阿富汗和巴基斯坦国防部长签订《阿富汗与巴基斯坦地区稳定化战略》（Afghanistan and Pakistan Regional Stabilization Strategy）。在这份协议中，美国重申将与阿富汗和巴基斯坦建立战略合作关系，并将促进这两国的法治建设，改善妇女地位等。同时，美国重申其在阿富汗和巴基斯坦的军事部署不会永久存在下去。[③] 当年 11 月，北约军机空袭巴基斯坦西北部莫赫曼德地区的两处检查站，巴基斯坦政府提出强烈抗议，并要求每家在 15 日之内撤离舍姆西空军基地。2011 年 12 月，应巴基斯坦方面的要求，美军关闭了该空军基地。[④]

2012 年 7 月，美国和巴基斯坦签订《合作备忘录》。美国和巴基斯坦恢复合作关系以来，两国的安全合作继续得到了发展，双方重申了与对方在重大共同关切面前加强合作的重要性，包括清剿位于巴基斯坦境内的部落武装分子。2013 年 8 月 20 日，巴基斯坦的安全部队对俾路支省省会奎达（Quetta）市进行突击检查，查出 100 吨爆炸物，并逮捕了 10 名极端组织嫌疑人。[⑤]

2016 年以来，美国与巴基斯坦的防务合作一直处于低水平。2016 年 8 月 6 日，美国拒绝向巴基斯坦提供这 3 亿美元援助；2018 年 1 月，美国总统特朗普在推特上指出，美国向巴基斯坦提供过资金援助，但伊斯兰堡没

---

① David Cortright, *Ending Obama's War: Responsible Military Withdrawal from Afghanistan*, Boulder: Paradigm Publishers, 2011, pp. 58 – 60.

② Tom Landford, *9/11 and the Wars in Afghanistan and Iraq*, Santa Barbara, California: ABC-CLIO, 2012, p. 190.

③ United States Government Accountability Office, "Afghanistan: Key Oversight Issues," GAO – 13 – 218SP, Report to Congressional Addressees, February 2013, p. 40.

④ 《美军已撤离巴基斯坦舍姆西空军基地》，http://news.xinhuanet.com/photo/2011 – 12/12/c_122410333.htm.

⑤ U. S. Department of Defense, "Report on Progress Toward Security and Stability in Afghanistan," Report to Congress, November 2013, p. 15; p. 114.

有协助打击恐怖主义，反而藏匿来自阿富汗的武装分子，故美国政府决定暂不拨给巴基斯坦2.55亿美元的反恐资金。[①] 特朗普上任以来，美国和巴基斯坦的军事与防务合作面临巨大挫折。

除乌兹别克斯坦、吉尔吉斯斯坦和巴基斯坦以外，阿富汗战争爆发后，美军和北约成员国还使用了中亚其他国家的军事基地。

第一，是塔吉克斯坦。由于阿富汗北方联盟中有很多塔吉克人，所以美国以向塔吉克斯坦提供军事和经济援助为条件，鼓励塔吉克斯坦与阿富汗北方联盟全面合作。冷战结束后，塔吉克斯坦是俄罗斯在中亚军事基地的主要东道国，俄军在该国部署了第201摩步师，约7000人，军事基地使用权一直延长到2042年，同时，俄还在该国部署了1.1万俄罗斯边防兵。除俄罗斯外，印度也在塔吉克斯坦部署了其在海外首个军事基地。2011年以来，大约有4000名印度人在阿富汗从事基础设施建设；印度在塔吉克斯坦建立的第一处海外军事基地也出于抑制阿富汗塔利班的目的。[②]

"9·11"事件发生后，美国与塔吉克斯坦也达成了军事基地使用协定，获准使用苦盏（Khujand）、库尔干—秋别（Krgan-Tyube）和库利亚布（Kulyab）3处军事基地，其中库利亚布军事基地装备最好，为美军在阿富汗北部地区开展军事行动提供了重要支持。[③] 随着美国从阿富汗逐步撤出军事力量并关闭军事基地，美国在塔吉克斯坦的军事基地也停止使用。

第二，阿富汗战争爆发后，美国曾经一度临时使用了哈萨克斯坦的军事设施。哈方也因此成为自阿富汗战争开始后，又一个向美国提供军用设施使用权的中亚国家。2008年底，哈萨克斯坦向北约参加阿富汗战争的国家军队提供阿拉木图机场、奇姆肯特机场、卢戈沃伊机场的军机起降权。[④] 但是，哈萨克斯坦是中亚地区大国，更加强调奉行独立自主的外交政策，试图在俄、美、中之间，以及在北约和上合组织之间保持一种战略平衡，因此，哈萨克斯坦政府拒绝了美军租用军事基地的请求。哈萨克斯坦远离

---

① 《媒体：美国决定暂不向巴基斯坦提供2.55亿美元军援》，俄罗斯卫星网，http://sputniknews.cn/politics/201801021024406472/.

② David Cortright, *Ending Obama's War: Responsible Military Withdrawal from Afghanistan*, Boulder: Paradigm Publishers, 2011, p.117.

③ Richard Giragosian, "The US Military Engagement in Central Asia and the Southern Caucasus: An Overview," *Journal of Slavic Military Studies*, Vol.17, No.1, 2010, p.51.

④ 费洪媛：《美在中亚建军事基地的虚与实》，载《解放军报》2010年4月11日，第4版。

阿富汗，客观上也降低了美军使用哈萨克斯坦军事基地的主观愿望。

第三，土库曼斯坦是中亚唯一宣布奉行“中立”政策的国家，其中立外交为联合国所接受，因而拒绝了美国使用该国军事基地发动战争的请求，但是土库曼斯坦允许美国在运送人道主义物资前往阿富汗时使用该国领空。①

第四节　美国在中亚地区军事基地的理论考察

“9·11”事件以来，美国在“大中亚”的军事部署经历了部署主要军事基地（2001—2004）、拓展前沿行动基地（2005—2012）、保留合作安全基地（2012年至今）三个阶段，这与美国在阿富汗的政策调整——军事作战、战后维稳和从阿富汗脱身存在重要关联。美国在中亚军事基地的部署与调整过程基本上印证了第三和第四章提出的理论假设。

一、战略维度：维护领导权

伊斯兰国家主要分布在海湾地区、东地中海地区、非洲阿拉伯地区和中亚地区，美国在各地区的战略利益不同，对上述各地区军事基地的依赖程度也不一样。如在海湾地区，美国寻求绝对领导权，不许任何大国染指地区领导权；在“大中亚”地区，美国的战略利益不是控制该地区，也无意长期部署军事基地，而是确保“大中亚”不要成为任何大国的“后院”，希望看到俄、中、欧、美、沙特、伊朗、印度等域外大国能够大体保持一种战略均势。从战略维度来看，其在中亚主要出于维护美国在阿富汗政治进程中的参与权而不是主导权。

二、军事维度：增强投射能力

从军事维度来看，主要是增强美国向中亚地区尤其是阿富汗的军事投

① Tom Landford, 9/11 *and the Wars in Afghanistan and Iraq*, Santa Barbara, California: ABC-CLIO, 2012, p. 105.

射能力：

第一是应对阿富汗塔利班卷土重来的新挑战。2016 年 5 月，阿富汗塔利班领导人曼苏尔在巴基斯坦遭美国无人机袭击身亡，阿洪扎达成为塔利班新任领导人，于是加大了自杀式报复袭击的力度，包括对美军、阿富汗军队检查站、集市、清真寺、婚礼和葬礼队伍等发动自杀式袭击。2016 年 6 月，在北约华沙峰会召开前一个星期，塔利班在首都喀布尔西郊发动两起自杀式袭击，共造成 27 人死亡、40 人受伤。2016 年 7 月，塔利班领导人阿洪扎达在上台后第一次公开演说中就敦促“美国侵略者”停止对阿富汗的占领，要求美军关闭在阿军事基地，并声称全体穆斯林与美国及其帮凶的斗争是“烈士行为”。此后，奥巴马宣布：美军将在阿富汗发挥更加积极的作用，包括打击塔利班武装、训练阿富汗政府军、执行特殊使命、加大反恐情报搜集等。2016 年 7 月，美国国防部长卡特在与澳大利亚国防部长马利斯·佩恩会谈时，再次讨论了美澳在阿富汗的合作。[①]

第二是应对“伊斯兰国”组织在中亚的渗透。随着美军在叙利亚和伊拉克对“伊斯兰国”组织发动更加频繁的空袭，“伊斯兰国”组织开始加大在外线的自杀式袭击力度，包括在欧洲、美国、北非和阿富汗等地实施攻击，以达到“围魏救赵”的目的。在阿富汗，“伊斯兰国”组织、“基地”组织和“塔利班”既有合作的一面，又有竞争的一面。2016 年 6 月，在阿富汗首都什叶派穆斯林举行的和平示威队伍中，“伊斯兰国”组织支持者发动自杀式袭击，共造成 80 多人死亡、230 人受伤，这也是“伊斯兰国”组织首次在首都喀布尔发动袭击，此次袭击行动甚至遭到塔利班的谴责。2016 年 7 月，美军和阿富汗特种部队在楠格哈尔省举行打击“伊斯兰国”组织在阿富汗分支机构的专项行动，并在 7 月 26 日定点空袭中炸死了“伊斯兰国”阿富汗分支领导人哈菲兹·萨义德·汗，地点位于楠格哈尔省阿钦地区。即便如此，2016 年 8 月 22 日，美国国防部长卡特仍然表示，在阿富汗执行任务的美军接连身亡，尤其是在赫尔曼德省，表明今后美军需要做更多的工作。

美国相继关闭在乌兹别克斯坦、巴基斯坦和吉尔吉斯斯坦的军事基地后，阿富汗成为美军向中亚投射军事力量的前沿阵地。美国在阿富汗的军

---

① 孙德刚：《霸权之锚：美在阿富汗的军事部署》，载《中国国防报》2016 年 8 月 26 日，第 22 版。

事基地一方面帮助美军推翻塔利班政权，摧毁“基地”组织在阿富汗的大本营，击毙了阿富汗极端主义势力的主要头目，使中亚恐怖主义和反美主义势力暂时得到了遏制；另一方面，美国也付出了重大人员伤亡，且塔利班和“基地”组织滋生的土壤至今尚未被完全铲除，迫使奥巴马政府寻求与塔利班的对话。

三、政治维度：巩固联盟体系

从政治维度来看，美国在中亚的军事存在巩固了美国在中亚的伙伴关系体系，尤其是北约对话伙伴国的特殊关系。但是，与美国在欧洲、亚太基于西方自由、民主、人权“价值观的联盟”不同，美国在中亚尚未建立军事联盟体系，甚至未能像在西亚那样建立任务导向性联盟体系（美土、美以、美国与海合会等）。美国在巴基斯坦、乌兹别克斯坦、吉尔吉斯斯坦等中亚国家的军事基地最终均关闭，美国与上述国家的关系也逐步冷淡下来，甚至被美国视为“非北约盟友”的阿富汗近年来也与美国拉开了距离，表明美国在中亚的军事基地部署具有临时性与功利性。

四、利益维度：保护现实利益

从利益维度来看，美国在中亚保护现实利益这一动因不明显。尽管美国在大中东拥有重要安全利益，如打击“伊斯兰国”组织、“基地”组织和塔利班，维护美国在中亚安全事务中的主导权，阻止中俄等通过上合组织、欧亚经济联盟和“一带一路”倡议等将美国边缘化，但是美国在中亚的现实利益并不明显。随着美国对“大中亚”关注度的降低，其对中亚的援助减少；美国在中亚国家经济、贸易和安全事务中的地位也呈下降趋势。2013 财年，美国对中亚的援助削减了 13%。同时，美国对中亚研究项目的资助也相应减少，2012 年美国用于中亚研究的资助减少了 4.6%，2013 年也没有新的增加。[①]

---

① 赵华胜：《后阿富汗战争时期的美国中亚外交展望》，载《国际问题研究》2014 年第 2 期，第 85 页；Вашингтон больше не интересуют исследования Центральной Азии，http：//www. fergananews. com/articles/7982.

美国在阿富汗和中亚其他国家军事基地的调整主要受以下因素的影响：一是中亚地区格局的变化，尤其是中、俄、印度、伊朗和土耳其等对中亚事务的参与程度增加，促使中亚多极化格局的不断形成；二是美国领导人决策认知的变化，如奥巴马主义和小布什主义对美国在中亚军事基地部署的影响；三是阿富汗、乌兹别克斯坦、巴基斯坦和吉尔吉斯斯坦等基地东道国舆论的变化导致美国在上述国家军事基地部署的政治化，迫使美国缩小或关闭军事基地；四是俄罗斯和上合组织作为第三方劝阻中亚国家不要向美军提供军事基地，成为美国关闭在中亚地区军事基地的重要外部因素。

（一）地区格局的变化

美国在中亚军事基地的调整一是地区格局变化的产物，尤其是近年来俄罗斯、中国、印度、巴基斯坦、土耳其等纷纷介入中亚事务，加上上合组织、欧亚经济联盟和北约的相互牵制，中亚地区已经形成了多极化格局。美国在阿富汗的军事部署引起俄罗斯的猜疑。“9·11”事件发生后，俄罗斯领导人对美国在中亚的军事基地部署曾经持谨慎的支持态度，原因是：第一，美国是“9·11”恐怖袭击事件的直接受害者；二是美国清剿阿富汗塔利班和“基地”组织势力有利于俄罗斯在车臣的反恐行动；三是美国军事力量进入中亚，可以阻止中国、土耳其和伊朗等其他大国在中亚建立势力范围。[①]然而，阿富汗战后重建过程中，美国在中亚军事基地部署的机制化和长期化，使俄罗斯政府担心：美国以军事基地为锁链，与阿富汗、巴基斯坦、乌兹别克斯坦、吉尔吉斯斯坦、塔吉克斯坦等建立战略联盟关系，挤压俄罗斯的传统影响力，甚至建立类似于1955年的“巴格达条约组织”。美国提出成为上合组织的观察员国、2012年乌兹别克斯坦退出俄罗斯主导的集体安全条约组织以及北约在中亚地区吸收和平伙伴国，并于2014年在乌兹别克斯坦首都塔什干成立北约在中亚地区的代表处，都使俄罗斯担心北约将在未来向中亚渗透，甚至实现北约的“亚洲化”。[②]

---

① Alexey Fenenko, “Prospects for the Cooperation Between the CSTO and NATO after the End of the ‘War on Terror’ in Afghanistan,” in Oktay F. Tanrisever, ed., *Afghanistan and Central Asia: NATO's Role in Regional Security since* 9/11, Washington D. C.: IOS Press, 2013, p. 204.

② Alexey Fenenko, “Prospects for the Cooperation Between the CSTO and NATO after the End of the ‘War on Terror’ in Afghanistan,” in Oktay F. Tanrisever, ed., *Afghanistan and Central Asia: NATO's Role in Regional Security since* 9/11, Washington D. C.: IOS Press, 2013, pp. 204 – 205.

中国的中亚战略也对美国在阿富汗的军事部署产生了深远影响。中亚地区对中国的边疆地区稳定和向西开放起到重要支撑作用。截至 2015 年，美国已相继关闭了在乌兹别克斯坦、巴基斯坦和吉尔吉斯斯坦的军事基地，美军在阿富汗驻军也下降至 10800 人，意味着美国在中亚地区采取收缩战略。在可预见的将来，美国在阿富汗的近 1 万名美军尽管主要任务是预防、保护美国侨民安全、保护阿富汗关键基础设施和帮助阿富汗军队加强军事训练等，但仍将成为美国干预中亚地区事务的首要军事力量，使中亚地区美、俄、中、印、巴之间，以及西方主导的北约、中国主导的上合组织和俄罗斯主导的集体安全条约组织等相互牵制、相互影响，构成中亚地区的均势。

（二）美国决策者的认知

美国驻军阿富汗付出了惊人的经济代价和军事成本，成为美国决策者调整在中亚军事基地部署的重要原因。2012 年美国战略与国际研究中心（CSIS）的一份研究报告显示：2001—2013 财年，美国国防部、国务院、美国国际开发署和联邦政府其他部门在阿富汗的军事和民事总投入高达 6417 亿美元，仅次于美国发动伊拉克战争的约 8000 亿美元。[①] 美国非政府组织“国家优先项目”（National Priorities Project）2015 年的调查报告显示，自 2001 年至今，美国为在阿军事行动共直接资金投入约为 7150 亿美元，其中不包括救助美军伤员的间接费用。[②]

从军事代价来看，从美军入侵阿富汗到 2010 年秋，大约有 9400 名阿富汗平民死于武装冲突。在阿富汗战争和战后政治重建过程中，大约 4000 名国际安全援助部队和雇员死亡，大约 1 万名阿富汗安全部队人员死亡。[③] 从 2001 年美国发动阿富汗战争到布什任期结束，美军在阿富汗阵亡 617

---

① Anthony H. Cordesman, “The U. S. Cost of the Afghan War: FY2002 - FY2013: Cost in Military Operating Expenditures and Aid and Prospects for ‘Transition’,” Center for Strategic & International Studies, May 14, 2012, p. 3.

② 人民网：《美军在阿富汗每小时烧钱 400 万美元　堪称史上最昂贵战争》，2015 年 7 月 16 日，http://news.ifeng.com/a/20150716/44180192_0.shtml.

③ David Cortright, *Ending Obama's War: Responsible Military Withdrawal from Afghanistan*, Boulder: Paradigm Publishers, 2011, p. 23.

人。从奥巴马入主白宫到 2010 年 9 月，美军又有 620 人阵亡。[①] 2001—2011 年约 10 年时间里，美军在阿富汗阵亡近 2000 人，另有 1.7 万人受伤。[②]

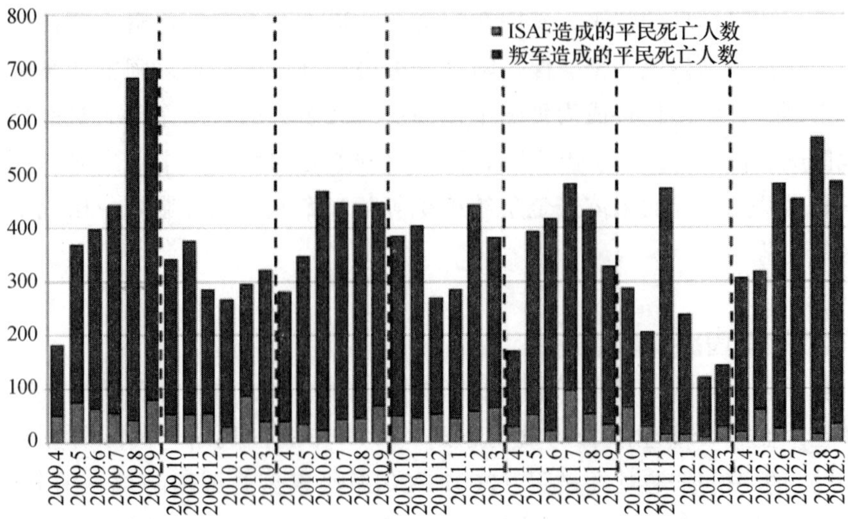

图 6—1 阿富汗平民死亡人数统计[③]（2009.4—2012.9）

美国关闭在阿富汗的主要军事基地，一方面减轻了美军的防务负担，另一方面，同 2011 年年底关闭在伊拉克的军事基地一样，产生了基地关闭成本，这也是美国决策者暂缓关闭在阿富汗军事基地的重要考量。例如，美国在阿富汗留下了 5 万辆各类交通运输工具、大约 9 万个集装箱，以及若干数量的飞机和武器装备等，价值 360 亿美元。这些装备和设施一旦落入塔利班或“基地”组织手中，将对阿富汗和美国国家安全构成巨大威胁。美国对这些装备和设施的处置主要包括三类：（1）撤走装备和设施；（2）转让给阿富汗政府；（3）就地销毁。如果将这些军用和民用设施撤走（主要分巴基斯坦、土耳其和海湾合作委员会三个途径），费用约 60 亿美

① David Cortright, *Ending Obama's War: Responsible Military Withdrawal from Afghanistan*, Boulder: Paradigm Publishers, 2011, pp. 4－5.

② Alexander Evans, *The United States and South Asia after Afghanistan*, New York: Asia Society, December 2012, p. 42.

③ U. S. Department of Defense, “Report on Progress Toward Security and Stability in Afghanistan,” Report to Congress, November 2012, p. 33.

元。因此，美军将基地中的主要装备均移交给了阿政府。[①] 如何关闭美国在阿富汗多余的军事基地，同时能够继续维持在该国的政治影响力，是摆在奥巴马政府和未来美国政府面前的一道难题。

（三）基地政治化

经过近 15 年的反恐战争，阿富汗安全形势并未得到根本改善，也未成为美国改造伊斯兰世界的“民主样板”。相反，阿富汗经济和社会治理能力低下，贩毒猖獗，政治和解进程举步维艰，塔利班、“基地”组织和“伊斯兰国”组织纷纷把阿富汗作为活动据点。奥巴马总统原先期望的“阿富汗局势逐步改善、美军分批撤出”的一幕并未出现。2016 年 6 月，美国承认，自北约从阿富汗撤军后，阿富汗面临最严重的人道主义危机。

美国和北约向阿富汗派出数以万计的军事战斗人员，却并未给该国带来和平，而 2008 年后塔利班卷土重来又威胁到阿富汗新政权的稳定。2010 年 2 月，美国和阿富汗军队共 1.5 万人在赫尔曼德省向塔利班发动袭击，但收效甚微。2011 年夏秋季，美国和阿富汗联军在坎大哈再次发动对塔利班的打击，打死 500 多名武装分子，但美国和北约军队的伤亡也创下历史新高。[②]

阿富汗不仅面临步履蹒跚的政治重建任务，而且面临严重的国家治理难题。如在阿富汗，毒品问题尚未得到根本解决；强制婚姻虽为法律所禁止，但是未成年人婚姻却为法律所允许；根据联合国妇女发展基金会的统计，阿富汗妇女识字率仅为 16%，是男性识字率 31% 的一半。[③] 从 2001 年美国在阿富汗发动“永久自由行动”到 2012 年 9 月 30 日，美国国防部在阿富汗共投入 4400 亿美元，美国国务院共投入 66 亿美元，美国其他机构如国际发展署等还斥资 797 亿美元用于阿富汗重建与扶贫项目。[④] 2009 年

---

① United States Government Accountability Office, “Afghanistan: Key Oversight Issues,” GAO – 13 – 218SP, Report to Congressional Addressees, February 2013, p. 23.

② Tom Landford, 9/11 *and the Wars in Afghanistan and Iraq*, Santa Barbara, California: ABC-CLIO, 2012, pp. 186.

③ David Cortright, *Ending Obama's War: Responsible Military Withdrawal from Afghanistan*, Boulder: Paradigm Publishers, 2011, p. 77.

④ United States Government Accountability Office, “Afghanistan: Key Oversight Issues,” GAO – 13 – 218SP, Report to Congressional Addressees, February 2013, p. 4.

美国国会一项研究报告表明，美国在阿富汗和伊拉克投入的财政资源中94%为国防部所支出，只有6%由国务院支配。①

美国在阿富汗付出巨大军事和经济代价，却未能赢得阿富汗的民心。2015年10月，由美国主导的驻阿富汗国际安全援助部队轰炸阿北部城市昆都士市的一家医院，造成47名医护人员和平民伤亡，负责运营该医院的“医生无国界”组织提出抗议。② 此后，阿富汗政府和民众反美主义呼声高涨，要求美国关闭在阿富汗的军事基地。阿富汗北方的哈扎拉族、乌兹别克族和塔吉克族并不支持塔利班，只有南部的普什图族才是塔利班最忠实的支持者，因此，奥巴马政府采取区别对待的政策，向普什图族以外的阿富汗各民族提供援助，以希望获得这些族群的反恐支持，减少美国在阿富汗军事部署的成本。③ 奥巴马政府甚至与温和的塔利班派别在卡塔尔举行接触和谈判。在德国和卡塔尔的积极协调下，塔利班与美国代表分别在德国和卡塔尔多哈举行接触，就交换战俘等问题达成了一定范围的谅解。但是，塔利班提出阿富汗必须修改宪法，在全国实行伊斯兰教法（“沙利亚法”），同时西方大国必须关闭所有在阿富汗的军事基地，所有外国军队都必须撤出阿富汗，表明塔利班绝不会容忍美国保留在阿富汗的军事基地。④

（四）第三方的反制

近年来，乌克兰危机、打击“伊斯兰国”组织和改善同反美国家的关系问题（如缅甸、古巴、伊朗等），成为奥巴马政府的重要任务。经过调整，美国与俄罗斯在“大中亚”的军事基地大体形成了一种战略均势，这与美国在黑海地区（美国在土耳其与俄罗斯在克里米亚的军事基地）、地中海地区（美国在意大利和希腊与俄罗斯在叙利亚）的军事基地一道，形

---

① David Cortright, *Ending Obama's War: Responsible Military Withdrawal from Afghanistan*, Boulder: Paradigm Publishers, 2011, p. 36.

② Terri Moon Cronk, "Senior Official Outlines U. S. Missions in Afghanistan," US Department of Defense, http://www.centcom.mil/news/news-article/senior-official-outlines-u.s.-missions-in-afghanistan.

③ David Cortright, *Ending Obama's War: Responsible Military Withdrawal from Afghanistan*, Boulder: Paradigm Publishers, 2011, pp. 56–57.

④ Mona K. Sheikh & Maja T. J. Greenwood, "Taliban Talks: Past, Present and Prospect for the US, Afghanistan and Pakistan," DIIS REPORT, Danish Institute for International Studies, Copenhagen, Denmark, 2013, No. 6, p. 27.

成美俄在大中东和伊斯兰北部地区的战略均势。美国小布什政府推出的“大中东民主计划”在“大中亚”的实施，军事基地驻在国——阿富汗对美国改造这些国家的疑虑开始增强，美国在阿富汗的军事基地开始受到俄罗斯和当地国的双重反对。中亚在美国全球战略中的地位下降，加速了美国撤出在阿富汗的主要作战力量。

美国政府推出的“大中东民主计划”在中亚的实施，军事基地驻在国——阿富汗对美国改造这些国家的疑虑开始增强，美国在阿富汗的军事基地开始受到俄罗斯和当地国的双重反对。美国撤出在阿富汗的主要作战力量，决定了中亚在美国全球战略中的地位下降。未来，美国将以租用小型、灵活、机动的中亚基地为主，代替以往在阿富汗、乌兹别克斯坦和吉尔吉斯斯坦的大型军事基地，为美军在中亚开展军事训练任务以及在紧急情况下执行特种作战任务服务。美国在阿富汗的军事部署经历了从大型基地到小型存在的过程，其在未来阿富汗政治转型进程中仍将发挥重要作用。

小　结

本章主要考察了美国在中亚地区的阿富汗、乌兹别克斯坦、巴基斯坦和吉尔吉斯斯坦等国的军事基地部署与战略调整，其中以阿富汗为重点考察对象。在可预见的未来，美国将继续保留在阿富汗关键地区的军事部署，避免阿富汗沦为俄罗斯或上海合作组织的“后院”。2015 年 12 月，美国国防部长卡特在阿富汗国防部长斯塔内克扎伊（Mohammad Masoom Stanekzai）的陪同下参观贾拉拉巴德市的芬蒂（Fenty）空军基地，强调美国在阿富汗的军事存在对于促进与阿富汗的军事合作及保护美国的利益至关重要。同时，卡特宣布 2016 年美军将在阿富汗保留 9800 人驻军，2017 年将美军减少至 5500 人，主要部署在喀布尔、巴格拉姆、坎大哈和贾拉拉巴德等地区。[①] 2016 年 7 月 5 日，美国总统奥巴马宣布，为阻止阿富汗步伊拉克的后尘、成为恐怖组织的大本营，其将在最后任期内，在阿部署

① Cheryl Pellerin, “Carter: Afghanistan Mission Remains a Top Priority,” DoD News, http://www.defense.gov/News-Article-View/Article/637501/carter-afghanistan-mission-remains-a-top-priority.

8400 人而不是此前承诺的 5500 人，美国在阿军事基地也将延续下去。这至少向外界传递了两个信号：第一，2010 年底美国关闭在伊拉克的全部军事基地是错误的，实际上为“伊斯兰国”组织的横空出世提供了有利的外部条件，当前美国在阿富汗不能重蹈覆辙；第二，美国发动阿富汗战争、并在该国部署军事基地，未能从根本上改善这个国家的安全形势，也未赢得反恐战争的彻底胜利。特朗普担任总统以来，美国不仅没有逐步减少在阿富汗的驻军人数，反而宣布增兵 4000 人，美在阿富汗军事基地驻军总人数达 1.2 万人。

同时，为配合美国战略重心东移亚太的战略目标，美国在阿富汗军事基地的功能将进一步多元化。2016 年 5 月，美国和阿富汗特种部队联合行动，成功解救三年前被塔利班组织绑架的巴基斯坦前总理优素福·拉扎·吉拉尼（Yousuf Raza Gilani）之子阿里·海德尔·吉拉尼（Ali Haider Gilani），美国国防部长卡特对美阿双方在情报合作和特种部队联合行动取得的成绩大加赞赏。[①] 2016 年 1—3 月，美国共向阿富汗“伊斯兰国”组织发动了 100 多次空袭，基本将“伊斯兰国”组织遏制在楠格哈尔省境内，且通过与阿富汗在打击毒品走私领域的合作，切断其背后的融资渠道。[②] 因此，未来美国在阿富汗将以灵活、机动、共享的军事基地，代替以往大型、独享军事基地；军事基地的功能将扩大至帮助阿富汗训练安全部队、情报搜集、执行特种作战任务、保护侨民、打击“伊斯兰国”和“基地”组织在阿富汗的分支机构等。

---

① DoD News, “Hostage Rescue in Afghanistan Draws Praise From Carter,” Defense Media Activity, http: //www. defense. gov/News-Article-View/Article/756309/hostage-rescue-in-afghanistan-draws-praise-from-carter.

② Terri Moon Cronk, “Senior Official Outlines U. S. Missions in Afghanistan,” US Department of Defense, http: //www. centcom. mil/news/news-article/senior-official-outlines-u. s. -missions-in-afghanistan; Cheryl Pellerin, “Official Says ISIL Contained, Taliban Fracturing in Afghanistan,” http: //www. defense. gov/News-Article-View/Article/690520/official-says-isil-contained-taliban-fracturing-in-afghanistan.

第七章／美国在非洲阿拉伯国家的军事基地

冷战结束后10年里，美国全球三大战略利益区依次是欧洲、亚太和海湾地区，非洲像中亚一样并不是美国全球安全防务的重点地区，美国也无意在非洲建立永久性军事基地。“9·11”事件发生后，反恐成为美国对外安全战略的首要任务。由于东非和北非阿拉伯国家与西亚阿拉伯国家存在天然的地缘、文化、宗教和民族情感上的联系，以“基地”组织为代表的伊斯兰激进组织不仅在海湾、伊拉克和中亚建立了大本营，而且也向非洲大陆渗透，其中以北非“马格里布基地组织”和东非“非洲之角基地组织”为代表。2006年美国《国家安全战略报告》指出，非洲的地缘战略意义近年来不断上升，是美国政府的优先考虑。美国与非洲在历史、文化、商业和战略上与非洲保持密切的往来，希望非洲能够实现自由、和平、稳定与繁荣。① 美国在反恐时代下将东非和北非阿拉伯国家作为全球反恐的重要战场，“泛萨赫勒计划”和“东非国家反恐计划”就是美国政策的具体表现。受此反恐战略的影响，美国在吉布提建立了大型、永久性军事基地，在阿尔及利亚南部沙漠地区建立了柔性军事存在，美国在非洲部署军事基地的序幕逐步拉开。

第一节　美国在非洲阿拉伯国家军事基地的战略走向

美国在非洲阿拉伯国家的军事基地部署，在地域上可分为北非阿拉伯

① The White House, *The National Security Strategy of the United States of America*, 2006, Washington D. C., March 2006, p. 37.

国家和东非阿拉伯国家两大部分。

东非阿拉伯国家主要包括索马里、吉布提和苏丹等；北非阿拉伯国家主要包括摩洛哥、突尼斯、阿尔及利亚、利比亚、毛里塔尼亚等五个马格里布成员国及观察员国埃及。这六个国家具有三重身份：一是它们均属于经济相对落后的非洲发展中国家，具有非洲国家身份；二是除毛里塔尼亚外，它们大多邻近地中海，具有地中海国家身份；三是它们都是阿拉伯世界一部分，且都是阿拉伯联盟成员国，具有阿拉伯国家身份。上述三重身份究竟哪一个更强，哪一个更弱，这在不同历史时期和不同国家，情况各不相同。如埃及的阿拉伯国家身份比其非洲国家身份更重要，毛里塔尼亚的非洲国家身份更重要，等等。由于马格里布国家所具有的复杂多重身份，其利益诉求也不同，与外部大国的关系亲疏也不同。

从二战爆发到战争结束后十余年时间里，美国始终认为海湾是英国的势力范围，自然应由英国维持秩序；阿尔及利亚是法国的势力范围，应由法国维持秩序；美国的军事存在主要集中在北非摩洛哥和利比亚等国。二战时期，美国在北非主要使用了法国殖民地——摩洛哥卡萨布兰卡、阿尔及利亚等军事基地，以应对德国构成的军事威胁，并于 1942 年 11 月同英国两栖军队一道，实施了打击德军的“火炬行动”。1950 年，美法秘密签订军事基地协定，法国允许将摩洛哥作为美国战略空军司令部的所在地(条件是法国军官留在司令部内任职)。为此，美国计划修建 5 处军事基地，每个基地修拥有 1.4 万英尺长的飞机跑道。摩洛哥国王此后获悉美法撇开摩洛哥政府、秘密达成协定后非常生气，并提出抗议。受战后非洲民族解放运动的影响，摩洛哥反对西方大国部署永久性军事基地，美国不得不于 1959 年宣布将于 1963 年 12 月起关闭在该国的军事基地。[①]

1951 年利比亚独立后，美国与新政府曾签订为期 20 年的军事合作协定，规定美国将使用利比亚两栖训练基地和机场，利比亚维勒斯机场成为二战结束前后美国海外最大、也是最繁忙的军事基地之一；英国则于 1953 年同利比亚签订有效期为 20 年的《军事基地协定》，使用其阿丹姆（El

① C. T. Sandars, *America's Overseas Garrisons: The Leasehold Empire*, New York and Oxford: Oxford University Press, 2000, p. 50.

Adem）机场。[①] 后根据英美两国达成的协定，美国得以将利比亚维勒斯空军基地作为轰炸机基地，该基地后更名为“奥克巴·本·纳菲空军基地”（Ukba ben Nafi），成为美国主导北非安全局势的重要桥头堡。1969 年，卡扎菲领导的军官发动军事政变后，利比亚新政府敦促美英关闭在利比亚的所有军事基地，实现利比亚的独立与主权完整，消除殖民主义与帝国主义统治在利比亚的痕迹。[②] 1970 年 6 月，卡扎菲下令关闭了美国设在利比亚的维勒斯空军基地，加上美国丧失摩洛哥的军事基地，美国失去了在地中海南部与苏联角逐的前哨基地，打乱了美国在北非的战略部署。[③] 美国丧失在利比亚的军事基地后，在非洲的影响力进一步下降；与欧洲、亚太和西亚三大战略要地相比，北非的作用是次要的，法国成为冷战时期影响非洲安全局势走向和部署永久性军事基地的最重要国家。因此，尽管美国担心苏联向非洲大陆扩张，但美国更倾向于让法国等欧洲盟国在非洲发挥领导作用。

20 世纪 80 年代初期，苏联由全球守势转为全球攻势，里根总统主张对苏联采取强硬措施，并于 1982 年 5 月同摩洛哥重新签订《军事合作协定》，允许美国在未来 6 年里使用西迪苏莱曼和位于卡萨布兰卡的穆罕默德五世国际机场，同时美国承诺将拿出 8.5 亿美元用于建设上述机场。摩洛哥的邻国利比亚坚决反对美国在北非建立军事基地，卡扎菲将美国的军事基地视为“新殖民主义”。1984 年，摩洛哥与利比亚签订《联合协定》，强化两国的全面合作关系。美国一方面担心会卷入西撒哈拉冲突，另一方面担心摩洛哥与利比亚关系过于亲密，故停止向摩洛哥提供军事援助，并关闭在摩洛哥的军事基地。[④]

二战后，美国还使用了阿尔及利亚奥兰（Oran）海军基地，该基地成为美国在地中海军事力量的重要补给基地。[⑤] 但是受非洲去殖民化运动的

---

① C. T. Sandars, *America's Overseas Garrisons: The Leasehold Empire*, New York and Oxford: Oxford University Press, 2000, p. 49.

② Robert E. Looney, ed., *Handbook of US-Middle East Relations: Formative Factors and Regional Perspectives*, Londond and New York: Routledge, 2009, pp. 262 – 263.

③ 王志文著：《美国海军曝光》，北京：光明日报出版社，1999 年版，第 54 页。

④ C. T. Sandars, *America's Overseas Garrisons: The Leasehold Empire*, New York and Oxford: Oxford University Press, 2000, pp. 50 – 51.

⑤ Paolo Enrico Coletta and K. Jack Bauer, *United States Navy and Marine Corps Bases, Overseas*, Westport: Greenwood Press, 1985, p. 228.

影响，美国也很快终止使用奥兰海军基地。

除摩洛哥、利比亚和阿尔及利亚外，冷战时期美国还使用埃及的军事设施，尤其自20世纪70年代末埃及敦促苏联关闭军事基地，为美国建立军事存在提供了条件。1979—1984年，美国向埃及提供了68亿美元的军事援助，使埃及成为仅次于以色列的第二大受援国。据美国驻开罗使馆透露，仅1984财政年度，美国对埃及的“对外军事销售”援助额就达13.65亿美元，其中赠款占1/3以上，为4.65亿美元；1985年军事赠款达10亿多美元。[①] 1988年4月，埃美两国国防部长签署了有效期为5年的《军事合作谅解备忘录》，确立了两国军事合作及加强战略与军事关系的原则。该协定给予埃及原只有以色列才能享有的特殊地位，埃及从美国获得生产先进主战坦克等技术，振兴了埃及的国防工业。1982—1997年，美国共向埃及提供200亿美元支持埃及的军事现代化。[②]

冷战结束后，美欧通过一系列制度安排，试图将北非纳入到自己的战略发展轨道上，如欧洲—阿拉伯对话机制、地中海论坛、巴塞罗那进程、欧洲五国与马格里布五国对话机制（5+5）、北约—地中海对话机制、“大中东民主计划”等，美国对北非阿拉伯国家的军事影响力增强，但美国在北非阿拉伯地区的军事基地部署一直较为有限，美国在阿尔及利亚南部沙漠地区的反恐基地是其中的代表。

在东非地区，冷战时期，美国主要通过与埃塞俄比亚和肯尼亚等签订协定，临时使用当地军事基地和其他军事设施。例如1952年，美国与埃塞俄比亚签订有效期为25年的军事协定，规定美国有权使用埃塞俄比亚的军事设施；作为交换，埃塞俄比亚则获得了美国的经济和军事援助，成为非洲大陆军队规模最大的国家。20世纪70年代，由于美国与埃塞俄比亚保持军事合作关系，索马里则同苏联保持战略合作，使非洲之角保持一种战略平衡状态。然而，苏联领导人很清楚：埃塞俄比亚比索马里实力更强，也更稳定，且埃塞俄比亚可以为苏联提供马萨瓦（Massawa）和阿萨布

---

① 徐建国：《军火贸易——国际关系中的特殊战争》，昆明：云南人民出版社，2000年版，第291页；陈天社著：《埃及对外关系研究》，北京：中国社会科学出版社，2008年版，第55页。

② 陈天社著：《埃及对外关系研究》，北京：中国社会科学出版社，2008年版，第55—60页。另可参见 Phebe Marr, ed., *Egypt at the Crossroads: Domestic Stability and Regional Role*, Washington D. C.: National Defense University Press, 1999, p. 207.

（Asab）等优良的海军基地①，其达里克岛（Dahlik）也是苏联领导人看重的海军基地。为此，20世纪70年代末，苏联开始发展同埃塞俄比亚的军事关系，将达里克岛作为新的基地，并最终放弃索马里柏培拉（Berbera）军事基地。1977年之后，美国与埃塞俄比亚的关系出现逆转，美国不得不停止使用其军事基地，同时将索马里作为"代理人"。② 欧加登战争爆发后，苏联的军事顾问直接从索马里首都摩加迪沙撤往埃塞俄比亚首都亚的斯亚贝巴，还鼓励1500名古巴雇佣军帮助埃塞俄比亚。③ 苏联与昔日美国的盟友——埃塞俄比亚的关系升级，进一步强化了美国同昔日苏联的盟友——索马里的军事合作。1980年，美国与索马里领事级关系上升为大使级，双方还签署一系列合作协定，美国承诺此后两年里向索马里提供价值4000万美元的武器，以换取美军使用索马里柏培拉、摩加迪沙和基斯马尤的港口和机场的权利。美国还修整和扩大过去由苏联援建的柏培拉港设施，作为美国快速反应部队进行军事演习和活动的基地。④

除索马里军事基地外，美国还曾租用肯尼亚的军事基地。1980年，由于美国与伊朗断交，加上两伊战争爆发和苏联在西印度洋增加军事存在，阿拉伯海地区的安全形势恶化，卡特政府与阿曼、肯尼亚和索马里签订《军事合作协定》，获得了上述3国的军事基地使用权，同苏联争夺非洲之角和印度洋，同时预防两伊战争破坏地区稳定。

在美苏冷战的大背景下，美国政府还积极拉拢苏丹。1977—1985年，美国向苏丹提供了14亿美元的军事援助，试图建立苏丹—吉布提—索马里—阿曼—肯尼亚组成的红海—阿拉伯海—印度洋"C型战略弧"，遏制和包围苏联在埃塞俄比亚和也门的军事基地群。1980年2月，肯尼亚同美国签订《军事协定》，允许美国使用蒙巴萨港口、以及恩巴卡西（Embakasi）和纳纽基（Nanyuki）两个军用机场。⑤ 美国通过租用上述海空军基地，

---

① 上述两个港口目前在厄立特里亚境内。

② Peter Woodward, *The Horn of Africa: Politics and International Relations*, London and New York: I. B. Tauris, 2003, p. 135.

③ Peter Woodward, *The Horn of Africa: Politics and International Relations*, London and New York: I. B. Tauris, 2003, pp. 139 – 140.

④ US State Department, "Djibouti," http: //www. state. gov/p/af/ci/dj/.

⑤ Global Investment & Business Center, *Djibouti: Foreign Policy & Government Guide*, Washington D. C.: International Business Publications, 2003, p. 111.

于1992—1994年干预索马里乱局，支持美国在东非的反恐行动。[①] 随着苏联的解体和美苏在东非和北非冷战局面的结束，美国关闭了在非洲的军事基地。

从东非和北非阿拉伯地区来看，冷战结束初期，在美国全球战略中，非洲仍处于次要地位。截至20世纪90年代末，美国不仅没有独立的非洲司令部，而且在非洲没有一处军事基地。"9·11"事件发生前，美国在非洲的驻军人数仅300人左右，主要承担维和与军事训练任务；"9·11"事件发生后，非洲成为美国全球反恐主战场之一，美国在非洲的军事人员数量猛增至3800人，非洲在美国全球战略中的地位迅速上升。美国成立非洲司令部前，非洲大陆主要地区的安全事务由美国欧洲司令部负责，非洲之角安全事务由中央司令部负责，马达加斯加、塞舌尔以及非洲的印度洋沿岸地区则由美国太平洋司令部负责，其中欧洲司令部影响力最大，共在非洲大陆建立了13个合作安全场所，为危机爆发后美国临时租用非洲大陆的军事基地提供了法律准备。[②]

"9·11"后，美国酝酿成立非洲司令部，一方面是因为非洲日益关系到美国在地中海到印度洋之间的安全利益，另一方面是因为欧洲司令部责任区一直过大，共负责欧洲和非洲92个国家，而非洲安全事务消耗了欧洲司令部近一半的精力。正如2006年欧洲司令部司令在美国参议院军事委员会（Armed Services Committee）所做的证词中指出："非洲的战略价值不断增长对欧洲司令部责任区保持稳定构成了最大安全挑战。非洲大片地区缺乏治理，艾滋病泛滥，腐败成风，缺乏良治，加上积重难返的贫困问题，对非洲大陆所有国家的安全与稳定构成了挑战。"[③] 2007年，美国开始筹划成立单独的非洲司令部，非洲也从过去由欧洲司令部责任区、中央司令部责任区（东非）和太平洋司令部责任区共同管辖的局面中正式独立出来，将整个非洲大陆及马达加斯加岛变成非洲司令部责任区（其中埃及仍

---

① Global Investment & Business Center, *Djibouti: Foreign Policy & Government Guide*, Washington D. C.: International Business Publications, 2003, p. 111. 此外，博茨瓦纳政府在"9·11"之后宣布：如果需要，美国可以使用其军事基地；圣多美与普林西比也表示愿意向美国提供海军基地，但由于这些基地设施落后，美国国防部至今并未正式使用。

② M. O'Hanlon, *Unfinished Business: U. S. Overseas Military Presence in the 21st Century*, Washington D. C.: Center for a New American Security, June 2008, p. 32.

③ Lauren Ploch, "US Africa Command: A More 'Active' American Approach to Addressing African Security Challenges?" *IPG*, No. 1, 2009, p. 61.

属于美国中央司令部责任区），其使命是："通过增强非洲国际和地区组织的防御能力，保护和保卫美国的国家安全，采取军事行动，威慑和击败跨国性威胁，为非洲国家的良治和发展提供有利的安全环境"。① 21 世纪初，美国在东非吉布提和北非阿尔及利亚分别建立了军事基地和军事存在。以下两节作为案例，分别考察美国在上述两国的军事部署。

第二节　案例 1：美国在吉布提的军事基地

吉布提是迄今美国在非洲建立的唯一一处主要行动基地，但美国在这个东非阿拉伯国家部署军事基地及其动因迄今未引起学者的深入思考。吉布提人口不足 80 万，处于埃塞俄比亚、索马里、也门和厄立特里亚等地区大国的"夹缝"之间。长期以来，其邻国埃塞俄比亚、索马里、也门、厄立特里亚等国内战和跨国冲突恶化了吉布提的外部安全环境，也为大国的军事部署提供了借口。

如前所述，吉布提曾是法国的殖民地，21 世纪初以来是法国在非洲之角唯一一处军事基地。冷战期间非洲并不是美国安全战略的重点地区；吉布提在美国全球政策中几乎微不足道。20 世纪 70 年代末之后，美国主要利用索马里柏培拉军事基地干预红海与非洲之角地区的军事事务，遏制苏联和伊朗。从冷战结束后到"9·11"事件的爆发，吉布提的战略地位开始上升，在美国非洲之角的安全战略中逐步奠定了"基轴"的地位。美国在吉布提的军事战略大体分为以下三个阶段：

第一阶段为支援美国发动海湾战争。1991 年海湾战争爆发前后，吉布提成为美国领导下的多国部队干预海湾局势的前沿阵地之一，也成为多国部队远送军队和战略物资的中转站。②海湾战争期间，美国利用吉布提军事基地向沙特运送美军。在针对萨达姆政权的"沙漠之春"（Desert Spring）

---

① Commander General Carter Ham, "Headquarters, United States Africa Command," Kelley Barracks, Stuttgart: Germany, August 2011, p. 1. 2013 年 4 月 5 日，美国陆军上将戴维·罗德里格斯（David M. Rodriguez）代替卡特·哈姆（Carter F. Ham），担任美国非洲司令部司令。

② Peter Woodward, *US Foreign Policy and the Horn of Africa*, Aldershot, UK and Burlington, VT: Ashgate, 2006, p. 89.

行动中，吉布提向科威特派出了450名战斗人员和50名后勤服务人员，在道义上支持美国在海湾的军事行动。[①] 然而，海湾战争结束后，美国在吉布提的军事任务并未结束。

第二阶段为维护东非地区局势稳定。20世纪90年代，埃塞俄比亚与厄立特里亚爆发军事冲突后，吉布提的地位再次凸显。一方面，吉布提成为美国和国际社会在埃塞俄比亚与厄立特里亚开展斡旋外交的平台；另一方面，20世纪90年代初美国出兵索马里时，吉布提机场为美军的军事行动也提供了诸多便利，成为重要的后勤补给和物资中转基地。

第三阶段为全球反恐。随着阿拉伯半岛“基地”组织和非洲之角“基地”组织的日益猖獗，特别是20世纪90年代末初至21世纪初，随着也门—苏丹—索马里红海地区“恐怖三角”的形成，美国亟需在亚丁湾和曼德海峡地区建立军事基地。在红海—阿拉伯海—印度洋“C型战略弧”中，美国看重吉布提的军事基地，也愿意同法国联合使用该国的军事基地。吉布提连接西亚和东非阿拉伯国家，在美国全球反恐战略中处于重要地位。因此，美国加强了在吉布提的驻军，巡防索马里和红海沿岸。在全球反恐阶段，美国在吉布提正式建立了军事基地。

众所周知，非洲大陆拥有大约3亿穆斯林，被“基地”组织和全球“圣战者”视为获得金融和人员支持、开展反美军事活动的重点地区，尤其是红海与非洲之角连接东方与西方、非洲与亚洲、地中海与印度洋，地理位置非常重要，吉布提则处于该地区的中心位置；东非地区民族与边界矛盾严重，成为“基地”组织重要的战略地区。“基地”组织支持伊蒂哈德伊斯兰组织（Al Itihad）在非洲之角建立泛索马里哈里发的战略目标，并主张埃塞俄比亚、吉布提、肯尼亚和索马里的索马里人应重构民族认同，建立“大索马里哈里发”。20世纪90年代中期，伊蒂哈德向埃塞俄比亚发动恐怖袭击，本·拉登向其输送了数百名阿拉伯圣战分子。这些圣战分子曾经在阿富汗参加反对苏联入侵的圣战行动，成为“基地”组织在东非的远征军。[②] 1994年美国从索马里结束维和使命后，本·拉登和扎瓦赫里曾多次预测美国将重返索马里：第一，美国将控制苏丹和非洲之角地区

---

① US State Department, “Djibouti,” http://www.state.gov/p/af/ci/dj/.

② Shaul Shay, *Somalia between Jihad and Restoration*, New Brunswick and London: Transaction Publishers, 2008, p. 28; p. 31.

的油气资源；第二，美国将阻止伊斯兰教在非洲之角的传播，特别是向基督教国家埃塞俄比亚的传播；第三，美国试图获得非洲之角海岸地区的军事基地，并向也门和沙特的圣城发动袭击。红海—东非地区成为“基地”组织袭击美国海外设施的重要地区，包括1992年的也门、1993—1994年的索马里、1995—1996年的沙特、1998年的肯尼亚和坦桑尼亚、2000年的也门等。[①] 2000年，美国海军“科尔”号遭“基地”组织恐怖袭击后，一些受重伤的美国船员被法国飞机紧急运往在吉布提的军事基地，在该基地的军事医院接受紧急治疗，法国医生对美国重伤病员进行了紧急手术。[②]此后，美国军方逐步意识到吉布提对美国维护在红海——阿拉伯海——非洲之角反恐行动的重要意义，并将吉布提作为美国航母和其他海上力量临时加油、修整和训练基地。

“9·11”事件后，吉布提在美国发动全球战争中的作用凸显。法国、美国和英国在非洲积极采取安全合作措施，在“预防冲突”的旗号下部署军事力量，训练非洲维和部队，并在多边主义框架下积极参与在非洲的联合行动。2002—2009年，美国共帮助非洲国家训练了6万人的维和部队[③]，吉布提成为西方大国安全协调与合作的重要基地。吉布提不仅积极支持法国、美国和其他西方国家的反恐行动，还向西方大国的海军和空军开放港口和空军基地设施，成为西方尤其是美国和法国打击大中东反美恐怖主义势力、抗衡大中东反西方伊斯兰大国的重要前沿阵地。尽管法国在吉布提的军事基地为维护其在非洲之角的战略利益、拓展法国的政治影响力十分重要，但是维护这个庞大的军事基地，无疑需要巨大的经费开支。法国政府为减少军费开支，也欢迎美国在该国使用军事基地，使吉布提成为美国向红海和海湾地区投射军事力量、打击红海地区恐怖组织乃至未来干预伊朗核问题的重要据点。[④]

在美国各司令部当中，非洲司令部迄今面临的反恐任务重，仅次于中

① Michael Scheuer, *Marching toward Hell*: *America and Islam after Iraq*, New York: Free Press, 2008, p. 178; p. 193.

② David F. Winkler, *Amirs*, *Admirals and Desert Sailors*: *Bahrain*, *the U. S. Navy*, *and the Arabian Gulf*, Annapolis, Maryland: Naval Institute Press, 2007, p. 170.

③ Igor S. Oleynik, *France*: *Foreign Policy & Government Guide*, Washington D. C.: International Business Publications, 2001, p. 125.

④ Vernie Liebl, "Military Policy Options to Revise the French Military Presence in the Horn of Africa," *Comparative Strategy*, Vol. 27, No. 1, 2008, p. 79.

央司令部，其中吉布提成为美国非洲反恐最重要的军事基地。一方面，吉布提成为“基地”组织联系也门、苏丹、索马里等非洲之角当地恐怖组织的“跳板”。由于东非国家经济社会落后，边界管理松懈，为恐怖分子从一国向另一国逃窜提供了方便通道。美国在吉布提部署军事基地，有助于切断西亚和东非恐怖组织之间的人员与资金往来渠道。另一方面，美国利用在吉布提的军事基地又可以对红海与阿拉伯海周边地区的恐怖组织产生一种震慑作用。2002 年 12 月，美国国防部长拉姆斯菲尔德访问埃塞俄比亚和吉布提，强调吉布提在美国西亚和非洲之角反恐战略中的独特地位。①与前文美国在吉布提的军事战略可分为三个阶段一样，美国在吉布提的军事基地部署也大体经过了三个发展阶段。

一、第一阶段：2001 年 9 月至 2003 年 5 月，美国在吉布提临时部署军事力量

“9·11”事件发生后，东非成为美国全球反恐的重要战场。吉布提在美国安全战略中发挥着不可替代的作用，是美国在非洲之角、红海乃至阿拉伯半岛反恐、防止大规模杀伤性武器扩散和打击大中东反美主义力量的前沿基地。

“9·11”事件后，美国在大中东地区的反恐行动以三个地区为主要目标，一是在阿富汗，美国以巴基斯坦为主要军事基地使用国；二是在伊拉克，美国以海合会六国为主要军事基地使用国；三是非洲之角反恐行动中，美国以吉布提为主要军事基地使用国。就海外军事基地部署的重要性而言，吉布提无疑成为美国在非洲之角的“巴基斯坦”，成为美国在西亚和非洲之角反恐行动的“桥头堡”。

“9·11”事件发生后不久，美国便宣布加强在非洲之角的反恐战争，临时组建特种部队；美国特别行动司令部从“9·11”事件前支持太平洋司令部、欧洲司令部和中央司令部的“依附性司令部”变成了其他司令部竞相提供援助的“主导性司令部”。2002 年 8 月，美国派遣海军陆战队第

① John Davis and Andrew Othieno, “Djibouti's Pre-Eminent Role in the War on Terror,” In John Davis, eds., *Africa and the War on Terrorism*, Hampshire, England and Burlington, US: Ashgate, 2007, p. 34.

24 远征队的2400 名队员，从北卡罗来纳州勒琼兵营（Lejeune Camp）出发，并于10 月底到达吉布提，在非洲地区举行了大规模军事演习。这些海军陆战队员主要部署在吉布提市以北塔朱拉湾（Gulf of Tadjoura）对面的奥博克港（Obock Port），从事军事训练任务。2002 年 10 月 19 日，美国正式成立“非洲之角联合任务部队”（CJTF-HOA），美国海军陆战队第 2 师等武装力量登上“蓝岭”级舰队指挥舰“惠特尼山”号（Mount Whitney），并于2002 年 12 月 8 日抵达非洲之角。约翰·斯泰勒（John Stellar）上将透露，当时美国在非洲之角大约驻有 1300 人，其中包括临时部署到法国在吉布提雷蒙尼尔（Camp Lemonier）军事基地的 900 名官兵，装备有军用运输机和武装直升机，负责监视和围剿非洲之角陆上与海上恐怖组织，确保对周边地区的极端分子随时采取行动。① 此外，部署在海湾地区的美国第五舰队也在长达 5500 英里的非洲之角和也门海域不定期巡逻，阻止“基地”组织和其他伊斯兰激进组织人员从阿拉伯半岛向非洲逃窜。此外，美国还以吉布提为“根据地”，帮助东非国家加强社会管理，切断恐怖组织的融资渠道，维护非洲之角的稳定。② 在此期间，美国中央情报局曾利用吉布提军事基地部署“捕食者”无人机，对也门的“基地”组织分子多次实施定点清除；除美国国防部外，美国国际发展署与美国驻东非各国使馆也积极配合美国在非洲之角的反恐行动。

除美国外，吉布提还允许欧洲大国建立“联合任务力量—150”（Combined Task Force – 150）亚丁湾反海盗中心，德国、法国、西班牙和英国等在吉布提也临时部署了反海盗军事力量，包括部署“海王”反潜直升机等。③ 在此阶段，美国尚未在吉布提建立永久性军事基地，其前沿行动指挥中心设在旗舰——“蓝岭”级舰队指挥舰“惠特尼山”号上，该舰游弋在亚丁湾而不是停靠在吉布提港，其核心力量是来自于美国陆军、空军、海军、海军陆战队等各兵种，还有其他东非盟国的部队，总人数大约 400 人，加上非洲之角联合任务部队临时部署在吉布提的 900 名战斗人员和文

---

① Shau Shay, *The Red Sea Terror Triangle: Sudan, Somalia, Yemen, and Islamic Terror*, Herzliya, Israel: Transaction Publishers, 2005, p. 200.

② Shaul Shay, *Somalia between Jihad and Restoration*, New Brunswick and London: Transaction Publishers, 2008, p. 188; p. 191.

③ William Arkin, *Code Names: Deciphering U. S. Military Plans, Programs and Operations in the 9/11 World*, Hanover: Steerforth Press, 2005, p. 108.

官，美军总人数大体维持在 1300 人左右。[①]

为实施在非洲之角的反恐战略，美国一方面打着“维护东非国家和也门的安全局势、向红海沿岸国家提供人道主义援助和排雷”的旗号，派军事小组前往索马里和肯尼亚；另一方面冻结与“基地”组织有联系的索马里“伊斯兰团结党”和巴拉卡特银行在美国的资产。[②] 为防止“基地”组织成员从阿富汗和也门向非洲之角转移，美国专门在吉布提组建了一支负责巡逻非洲东海岸的海军，美国国防部将特别军事指挥部设在吉布提，并计划在索马里附近地区建立永久性军事基地，部署 1800 名东非反恐部队。[③] 美国国防部认为，美国在吉布提的军事力量部署有助于增强对“失败国家”——索马里局势的掌控，增强对索马里国内极端势力如索马里青年党（al-Shabaab）的打击力度，同时应对索马里海盗构成的挑战。

美国在吉布提的军事部署也为东道国带来了可观的援助。2002 年，美国获准在吉布提部署永久性军事基地，并设立“美国之音”转播站，使用英、法、阿拉伯语对东非和阿拉伯半岛进行 24 小时播音，推动美国在非洲之角的公共外交，同时美国向吉布提供 1385 万美元的援助。[④] 2002 年，根据中央情报局提供的信息，美国位于吉布提的 RQ—1“捕食者”无人驾驶飞机向也门一辆正在行驶的汽车发射“地狱火”（Hellfire）导弹，炸死涉嫌参与 2000 年袭击美国“科尔”号的恐怖分子阿布·阿里·哈里兹（Abu Ali al-Harithi）、美国籍阿赫穆德·海加兹（Ahmed HIjazi）以及其他 4 人。[⑤] 除地面精锐特种部队外，美国海军舰艇还在吉布提附近海域长期巡逻。据五角大楼证实，2002 年 12 月，大约 800 名美军特种兵以及 200 名中央情报局人员部署在吉布提一座法国前军事基地雷蒙尼尔，该基地后来成为美国在东非主要前沿行动基地。2003 年 10 月 29 日，美国海军陆战队第 2 分队接到命令，宣布派遣 400 人前往吉布提，负责建立指

① “Combined Joint Task Force-Horn of Africa (CJTF-HOA),” http://www.globalsecurity.org/military/agency/dod/cjtf-hoa.htm.

② 顾章义、付吉军、周海泓编著：《索马里 吉布提》，北京：社会科学文献出版社，2006 年版，第 187—188 页，第 290 页、264 页。

③ Kent E. Calder, *Embattled Garrisons: Comparative Base Politics and American Globalism*, Princeton: Princeton University Press, 2007, p. 56.

④ US State Department, “Djibouti,” http://www.state.gov/p/af/ci/dj/.

⑤ Wikipedia, “Camp Lemonnier,” http://en.wikipedia.org/wiki/Djibouti.

挥部。”[①]

美国国防部在吉布提成立非洲之角联合任务部队后，开始负责对“基地”组织在东非和也门的分支机构开展围剿，其任务区包括肯尼亚、索马里、埃塞俄比亚、苏丹、厄立特里亚、吉布提、也门和塞舌尔，其工作重点是监视、跟踪和消灭非洲之角“基地”组织成员，阻止其建立跨区域性也门—索马里—苏丹“恐怖三角”。[②] 非洲之角联合任务部队由驻扎在吉布提和非洲之角其他地区的2000名陆军、海军、空军、海军陆战队等作战兵种组成，地面部队主要包括1000名美军特种军人，海岸巡逻则由美国主导的联合部队负责。

在此阶段，美国在吉布提的军事部署只能算作合作安全基地，算不上主要行动军事基地。2003年，吉布提总统伊斯梅尔·盖莱（Ismail Guelleh）访问白宫，与美国总统布什举行会谈，两国领导人高度赞赏双方在反恐领域的合作。在谈到允许美军部署军事力量时，伊斯梅尔·盖莱总统告诉美联社记者：“如果我们将一些设施给我们的朋友，美国人或法国人，他们利用我国的气候条件适应军队，这算不上是特别行动部队。这只不过是吉布提与这些超级大国正常双边关系的延伸。”[③] 吉布提政府在大国部署海外军事基地问题上显然持开放态度。

二、第二阶段：2003年5月至2007年10月，美国在吉布提正式建立军事基地

随着美国在非洲之角的反恐任务长期化和艰巨化，特别是由于2003年3月美国发动伊拉克战争，美国国防部认为今后相当长一段时间，美军必须扼守非洲之角，阻止伊拉克和阿拉伯半岛上的伊斯兰恐怖分子趁伊拉克

---

① 宋洁云：《非洲之角军事新动向：美军在吉布提设立特别军事指挥部，在沙漠地区举行军事演习，舰艇游弋在东非海域》，载《中国国防报》2002年12月3日；Global Investment & Business Center, *Djibouti: Foreign Policy & Government Guide*, Washington D. C.: International Business Publications, 2003, p. 111.

② 非洲之角联合任务部队也在任务区之外的毛里求斯、科摩罗、利比里亚、卢旺达、乌干达和坦桑尼亚等执行任务。

③ John Davis and Andrew Othieno, “Djibouti's Pre-Eminent Role in the War on Terror,” In John Davis, eds., *Africa and the War on Terrorism*, Hampshire, England and Burlington, US: Ashgate, 2007, p. 35.

战乱之机向非洲逃窜，获得新的大本营。2003 年，东非反恐计划（EACTI）拨出 1 亿美元专款，用于支持美国在非洲之角的反恐行动，非洲之角联合任务部队更加活跃。① 2003 年 5 月，非洲之角联合任务部队开始将总部从美国"惠特尼山"号舰上转移至吉布提的陆地上，并将作战力量与军事设施移至吉布提雷蒙尼尔军事基地。吉布提驻美大使罗步莱·奥尔埃耶（Roble Olhaye）公开承认：吉布提为美国提供了其在非洲的唯一军事基地，并部署有地面部队和海军。② 该军事基地占地 88 英亩，曾是法国在吉布提留下的一处军事设施，后经改造而升级。吉布提雷蒙尼尔军事基地正式成为非洲之角联合任务部队的总部和美国在该国的永久性军事基地。美国第 478 民政事务营（478th Civil Affairs Battalion）、第 10 山地师和海军陆战队重型直升机第 461 中队（Marine Heavy Helicopter Squadron - 461）等 300 人加入非洲之角联合任务部队，使雷蒙尼尔军事基地陆上驻军人数增加至 1800 人，包括美国各军种的部队和盟国的军事力量。③ 2003 年 7 月，美国欧洲司令部司令詹姆斯·琼斯（James Jones）进一步提出：应在非洲建立军事基地群，其前沿作战力量包括军用机场和能容纳 3000—5000 名美国军事人员的前沿作战基地。④ 此后，美国在吉布提的军事基地成为美国在非洲前沿基地的典范，不仅有效阻止了"基地"组织向东非其他地区"蔓延"，而且有效遏制了"基地"组织在也门阿比扬省的渗透和扩散。2003 年，美国国务院发表的《全球反恐态势报告》高度赞赏吉布提在美国全球反恐战争中的作用：

> "吉布提是美国全球反恐战争的坚定支持者，一直致力于反对国际恐怖组织及其成员；该国政府尽管资源有限，却采取重要

---

① Lange Schermerhorn, "Djibouti: A Special Role in the War on Terrorism," in Robert I. Rotberg, ed., *Battling Terrorism in the Horn of Africa*, Washington D. C.: Brookings Institution Press, 2005, p. 57.

② John Davis and Andrew Othieno, "Djibouti's Pre-Eminent Role in the War on Terror," In John Davis, eds., *Africa and the War on Terrorism*, Hampshire, England and Burlington, US: Ashgate, 2007, p. 36.

③ "Combined Joint Task Force-Horn of Africa (CJTF-HOA)," http://www.globalsecurity.org/military/agency/dod/cjtf-hoa.htm.

④ 张春：《9·11 后美国与欧洲的非洲政策比较》，载《现代国际关系》2007 年第 4 期，第 12 页；Eric Schmitt, "Threats and Response, Expanding US. Presence: Pentagon Seeks New Access Pacts for African Bases," *New York Times*, July 5, 2003。

措施保障驻扎在吉布提的西方人士的安全；该国关闭了与恐怖组织有牵连的金融机构，并（与美国）分享该地区有关恐怖组织活动的安全信息。"①

2003年9月，美国在吉布提建成的军事基地正式投入使用，同时美国在埃塞俄比亚、肯尼亚和索马里东北部地区也建立了小型军事设施。美国声称在吉布提的军事基地成功阻止了"基地"组织主要成员从中亚和阿拉伯半岛向非洲转移的企图。截至2003年，美国宣布在"大中东地区"打死或抓获大约3000名"基地"组织成员，破坏了其在阿富汗绝大部分训练营，消灭了"基地"组织约2/3的有生力量，但该恐怖组织部分核心成员仍逃脱美军抓捕，成功向西亚、东非和北非地区逃窜。②

美国为开展在东非和西亚地区的反恐行动，强化了在吉布提的军事部署，在非洲东北部进行海、陆、空立体布防，吉布提作为反恐指挥中心——美国非洲之角联合任务部队的总部，发挥了重要作用。在政治上，吉布提在阿盟的框架内呼吁其他阿拉伯国家也支持美国在大中东的反恐行动，包括武力推翻伊拉克萨达姆政权。③ 吉布提还抓住机遇，进一步拓展多元外交，使自己发挥"四两拨千斤"的作用。在美国的支持下，东非7国埃塞俄比亚、吉布提、肯尼亚、索马里、苏丹、厄立特里亚和乌干达还组成了"政府间发展组织"（"伊加特"，2007年厄立特里亚宣布退出），总部设在吉布提首都。④ 近年来，吉布提在该地区组织中积极发挥建设性作用，使该组织的工作重点由抗旱转移到预防地区冲突，对接美国在东非的发展战略。

美国在吉布提建立军事基地后，又在吉布提增强海军力量，驻扎800

---

① Lange Schermerhorn, "Djibouti: A Special Role in the War on Terrorism," in Robert I. Rotberg, ed., *Battling Terrorism in the Horn of Africa*, Washington D. C.: Brookings Institution Press, 2005, pp. 49 - 50.

② Lange Schermerhorn, "Djibouti: A Special Role in the War on Terrorism," in Robert I. Rotberg, ed., *Battling Terrorism in the Horn of Africa*, Washington D. C.: Brookings Institution Press, 2005, pp. 49 - 50.

③ Global Investment & Business Center, *Djibouti: Foreign Policy & Government Guide*, Washington D. C.: International Business Publications, 2003, p. 26.

④ 顾章义、付吉军、周海泓编著：《索马里 吉布提》，北京：社会科学文献出版社，2006年版，第228页。

名海军、3 艘巡防舰、2 艘补给舰和大约 900 名后勤人员，美国在吉布提首都郊外莱蒙尼尔兵营的军事基地设施也不断完善。2004 年 11 月，美国海军陆战队开始同法国外籍兵团第 13 团（13th Foreign Legion Demi-Brigade）一道共同使用吉布提安布利国际机场和其他军事设施；截至 2005 年 8 月，美国在吉布提部署的非洲之角联合任务部队的人数大约在 1600 人，包括 275 名雇员①；2005 年后，美国和盟国在吉布提驻军人数达 2200 人，仅次于法国。② 为使用吉布提的军事基地，美国提供了大量经济补偿。2003 年，美国对吉布提的援助额增加至 3100 万美元，2004 年约为 6000 万美元。③ 美国在吉布提部署军事基地还给东道国带来了其他经济收益，如截至 2006 年，非洲之角联合任务部队援建的公共项目多达 38 项，包括校舍维修、凿井、当地医疗设施改善等；美国前国务卿鲍威尔还提议并最终帮助吉布提建立饥荒预警系统网络办公室（FEWSNET），援助吉布提改善牲畜的饲养和出口。④

2006 年 7 月 1 日，美国海军陆战队将军事基地的管辖权转让给美国海军，以更好地发挥该基地的作用。2007 年 1 月，经过双方谈判，美国和吉布提政府宣布将莱蒙尼尔兵营由原来的 97 英亩（39 万平方米）进一步扩大至 500 英亩（2 平方公里），以部署 C－130、CV－22“鱼鹰”（Osprey）、C－17、C－5 等军用运输机⑤，美军将该基地由原来的远征基地正式变成永久性大型基地。对美军更有利的是，此租借协定有效期为 5 年，到期后可经谈判延长。自该协定签订后，吉布提每天大约有 1200 名当地工人和外籍劳工在该基地从事基础设施建设项目，给吉布提带来了就业机会，增加了吉布提国民收入。近年来，吉布提失业率高达 60%，而美国和法国提供的军事基地租金（法国每年约 3000 万欧元，美国每年约 3000 万

① “Combined Joint Task Force-Horn of Africa (CJTF-HOA),” http://www.globalsecurity.org/military/agency/dod/cjtf-hoa.htm.

② CIA, “World Fact Book, Djibouti,” https://www.cia.gov/library/publications/the-world-factbook/geos/dj.html.

③ Alexander Cooley, *Base Politics: Democratic Change and the U.S. Military Overseas*, Ithaca: Cornell University Press, 2008, p. 242.

④ John Davis and Andrew Othieno, “Djibouti's Pre-Eminent Role in the War on Terror,” In John Davis, eds., *Africa and the War on Terrorism*, Hampshire, England and Burlington, US: Ashgate, 2007, p. 37.

⑤ “Japan Opening First Overseas Military Base Since World War II,” http://justinwrites.wordpress.com/2010/05/04/japan-opens-first-overseas-military-base-since-world-war-ii/.

美元）成为仅次于埃塞俄比亚经吉布提港口出口商品支付的交通费，加上经济援助和带来的就业机会，吉布提经济状况得到了初步改善。[①] 据世界银行提供的数据，1991—1997 年，吉布提的 GDP 一直呈负增长，此后不断提高，2004 年为 3.83%，2005 年为 3.17%，2006 年为 4.8%，2007 年为 5.1%，2008 年为 5.8%。美国的军事援助无疑为吉布提经济发展注入了活力。

在这一阶段，美国在吉布提军事基地主要承担三项任务：

第一项为反恐。2003 年，美国与吉布提签订军事协定，规定美国将在此后 3 年里租用其军事基地，部署 1500—1800 名美军，承担军事训练、联合军事演习、打击也门境内的“基地”组织、追缴索马里伊斯兰法院联盟的残余力量等主要任务。美国在吉布提的军事基地也预防了激进组织对吉布提国民收入的主要来源——从亚的斯亚贝巴到吉布提港口的铁路线实施恐怖袭击。2003 年 5 月，莱蒙尼尔兵营经修复后成为美军向黑非洲地区投射军事力量的重要据点，在一定程度上打破了非洲事务长期由法国垄断的局面。2007 年 1 月，美国还派出 AC - 130 空袭索马里南部的“基地”组织嫌疑人，同时宣布将扩大吉布提雷蒙尼尔兵营的面积，未来美国在非洲之角的军事作战能力将进一步增强。[②] 据《华盛顿邮报》透露，美国在吉布提雷蒙尼尔军事基地的军事活动非常频繁，特别是该基地成为美国在东非和海湾地区最重要的无人机基地，2011 年至少有 8 架“捕食者”无人机从该基地出发，执行了 300 多架次军事任务，袭击目标主要是也门和索马里境内的恐怖组织。美国在吉布提雷蒙尼尔的军事基地日益成为美国在非洲之角和海湾反恐行动最重要的前沿阵地。[③]

第二项为人道主义援助。伊拉克战争爆发后，美国在吉布提的军事基地承担着“非洲之角联合任务力量”的社会建设任务，包括增强东非国家政府的力量，加强东非人道主义援助和基础设施建设。

---

① “Djibouti: Western Bases Pose Manageable Risk,” Reuters, July 11, 2012. http://www.reuters.com/article/2012/07/11/us-djibouti-security-idUSBRE86A1BV20120711.

② Alexander Cooley, *Base Politics: Democratic Change and the U. S. Military Overseas*, Ithaca: Cornell University Press, 2008, pp. 241 - 242; Stephanie Hanson, *U. S. Africa Command (AFRICOM)*, Washington D. C.: Council on Foreign Relations, May 3, 2007.

③ Craig Whitlock, “Remote U. S. Base at Core of Secret Operations,” *Washington Post*, Oct 26, 2012.

第三项为军事训练。美国在吉布提的军事基地还承载着训练埃塞俄比亚政府军的任务。2006 年 12 月，在美国的纵容下，埃塞俄比亚政府军进入索马里，清剿索马里伊斯兰法院联盟的力量。伊斯兰法院联盟被美国认定为“基地”组织在东非的分支。非洲之角联合任务部队已经在德雷达瓦附近为埃塞俄比亚军队建立了一个临时训练设施，其首批接受训练的是埃塞俄比亚的 3 个反恐营。①

三、第三阶段：2007 年 10 月至今，美国在吉布提的军事基地事实上成为美国非洲司令部前沿总部

2007 年 10 月，美国宣布成立非洲司令部，下设非洲司令部陆军（USARAF，总部设在意大利文斯（Vincenza））、非洲司令部海军（NAVAF，总部设在意大利那不勒斯）、非洲司令部空军（USAFAF，总部在德国斯图加特）、非洲司令部海军陆战队（MARFORAF）与非洲之角联合任务力量（CJTF-HOA，总部在吉布提）等机构。② 原本由美国中央司令部负责的非洲之角责任区划归非洲司令部，美国在莱蒙尼尔兵营的军事基地由其非洲司令部下属的非洲之角联合任务部队负责管辖。其空军力量位于吉布提安布利（Ambouli）国际机场，是美国在撒哈拉以南非洲唯一一处永久性军事基地，同时也是美国海军远征队军事基地所在地。美国在吉布提的军事基地在反恐时代发挥了重要作用，该基地堪称美国在非洲军事存在之首，截至 2008 年共部署了 2100 名美军，约占美国在非洲驻军总人数的 2/3。③

2008 年 10 月 1 日，莱蒙尼尔军事基地的管辖权正式从中央司令部移交非洲司令部，此后非洲司令部的责任区涵盖埃及以外的整个非洲。其驻扎的美国军事力量包括：负责外部安全的美国海军陆战队第 9 临时安全部队（9th Provisional Security Force）、非洲之角联合任务部队、美国海军修建营（Navy Seabee battalion）、美国第 18 野战炮兵团陆军第二营 C 连、第 65 步兵团驻波多黎各陆军国民警卫队（65th Infantry Regiment Puerto Rico Ar-

---

① 参见 C. Ian Taylor, *The International Relations of Sub-Saharan Africa*, New York & London: Continuum, 2010。

② “U. S. Africa Command Mission,” http://www.africom.mil/getArticle.asp? art = 1644.

③ M. O'Hanlon, *Unfinished Business: U. S. Overseas Military Presence in the 21st Century*, Washington D. C.: Center for a New American Security, June 2008, p. 34.

my National Guard）以及其他安全力量。美国在吉布提的军事力量还包括美国海军陆战队重型直升机分队（CH—53）、美国海军 P－3 分队、美国空军第 449 空中远征队（the U. S. Air Force's 449th Air Expeditionary Group）、美国空军 HC－130 分队和 C－17 全球分队等。① 1800 名美国军人和后勤人员驻扎在吉布提雷蒙尼尔军事基地，由少将赫兰德（Samuel T. Helland）担任指挥。美国在吉布提的军事基地成为美国多个作战司令部投射力量的前沿阵地，包括美国非洲司令部、美国交通运输司令部、美国联合特别行动司令部等非战区司令部和战区司令部——美国中央司令部等，这意味着美国将在吉布提长期部署军事基地。②

奥巴马担任总统后，提出要使美国在西亚、东非和北非的反恐军事力量部署小型化与分散化，非洲司令部的总部仍位于德国斯图加特的凯利兵营（Kelley Barracks），人数在 1500 左右，同时美国在吉布提大约部署了 2000 人军队，每年花费为 3—5 亿美元。③ 非洲司令部还计划扩大在吉布提的军事基地设施的规模，第一阶段军事基地扩建费用达 20 亿美元，经扩建后的雷蒙尼尔军事基地设施总价值将达 60 亿美元。④ 基地扩建后，吉布提事实上成为美国非洲司令部的前沿总部，与美国在海湾地区、土耳其、中亚和印度洋上的迪戈加西亚军事基地遥相呼应，进一步强化美国对红海和印度洋这一战略地区的控制能力。2011 年美国海豹突击队打死本·拉登，"基地"组织主要头目被清除后，美国在阿富汗的反恐行动告一段落，开始将全球反恐行动和情报工作的重心转向阿拉伯半岛和非洲之角，美国无人机近年来在也门地区频繁袭击伊斯兰武装分子就是例证。2010 年底中东剧变进一步发展后，美国被迫关闭在伊拉克的大型军事基地，此外，美国在巴林的军事基地也受到什叶派穆斯林示威群众的反对，美国在海湾国家沙特、伊拉克和巴林的军事基地均面临不同程度的政治风险⑤，在卡塔尔、

① Wikipedia, "Camp Lemonnier," http://en.wikipedia.org/wiki/Camp_Lemonnier.

② United States Africa Command, *Africa Command Mission Statement before the House Armed Services Committee*, Washington D. C., February 29, 2012, p. 21.

③ Shenali Waduge, "Over 1000 US Foreign Military Bases yet Commotion over Sri Lanka's Internal Military," *Asian Tribune*, September 20, 2012.

④ Thomas C. Mountain, "US AFRICOM Reborn in Djibouti," *Foreign Policy Journal*, February 15, 2012. http://www.foreignpolicyjournal.com/2012/02/15/us-africom-reborn-in-djibouti/.

⑤ Thomas C. Mountain, "US AFRICOM Reborn in Djibouti," *Foreign Policy Journal*, February 15, 2012. http://www.foreignpolicyjournal.com/2012/02/15/us-africom-reborn-in-djibouti/.

科威特、沙特和阿曼的军事存在也面临不确定性。因此，美国在阿拉伯半岛和非洲之角的反恐行动必须找到更加稳定的永久性军事基地，而吉布提是重要候选东道国。

众所周知，吉布提处于也门与索马里这两大反恐“重灾区”之间，为美国在红海与阿拉伯海地区的反恐行动提供了重要无人机起降地，成为美国无人机基地的典范。2011 年 12 月，美国国防部长帕内塔访问吉布提，与吉布提总统盖莱举行会谈，并在莱蒙尼尔美军基地发表演讲：“‘基地’组织发动了这场（反恐）战争，我们必须信守诺言，那就是不管他们躲在哪里，我们都要找到他们，使他们无藏身之地——不管他们在也门、索马里还是在别的地方。”[①]美国在吉布提的军事基地成为美国在也门和非洲之角执行秘密反恐军事任务的重要据点，阻止恐怖分子在该地区扎根。美国除部署 6—7 架 MQ—9 无人机外，还部署了常规作战飞机如 F－15E，该型号战斗机飞行速度更快，可装载更多弹药，主要执行在该地区的“定点清除”任务。正如美国国防部副助理阿曼达·多瑞（Amanda Dory）在谈到吉布提雷蒙尼尔军事基地时所言：“无论就美国利益而言，还是就保证航道自由或权力投射而言，这（吉布提基地）都具有非常重要的地位。”[②]

美国在吉布提军事基地的建立，也标志美国在非洲安全政策的一种深刻改变，即海外军事部署从“单边型”转向“多变型”。自冷战时期美国在利比亚维勒斯空军基地和埃塞俄比亚的卡格努（Kagnew）通信站陆续关闭以来，吉布提是美国在整个非洲地区首个永久性军事基地。美国的非洲之角联合任务部队已与欧洲盟军、吉布提、埃塞俄比亚和肯尼亚的军队实现整合、举行联合军事演习，试图在非洲之角地区建立“非洲版北约”。美国军方声称，非洲之角联合任务部队已抓获“众多恐怖分子”，并且制止了至少 5 次恐怖袭击。[③] 例如，2012 年 1 月，美国军方证实，美国海豹突击队在索马里成功解救了一名美国妇女和一名丹麦男子，两人随后被安

---

① Craig Whitlock, "Defense Secretary Panetta Visits U. S. Base in Djibouti, then Travels to Afghanistan," *The Washington Post*, Decembber 13, 2011.

② "US Military Base in Djibouti Hub of Its Secret Assassination Drone War," http://www. presstv. ir/detail/2012/10/26/268836/us-base-in-djibouti-hub-of-secret-war/.

③ 参见 C. Ian Taylor, *The International Relations of Sub-Saharan Africa*, New York & London: Continuum, 2010, http://ias. zjnu. cn/show. php? id = 843。

全带回美国在吉布提的雷蒙尼尔军事基地。①

四、吉布提对美国部署军事基地的反应

作为撒哈拉以南非洲的小国，吉布提经济力量和军事实力虚弱，不得不寻求大国的经济和军事支持。21 世纪初以来，吉布提是世界上经济和社会发展最落后的国家之一，平均寿命仅 43 岁，人口增长率较高，全国 43% 的人口在 15 周岁以下，2.9% 的人群患有艾滋病，可耕地面积仅占吉布提总面积的 0.04%；吉布提几乎没有任何工业和农业，粮食和工业产品几乎全部依靠进口。② 在此情况下，吉布提政府对外部的经济援助极度依赖。在安全方面，吉布提周边地区局势不稳，索马里与埃塞俄比亚以及埃塞俄比亚与厄立特里亚的军事冲突恶化了吉布提的周边安全环境；索马里国内乱局、也门和苏丹的恐怖组织等也对吉布提的安全构成了挑战。为获得大国的经济援助和安全保障，吉布提成为世界上唯一同时部署法国、美国和日本三个国家军事基地的东道国。

从收益来看，根据美国与吉布提达成的《军事基地设施服务协定》，美国将租用吉布提军事设施 99 年，意味着吉布提将在未来一个世纪里获得稳定的基地租金③；同法国和日本在吉布提的军事基地带来可观的租金一样，美国在吉布提的军事基地每年开支在 3 亿—5 亿美元，美国的军事基地部署给当地社会带来诸如采购、就业、社会服务等各种经济发展机会。

尽管美国在非洲之角军事基地主要任务是反恐，但同时也承担人道主义救援、参与社会建设等民事功能，成为美国政府开展公共外交的平台，在一定程度上也赢得了当地民众的欢迎。例如，美国在雷蒙尼尔建立军事基地后，更新了当地 33 所校舍、8 家诊所和 5 家医院，为当地居民凿井 11 口，采取了 40 余次医疗救助行动。1991—2000 年的 10 年时间里，即美国在吉布提建立军事存在前，美国仅向吉布提提供各类援助 1240 万美元；仅

---

① "Camp Lemonnier," http://en.wikipedia.org/wiki/Camp_Lemonnier.

② Lange Schermerhorn, "Djibouti: A Special Role in the War on Terrorism," in Robert I. Rotberg, ed., *Battling Terrorism in the Horn of Africa*, Washington D. C.: Brookings Institution Press, 2005, pp. 50 - 51.

③ Thomas C. Mountain, "US AFRICOM Reborn in Djibouti," *Foreign Policy Journal*, February 15, 2012. http://www.foreignpolicyjournal.com/2012/02/15/us-africom-reborn-in-djibouti/.

2000 年一年，美国就向吉布提提供了 700 万美元的援助，其中包括 270 万美元的紧急粮食援助，200 万美元的人道主义扫雷项目，10 万美元用于改善吉布提的人权事业；2001 年，美国向吉布提提供的援助额增加至 785 万美元，此后美向吉布提提供的各种援助额不断增加。① 2003 年和 2004 年，美国对吉布提援助额增加至 9000 万美元，成为吉布提政府重要的财政收入来源。② 美国和盟国在吉布提的援助和采取的社会服务项目，客观上减轻了当地民众对美国驻军的反感。

吉布提政府和民众对美军持欢迎态度，一方面出于地缘经济的考量（获得援助），另一方面也是吉布提奉行温和伊斯兰思想的结果。与美国在沙特和伊拉克等海湾国家军事基地的高度“政治化”相比，美国在吉布提的军事基地总体较为平静，“政治化”趋向不明显，迄今尚未爆发大规模反对美国驻军的抗议示威活动。正如吉布提总统伊斯梅尔·盖莱所言：“吉布提人民在内心情感上是非洲人，在文化上是阿拉伯人，在思想上是世界人。”③ 正是抱着这种“世界人”的包容性思想和对全球治理贡献一份力量的“抱负”，吉布提才希望同所有“超级大国”保持良好关系，欢迎美国、法国和日本利用吉布提的军事基地实施反恐和反海盗行动，欢迎中国等发展中大国在吉布提投资，也欢迎世界各大国在索马里海域执行任务时舰艇临时停靠吉布提修整。

吉布提欢迎美国部署军事基地，也增加了遭受恐怖组织袭击的风险。2012 年，吉布提经济与财政部长伊利亚斯·穆萨·达瓦莱（Ilyas Moussa Dawaleh）在接受路透社采访时坦言，由于吉布提政府允许美国和法国等建立军事基地，同西方大国一道参与打击索马里青年党，未来吉布提很可能成为伊斯兰激进势力报复的对象。索马里青年党和其他恐怖组织没有能力袭击美国驻吉布提军事基地，但是他们却很容易袭击安全防范较弱的吉布提政府设施。④

---

① CIA，“World Fact Book，Djibouti，” https：//www. cia. gov/library/publications/the-world-factbook/geos/dj. html.

② Alexander Cooley，“U. S. Bases and Democratization in Central Asia，” *Obis*，Vol. 52，No. 1，2008，p. 85.

③ Lange Schermerhorn，“Djibouti：A Special Role in the War on Terrorism，” in Robert I. Rotberg，ed.，*Battling Terrorism in the Horn of Africa*，Washington D. C.：Brookings Institution Press，2005，p. 53.

④ “Djibouti：Western Bases Pose Manageable Risk，” Reuters，July 11，2012. http：//www. reuters. com/article/2012/07/11/us-djibouti-security-idUSBRE86A1BV20120711.

未来，美国在吉布提的军事基地仍将面临重要反恐任务，美国在吉布提的军事基地将发挥反恐“桥头堡”的作用。非洲司令部一份报告指出，2012年2月9日网上一段视频显示，索马里青年党恐怖组织宣布与“基地”组织正式“合流”[①]，“基地”组织当地化趋势明显，预示着未来美国打击东非“基地”组织分支机构的反恐任务仍十分繁重。中东剧变发生后，尽管美国曾担心北非马格里布地区和萨赫勒地区“基地”分支机构获得了利比亚政府遗留的部分武器装备，并将恶化阿尔及利亚、马里和尼日尔的安全环境，但是2012年美国非洲司令部的研究报告指出：“我们在非洲（反恐）的重中之重是东非地区，该地区跨国性威胁挑战了我国国家安全，包括暴力极端组织、非法走私和海盗。”[②] 2014年5月，美国总统奥巴马和吉布提总统盖莱签订一份新协议，规定吉布提将军事基地租给美国，租期20年。因此，美国利用吉布提军事基地维护东非地区稳定，将是一项长期的政策。

未来美国将非洲司令部前沿总部设在何处？迄今美国国防部一直举棋不定。一种可能是设在吉布提，因为吉布提政府长期奉行温和的实用主义外交政策，拥有美国在非洲唯一的大型公开的军事基地，驻军人数在1300—1800人左右，基础设施相对齐备，又处于美国非洲司令部安全防务的重点地区，也是非洲之角联合作战力量的总部；第二种可能是设在摩洛哥，因为摩洛哥与美国安全合作持续时间最长，愿意同美国一道打击马格里布基地组织和萨赫勒地区极端势力，且摩洛哥同吉布提一样长期奉行温和的“中间主义路线”；第三种可能是设在埃塞俄比亚首都亚的斯亚贝巴，因为它也是非洲联盟的总部，有助于美国同全体非洲国家政府协调立场。[③] 无论美国将非洲司令部设在非洲哪个国家，都会引起非洲国家政府和民众的不安和反对，因为非洲国家普遍视大国的军事基地为殖民主义的“遗毒”。在可预见的将来，美国非洲司令部仍将依靠德国斯图加特进行日常管理，即使在非洲建立司令部，也只是前沿文官司令部，很难建立类似于在德国和日本那样大规模的作战力量；美国在吉布提的军事基地仍将是美

---

① United States Africa Command, *Africa Command Mission Statement before the House Armed Services Committee*, Washington D. C. , February 29, 2012, p. 6.

② United States Africa Command, *Africa Command Mission Statement before the House Armed Services Committee*, Washington D. C. , February 29, 2012, p. 5.

③ Stephanie Hanson, *U. S. Africa Command* (*AFRICOM*), Washington D. C. : Council on Foreign Relations, May 3, 2007.

国在非洲阿拉伯国家最重要的军事存在。①

当前，除美国、法国和日本外，其他国家也试图在吉布提部署军事基地，但动机不尽相同。2017 年 8 月，中国在吉布提的后勤保障基地投入使用，成为中国在海外首个后勤保障基地；沙特和伊朗断交、也门胡塞武装强势崛起后，沙特发动“北方雷霆”行动，并与吉布提盖莱政府协商，计划未来在该国也部署军事基地，以从亚丁湾对面袭击也门胡塞武装；俄罗斯总统普京 2017 年 11 月也在与苏丹总统巴希尔会谈时，表示俄将在吉布提的邻国——苏丹部署军事基地；阿联酋加强了在厄立特里亚和索马里兰的军事基地。

在可预见的将来，吉布提及其周边的红海地区将进一步“武器化”，大国在该地区的军事基地部署将加重地缘政治博弈。

第三节　案例 2：美国在马格里布地区的军事存在

如果说美国太平洋司令部和欧洲司令部属于“巨无霸”，非洲司令部更像是一种“任务导向型”的“睡莲”——前者主要应对传统大国构成的威胁，后者则主要应对东非和北非恐怖主义和非传统威胁，而不是要应对东非和北非的某个具体国家构成的威胁。与美国太平洋司令部、欧洲司令部和中央司令部等实体司令部不同，非洲司令部旨在建立一个“虚拟”司令部，其总部设在德国斯图加特而不是在责任区非洲，不依赖东道国大型军事基地，而是依靠美国各部门之间的协调与配合，如国防部欧洲司令部、国务院、中央情报局和联邦调查局等，以期整合资金充足的国防部和人力资源丰富的国务院的双方优势。自成立以来，非洲司令部在打击“马格里布基地组织”过程中，发挥了联络、情报、外交和特别行动等多项功能，也成为美国在非洲开展公共外交的重要推手。② 2011 年，美国非洲司

① Lauren Ploch, “US Africa Command: A More ‘Active’ American Approach to Addressing African Security Challenges?” *IPG*, No. 1, 2009, p. 72.

② Jeffrey Kaplan, *Terrorist Groups and the New Tribalism: Terrorism's Fifth Wave*, London and New York: Routledge, 2010, p. 73; Philip Seib and Carola Weil, “AFRICOM, the American Military and Public Diplomacy in Africa,” *USG Annenberg Policy Briefing*, March 2008, p. 1 –2.

令部指出，未来其承担的五项最重要的任务是："1. 威慑和击败"基地"组织及其他极端势力在马格里布和萨赫勒地区的分支机构，破坏其庇护地；2. 增强地区国家和组织的防御能力；3. 确保美国力量自由进出非洲；4. 预防非洲出现大规模社会骚乱；5. 向非洲提供人道主义援助，阻止人道主义灾难。"① 在上述五项任务中，打击"基地"组织在北非和萨赫勒地区的分支机构成为美国非洲司令部的首要军事任务。与美国在东非阿拉伯国家吉布提部署大型军事基地相比，美国在北非的军事存在规模相对较小，也更加隐蔽，主要集中在阿尔及利亚。

一、美国在阿尔及利亚的军事存在

近代以来，北非马格里布地区长期是法国和意大利的势力范围，美国在该地区的军事影响力有限。二战结束后，西方大国在北非建立的大型和永久性军事基地主要分布在利比亚和摩洛哥，但冷战时期，在美、英、法、苏等大国的对外安全战略中，北非的重要性难以与东非和埃及相比。冷战结束后，阿尔及利亚、毛里塔尼亚、马里、尼日尔、利比亚等国相邻地区经济发展落后，社会治理处于低层次，基础设施不健全，毒品走私、人口拐卖、贩卖枪支、越境抢劫等跨国犯罪事件时有发生，为"基地"组织扩展势力提供了基础，但直到20世纪90年代末，美国始终未给予足够重视。

"9·11"事件的发生，改变了美国的对外安全战略布局，北非马格里布地区的恐怖组织不再是遥远的、地方性、区域性恐怖组织，而是本·拉登领导下的"基地"组织全球圣战网络的有机组成部分，是美国全球反恐的重要对象之一。在全球反恐时代，美国的一份反恐研究报告提出了所谓"香蕉理论"②，即美国在阿富汗发动反恐战争告一段落后，伊斯兰极端分子将从中亚逃往非洲之角，再从非洲之角进入苏丹，再从苏丹进入社会管理松懈的乍得、尼日尔、马里和毛里塔尼亚边境的萨赫勒地区，与北非"马格里布基地组织"合流。这些恐怖组织利用当地的经济和社会矛盾挑

① Commander General Carter Ham, "Headquarters, United States Africa Command," Kelley Barracks, Stuttgart: Germany, August 2011, p. 1.

② 乍得、尼日尔、马里和毛里塔尼亚边境的萨赫勒地区在地图上像根香蕉，该地区跨国走私、贩毒、贩卖枪支等问题严重，是伊斯兰极端势力天然的庇护所，也是全球治理和国际反恐的重点地区之一。

起争端，招募新人，募集资金，试图卷土重来。正如2004年1月，美国欧洲司令部国防安全合作局局长杰弗里·科勒（Jeffrey Kohler）所言："恐怖组织的大本营在阿富汗和中亚其他地区虽被美国中央司令部铲除，但这些恐怖分子会逃往广阔且贫瘠的非洲地区，最终将通过阿尔及利亚、摩洛哥和突尼斯这些后门进入欧洲。"①

美国在阿尔及利亚部署军事基地，主要是为了应对"马格里布基地组织"的威胁，这种恐怖威胁可以上溯到20世纪80年代末。苏联从阿富汗撤军后，部分参与圣战的阿拉伯武装分子回到北非，在北非地区招募新人，并以此为据点，图谋向欧洲发动袭击。2004年3月，阿尔及利亚的"萨拉菲斯特呼声与战斗组织"与美国特种部队支持的尼日尔和乍得军队爆发冲突，43名萨拉菲武装分子被打死。② 随后，美国欧洲司令部副总司令查尔斯·沃德（Charles Wald）强调指出：北非、撒哈拉和马格里布的恐怖分子同阿富汗的恐怖分子一样，寻求庇护所，招募新人，蓄谋壮大组织力量，发动恐怖袭击。③ 在此情况下，美国的反恐战略旨在重新部署其在全球的军事力量，调整其在海外军事基地的布局。与冷战时期美国对付传统大国而部署的大型、永久性军事基地不同，反恐时代美国在全球的军事基地主要针对非传统威胁，特别是根据恐怖主义和大规模杀伤性武器扩散等具体任务而建立的设施，军事基地规模小型化，旨在为战斗机提供起降跑道、通信设施、储藏设施和维修设施等。④ 为强化同北非国家的安全合作关系、打击伊斯兰极端组织，美国一方面加强同北非国家的经济关系，如1999年推出的"美国—北非经济伙伴关系计划"（"艾森斯塔特计划"）、2003年成立的"美国—大中东伙伴关系计划"（US-Middle East Partnerhsip Initiative）等，为大中东国家提供教育、发展和经济援助；另一方

---

① Jeremy Keenan, *The Dark Sahara: America's War on Terror in Africa*, New York: Pluto Press, 2009, pp. 167 - 168.

② International Crisis Group, "Islamist Terrorism in the Sahel: Fact or Fiction?" *Africa Report*, March 31, 2005, p. 1.

③ Clement M. Henry, "Reverberations in the Central Maghreb of the 'Global War on Terror,'" in Yahia H. Zoubir and Haizon Amirah-Fernǘndez, eds., *North Africa: Politics, Region, and the Limits of Transformation*, London and New York: Routledge, 2008, p. 300.

④ Clement M. Henry, "Reverberations in the Central Maghreb of the 'Global War on Terror,'" in Yahia H. Zoubir and Haizon Amirah-Fernǘndez, eds., *North Africa: Politics, Region, and the Limits of Transformation*, London and New York: Routledge, 2008, p. 299.

面加强同北非阿拉伯国家的政治关系，如积极推动美国的盟友埃及成为马格里布组织的观察员，通过摩洛哥和埃及这两个特殊伙伴国影响马格里布组织的未来发展。①

美国还积极加强同北非阿拉伯国家的军事关系。例如，为打击“基地”组织在北非的分支机构、防止阿富汗和中亚地区的极端分子向北非逃窜，2002 年底，美国欧洲司令部推出“泛萨赫勒计划”（PSI），通过这一平台与马里、毛里塔尼亚、尼日尔、乍得等国加强反恐合作，打击伊斯兰极端分子，维护上述 4 国之间人烟稀少的泛萨赫勒地区的安全，增强上述国家的行政管理能力和反恐训练，避免该地区沦为恐怖分子活动的天堂，特别是应对阿尔及利亚的“萨拉菲斯特呼声与战斗组织”（Salafist Group for Preaching and Combat）对美国及西欧人员与设施构成的威胁。②

美国在马格里布和萨赫勒地区的军事部署主要表现为两种形式：一是美国在当地的反恐军事训练人员；二是美国特别行动司令部临时部署的反恐部队，后者如美国空军司令部机动部队多次使用阿尔及利亚国际机场，用于执行在马格里布和萨赫勒地区的军事行动，阿尔及利亚为美国特种兵提供了重要过境与后勤支持。③ 为防止引起当地穆斯林的反感，美军主要依靠建立的柔性军事存在。美国欧洲司令部在谈到特种部队在该地区的军事存在时，重申将尽可能减轻美国在该地区的“脚印”：“我们不想成为东道国群众情绪愤怒的根源，因为这样反而会被当地激进分子所利用。”④

21 世纪初美国发动反恐战争以来，美国在马格里布地区最重要的反恐伙伴是阿尔及利亚，该国甚至允许美国建立秘密军事基地。冷战结束后，尽管阿尔及利亚同法国关系长期冷淡，但美国却十分重视阿尔及利亚的战略地位。1992 年，阿尔及利亚陷入内战，共造成 20 万人死亡。1993 年 9

---

① Yahia H. Zoubir, “The United States, Islamism, Terrorism, and Democracy in the Maghreb,” in Yahia H. Zoubir and Haizon Amirah-Fernández, eds., *North Africa: Politics, Region, and the Limits of Transformation*, London and New York: Routledge, 2008, pp. 269 – 288.

② Alexander Cooley, *Base Politics: Democratic Change and the U. S. Military Overseas*, Ithaca: Cornell University Press, 2008, p. 241；张春：《“9 · 11”后美国与欧洲的非洲政策比较》，载《现代国际关系》2007 年第 4 期，第 10 页。

③ William Arkin, *Code Names: Deciphering U. S. Military Plans, Programs and Operations in the 9/11 World*, Hanover: Steerforth Press, 2005, pp. 70 – 71.

④ John Davis, “The Bush Model: US Special Forces, Africa, and the War on Terror,” in John Davis, eds., *Africa and the War on Terrorism*, Hampshire, England and Burlington, US: Ashgate, 2007, p. 152.

月开始，阿尔及利亚“伊斯兰拯救阵线”与“伊斯兰武装小组”（Islamic Armed Group）开始将暗杀和绑架的对象扩大至外国侨民，前后共造成数十名外国人被杀。1997 年，伊斯兰武装小组的部分成员自立门户，成立“萨拉菲斯特呼声与战斗组织”，后成为马格里布地区最具破坏性和影响力的恐怖组织。[①] 此后，阿尔及利亚长期成为恐怖袭击的重灾区。2001—2009 年，在马格里布和萨赫勒地区发生的 900 余起针对当地居民和外国侨民的暗杀、绑架、爆炸等恐怖袭击事件，共造成 1500 人死亡和 6000 余人受伤，其中 80% 以上（770 起）的恐怖袭击事件发生在阿尔及利亚，该国沦为北非“马格里布基地组织”恐怖袭击的重灾区。[②]

“9·11”事件发生后，阿尔及利亚政府率先宣布将与美国站在一起，打击伊斯兰恐怖组织。但是美国国会反对同阿尔及利亚的安全合作过于密切，主要是担心其将一些敏感情报转给巴勒斯坦激进组织，最终威胁以色列的国家安全。阿尔及利亚驻美大使在 2001 年 10 月曾向美国抱怨：过去十年里，阿尔及利亚恐怖组织夺去了成千上万名阿尔及利亚平民的生命，但美国给予的反恐援助却相当有限。[③] 2002 年 7 月，美国联邦调查局马里昂·鲍曼（Marion E. Bowman）向美国参议院情报委员会提出《外国情报监视法案》修正案，提出了“国际圣战运动”这一概念，打消了国内亲以势力的疑虑，使美国重新认识到阿尔及利亚等所谓威权国家在美国全球反恐战争中的价值。[④] 此后，阿尔及利亚搭乘美国在非洲的反恐快车，与美国在反恐领域通力合作。自 2002 年开始，美国中央情报局、联邦调查局和国家安全局从阿尔及利亚获得重要的反恐情报，尤其是在打击被称为“马格里布的本·拉登”——帕拉（El Para）过程中两国反恐机构合作密切。2003 年 10 月，美国助理国务卿伯恩斯（Willianm Burns）在访问阿尔及利

---

① Yonah Alexander, *Maghreb & Sahel Terrorism: Addressing the Rising Threat from al-Qaeda & other Terrorists in North & West/Central Asia*, Arlington, VA: International Center for Terrorism Studies, Potomac Institute for Policy Studies, January 2010, p. 17.

② Yonah Alexander, *Maghreb & Sahel Terrorism: Addressing the Rising Threat from al-Qaeda & other Terrorists in North & West/Central Asia*, Arlington, VA: International Center for Terrorism Studies, Potomac Institute for Policy Studies, January 2010, p. 9.

③ Mohamed A. El-Khawas, "North African Responses to Bush's War on Terror," in John Davis, eds., *Africa and the War on Terrorism*, Hampshire, England and Burlington, US: Ashgate, 2007, p. 83.

④ Jeremy Keenan, *The Dark Sahara: America's War on Terror in Africa*, New York: Pluto Press, 2009, p. 170.

亚时指出："目前我们的双边关系处于四十年来最好的时期。"① 随后国务卿鲍威尔于2003年也访问阿尔及利亚，探讨双方进一步开展反恐合作的途径。2003年，阿尔及利亚要求美国解除对阿尔及利亚的武器禁运，并加大向阿尔及利亚政府提供反恐援助的力度。阿尔及利亚政府的反恐诉求与美国的全球反恐战略相契合，双方对该国南部地区恐怖组织的清剿成为美国在撒哈拉地区反恐行动的重要组成部分。2006年9月，"基地"组织二号领导人物扎瓦赫里正式宣布"萨拉菲斯特呼声与战斗组织"加入到"基地"组织全球圣战运动中；2007年，"萨拉菲斯特呼声与战斗组织"更名为"马格里布基地组织"，该组织得到"基地"组织提供的重要资金、人员和技术支持。该组织强调今后要用伊斯兰沙利亚法统治整个马格里布与萨拉赫地区。②

美国与阿尔及利亚反恐合作的重要议题是美国在该国部署反恐基地的问题。据阿尔及利亚和大中东国家媒体（如《圣城报》（*Quds Press*）、"半岛"电视台等）透露，2003年，时任美国欧洲司令部司令、海军陆战队上将詹姆斯·琼斯与阿尔及利亚高级军事将领在位于首都阿尔及尔南部1500千米、距塔曼拉塞特384千米处的阿拉克（Arak）举行秘密会谈，计划在阿尔及利亚南部沙漠地带建立攻击直升机与监听基地。③ 根据两国达成的共识，2003年之后，美国在阿尔及利亚的沙漠地带——塔曼拉塞特建立了反恐军事基地，部署有400名美国反恐特种部队。2004年3月，美国欧洲司令部副司令沃德指出，美国掌握的情报是："基地"组织正试图在非洲北部地区建立大本营，在萨赫勒和马格里布地区寻求庇护所，以转移阿富汗塔利班政权垮台后丧失藏身之地的"基地"组织分子，同时利用萨赫勒与"马格里布地区基地组织"大本营招募新人。④ 当年3月，美国"猎户座"反潜巡逻机（P-3 Orion）从西西里岛上的海军基地出发，部署在阿尔及利亚南部塔曼拉赛特（Tamanrasset）基地，针对"萨拉菲斯特呼声与战斗组织"执行侦察与情报搜集任务，其获得的情报同时也用于乍得政府

① Robert E. Looney, ed., *Handbook of US-Middle East Relations: Formative Factors and Regional Perspectives*, Londond and New York: Routledge, 2009, p. 230.

② Yonah Alexander, *Maghreb & Sahel Terrorism: Addressing the Rising Threat from al-Qaeda & other Terrorists in North & West/Central Asia*, Arlington, VA: International Center for Terrorism Studies, Potomac Institute for Policy Studies, January 2010, p. 17.

③ Mustafa Barth, "Sand Castles in the Sahara: U. S. Military Basing in Algeria," *Review of African Political Economy*, Vol. 30, No. 98, 2003, p. 679.

④ "El Para, the Maghreb's Bin Laden," http://mondediplo.com/2005/02/04algeria.

的反恐行动。[①] 阿尔及利亚政府在美国部署军事力量这一问题上采取模糊政策，默许美国中央情报局专门负责该秘密反恐基地的具体管理[②]，同时，允许美国在未来军事行动中使用阿尔及利亚的其他军事基地设施，两国反恐特种兵在联合训练方面建立了良好合作关系。

2005 年，美国支持下的“泛萨赫勒行动计划”更名为“跨撒哈拉反恐伙伴关系”（Trans-Saharan Counterterrorism Partnership），其成员扩大至阿尔及利亚、摩洛哥、尼日利亚、塞内加尔、毛里塔尼亚、马里、突尼斯、尼日尔和乍得等 9 国，总部设在阿尔及利亚南部沙漠地区——塔曼拉赛特。[③] 2005 年，美国同泛撒哈拉国家实施“永久自由行动—泛撒哈拉”计划，进一步打击了阿尔及利亚“萨拉菲斯特呼声与战斗组织”。[④] 自 2005 年“跨撒哈拉反恐计划”开始之日起，美国政府每年拨款 1 亿美元，连续拨款 5 年，为此项行动计划提供专项资金。[⑤] 该组织成员国在美国的领导下参与了“燧石 2005”（Flintlock 2005）和“燧石 2007”（Flintlock 2007）等两年一度的联合军演。除上述 9 国外，布基纳法索、英国、荷兰和法国也参与了 2007 年的“燧石”联合军演。[⑥] 阿尔及利亚在同美国的反恐合作中也获得经济和军事援助。2007 年，根据美国国际军事教育与培训项目，小布什政府向阿尔及利亚提供了 8.06 亿美元的军事援助，同时提供了价值 7.31 亿美元的反恐援助项目。[⑦] 2009 年 12 月，经过艰难谈判，阿

---

① Yahia H. Zoubir, “The United States and Maghreb-Sahel Security,” *International Affairs*, Vol. 85, No. 5, 2009, pp. 992 –993.

② Adlene Meddi, “La CIA a une ‘Alliance Base’ a Alger-La cooperation entre les services s'internsifie,” *El Watan*, June 6, 2005; John Davis, “The Bush Model: US Special Forces, Africa, and the War on Terror,” in John Davis, eds. , *Africa and the War on Terrorism*, Hampshire, England and Burlington, US: Ashgate, 2007, p. 156.

③ “U. S. to Set Up North African Military Base in Algeria ?” http://stratsisincite. wordpress. com/2011/01/30/u-s-to-set-up-north-african-military-base-in-algeria/January 30, 2011.

④ Clement M. Henry, “Reverberations in the Central Maghreb of the ‘Global War on Terror,’” in Yahia H. Zoubir and Haizon Amirah-Fernάndez, eds. , *North Africa: Politics, Region, and the Limits of Transformation*, London and New York: Routledge, 2008, pp. 295 –296.

⑤ 张春：《“9·11”后美国与欧洲的非洲政策比较》，载《现代国际关系》2007 年第 4 期，第 10 页。

⑥ Robert E. Looney, ed. , *Handbook of US-Middle East Relations: Formative Factors and Regional Perspectives*, Londond and New York: Routledge, 2009, p. 230.

⑦ Robert E. Looney, ed. , *Handbook of US-Middle East Relations: Formative Factors and Regional Perspectives*, Londond and New York: Routledge, 2009, p. 231.

尔及利亚最终同意美国在萨赫勒地区部署 EP－3 电子侦察机，监控“马格里布基地组织”在萨赫勒地区的行踪。①

归纳起来，美国在阿尔及利亚反恐军事基地主要承担以下功能：

第一，打击“马格里布基地组织”。2005 年 6 月，该极端组织相继对毛里塔尼亚和阿尔及利亚实施恐怖袭击，分别造成十余名毛里塔尼亚和阿尔及利亚士兵死亡；② 2007 年初阿尔及利亚恐怖组织宣布更名为“马格里布基地组织”后，在首都阿尔及尔实施了一系列自杀式恐怖袭击，其中 2007 年 4 月和 12 月实施的自杀式袭击共造成数十人死伤，伊斯兰激进势力已经对阿尔及利亚政府和国内稳定构成了严重的现实威胁。③ 美国欧洲司令部官员透露，美国在北非反恐对于稳定伊拉克局势亦起到重要作用。在伊拉克，大约 25% 的反美自杀式袭击者来自于非洲撒哈拉地区。更为严重的是，这些恐怖分子还在伊拉克接受“基地”分支机构的培训，然后再回到非洲撒哈拉地区，在当地实施恐怖袭击、威胁非洲之角联合任务部队执行“跨撒哈拉反恐伙伴关系”项目和美军的安全。④

2010 年 11 月，阿尔及利亚国防部长艾哈迈德·桑哈吉（Ahmed Sanhadji）与美国国防部长副助理约瑟夫·麦克米伦（Joseph Mcmillan）代表两国政府在阿尔及尔签订《国际安全合作协定》。麦克米伦指出：“华盛顿准备向阿尔及利亚提供必要的援助，以帮助阿尔及利亚清除恐怖组织，追缴伊斯兰“马格里布基地组织”残余分子，这些残余分子长期活跃在阿尔及利亚、尼日尔、马里和毛里塔尼亚等国边境的撒哈拉和萨赫勒地区。”⑤

---

① “U. S. to Set Up North African Military Base in Algeria ?” http：//stratsisincite. wordpress. com/2011/01/30/u-s-to-set-up-north-african-military-base-in-algeria/. January 30, 2011.

② John Davis, “The Bush Model：US Special Forces, Africa, and the War on Terror,” in John Davis, eds. , *Africa and the War on Terrorism*, Hampshire, England and Burlington, US：Ashgate, 2007, p. 156.

③ Phillip C. Naylor, *North Africa：A History from Antiquity to the Present*, Austin：University of Texas Press, 2009, p. 226.

④ John Davis, “The Bush Model：US Special Forces, Africa, and the War on Terror,” in John Davis, eds. , *Africa and the War on Terrorism*, Hampshire, England and Burlington, US：Ashgate, 2007, p. 157.

⑤ “Alegeria：Stronger US Cooperation,” *Africa Research Bulletin*－18631, November 2010.

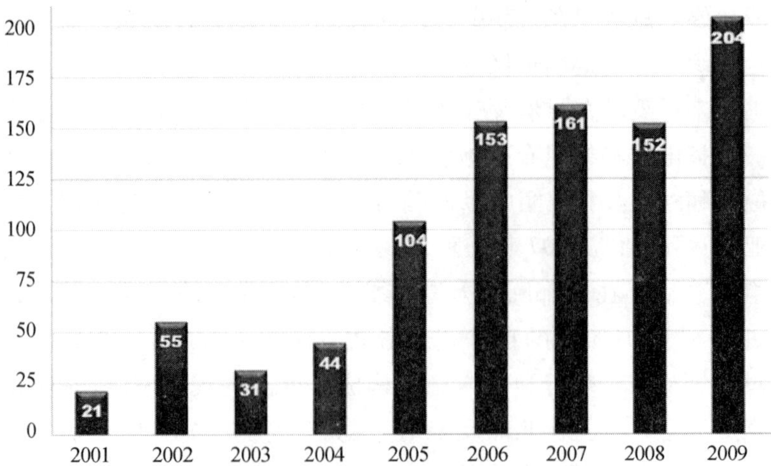

图 7—1　马格里布与萨赫勒地区发生的恐怖袭击次数统计表（2001 年 9 月—2009 年 12 月 31 日）[①]

第二，加强对“跨撒哈拉反恐伙伴关系”成员国的军事训练。除利用在阿尔及利亚南部的军事基地开展反恐军事行动外，美国还利用反恐军事力量加强对有关成员国的军事训练，特别是加大对反恐力量薄弱的马里、毛里塔尼亚、尼日尔和乍得等国的反恐培训，使“跨撒哈拉反恐伙伴关系”每个成员国至少拥有一个快速反应连，人数在 150 名左右，可以在危机爆发后迅速对恐怖分子采取行动。[②] 为执行“泛萨赫勒行动计划”，美国每次帮助成员国训练的反恐人员的规模仅为一个连；2005 年“跨撒哈拉反恐伙伴关系”成立后，美国每次训练的反恐人员的规模扩大至一个营。[③]

第三，加强对萨赫勒地区的治理。美国认为，贫困与落后是滋生恐怖

① Yonah Alexander, *Maghreb & Sahel Terrorism: Addressing the Rising Threat from al-Qaeda & other Terrorists in North & West/Central Asia*, Arlington, VA: International Center for Terrorism Studies, Potomac Institute for Policy Studies, January 2010, p. 26. 该数据主要统计阿尔及利亚、乍得、利比亚、马里、毛里塔尼亚、摩洛哥、尼日尔和突尼斯 8 国的情况。

② Trans-Sahara Counterterrorism Initiative [TSCTI, http://www.globalsecurity.org/military/ops/tscti.htm.

③ John Davis, "The Bush Model: US Special Forces, Africa, and the War on Terror," in John Davis, eds., *Africa and the War on Terrorism*, Hampshire, England and Burlington, US: Ashgate, 2007, p. 155.

主义的温床，萨赫勒地区恐怖袭击和绑架事件时有发生，与该地区缺乏良治（Good Governance）密切相关。除采取军事打击外，美国还利用在阿尔及利亚的军事存在加强对该地区的教育、基础设施等投入。一方面，美国非洲司令部与欧洲司令部密切配合，实施各种社会援助项目；另一方面，美国政府还加强美国国际发展署（US Agency for International Development）、美国国务院、美国财政部和国防部等各职能部门之间的协调与配合，促进萨赫勒地区的治理。① 如前所述，美国非洲司令部不同于欧洲司令部、太平洋司令部和中央司令部等传统的军事司令部（上述各大司令部的“神经中枢”是位于美国本土的“夏延山地下指挥中心”），其并不在责任区部署大量军事力量，而是寻求军事功能（国防部）与民事功能（国务院和攻击发展署）相结合，试图既应对非洲的安全问题，又解决非洲的发展问题。

当然，由于美国在阿尔及利亚的军事存在涉及军事机密，两国政府均予以否认。2006 年 11 月，美国国防部长助理彼得·罗德曼（Peter Rodman）在访问阿尔及尔时指出：“美国不想在阿尔及利亚建立军事基地。我们希望增强当地的力量，而不是建立新基地。我们对建立战略和军事伙伴关系、训练军官、加强安全合作、联合军演、交流信息、促进军售和军事人员互访更感兴趣。”②

尽管美国国防部长助理否认美国在阿尔及利亚建立了军事基地，但是 2007 年 11 月，美国国务院一位不愿透露姓名的官员承认：美国在阿尔及利亚南部地区至少拥有一处操作性军事基地。③ 2008 年，美国另一位官员在私下也曾证实其在阿尔及利亚南部至少有一处前沿行动基地，其目的是加强对泛撒哈拉地区恐怖分子的监测。④ 2010 年 10 月，美国《华盛顿邮报》再次透露，美国在阿尔及利亚南部沙漠地区塔曼拉塞特的确建立了军

---

① Trans-Sahara Counterterrorism Initiative [TSCTI, http://www.globalsecurity.org/military/ops/tscti.htm.

② Robert E. Looney, ed., *Handbook of US-Middle East Relations: Formative Factors and Regional Perspectives*, Londond and New York: Routledge, 2009, p. 231.

③ Yahia H. Zoubir, "The United States and Maghreb-Sahel Security," *International Affairs*, Vol. 85, No. 5, 2009, pp. 993.

④ Clement M. Henry, "Reverberations in the Central Maghreb of the 'Global War on Terror,'" in Yahia H. Zoubir and Haizon Amirah-Fernάndez, eds., *North Africa: Politics, Region, and the Limits of Transformation*, London and New York: Routledge, 2008, pp. 295 – 296.

事存在，并向阿尔及利亚提供了电子情报，迫使“马格里布基地组织”头目不得不警告其下属不得使用卫星电话，以防止受到美国部署在萨赫勒地区无人机发动的袭击。[①] 2011 年 1 月，有报道称，美国陆军工程兵部队对在北非建立空军基地表现出浓厚兴趣，因为其可为撒哈拉与萨赫勒地区“马格里布基地组织”部署的空中预警飞机如 EP－3 提供战术基地。[②]

美国政府否认在阿尔及利亚建立了反恐基地，2007 年 2 月 7 日美国宣布成立非洲司令部后，阿尔及利亚于当年 3 月也否认了外国在其土地上有任何军事基地。阿尔及利亚外长（Mohammed Bedjaoui）指出：“这（外国设立军事基地）与阿尔及利亚的主权和独立互不兼容”；[③] “我可以证实的是，美国与阿尔及利亚在反恐领域合作成果丰富，双方均认为反恐军事合作不仅有利于两国，而且有利于其他国家。但是，阿尔及利亚国土上绝不会建立美国非洲司令部，阿尔及利亚土地上也绝不会接受外国军事基地。”[④]

阿尔及利亚政府公开否认其允许美国临时使用南部沙漠地区的军事基地，主要有两方面的顾虑：第一，这会影响阿尔及利亚一贯奉行的“大国平衡战略”。冷战后，阿尔及利亚在社会文化层面同法国保持密切联系，在石油产业与美国保持密切合作，在工程建设方面与中国和日本建立了密切联系，而在军购方面主要依靠俄罗斯[⑤]，这种“大国平衡战略”有助于其长远国家利益。如果阿尔及利亚如公开承认美国在其南部沙漠地区建立军事基地，恐将破坏其独立自主的不结盟外交原则和大国平衡战略，沦为美国在马格里布地区的“沙特”。第二，阿尔及利亚如公开承认美国在其部署军事基地，恐将引起“马格里布基地组织”和其他反政府武装的进一步反弹，从长远来看更容易把阿尔及利亚政府推向人民的对立面，被贴上

---

① “US Military Personnel Operating on Algeria's Soil,” *Washington Post*, October 21, 2010.

② “U. S. to Set Up North African Military Base in Algeria ?” http：//stratsisincite. wordpress. com/2011/01/30/u-s-to-set-up-north-african-military-base-in-algeria/January 30, 2011.

③ Yahia H. Zoubir, “The United States, Islamism, Terrorism, and Democracy in the Maghreb,” in Yahia H. Zoubir and Haizon Amirah-Fernάndez, eds. , *North Africa*: *Politics*, *Region*, *and the Limits of Transformation*, London and New York: Routledge, 2008, pp. 275－276.

④ “Algeria Rejects Reports on US Military Base in Its Terrirtory,” http：//www. albawaba. com/news/algeria-rejects-reports-us-military-base-its-terrirtory. 另可参见于毅：《阿拒绝在其领土上设外国军事基地》，载《光明日报》2007 年 10 月 8 日，第 12 版。

⑤ “American Bases on Algerian Soil: Really? Why Now?” *Algerian Times*, December 13, 2009.

“美国的傀儡政权”标签。2007 年，“马格里布基地组织”对联合国在其首都阿尔及尔办公室和最高法院发动袭击，造成41 人死亡；2008 年，“马格里布基地组织”试图在阿尔及尔机场暗杀美国国务卿赖斯[①]，一方面表明阿尔及利亚恐怖活动愈演愈烈，美国与阿尔及利亚的反恐合作进一步提升，另一方面也彰显阿尔及利亚极端组织对两国反恐合作的不满。

需要指出的是，美国在阿尔及利亚南部沙漠地区的军事基地具有策略性和临时性，两国关系仍然存在明显的分歧，特别是美国一方面依靠阿尔及利亚加强在马格里布地区的反恐，另一方面敦促阿尔及利亚推动所谓政治民主化，无疑增加了阿尔及利亚政府对美方的不满。所以，阿卜杜勒—阿齐兹·布特弗利卡（Abdelaziz Bouteflika）一方面默许美国建立反恐军事存在，另一方面积极维护在美、俄、中、欧大国之间的大国平衡政策，并强调后者是阿尔及利亚政府的既定外交原则。例如，就在美国与阿尔及利亚关系不断升温时，普京于2006 年3 月访问阿尔及利亚，双方领导人强调两国均是欧洲天然气出口大国，应增加国际天然气的定价权，不能受制于西方大国，就是阿尔及利亚大国平衡战略的一例。[②]

通过上述军事、政治、外交和社会等多重手段，美国在马格里布和萨赫勒地区的反恐行动取得了阶段性成果；从目前情况来看，由于在泛萨赫勒地区处于独特的地缘位置，阿尔及利亚未来仍将是美国在北非最有可能强化军事基地部署的候选国。但是，由于美国在该地区缺乏强有力的大型军事基地，加上该地区经济社会落后，美国今后在该地区的反恐行动仍将面临巨大挑战。2013 年1 月，恐怖组织“血色营”（Blood Brigade）[③] 袭击阿尔及利亚东南方艾因阿迈纳斯的天然气设施，共造成37 人死亡，阿尔及利亚政府通过3 天的努力，共解救685 名阿尔及利亚人质和107 名外国人质。[④] 阿尔及利亚南部严峻的反恐形势迫使其与美国加强反恐合作，但这起恐怖袭击事件也表明：美国反恐军事基地的部署并不能给阿尔及利亚带

① “U. S. to Set Up North African Military Base in Algeria ?” http：//stratsisincite. wordpress. com/2011/01/30/u-s-to-set-up-north-african-military-base-in-algeria/January 30, 2011.

② Mark N. Katz, “Russia and Algeria：Partners or Competitors?” *Middle East Policy*, Vol. 14, No. 4, 2007, pp. 152 – 157.

③ 其头目穆赫塔尔·贝尔摩塔尔（Mokhtar Belmokhtar）是“马格里布基地组织”的头目之一。

④ 安惠侯：《西亚北非政治格局变化及其走向》，载《阿拉伯世界研究》2013 年第1 期，第10 页。

来安全。

近年来，阿尔及利亚不断加强与第一大贸易伙伴——中国和首要政治伙伴——法国的战略合作，美国与阿尔及利亚的防务合作未能取得进一步发展。2017 年 12 月 6 日，法国总统马克龙访问阿尔及利亚，并同布特弗利卡总统举行会谈。双方一致认为，两国关系应翻开新的一页，共同展望未来。

二、美国在马格里布其他国家谋求军事存在的努力

除阿尔及利亚外，美国还寻求在其他北非阿拉伯国家部署军事基地，但迄今尚未取得实质性进展。首先，美国积极寻求同摩洛哥的安全合作。二战结束前后，摩洛哥曾经是美国战略空军司令部所在地。20 世纪 50 年代，美国在摩洛哥的利奥特港、拉巴特、努尔塞尔、摩加多、马拉喀什、阿加迪尔等维持了军事基地。①

美国在洲际导弹与 B－52 远程轰炸机研制成功前，十分重视摩洛哥军事基地在地中海和北非的辐射作用。20 世纪 50 年代，随着非洲区殖民化运动的发展，经过摩洛哥国王穆罕默德五世与艾森豪威尔总统协商，双方同意于 1959 年 12 月关闭美军在其境内的战略空军司令部，但此后美国仍维持了与摩洛哥的特殊关系，其在摩洛哥的军事存在一直延续到 1978 年才正式结束。1963 年，摩洛哥向阿尔及利亚宣战，其首要目标是兼并廷杜夫（Tindouf），其次是建立“大摩洛哥”，使国土从北部的丹吉尔一直延续到塞内加尔河。为增加同阿尔及利亚竞争中的优势，摩洛哥积极依靠美国，向美国提供港口，使美国在西地中海和大西洋地区增强了遏制“共产主义势力扩张”的能力。自 1956 年摩洛哥独立到 2008 年，摩洛哥共有 3000 多名军人接受美国的训练。② 1982 年，两国签订《共同防御条约》，摩洛哥同意给予美国在其境内 5 个空军和海军基地紧急过境、部署和休整权，成为美国快速反应部队的重要临时基地。摩洛哥还允许美军使用其境内其他

---

① 托尔钦诺夫著，姚嘉政译：《美国在国外的军事基地是对全世界人民和平和安全的威胁》，上海：新知识出版社，1956 年版，第 11 页。

② Cherif Dris, “Rethinking Maghrebi Security,” in Yahia H. Zoubir and Haizon Amirah-Fernúndez, eds., *North Africa: Politics, Region, and the Limits of Transformation*, London and New York: Routledge, 2008, p. 248; p. 251.

军事设施，但因涉及军事机密，外界并不清楚具体位置。[①] 1989—1994年，摩洛哥进口的军火30%来自于美国；1994年，摩洛哥还协助美国参与波黑的维和行动。[②] 冷战结束后，俄罗斯对西方世界构成的威胁大大减弱，美国相继关闭了一批在德国的军事基地，同时希望在北约的南翼尤其是马格里布地区建立军事基地[③]，扩大北约的防务范围，同时将地中海南岸的阿拉伯国家纳入到西方大国的战略发展轨道。但考虑到国内民众的反对，摩洛哥拒绝美国正式部署军事基地。

"9·11"事件后，摩洛哥积极支持美国在北非马格里布地区的反恐行动，成为美国关押和审判北非伊斯兰极端分子的重要场所。2002年4月11日，突尼斯契尔巴发生"基地"组织策划的恐怖袭击事件，造成21人死亡，其中包括14名德国游客；2003年5月，摩洛哥卡萨布兰卡发生恐怖袭击事件，为美摩两国加强反恐合作提供了重要动力。2004年，摩洛哥国王穆罕默德六世政府同美国签订《自由贸易协定》。在安全上，摩洛哥同科威特和卡塔尔等阿拉伯国家一样，成为美国非北约盟国，为美国在北非的军事行动尤其是第六舰队执行巡逻和军事任务提供了重要帮助。[④] 即便如此，考虑到国内反美主义强烈，穆罕默德六世政府拒绝美国在摩洛哥部署军事基地。2003年6月，皮尤公司的一份民意测验显示，仅23%的摩洛哥人对美国有好感，而2000年对美国有好感的人占77%；受美国在大中东国家发动反恐战争的影响，2004年6月，佐格比国际公司（Zogby Interntional）的民调显示，对美国持负面态度的摩洛哥民众比例上升至88%。[⑤]

---

① James N. Sater, *Morocco: Challenges to Tradition and Modernity*, London and New York: Routledge, 2010, p. 135; Robert E. Looney, ed., *Handbook of US-Middle East Relations: Formative Factors and Regional Perspectives*, Londond and New York: Routledge, 2009, p. 238.

② Cherif Dris, "Rethinking Maghrebi Security," in Yahia H. Zoubir and Haizon Amirah-Fernández, eds., *North Africa: Politics, Region, and the Limits of Transformation*, London and New York: Routledge, 2008, p. 248; p. 251.

③ Cherif Dris, "Rethinking Maghrebi Security," in Yahia H. Zoubir and Haizon Amirah-Fernández, eds., *North Africa: Politics, Region, and the Limits of Transformation*, London and New York: Routledge, 2008, p. 263.

④ Cherif Dris, "Rethinking Maghrebi Security," in Yahia H. Zoubir and Haizon Amirah-Fernández, eds., *North Africa: Politics, Region, and the Limits of Transformation*, London and New York: Routledge, 2008, p. 248; p. 251.

⑤ Yahia H. Zoubir, "The United States, Islamism, Terrorism, and Democracy in the Maghreb," in Yahia H. Zoubir and Haizon Amirah-Fernández, eds., *North Africa: Politics, Region, and the Limits of Transformation*, London and New York: Routledge, 2008, p. 276; p. 288.

2007 年美国建立非洲司令部、并任命威廉·沃德（前美国欧洲司令部副总司令）为司令后，摩洛哥同突尼斯和阿尔及利亚一样，是美国非洲司令部理想的前沿总部所在地。2007 年 7 月，美国同摩洛哥举行磋商，试图将非洲司令部的总部设在摩洛哥。摩洛哥提出的条件是：第一，美国粉碎西撒哈拉独立运动力量——“波利萨里奥阵线”（POLISARIO Front），强调该组织与“基地”组织有牵连；第二，美国削弱阿尔及利亚在西撒哈拉的影响力。由于美国不愿意为摩洛哥火中取栗，也不愿意影响美国同阿尔及利亚的反恐合作，美国拒绝了摩洛哥提出的两项部署军事基地前沿总部的条件。

其次，美国积极寻求同突尼斯的安全合作。“9·11”以来，美国与突尼斯建立了非常密切的关系，美国国防部成为美国国会重要的游说力量。在美国倡导的“泛撒哈拉反恐计划”和“泛撒哈拉反恐伙伴关系”中，突尼斯均发挥重要作用。[①] 2006 年 2 月，美国国防部长拉姆斯菲尔德宣布，美国正与突尼斯就《驻军地位协定》问题展开谈判。突尼斯最终同意美国将军事训练设施搬迁到该国，并允许美军享有登陆权，但具体条款至今对外保密。时至今日，突尼斯同摩洛哥一样，拒绝让美国非洲司令部总部落户，部分是因为美国发动伊拉克战争、支持以色列于 2006 年和 2008 年分别向黎巴嫩真主党和巴勒斯坦哈马斯发动战争，突尼斯民众对美军部署基地总体持负面印象。[②] 因此，迄今为止，美国尚未在突尼斯部署军事基地，但突尼斯同摩洛哥和阿尔及利亚一样与美国反恐合作密切，同时获得美国的各种经济和军事援助（参见表 7—1）。

最后，美国积极寻求同毛里塔尼亚和利比亚的安全合作。20 世纪 90 年代，毛里塔尼亚同伊拉克萨达姆政府建立战略合作关系，加上西方多次指责其人权纪录差及经济政策失败，美国与毛里塔尼亚关系冷淡，美国并不重视同毛里塔尼亚的合作关系，但“9·11”后毛里塔尼亚积极加入到美国的全球反恐战争中，使两国反恐合作取得了一定成效。[③] 毛里塔尼亚

① Yahia H. Zoubir, “The United States, Islamism, Terrorism, and Democracy in the Maghreb,” in Yahia H. Zoubir and Haizon Amirah-Fernández, eds., *North Africa: Politics, Region, and the Limits of Transformation*, London and New York: Routledge, 2008, pp. 286 – 287.

② Robert E. Looney, ed., *Handbook of US-Middle East Relations: Formative Factors and Regional Perspectives*, Londond and New York: Routledge, 2009, p. 258.

③ Yahia H. Zoubir, “The United States, Islamism, Terrorism, and Democracy in the Maghreb,” in Yahia H. Zoubir and Haizon Amirah-Fernández, eds., *North Africa: Politics, Region, and the Limits of Transformation*, London and New York: Routledge, 2008, p. 279.

同埃及、摩洛哥、突尼斯、阿尔及利亚、约旦和以色列一道，成为北约的“和平伙伴关系”对话国，也成为美国在马格里布地区的重要反恐伙伴之一。然而，由于毛里塔尼亚军事力量弱，政局不稳，军事政变频发（2005年8月和2008年8月相继发生军事政变），美国无意在该国部署军事基地。

利比亚也是如此。2004年开始，利比亚卡扎菲政府宣布放弃研制大规模杀伤性武器，并寻求同美国和欧洲全面恢复外交关系，此后成为美国在马格里布地区的重要反恐盟友。卡扎菲政府2004年宣布在临近利比亚南部的乍得沙漠地区发现了与“基地”组织有关的恐怖分子训练营，该恐怖组织即“萨拉菲呼声与战斗组织”，在哈桑·哈塔布（Hasan Hattab）（曾在阿富汗参加过反对苏联入侵的“圣战”）的领导下成立于1998年，试图在阿尔及利亚建立伊斯兰哈里发，把撒哈拉地区变成“第二个阿富汗”。[①] 此后，利比亚成为美国在反恐时代打击“马格里布基地组织”的重要依靠力量，利比亚卡扎菲政府在反恐情报合作方面与美国通力合作。21世纪初以来，由于卡扎菲政府以反非洲新殖民主义为旗帜，试图做非洲国家的领袖，故反对西方大国在非洲部署军事基地，更不可能允许美国在该国直接部署军事基地。2011年利比亚战争结束后，卡扎菲政府留下的大量军火如防空系统武器遗失。美国非洲司令部的报告指出，这些遗失的武器装备很可能已流落到极端组织手中，这些极端组织甚至可能获得了卡扎菲政府留下的化学武器和化学物品。[②] 这将意味着，今后美国仍将继续寻求在马格里布与萨利赫地区的军事存在，同利比亚亲西方力量继续合作，清剿“马格里布基地组织”和其他极端分子。但是，2012年9月，原利比亚反对派武装分子为抗议污辱伊斯兰教的美国电影，袭击美国驻班加西领事馆并导致美国大使死亡，给两国未来军事合作蒙上了阴影，考虑到利比亚反美主义势力上升，未来，短期内美国也不可能在利比亚部署军事基地。

---

① Yehudit Ronen, *Qaddafi's Libya in World Politics*, Boulder and London: Lynne Rienner Publishers, 2008, p. 69.

② United States Africa Command, *Africa Command Mission Statement before the House Armed Services Committee*, Washington D. C., February 29, 2012, p. 4.

表 7—1　2001—2007 年美国对阿尔及利亚、摩洛哥和突尼斯三国的经济和军事援助（单位：百万美元）①

	2007	2006	2005	2004	2003	2002	2001
军事援助							
阿尔及利亚	0. 840	0. 743	0. 920	0. 722	0. 612	0. 067	0. 121
摩洛哥	14. 5	14. 3	17. 1	11. 9	6. 5	4. 5	3. 5
突尼斯	10. 5	11. 9	12. 3	11. 7	6. 4	4. 5	4. 5
军事训练							
阿尔及利亚	0. 840	0. 743	0. 920	0. 722	0. 612	0. 067	0. 121
摩洛哥	2. 0	1. 9	1. 9	2. 0	1. 6	1. 0	0. 999
突尼斯	2. 0	1. 9	1. 9	1. 9	1. 5	1. 0	0. 968
经济援助							
阿尔及利亚	1. 100	0. 065	0. 482	不详	不详	不详	不详
摩洛哥	29. 4	24. 5	34. 0	8. 9	9. 1	13. 1	12. 8
突尼斯	0. 755	1. 3					
反恐援助							
阿尔及利亚	1. 075						
摩洛哥	1. 317	0. 774	2. 1	0. 35			
突尼斯	0. 755	1. 206					
援助总计							
阿尔及利亚	1. 940	0. 808	1. 402	0. 722	0. 612	0. 067	0. 121
摩洛哥	43. 9	38. 8	51. 0	20. 8	15. 6	17. 6	16. 3
突尼斯	11. 255	13. 2	12. 3	11. 7	6. 4	4. 5	4. 5

第四节　美国在非洲阿拉伯国家军事基地的理论考察

本章前三节主要考察了冷战后美国在非洲阿拉伯国家的军事基地部署与调整，并以吉布提和阿尔及利亚为案例加以实证考察。本节在前三节案

① Clement M. Henry, "Reverberations in the Central Maghreb of the 'Global War on Terror,'" in Yahia H. Zoubir and Haizon Amirah-Fernández, eds., *North Africa: Politics, Region, and the Limits of Transformation*, London and New York: Routledge, 2008, p. 301.

例分析的基础上，考察海外军事基地部署的内外部因素对冷战后美国在东非和北非军事基地部署的影响。

一、美国在非洲阿拉伯国家军事基地的部署

（一）战略维度

实证研究表明，战略因素在美国非洲军事基地部署过程中具有重要影响，美国部署军事基地并试图改造非洲阿拉伯社会与国家，彰显其对地区主导权的诉求。正如美国学者克里斯托弗·莱茵（Christopher Layne）所指出的：冷战结束后，美国主要面临四种不同的战略选择：一是在全球全面奉行霸权政策（hegemony）；二是根据美国的实际利益需要奉行选择性介入（selective engagement）政策；三是扮演离岸平衡（offshore-balancing）的政策；四是奉行孤立主义（isolationism）政策。[①] 限于能力和决心，美国实际上主要通过在战略地区部署军事基地，奉行了“离岸平衡”的政策。美国在欧洲、大中东和亚太三大战略利益区部署的军事基地，维持了美国海外战略利益区盟友与潜在敌人之间的战略平衡——北约与俄罗斯的战略平衡、大中东亲美势力与反美势力如伊朗和叙利亚的战略平衡、美国亚太盟友与中国的战略平衡，从而维护了美国的主导权。[②]

在“离岸平衡”政策中，地中海东部和北非地区处于连接欧洲和大中东两大战略利益区的关键地带。一方面，与 2012 年以来美国在海湾地区近 6 万人军事力量相比，美国在非洲的军事基地规模相对较小，也更加分散，其柔性军事存在从毛里塔尼亚一直延伸到吉布提，其中以东非的吉布提和北非的阿尔及利亚为战略基轴；另一方面，与美国欧洲司令部和美国在土耳其与海湾地区军事基地完备的指控、控制和通讯系统相比，美国在非洲阿拉伯国家的军事基地建立于“9·11”以来，至今尚未形成独立的指挥、控制和通讯系统，主要为美国快速反应部队在东非和北非执行具体的反恐任务提供情报搜集站和前沿行动基地。

---

① Christopher Layne, *The Peace of Illusion: American Grand Strategy from* 1940 *to the Present*, Ithaca: Cornell University Press, 2006, p. 159.

② 参见美国兰德公司空军项目的研究报告：Lynn E. Davis, etc., “U. S. Overseas Military Presence: What Are the Strategic Choices?” *RAND Project Air Force*, 2012, p. 9.

美国在非洲军事基地的部署具有进攻性，折射出美国与“基地”组织在非洲阿拉伯国家的意识形态争夺，即非洲阿拉伯世界究竟应回归正统伊斯兰原教旨主义还是应走西方式的自由、民主和法治道路。非洲阿拉伯国家成为这两种不同意识形态争夺的主战场。

在反恐时代，美国国家安全战略发生变化，即小布什和奥巴马政府均强调以“以暴制暴”的形式，坚决阻止“基地”组织以东非和北非阿拉伯国家为藏身之地，利用当地经济落后、社会矛盾激化、缺乏良治为土壤，传播伊斯兰极端思想，挑战美国在东非和北非阿拉伯国家推行自由、民主、人权和价值观的进程。2012 年，美国非洲司令部向国会提交的报告指出：“我们将探索和非洲联盟及地区组织合作新途径，支持它们在预防和应对非洲安全挑战方面充当领袖角色；我们将（在非洲）根据《2020 联合军事力量蓝图》的规划，继续开发创新性、低成本、轻脚印的（军事）存在方式。”① 根据非洲司令部的设想，未来美国在非洲仍然以建立小型、快捷和实用的柔性军事存在为主，试图以最小的代价推动东非和北非阿拉伯国家朝着美国和西欧国家设定的政治民主化、经济现代化、社会多元化、媒体自由化的方向发展。美国改造非洲阿拉伯世界的战略构想凸显了其构建地区主导权的决心。

（二）军事维度

实证研究表明，“9·11”以来，美国军事技术水平的提高并未减轻美国对非洲阿拉伯国家军事基地的依赖。尽管美国已经建立了相当完备的指挥、控制、通讯和情报系统，且实现了在数小时内向世界任何危机爆发地点投射军事力量的技术能力，但是，美国仍然依靠在吉布提和阿尔及利亚的军事设施，部署包括无人机在内的军事力量，不仅对“非洲之角基地组织”和“马格里布基地组织”产生了重要威慑力，而且其在上述地区的军事部署形成了数百千米的打击半径，使吉布提的军事基地用于定点清除在也门的“基地”组织成员，在阿尔及利亚的军事设施则能够有效搜集萨赫勒地区极端组织的活动情报。新时期美国推动新一轮军事技术革命，但在海外部署军事基地并未过时。

---

① United States Africa Command, Africa Command Mission Statement before the House Armed Services Committee, Washing D. C., February 29, 2012, p. 1.

（三）政治维度

从前三节可以看出，美国在非洲阿拉伯国家的军事基地部署与美国在大中东地区构建联盟体系关联度不大。时至今日，尽管美国与埃塞俄比亚、肯尼亚、圣多美与普林西比等建立了实质性安全合作关系，但是，美国未在非洲建立高度机制化的军事联盟体系。美国在非洲的军事基地部署主要出于国际反恐的具体任务需要，而不是构建双边或多边军事联盟体系。

（四）利益维度

现实利益因素对美国在东非和北非阿拉伯国家的军事基地部署产生了一定影响，但未产生决定性影响。非洲是美国重要的贸易伙伴，与地中海—红海—亚丁湾的海上贸易航线安全息息相关，但是，美国在吉布提和阿尔及利亚等国部署军事基地主要不是为了保护美国在这些国家的地缘经济利益，反恐、打击极端主义是美国在非洲阿拉伯国家部署刚性军事基地和柔性军事存在的重要原因。

美国在非洲阿拉伯地区的海外利益主要是地缘政治利益而不是地缘经济利益。非洲阿拉伯国家历史上主要是法国和英国的殖民地，“9·11”事件前，美国在东非和北非阿拉伯地区并无明显的经济利益。尤其是21世纪初以来，美国在这些国家的能源、投资、贸易和海外侨民利益均较为有限；保护美国在该地区的地缘经济利益并不是其部署军事基地的主要动因。与海合会、土耳其等经济发达、资源丰富、投资增长快速的大中东国家相比，东非和北非阿拉伯国家经济落后，资源贫乏，人口增长率较高，社会矛盾尖锐，加上多年来普遍存在的威权政治，导致这些国家出现内部矛盾乃至内战频繁爆发。尤其是2010年底爆发中东剧变以来，突尼斯、埃及和利比亚相继发生政权更迭，索马里乱局则已持续了20余年，苏丹内部冲突也持续了十余年，吉布提、毛里塔尼亚等则处于世界上经济社会发展最落后的国家之列，且毛里塔尼亚近年来发生多次军事政变，政局不稳。美国在吉布提和阿尔及利亚等地区部署军事基地和军事存在，主要维护21世纪初以来美国在东非和北非阿拉伯国家的地缘政治利益，即非洲阿拉伯地区是美国全球反恐的主战场之一，其重要性仅次于伊拉克和阿富汗，是美国打击“基地”组织在东非和北非阿拉伯地区分支机构的重要地区，关系到美国在该地区的政治主导权。

二、美国在非洲阿拉伯国家军事基地的调整动因

除上述四个因素外，冷战后，美国在非洲阿拉伯国家军事基地的调整还受地区格局的变化、美国决策者的认知、基地政治化和第三方的反制四个因素的影响。

（一）地区格局的变化

21 世纪初以来，影响美国在非洲阿拉伯国家部署军事基地最重要的外部因素是地区格局的变化。冷战结束后，苏联不复存在，俄罗斯在大中东地区的政治影响力急剧下降，对于美国来说，大中东地区的主要矛盾不再是美苏两大阵营的意识形态竞争，而是谋霸与反霸、恐怖与反恐的矛盾，安全威胁的形式开始呈多元化趋势。①

美国为反恐而加强在伊拉克、沙特、科威特、卡塔尔、巴林的军事基地，通过强化与阿拉伯国家的军事联盟关系来维护阿拉伯盟友的政权稳固以及美国在该地区的地缘政治和地缘经济利益。同时，美国尽全力稳定非洲阿拉伯国家局势，并把主要精力放在东非和北非反恐战场上，希望通过对“基地”组织更大规模的打击来促使该地区保持和平局面。美国小布什政府认为，东非和北非地区恐将沦为“基地”组织新的大本营。该地区是世界主要伊斯兰非政府组织活动场所，为当地各种激进组织直接或间接提供了资金。据国际危机小组的研究报告统计，早在 2000 年，北非和西非地区就有多达 106 个伊斯兰非政府组织在此活动，包括至少 11 个国际非政府组织，如总部在利比亚的“世界伊斯兰呼声社会”（World Islamic Call Society）、总部在科威特的“非洲穆斯林机构”（African Muslims Agency）、总部在英国的“伊斯兰救济会”（Islamic Relief）、总部在阿联酋的“人类呼声国际”（Human Appeal International，2003 年 5 月在毛里塔尼亚关闭）、

---

① 尽管学界在恐怖主义定义问题上存在争议，甚至国际上有近 1000 多种恐怖主义的定义，但是一般认为，恐怖主义需符合以下三个条件：采用暴力手段、针对平民、具有政治目的。参见 Boaz Ganor, *Post-Modern Terrorism: Trends, Scenarios, and Future Threats*, Herzliya, Israel: International Policy Institute for Counter-Terrorism, 2005, Introduction.

总部在英国和沙特的“论坛”、总部在沙特的“世界穆斯林青年协会”（World Association of Muslim Youth）及“国际伊斯兰救济组织”（International Islamic Relief Organization）、总部在非洲的“伊斯兰非洲救济机构”（Islamic African Relief Agency）等。[①]

（二）美国决策者的认知

美国在东非和北非阿拉伯地区的军事基地部署主要出于美国对非洲威胁的认知，具体来说，主要包括非洲地区武装冲突、大规模杀伤性武器扩散和恐怖主义威胁三类。从这三点可以看出，美国主要从威胁的角度审视冷战后美国在非洲的战略——非洲对于美国的重要性。首先体现在安全领域，尤其是反恐领域。2008 年，美国《国家安全战略》报告指出：“有些国家没有能力有效管理本国，也不能与邻国一起确保地区安全，因此对国际体系构成了挑战。如果任由这一问题发展，不稳定性将会波及其他地区，威胁美国、美国盟友和朋友的利益。”[②]

冷战结束后，美国在非洲阿拉伯地区的最大威胁是恐怖主义，尤其是伊斯兰极端主义迅速填补苏联瓦解后留下的意识形态真空，非洲阿拉伯地区迎来新一轮“伊斯兰复兴运动”，伊斯兰极端主义、反美主义和恐怖主义交织在一起，对美国在大中东地区的主导权构成了新的挑战。2007 年春，美国马里兰大学国际政策态度项目的一项民意测验显示，世界上 80% 的穆斯林赞同本·拉登的观点，即美国是充满敌意的，是伊斯兰的敌人。[③] 穆斯林学者、《哈里发杂志》主编瓦希德（Abdul Wahid）在 2011 年撰文指出：“为什么穆斯林世界强烈厌恶美国？让我们看看一些基本事实：目前美国在全球拥有 800 处军事基地，其中大部分部署在伊斯兰世界的土地上，并且正在建立新的、更大的基地。通过建立基地，美国占领了阿富汗和伊拉克，迫使巴基斯坦军队为其卖命，还在索马里、苏丹和也门部署了

---

① International Crisis Group, “Islamist Terrorism in the Sahel: Fact or Fiction?” *Africa Report*, March 31, 2005, p. 11.

② Lauren Ploch, “US Africa Command: A More ‘Active’ American Approach to Addressing African Security Challenges?” *IPG*, No. 1, 2009, p. 69.

③ Michael Scheuer, *Marching toward Hell: America and Islam after Iraq*, New York: Free Press, 2008, p. 155.

特种部队。”[①] 美国与伊斯兰世界包括非洲穆斯林国家的敌我关系建构因美国在伊斯兰国家部署军事基地这一行为而得以强化。

恐怖主义在北非马格里布地区和非洲之角地区由来已久，而在近20年愈加突出。在美国全球反恐战略中，东非和北非“基地”组织分支机构活动猖獗，仅次于伊拉克、阿富汗和也门，对美国非洲的地缘政治利益构成巨大威胁，成为美国部署军事基地的重要动因。2006年，“基地”组织的一份宣传材料指出：“五角大楼已经在伊斯兰世界建立一系列军事基地，美国政府无疑在重蹈19世纪欧洲列强殖民主义和帝国主义的覆辙……2006年底，美国纵容基督教国家埃塞俄比亚向伊斯兰国家索马里发动了袭击，试图破坏索马里的伊斯兰力量，从东非地区窃取石油，在红海两岸建立军事基地，控制也门和沙特两大圣城。迄今美国及其帮凶已经控制了伊斯兰四大首都——阿富汗的喀布尔、巴勒斯坦的耶路撒冷、伊拉克的巴格达和索马里的摩加迪沙。他们还将继续扩大对阿拉伯—伊斯兰世界核心地带的占领，完全忽略了广大穆斯林对欧洲列强殖民主义的深刻记忆。”[②]

伊拉克战争结束后，东非和北非伊斯兰极端主义势力虽遭受重创，但是，非洲阿拉伯国家政府迫于各种社会压力，不得不向国内极端主义势力作出妥协，以缓解民众对政府的不满，这进一步增加了对美国的安全威胁。曾经在美国中央情报局负责调查本·拉登情报工作的迈克尔·朔伊尔（Michael Scheuer）指出，2003年11月至2007年2月，西亚和非洲阿拉伯国家政府释放了数以千计的伊斯兰极端分子，这些极端分子势必成为未来大中东局势不稳定的根源之一。尤其是近年来随着利比亚、突尼斯和摩洛哥新一轮伊斯兰势力的复兴，“马格里布基地组织”获得了更多的同情者和金融支持，利比亚卡扎菲政府留下的许多武器装备也落入他们手中，构成更大威胁。[③] 2011年8月，阿尔及利亚一所军校发生炸弹袭击事件，造成18人死亡，随后“马格里布基地组织”声称对此事件负责，就是其中一例。2014年“伊斯兰国”组织横空出世后，北非马格里布地区，特别是

---

① Abdul Wahid, “Libya in the shadow of Gaddafi and Western Military Intervention,” *Khilafah Magazine*, May 2011, p. 11.

② Michael Scheuer, *Marching toward Hell: America and Islam after Iraq*, New York: Free Press, 2008, p. 233.

③ United States Africa Command, *Africa Command Mission Statement before the House Armed Services Committee*, Washington D. C., February 29, 2012, p. 8.

利比亚成为“伊斯兰国”组织新的据点，美国也多次对北非地区的极端组织据点采取了定点清除。但是美军究竟在空袭时使用了哪些军事基地，目前仍不得而知。

表 7—2　阿拉伯国家释放的极端分子人数统计
（2003 年 11 月—2007 年 2 月）①

时间	国家	事　件
2003 年 11 月	也门	为纪念斋月拉马丹，也门政府释放 1500 名犯罪分子，其中 92 人涉嫌与“基地”组织有联系
2005 年 1 月	阿尔及利亚	为庆祝宰牲节，阿尔及利亚政府赦免 5065 名犯罪分子
2005 年 9 月	毛里塔尼亚	毛里塔尼亚军政府宣布特赦政治犯，包括一批伊斯兰极端分子
2005 年 11 月	摩洛哥	为纪念斋月的结束，摩洛哥政府释放 164 名囚犯
2005 年 11 月	摩洛哥	为纪念摩洛哥独立 50 周年，摩洛哥政府宣布释放 5000 名囚犯，并减轻另外 5000 人的罪行
2005 年 11 月—12 月	沙特阿拉伯	沙特宣布释放 400 名经成功改造的伊斯兰分子
2006 年 2—3 月	阿尔及利亚	为推动民族和解计划，2006 年 2 月阿尔及利亚赦免 3000 名恐怖分子嫌疑人；3 月又有 2000 名犯罪分子释放出狱
2006 年 2 月	突尼斯	突尼斯总统本·阿里（Zine Ben Ali）宣布释放包括伊斯兰极端分子在内的 1600 名罪犯
2006 年 3 月	也门	也门释放 600 名伊斯兰分子
2006 年 3 月	利比亚	利比亚释放 132 名政治犯，其中 86 人属于利比亚穆斯林兄弟会成员

① Michael Scheuer, *Marching toward Hell: America and Islam after Iraq*, New York: Free Press, 2008, pp. 134 – 135.

续表

时间	国家	事　件
2006 年 3—4 月	埃及	埃及政府释放 900 名伊斯兰团（Gama'at al-Islamiyah）成员
2006 年 5 月	科威特	科威特释放了为“基地”组织募捐、后被关押在关塔那摩的 5 名科威特人
2006 年 7 月	也门	也门法院以证据不足为由，释放了 19 名涉嫌与“基地”组织有牵连的人士
2006 年 7 月	沙特	沙特政府宣布 7 名伊斯兰分子从利雅得监狱成功越狱逃跑
2006 年 7 月	毛里塔尼亚	毛里塔尼亚政府释放 8 名与“基地”组织有牵连的分子，并释放“基地”组织盟友——“萨拉菲斯特呼声与战斗组织”的 10 名成员
2007 年 2 月	摩洛哥	为庆祝国王穆罕默德六世女儿的出生，摩洛哥政府赦免 9000 名犯罪分子，包括 12 名死刑罪犯

（三）基地政治化

非洲国家吉布提和阿尔及利亚对美国部署军事存在的不满是 21 世纪初以来美国在非洲军事基地调整的又一重要原因。

军事基地的使用国美国如何避免在非洲阿拉伯国家军事基地部署的“政治化”，防止军事基地被潜在敌国、极端势力和恐怖组织所诟病？实证研究表明，一种做法是美国减少驻军人数、基地设施和基地范围，由小型军事基地代替大型军事基地，且将基地设在非洲阿拉伯小国，如吉布提；另一种做法是美国将军事基地搬迁到远离东道国政治中心或人口中心的偏远地带，如“9・11”后，为打击泛撒哈拉地区的恐怖组织，美国在阿尔及利亚南部的沙漠地带建立了小型军事基地，以避免媒体、极端组织和民族主义者对美国建立军事基地的攻击。

目前，非洲大陆除利比里亚总统埃伦・约翰逊—瑟利夫（Helen Johnson-Sirleaf）公开支持美国在非洲建立非洲司令部前沿总部外，其他非洲国家政府和领导人绝大部分表示不支持或反对美国的军事基地部署。例如，尼日利亚已故总统奥马鲁·亚拉杜瓦（Shehu Musa Yaradua）公开反对美国在西非建立非洲司令部；东非和北非阿拉伯国家领导人也普遍将美国的非洲司令部视为"特洛伊木马"，旨在维护美国在非洲的战略和石油利益、谋求在非洲的霸权、抑制中国在非洲的力量增长。① 面对这种情况，美国避免在民族主义势力较强的非洲阿拉伯大国部署大型军事基地，而是根据小型、灵活的原则，根据具体任务需要，临时部署军事存在，如无人机基地，这种务实主义的政策争取到了东道国的支持。

美国在非洲阿拉伯国家的军事基地规模有限，比较有代表性的是美国在吉布提和阿尔及利亚的军事基地，与美国在海湾和土耳其的军事基地相比，这两处军事基地规模更小，美国投入的军事资源也更有限。为阻止军事基地的政治化，美国在基地区雇佣了不少当地工人。对于当地经济发展较为落后的吉布提和阿尔及利亚来说，军事基地部署无疑会带来一定的经济效益，如促进就业、拉动商品需求等，基地东道国更加支持美国部署军事基地。2007 年以来，美国在吉布提部署的军事基地雇佣了至少 500 名当地工人，其从事服务、商品销售和工程建设等工作，每人每月工资达 1000 美元，是当地工人从事其他工作工资的两倍以上，这样的工作在当地供不应求。② 据统计，美国、法国和日本在吉布提的军事基地给当地带来的就业机会达数千个，这对于人口只有 63 万、主要依靠向埃塞俄比亚提供海港的东非小国来说，是一笔重要的国民财富。

（四）第三方的反制

非洲反帝、反殖民主义、极端组织反对西方大国部署军事基地成为抑制美国在非洲阿拉伯国家部署军事基地的第三方因素，其挑战了美国在该地区军事基地部署的合法性。同美国在海合会、土耳其等国部署军事力量时需签订《海外驻军协定》一样，美国在吉布提和阿尔及利亚的军事部署也基于美国同上述两国签订的安全合作协定。所不同的是，美国与吉布提和阿尔及利亚的安全合作协定大多属于"任务导向型"，除包含美国在上

① David J. Francis, *US Strategy in Africa: AFRICOM, Terrorism and Security Challenges*, London: Routledge, 2010, p. 5.

② "US Military Base a Boon for Djibouti's Economy," http://www.middle-east-online.com/english/djibouti/? id =7049.

述国家军事人员和设施的地位外，还包括军事培训、联合军演、经济援助和支持社会发展等一揽子内容，但一般持续时间较短，属于临时性军事合作协定。

小　结

本章主要以吉布提和阿尔及利亚为例，考察了冷战后美国在东非和北非阿拉伯国家的军事基地部署。与亚太、欧洲和海湾相比，非洲在美国全球战略中长期处于次要地位；但是冷战后随着美国国家安全威胁的来源多样化，尤其是21世纪初以来，反恐在美国全球安全战略中的地位上升，非洲“马格里布基地组织”“非洲之角基地组织”“索马里青年党”等成为美国在东非与北非反恐战争的重要战场。由于恐怖分子采取绑架、恐怖袭击、暗杀等非对称性打击手段，美国在非洲的军事基地主要具有小型、隐蔽和分散的特点，包括在吉布提的军事基地以及在阿尔及利亚南部沙漠地区的军事基地等。此外，为适应该地区安全威胁来源多元化、“破碎化”趋势，近年来，美国在布基纳法索、布隆迪、中非共和国、埃塞俄比亚、肯尼亚、毛里塔尼亚、圣多美与普林西比、塞内加尔、塞舌尔、南苏丹、乌干达、加蓬、加纳、马里、尼日利亚等黑非洲地区也建立了更加隐蔽的柔性军事存在。①

从战略的层面来看，美国与非洲阿拉伯国家的战略分歧主要是优先考虑的战略目标不同——非洲是世界上发展中国家最集中的地区，经济改善、教育、发展、基础设施建设、预防传染病等民生问题是非洲国家领导人的首要考量；而美国政府的首要目标是反恐、反对大规模杀伤性武器扩散、打击伊斯兰极端主义和在非洲推广西方民主和价值观等问题，这就导致了双方的合作常常貌合神离。美国非洲司令部高官也坦言，美国实际上对非洲地区政治、宗教、风俗和文化缺乏了解，这已严重影响美国在非洲

---

① David Vine, “The Pentagon's New Generation of Secret Military Bases,” *Mother Jones*, July 16, 2012.

的军事影响力。[①] 尽管迄今为止美国的军事力量以东非和北非为切入口渗透到非洲大陆，但美国非洲司令部至今仍不能扎根于非洲大陆，未在非洲大陆建立前沿总部，因面临诸多不确定性，美国难以在短期内建立类似于在海湾地区那样的大规模军事基地。

---

① International Crisis Group, "Islamist Terrorism in the Sahel: Fact or Fiction?" *Africa Report*, March 31, 2005, p. 31.

下　篇

影响与前景

第八章／美国在大中东地区军事基地的影响

冷战结束以来，美国在大中东地区的军事基地部署大体分为基地的增加、基地的维持和基地的关闭三种趋势。第一种趋势以美国在吉布提、阿富汗为代表，军事基地从无到有，军事力量部署从小到大。美国在20世纪并未在这些国家部署军事基地，但是，为了满足美国现实利益的需要，其扩大了在该地区的军事部署，正如21世纪初美国在大中东欧国家——保加利亚和罗马尼亚部署新的军事基地一样；第二种趋势以土耳其、科威特、卡塔尔、阿联酋和巴林为代表，美国维持了在这些国家的军事基地部署，尽管驻军人数呈现一定限度的浮动，但是，美国在这些国家军事基地部署的态势并未发生根本性转变；第三种趋势以美国在沙特、伊拉克、吉尔吉斯斯坦、乌兹别克斯坦等为代表，美国原先在这些国家部署了大规模军事基地，但是随着作战任务的结束和军事基地的部署受当地政府和民众的反对，美国被迫关闭了在这些国家的军事基地部署。

美国海外军事基地的部署不是静态的，而是动态的。截至2015财年，美国在全球共部署了4855座军事基地，其中在外国土地上部署了587座军事基地，包括大型军事基地20座，中型军事基地16座，小型军事基地482座，其他军事基地69座。海外军事基地部署产生了重要的军事、政治、经济和社会影响。①

第一节　军事维度：大中东地区均势与安全困境的恶化

海外军事基地的最主要功能是作战。大中东地区内部长期分化为逊尼

① Office of the Deputy Under Secretary of Defense, *Base Structure Report*, *Fiscal Year* 2015*Baseline*, Washington D. C.: US Department of Defense, 2015, p. 18.

派与什叶派、共和制与君主制、阿拉伯力量与以色列、伊朗、土耳其和阿富汗等非阿拉伯力量等若干组相互叠加的地区均势。美国在大中东地区的军事部署尽管打着维护地区和平与安全的旗号，实际上打破了上述力量之间的平衡，地区力量之间的合作文化变成了竞争文化。美国在大中东地区军事部署的直接军事影响是大中东地区安全困境的恶化、军备竞赛的升级和地区国家之间互信的缺失。2004 年，美国《国家军事战略报告》指出，未来美国军事基地的调整必须遵循的原则是确保军事力量能够满足未来的安全需要，实现军事力量的最优化。军事基地部署的规模取决于预算、部署地、及支持海外军事力量。海外军事部署包括永久性部署、临时性部署及轮岗部署；海外基础设施与战略资源包括战略投送能力。为预防突发危机，美国必须保持早期进入的能力，以采取快速行动。① 从冷战时期到后冷战时期，美国在大中东地区的军事基地，恶化了俄罗斯与土耳其、沙特与伊朗、以色列与叙利亚、吉布提与厄立特里亚等国之间的安全博弈和竞争。

第一，美国的军事基地强化了其主导的大中东安全架构。以海湾地区为例，近年来，海湾地区主要有三种安全秩序构想：第一种是美国主导的西方权力架构，建立有助于美国的地区均势；第二种是伊朗主导的什叶派权力架构，主张域外大国关闭在科威特、卡塔尔、巴林、阿联酋、阿曼、沙特等国的军事基地，建立海湾国家（海合会、伊拉克和伊朗）组成的地区集体安全组织；第三种是沙特领导下的海合会权力架构，主张对外依靠美国提供的安全保护伞，对内依靠海合会国家的联合自强，保持逊尼派和阿拉伯国家的优势地位。

美国强化在海湾的军事基地，实际上与海合会国家形成了安全共同体，阻止了伊朗及什叶派主导下的伊拉克在海湾地区建立伊斯兰国家集体安全组织的努力，即“二对二”。2005 年，海合会快速反应部队正式解散，除了在利雅得的一个司令部和一个空军指挥系统外，其军事体系基本宣告瓦解。② 尽管海合会在中东剧变后一度活跃，重新组建快速反应部队，但

---

① Chairman of the Joint Chief of Staff, *National Military Strategy of The United States*, Washington, DC, 2004, p. 21.

② Anthony H. Cordesman and Khalid R. Al-Rodhan, *Gulf Military Forces in an Era of Asymmetric Wars (Volume I)*, Westport, Conn.: Praeger, 2004, p. 11.

离开沙特，未来海合会难以发挥实质性作用。海合会与周边大国伊朗、伊拉克和埃及的竞争关系，以及海合会内部的竞争关系使海湾地区实际处于分裂状态，这为美国在冷战后进入海湾地区、一度建立星罗棋布的军事基地奠定了基础。未来一段时间内，尽管美国战略重心东移亚太的趋势不会改变，但海湾地区的安全架构仍将由美国主导、海合会成员国参与，呈“金字塔式”结构，从海湾战争到伊拉克战争，驻有美国海外军事基地的海合会国家，事实上成为美国在海湾地区的“小北约”。2010 年 1 月 27 日，奥巴马总统发表了国情咨文报告，强调要对伊朗采取军事遏制与外交谈判的两手政策；2010 年 2 月，美国中央司令部司令彼得雷乌斯（David Howell Petraeus）声称，美国将正式在卡塔尔、阿联酋、巴林和科威特 4 国部署 8 个爱国者 PAC－3 导弹连，每个受保护的海湾国家将部署 2 个连。分析人士认为，美国在海合会上述 4 国领土上的导弹防御系统于 2010 年 7 月基本完成，对伊朗产生巨大威慑作用，也将巩固美国在海湾的领导权。[①] 奥巴马总统还积极推动海湾地区的经济整合，将海湾经济纳入到美国经济体系中，并计划于 2013 年建成美国与大中东自由贸易区。[②]

第二，美国在大中东军事基地的重新部署使大中东局势更趋复杂。“9·11”以来，美国在吉布提和阿尔及利亚的军事基地部署并没有改变东非和西北非萨赫勒地区反恐形势严峻的现实，相反，索马里、肯尼亚、阿尔及利亚和马里等美国军事基地部署的前沿地带近年来面临的恐怖威胁呈恶化趋势。在海湾地区，2013 年哈桑·鲁哈尼（Hassan Rouhani）担任伊朗总统后，伊朗核问题在短期内仍然看不到解决的前景。伊朗核问题本质上是伊朗同美国和以色列的国家间关系问题，随着美国在海合会全体成员国建立军事基地，海湾阿拉伯国家无疑被绑在美国的战车上。只要美国、以色列或海合会与伊朗三组关系中任何一组矛盾激化，都会牵一发而动全身，引起地区矛盾升级，甚至不排除会爆发冲突，影响国际能源供应安全。而且，伊朗反击外部挑衅的最可能的方式就是袭击美国在海湾的军事基地，影响海合会成员国与伊朗的关系。为此，内贾德总统曾多次呼吁海

① “Obama's State of the Union Address,” *New York Times*, January 28, 2010; Tariq Saeedi, “Pakistan, Iran Set to Face Hot July,” *Daily Mail*, April 21, 2010.

② Robert E. Looney, ed., *Handbook of US-Middle East Relations: Formative Factors and Regional Perspectives*, London and New York: Routledge, 2009, p. 430. 由于种种原因，美国与大中东国家的自贸区一直未能建立起来。

湾国家关闭美国的军事基地，不要为美国在海湾发动的侵略战争服务。2010 年 4 月 25 日，伊朗议会国家安全与外交政策委员会起草人贾拉里（Kazem Jalali）批评指出："西方大国在海湾地区加强军事存在已经成为该地区不稳定因素。大中东国家尤其是海湾国家应签订一份集体安全条约，以确保地区安全。"① 这一倡议目前并未获得海湾其他国家的积极响应。美国在大中东地区的军事基地是该地区未来爆发军事冲突的潜在诱因。2013 年，叙利亚总统巴沙尔警告说，一旦美国对叙利亚巴沙尔政府军发动打击，叙利亚将被迫作出报复性反应，包括袭击美国在大中东的军事基地。②

第三，美国强化在大中东地区军事基地的部署，使大国今后在大中东地区的竞争更加激烈。大中东地区集中了世界上主要的热点问题。20 世纪 80 年代以来，大中东地区相继爆发了两伊战争、海湾战争和伊拉克战争，2006 年以来又爆发了伊朗核危机，2011 年以来又发生了利比亚战争，2015 年美、英、法、俄、土耳其、沙特等对叙利亚和伊拉克境内的"伊斯兰国"组织和"胜利阵线"发动围剿，也门内战、叙利亚和伊拉克乱局等至今未走出危机的阴影。2017 年 12 月 28 日，伊朗多座城市爆发示威游行，美国总统特朗普连续发推特，声援示威群众，试图推动伊朗的"颜色革命"。由于其特殊的地缘位置、丰富的油气储量和纷繁复杂的利益争端，海湾地区一直牵动着国际政治的敏感神经。成为大国争夺的博弈场，建立海外军事基地无疑是大国拓展战略利益、增加政治影响力的重要手段。奥巴马连任总统以来，世界各大国均以打击索马里海盗、维护能源供应安全和护航为由，纷纷谋求在海湾的军事存在。除美国外，法国总统萨科奇于 2009 年 5 月 26 日正式宣布，在海湾地区建立首个永久性军事基地——阿联酋阿布扎比军事基地，今后，法国将在海湾安全事务中发挥更大作用；③ 2014 年开始，英国在巴林的军事基地将开始修建，拉开了英国重返海湾地区军事基地的序幕。此外，法国、美国、日本在吉布提、俄罗斯在叙利亚与苏丹、阿联酋在厄立特里亚、沙特在吉布提、伊朗在阿曼湾贾斯克也均

---

① "Iran Calls for Collective Security Treaty," *Iran Times*, April 26, 2010.

② Bruna dos Santos Lersch and Sarti, Josiane Simão, "The Establishment of Foreign Military Bases and the International Distribution of Power," *UFRGS Model United Nations*, Vol. 2, 2014, p. 125.

③ "Iran Slams UAE over French Military Bases," *Tehran Times*, May 27, 2009.

筹划建立或加强军事基地。[①] 2015 年 12 月，土耳其宣布将根据两国达成的协议，在卡塔尔建立一座军事基地，约 3000 名土耳其士兵将进驻卡塔尔的军事基地，部署空中和海上装备以及特种部队协助作战，并利用该基地进行日常军事训练。[②] 未来大国围绕在大中东设立军事基地、扩大军事存在、拓展军事影响力、维护能源安全的竞争必将更加激烈。

第二节　政治维度：联盟政治与低层次的区域一体化

大国在海外军事基地的部署并不是孤立的事件，而是基地部署国和东道国安全合作的一部分。通过军事基地部署，域外大国在地区纷争中选择支持者与反对者，构建安全共同体甚至是战争共同体，从而阻碍了地区一体化的发展。1997 年美国《四年防务评估报告》指出，在海外维持大规模军事存在对于美国的塑造和反应战略至关重要；美国必须确保同时能够在两个海外战场应对危机、打败敌人。具体来说，海外军事存在有助于维护地区稳定，丰富双边和多边军事合作的形式与内容，避免出现权力真空和不稳定。海外军事存在成为一种重要的威慑力，体现我们保卫美国本土、盟友和朋友利益的决心。美国海外军事存在还有助于增强危机应对能力，增强盟友的协调与合作，增强联合训练和盟友分担责任的能力，促进地区整合。[③]

21 世纪，经济全球化和区域一体化取得了长足发展，北美、欧洲、亚太、拉美、甚至是非洲的区域一体化都取得了令人瞩目的成就，但大中东地区仍然是世界上区域一体化程度最低的地区之一。大中东主要国家奉行的传统安全观和安全战略阻碍了区域一体化进程。首先从阿拉伯国家内部来看，伴随利比亚和叙利亚危机，阿盟成员国出现了严重分歧，特别是叙利亚被暂停阿盟成员国资格后，阿拉伯世界内部的分歧进一步扩大，黎巴

① Nazila Fathi, "Iran Opens Naval Base near Routes for Gulf Oil," *New York Times*, October 28, 2008.

② "土耳其将在卡塔尔设立军事基地 派驻 3000 名士兵", http://mil.huanqiu.com/world/2015-12/8197465.html.

③ William S. Cohen, Secretary of Defense, *Report of the Quadrennial Defense Review*, 1997, Washington D. C: Department of Defense, May 1997, p. 39.

嫩、利比亚和伊拉克等总体上站在巴沙尔一边，而海合会成员国则站在另一边，阿盟原先的发展目标，即促进22个阿拉伯国家内部的团结和统一、推动阿拉伯世界经济、政治和防务一体化进程遥遥无期。即便在海合会内部，在埃及前总统穆尔西与塞西代表的军方出现政治危机时，卡塔尔支持穆尔西，而沙特支持塞西，沙特和卡塔尔关系也出现了裂痕。中东剧变爆发后，阿拉伯世界的力量进一步下降，而伊朗、以色列和土耳其三个非阿拉伯国家的影响力上升。① 上述力量在叙利亚内战、伊拉克与沙姆伊斯兰国的崛起、以色列与哈马斯冲突等一系列重大问题上意见相左，大中东地区的一体化进程面临更多挑战。在缺乏成熟的地区一体化进程状态下，中东及其周边伊斯兰国家缺乏互信，不得不依靠域外大国的安全保障，甚至不惜违反伊斯兰教义“邀请”西方大国部署军事基地，如沙特、卡塔尔、阿联酋、巴林、土耳其等都“拥美自重”，既让地区争端国际化和多边化，又使地区一体化进程陷入恶性循环。

如前所述，美国在大中东地区的联盟体系主要有三个层次，一是美欧、美日、美韩、美澳联盟在大中东的延伸；二是美国与海合会、土耳其、以色列等大中东盟国的安全合作；三是美国与约旦、阿富汗、伊拉克、摩洛哥和埃及等建立在非正式安全合作协定之上建立的临时性联盟。在上述国家部署军事基地，成为美国在大中东联盟政治的重要手段。

美国在大中东地区的军事基地还成为美国与欧洲盟国军事交流与合作的平台，是美国构建西方联盟体系、促进军事一体化的重要抓手。截至2014年，美国的欧洲盟友也在大中东地区部署了若干军事基地。例如，英国在海湾地区大约部署了1200人，包括英国皇家海军部署在海湾地区的四艘扫雷艇和补给舰队。英国与巴林签订军事合作协定后，前者决定在巴林塞勒曼（Salman）海军基地部署永久性军事基地，并斥资11万美元建立新的军事基地总部。此外，英国还在阿联酋和阿曼部署了一定规模的皇家空军，距离迪拜不远的艾尔明翰空军基地是英国皇家空军重要补给基地，并在卡塔尔和科威特建立军校；法国于2009年在阿布扎比扎伊德港建立永

---

① Efraim Inbar, “The 2011 Arab Uprisings and Israel’s National Security,” The Begin-Sadat Center for Strategic Studies, Bar-Ilan University, Israel, 2012, p. 4.

久性军事基地，并驻扎700名法国官兵和部署6架“阵风”战斗机。[①] 这种做法实际上阻碍了伊朗与沙特、巴勒斯坦与以色列、共和制与君主制阿拉伯国家、阿拉伯国家与伊朗、以色列、土耳其和库尔德力量实现和解、弥合分歧的进程。

第三节　经济维度：海外利益保护与利益界定的泛化

海外军事基地部署是手段，其目的是维护大国在海外的利益。美国作为拥有全球影响力的超级大国，依靠海外军事基地维护其遍布全球的利益，包括战略利益（维护美国的地区主导权）、政治利益（拓展美国的意识形态与价值观）、经济利益（维护美国的投资、贸易和能源利益等）。冷战时期，为支撑美苏冷战，美国不得不支付数十亿美元的军事基地费用（维修费、运营费、建设费、家属住房费）。1960—1980年，美国空军在其本土的军事基地减少了40%，其海外空军基地数量减少了62%。[②] 1988财年，美国军事基地的运营费为410亿美元。正如张曙光教授所指出的，长期以来，美国对于什么是自己的利益界定不清，甚至以安全威胁为界定利益的标准，即只要出现了地区安全威胁，都被视为美国的国家利益受到了挑战。[③] 这一做法随着美国海外军事基地的部署而进一步出现利益界定的泛化。

1988年10月，美国国会通过一项法案，鉴于美苏关系的缓和，美国国防部应减少军事基地的规模，启动四轮军事基地的关闭与重组计划，即1988年、1991年、1993年和1995年基地关闭与重组计划，但是，美国海外利益界定的泛化现象并无根本变化。1991财年，美国维护军事基地费用的总额达265亿美元，其中维持国内军事基地的费用为188.992亿美元，海外领地的军事基地费用为4.261亿美元，海外军事基地的费用为71.663

① “Assessing the Global Operating Environment: 2015 Index of US Military Strength,” The Heritage Foundation, 2015, p. 127.

② Office of the Assistant Secretary of Defense, *Base Structure Report*, *Fiscal Year* 1989, Washington D. C.: US Department of Defense, 1988, p. 75.

③ 张曙光著：《美国对华战略考虑与决策，1949—1972》，上海外语教育出版社，2003年版。

亿美元。[①] 1995 年，美国国防部长佩里（William Perry），参谋长联席会议主席沙利卡什维利（John Shalikashvili）以及独立的基地关闭与重组委员会一致认为，美国国内及海外军事基地 23% 是多余的，美国必须在 20 世纪 90 年代继续缩小军事基地的规模，裁减 39800 个军官和 70969 个文官的职位，减少军事基地的运营成本，此举每年可为美国节约 30 亿美元的费用。[②] 1997 财年比 1988 财政年的军事基地运营成本减少了 115 亿美元，国防部累计节约军事基地运营成本 590 亿美元。然而，美国通过海外军事基地网维护全球利益的做法并未改变。

表 8—1　美国军事基地运行成本（百万美元）

主要防御项目	50 个州	海外领地	国外军事基地	总计
战略力量	1014. 0	22. 2	37. 1	1073. 3
一般性力量	3900. 8	177. 3	4928. 7	9006. 8
情报/通讯	221. 6	9. 0	76. 3	306. 9
空投/海投	476. 8	—	41. 5	518. 3
警备与预备役部队	938. 2	4. 5	—	942. 7
研发	897. 2	—	—	897. 2
供应与维修	2789. 8	73. 8	149. 5	3013. 1
训练与医疗等	3137. 3	7. 9	35. 6	3180. 8
行政等支出	339. 3	—	—	339. 3
支持其他国家	—	—	—	—
小计	13715. 6	294. 7	5268. 7	19279. 0
建设费用	3475. 8	34. 5	651. 1	4161. 4
家属住房等	1707. 8	96. 9	1246. 5	3051. 2
总计	18899. 2	426. 1	7166. 3	26491. 6

数据来源：Office of the Assistant Secretary of Defense, *Base Structure Report*, *Fiscal Year* 1991, Washington D. C.: US Department of Defense, 1990, p. 7.

① Office of the Assistant Secretary of Defense, *Base Structure Report*, *Fiscal Year* 1991, Washington D. C.: US Department of Defense, 1990, p. 7.

② U. S. Department of Defense, *The Report of the Department of Defense on Base Realignment and Closure*, Washington D. C., April 1998, p. iii; p. 49.

表 8—2　1988—1997 财年美国军事基地运营成本的减少

财政年	基地维持成本（10 亿美元）	与 1988 财年相比节约的成本（10 亿美元）	累计减少的基地维持成本
1988	41.0	0	0
1989	40.1	0.9	0.9
1990	38.3	2.7	3.6
1991	37.9	3.1	6.7
1992	36.7	4.3	11.0
1993	34.2	6.8	17.8
1994	32.4	8.6	26.4
1995	30.6	10.4	36.8
1996	30.3	10.7	47.5
1997	29.5	11.5	59.0

数据来源：General Accounting Office, *Military Base Closure and Realignment Savings Are Significant, but Not Easily Quantified*, Report to the Chairman, Subcommittee on National Security, International Affairs, and Criminal Justice, Committee on Government Reform and Oversight, House of Representatives, Washington D. C.: GAO, April 1996, pp. 2 – 3.

2005 年 9 月，美国总统小布什提出冷战后美国军事基地关闭与重组计划，这是 1988 年以来美国第五次关闭与重组国内外军事基地。国防部认为，此举旨在关闭 441 处多余的军事基地，这些基地价值在 168 亿美元左右，同时重组其他的 318 处军事基地。① 通过基地关闭与重组，美国在 20 年时间里可以为美国累计节省 500 亿美元的国防开支。就军事基地关闭与重组方案而言，美国国防部认为："美国的军事转型旨在从遏制冷战时期显而易见的敌人到应对冷战后各种传统威胁与突发事件构成的各种挑战。美国必须建立相互补充和相互依存的能力，可以控制各类敌人和局势。"②

---

① Office of the Deputy Under Secretary of Defense, *Base Structure Report, Fiscal Year 2006 Baseline*, Washington D. C.: US Department of Defense, 2006, p. 19.

② U. S. Department of Defense, *Base Closure and Realignment Report*, Washington D. C., Volume 1, May 2005, p. 2.

美国小布什政府发动了长达 8 年的反恐战争，大中东地区成为牵制美国军事力量、消耗美国国力的重点地区。2008 年，美国在阿富汗和伊拉克驻军和军事行动的预算额高达 1870 亿美元，成为沉重的财政包袱。奥巴马入主白宫后，美国实现从伊拉克撤军，并从阿富汗撤出大批军事力量、仅仅保留若干关键军事基地，美国在海外驻军减少至 14 万人，另有 4.5 万人从事临时性军事活动。在大中东地区，美国驻军人数分别为：阿富汗：7940 人；伊拉克：1970 人；科威特：9180 人；卡塔尔：1540 人；约旦：760 人；埃及西奈半岛：690 人；非洲之角（吉布提）：1020 人等。2016 财年美国在阿富汗和伊拉克两国的军费预算降至 580 亿美元，下降了 1290 亿美元。[①]

表 8—3 2008 财年美国海外驻军人数统计

	陆军		海军		海军陆战队		空军		总计	
海外驻军人数	203368	32%	146117	43%	113148	55%	87936	26%	550569	36%
海外非作战人员人数	76468	14%	124967	38%	83448	42%	63686	19%	348569	25%

数据来源：Anita Dancs, "The Cost of the Global U. S. Military Presence," *Policy Report*, FPIF, Institute for Policy Studies, July 3, 2009, p. 7.

2008 年 6 月，美国国防部公布了《国防战略报告》。该战略报告是在美国将反恐作为全球战略的背景下推出的，对美国随后几年的国家安全战略和全球军事基地部署产生了重要影响。在反恐战争的条件下，美国的国家利益包括保卫本土与盟友安全；推动国际安全；促进经济增长；促进公共产品的供应；获得世界市场与资源等五类。[②]

在评估美国的国家安全战略形势时，该报告认为，美国在 21 世纪初面

① Office of the Under Secretary of Defense, *United States Department of Defense Fiscal Year* 2016 *Budget Request*: *Overview*, Washington D. C., February 2015, Chapter 7, pp. 9 – 10.

② Department of Defense, *The National Defense Strategy of the United States of America*, Washington D. C., June 2008, p. 6.

临四类主要安全威胁。第一类是在全球范围内应对暴力极端主义意识形态；第二类是所谓“无赖国家”寻求大规模杀伤性武器；第三类是新兴大国军事现代化对美国形成的战略挤压；第四类是非传统威胁。为应对上述四类威胁，该报告指出，美国将根据全球防务态势评估，实现美国海外军事存在的重组，压缩美国大陆老化、陈旧的军事基地，部署更加灵活与任务导向性的前沿军事基地网络，与盟国和伙伴国一道，确保进入战略地区的能力。[①]

2014 年，美国国防小组的分析报告认为，新时期美国国防部的军事力量超过了其实际需求的 20%，因此有必要启动新一轮基地关闭与重组计划。[②] 然而，美国仍然维持了北方司令部、南方司令部、太平洋司令部、欧洲司令部和非洲司令部共五大战区司令部，美国海外利益的界定仍然存在泛化的趋势。美国在海外部署的 600 多座军事基地，也成为美国海外利益的重要组成部分，故海外军事基地由保护海外利益的手段变成了海外利益保护的利益本身。美国应对海外威胁主要针对受到威胁的利益，变成了美国对所有影响地区稳定的因素都视为挑战美国利益的因素。这是美国在所有战略地区均维持海外军事基地的重要原因，尤其是在亚太地区、大中东地区和欧洲地区等。

第四节　社会维度：主导大中东地区治理与基地政治化

全球治理最早由德国社会党国际前主席勃兰特于 1990 年提出，旨在解决全球性公共问题。全球治理的隐性逻辑是强者向弱者提供安全、经济和秩序等公共产品，被治理的一方则通常是制造威胁、或对国际社会构成挑战的“问题源”。在国际关系语境下，全球治理是国际社会为解决共同事务而进行管理的理念、机制和行为总和，即“以人类整体论和共同利益论为价值导向的，多元行为体平等对话、协商合作，共同应对全球变革和全

① Department of Defense, *The National Defense Strategy of the United States of America*, Washington D. C. , June 2008, p. 16.

② William J. Perry and John P. Abizaid, *Ensuring a Strong U. S. Defense for the Future*, Washington D. C. : The National Defense Panel Review of the 2014 Quadrennial Defense Review, July 2014, p. 6.

球问题挑战的一种新的管理人类公共事务的规则、机制、方法和活动”。[①]

大中东地区是美国参与地区治理的重要舞台，海外军事基地是美国参与大中东地区治理的重要手段。彼得·沃勒斯坦（Peter Wallensteen）将西亚北非地区称作“地区冲突复合体”，认为地方化的地区冲突会使大中东各国相互影响、相互关联。[②] 按照行为主体不同，大中东地区冲突大致可分为以下四种类型：一是大中东地区国家与域外国家之间的冲突，如伊朗核问题（美国和伊朗是矛盾的焦点）、叙利亚危机（西方、海湾国家、土耳其与巴沙尔政权是矛盾的焦点）等；二是地区国家之间的领土、边界、教派和民族冲突，如巴以冲突（以色列与巴勒斯坦）、西撒哈拉问题（摩洛哥、西撒哈拉人民阵线与阿尔及利亚等）、南北苏丹冲突（苏丹与南苏丹边界冲突）、也门冲突（胡塞武装、也门逊尼派、沙特等海湾国家、伊朗）等；三是主权国家内部不同派别、族群、部落之间的冲突，如苏丹达尔富尔问题、2014 年以来阿富汗国内冲突、黎巴嫩教派冲突（黎巴嫩真主党、逊尼派与基督教马龙派）、利比亚冲突（宗教与世俗派）等；四是跨国性地区冲突，如国际社会同“伊斯兰国”组织的斗争（波及叙利亚、伊拉克、埃及、也门、阿富汗、利比亚、尼日利亚等国[③]）、以及国际社会同“基地”组织分支机构（包括阿富汗、也门、阿尔及利亚和索马里等）之间的斗争。

美国在大中东地区的军事基地不仅是美国维护自身利益的手段，而且是美国运筹与其他大国间关系、参与大中东地区治理的重要力量，如美国在土耳其和海湾的军事基地成为其打击“伊斯兰国”组织和“胜利阵线”的重要前沿阵地；美国在吉布提的军事基地成为美国打击索马里海盗、派出无人机向索马里、也门及其周边地区极端组织和个人发动袭击的重要载体。随着“伊斯兰国”组织的横空出世，美、英、法、俄等欧美大国开始加大力度，参与大中东地区的恐怖主义治理。除空袭“伊斯兰国”组织外，美、英、法、俄还加强了在大中东地区的军事部署，包括英国计划在阿联酋、阿曼或巴林建立三处新的军事基地。迪拜附近的艾尔明翰空军基

---

① 蔡拓：《全球治理的中国视角与实践》，载《中国社会科学》2004 年第 1 期，第 95—96 页。

② Peter Wallensteen, *The Crisis of Governance in the Middle East: Understanding Conflict Resolution*, London: Sage Publications Ltd., 2007, p. 194.

③ 2015 年 3 月 8 日，“博科圣地”宣布效忠“伊斯兰国”组织。

地成为西方大国重要的“桥头堡”。[①]

除安全治理外，美国在大中东地区的军事基地还参与了当地社会治理，如帮助当地居民打井、修路、建立诊所、搜救、开展人道主义救援等，美国在吉布提和阿富汗的军事基地在参与上述建设过程中，努力配合美国国务院在这些国家开展的公共外交。正如 1997 年美国《四年防务评估报告》指出，在世界上所有地区，我们的外交与军事部门能够相互配合，朝着美国共同的战略目标努力。危机爆发后，美国外交成为其增强自身力量、与美国盟国和伙伴共同合作、获得对象国军事基地和军事设施的重要力量。[②]

尽管美国在大中东地区军事基地的部署有助于推动其参与大中东地区的安全治理和社会治理，但是其负面影响也是不言而喻的。美国在大中东地区国家的军事部署往往招致当地政府和民众的不满，反对美国在大中东地区部署军事基地的，主要有三股力量。

一是民族主义型，其反对政府给予美国驻军治外法权，如 2016 年 7 月 15 日土耳其发生未遂军事政变后，部分土耳其民族主义者，包括土耳其爱国党高层强调该国是主权独立国家，美国的军事基地侵犯了其主权和领土完整，土耳其加入北约实际上成为美国的替罪羊。[③] 同样，伊拉克民族主义力量的崛起，是 2011 年美军被迫关闭在伊拉克军事基地的重要原因。

二是宗教激进型，如“基地”组织及其分支机构和“伊斯兰国”组织认为基督教徒在大中东地区国家的军事基地亵渎了纯洁的伊斯兰圣地，尤其美国在沙特、土耳其、阿富汗、巴基斯坦的军事基地成为其控制吉达、安卡拉、喀布尔、伊斯兰堡等重要伊斯兰首都的重要手段。2002 年起，美国在古巴关塔那摩军事基地一度关押了 40 多个国家的 500 多名恐怖嫌疑人。由于该基地主权属于古巴而不是美国，美国政府声称关押在该基地的嫌犯不会享受美国宪法所赋予的权利。该基地因秘密操作、虐囚和无视被

① Keith Perry, “UK Forces Plan Three New Bases in Middle East to Fight ISIS,” *The Telegraph*, September 9, 2014.

② William S. Cohen, Secretary of Defense, *Report of the Quadrennial Defense Review*, 1997, Washington D. C: Department of Defense, May 1997, p. 27.

③ 土耳其爱国党副主席耶尔德勒姆（Yildirim Koc）教授 2016 年 9 月 2 日在上海大学“土耳其形势与中土关系研讨会”上的讲话。

告法律权利而受到激进伊斯兰势力的抗议和批评。[①]

三是在经济社会型，如美国在大中东地区军事基地附近的居民因受到军事区噪音、污水排放和空气污染，或者美军士兵残杀当地居民、威胁当地居民的生命和财产安全，或者因为供水、供电和使用土地等引发的经济纠纷等，导致当地民众对美国驻军的反感，如美军在吉尔吉斯玛纳斯军事基地最终被迫关闭。上述三种类型的反基地运动都会导致美国海外军事基地的“政治化”，甚至迫使美国关闭在该国的军事基地，如在沙特、巴基斯坦和伊拉克等。2006 年 12 月，在吉尔吉斯斯坦玛纳斯军事基地入口处，美军士兵枪杀了基地内部的一位吉尔吉斯斯坦的当地工人，引起吉尔吉斯政府和民众的强烈不满，该国媒体、非政府组织和社会团体强烈质疑政府向美国提供军事基地的合理性，甚至认定美国以玛纳斯军事基地为据点，图谋未来向伊朗发动打击，甚至将该基地作为美国中央情报局运送犯罪嫌疑人的中转站。这一猜测进一步推动了美国在吉尔吉斯斯坦军事基地的政治化。[②]

因此，正如美利坚大学大卫·韦恩（David Vine）博士所言，杜鲁门时期，美国成功推行了“家属随军”这一改革，以避免海外军事基地的美军与当地民众之间的摩擦。然而，美国在海外军事基地的部署具有半宗教化色彩，加剧了地区地缘政治博弈和反美主义情绪，使基地东道国民众沦为“二等公民”，其常常受性暴力、环境污染的迫害，甚至被迫因为美国军事基地而背井离乡。美国为获得对象国的军事基地，甚至不惜支持臭名昭著的黑帮和“独裁者”，并每年投入 700 亿—1000 亿美元的资金。[③]

小　　结

美国在大中东地区的军事基地具有双重性，其产生了重要的军事、政

① 军情视点编：《战略支撑：全球军事基地 50》，北京：化学工业出版社，2015 年版，第 9 页。

② Alexander Cooley and Daniel H. Nexon, “Globalization and the Politics of U. S. Overseas Basing,” *Research Gate*, 2007, p. 31, https://www.researchgate.net/publication/237780091_Globalization_and_the_Politics_of_US_Overseas_Basing.

③ 参见 David Vine, *Base Nation: How U. S. Military Bases Abroad Harm America and the World*, New York: Metropolitan Books, 2015。

治、经济和社会影响。

第一，从军事层面来看，美国在该地区的军事部署维护了大中东地区均势，客观上有助于维护地区稳定，但是，同时也导致大中东地区国家之间彼此的不安全感。由于地区国家纷纷寻求域外大国的军事保护，导致大中东地区军备竞赛升级，安全零和博弈上升，安全困境恶化，反而使冲突爆发的概率增加。

第二，从政治层面来看，美国在大中东地区的军事基地无形中构筑了一道“防火墙”。“防火墙”的内部是美国主导的大中东联盟体系，从土耳其、以色列、一直延续到海合会和吉布提，而“防火墙”的外部是所谓的地区麻烦制造者和秩序挑战者，如俄罗斯、真主党、哈马斯、叙利亚、伊朗、“基地”组织、“胜利阵线”、“圣城支持者”、“索马里青年党”、“伊斯兰国”组织等。美国在大中东地区的军事基地弱化了地区一体化，使大中东地区成为分裂的大中东地区而不是统一的大中东地区。

第三，从经济层面来看，美国在大中东地区的军事基地保护了美国在该地区的利益，增强了美国保护关键战略要冲、港口、设施和人员的能力。同时，美国在该地区的军事基地又使美国常常陷入利益边界无限放大的局面，既增加了美国海外驻军的必要性，又使美国陷入地区安全冲突而难以脱身。

第四，从社会层面来看，美国在大中东地区的军事基地部署有助于美国在安全层面和社会层面参与大中东地区治理，协调与其他大国的关系，开展公共外交，改善美国的国家形象，但是美国驻军又激起了伊斯兰国家民族主义者、宗教激进主义者和社会左翼运动者反对美国基地部署的社会运动浪潮。总之，美国在大中东地区的军事基地既成为资产和价值，又往往成为累赘和包袱。

第九章／美国在大中东地区军事基地的前景

海外军事基地是大国投射军事力量、应对突发危机、保护海外利益、强化军事联盟的重要手段，同时海外军事基地的部署不是一成不变、而是不断调整的。21 世纪，美国军事力量的基础是军事技术的创新和信息技术的优势，信息的收集、加工和分析，不受限制地获取情报，以及阻止敌人获取机密情报，这些因素已经超过了传统因素如军事调动、军事打击、保护以及后勤补给的影响作用，也使美国加快对海外军事基地的调整。①

早在 2004 年，美国《国家军事战略报告》就指出："未来美国军事基地的调整必须遵循的原则是确保军事力量能够满足未来的安全需要，实现军事力量的最优化。军事基地部署的规模取决于预算、部署地、及支持海外军事力量。海外军事部署包括永久性部署、临时性部署及轮岗部署；海外基础设施与战略资源包括战略投送能力。为预防突发危机，美国必须保持早期（军事）介入的能力，以采取快速行动。"② 归纳起来，美国大中东军事基地的调整包括战略重心的迁移、责任区的变更、规模的变化、功能的拓展四个方面。

第一节　战略重心的迁移

从冷战时期到冷战后，美国全球军事基地部署的重心各不相同。20 世

---

① Joint Chief of Staff, *Joint Vision* 2010, Washington D. C. : U. S. Government Printing Office, 1996, Chapter II, pp. 1 –3.

② Chairman of the Joint Chief of Staff, *National Military Strategy of The United States*, Washington, DC, 2004, p. 21.

纪50—60年代，美国1/4—1/3的军事力量部署在海外，其中绝大部分部署在日本、韩国、菲律宾、德国、意大利和英国等，除土耳其外，美国未在大中东地区部署大规模军事基地。截至20世纪80年代末，大约40万美军部署在海外，其中绝大部分仍部署在西太平洋和西欧，大中东地区仍不是美国全球军事部署的重点地区。冷战结束后，美国关闭了海外60%的军事基地，27万美军从海外撤回国内，包括从巴拿马、菲律宾和西班牙撤出大量驻军。但1990年海湾危机爆发后，美国在海合会的驻军大幅增加，同时拉开了美国在苏伊士运河以东地区建立大规模军事基地的序幕。美国以沙特为该地区的“桥头堡”，部署了上万人军队，沙特和土耳其成为美国在大中东地区最重要的军事基地东道国。

“9·11”事件发生后，美国海外军事基地开始从收缩期转变为扩张期，其在阿富汗和伊拉克等地区部署了19.7万人军队，并有20万人临时部署在其他地区，并在伊拉克、阿富汗部署了数百处军事基地承担作战任务，在土耳其、海合会六国、吉布提和阿尔及利亚等部署军事基地承担威慑、侦察、训练和特殊作战任务，大中东地区成为美国在全球军事基地群最密集的三大地区之一（西太平洋、西欧和大中东）。伊拉克战争结束后，美国海外军事基地部署进入新一轮收缩期，美国在德国、日本、韩国、伊拉克、阿富汗、沙特的军事基地都开始“瘦身”。2004年，美国总统小布什宣布将海外7万名美军及1万名家属撤回至美国国内。[①]

从老布什到奥巴马，美国在全球军事部署的重心不同。老布什时期，美国全球军事基地的部署以防范苏联为主要任务，尤其以欧洲、东亚的军事部署为重中之重。美国欧洲司令部和太平洋司令部的军事基地面积都超过了20万英亩。然而，1990年海湾危机爆发后，美国在海合会国家部署了16.5万人、共505处军事基地，甚至超过了美国在欧洲及西太平洋地区的驻军人数。[②] 克林顿时期，防范中俄成为美国的重要任务，但随着中亚国家纷纷独立以及大中东地区颜色革命频繁爆发，美国开始将全球军事部署的重心分散在欧洲、亚太和大中东地区三大要地。在大中东地区，美国

---

① Zdzislaw Lachowski, "Foreign Military Bases in Eurasia," *SIPRI Policy*, Paper, No. 18, June 2007, p. 5; p. 12.

② "Assessing the Global Operating Environment: 2015 Index of US Military Strength," The Heritage Foundation, 2015, p. 127.

军事部署所要防范的对象是两伊——伊朗和伊拉克，土耳其、海合会成为美国在大中东地区重要盟友和军事基地部署国。[①]

小布什时期，反恐从一项策略上升为美国的一项大战略，反恐任务从一项具体行动变成了全球范围内的反恐战争，大中东地区成为美国全球军事部署的重心进一步凸显。小布什宣布：恐怖组织在21世纪已经形成了一个邪恶世界，哈马斯、真主党、“伊斯兰圣战组织”、“先知军”已经形成了恐怖主义网络，伊朗、伊拉克、朝鲜、利比亚和叙利亚形成的“邪恶轴心”中有4个在大中东地区。小布什总统宣称：“不管恐怖分子藏身于何处，不管是在沙漠、丛林还是在大城市，不管是在阿富汗、伊拉克还是在菲律宾，美国都要部署军事力量，发动先发制人打击或政权更迭，必要时单独采取行动。”为维护美国本土安全，2002—2003年美国国防预算增加15%。[②] 2001年和2003年，美国相继在阿富汗和伊拉克发动两场“反恐战争”，部署了几十万人军事力量，同时在这两个国家的前线伊斯兰国家，包括海合会六国、乌兹别克斯坦、吉尔吉斯斯坦和巴基斯坦等部署了新的军事基地，其中卡塔尔乌代德空军基地成为继沙特后，美国在大中东地区的军事基地群的中枢，此外科威特的阿里·萨雷姆（Ali Al Salem）空军基地、阿联酋的宰夫拉（Al Dhafra）、艾尔明翰（Al Minhad）空军基地和富查伊拉（Fujairah）海军基地、巴林的谢赫·伊萨（Sheikh Isa）空军基地和本—萨勒曼（Salman）海军基地、沙特的法赫德国王空军基地（Eskan Village）和舒尔坦王子空军基地、阿曼的马斯喀特（Muscat）、塞迈里特（Thumrait）、马西拉（Masirah Island）、锡卜（Seeb）机场、伊拉克巴格达国际机场、巴拉德（Balad）空军基地等，都是美国曾经使用的主要空军和海军基地。[③]

时任国防部长拉姆斯菲尔德提出重新部署在海外的军事力量，即在欧洲，将美国军事基地从西欧向东欧和东南欧的保加利亚、罗马尼亚、捷克、塞尔维亚、科索沃等地区转移；在东亚的韩国，将美国在韩国军事基

---

① 1979年以色列和埃及签订《戴维营协定》后，美国和法国等欧洲盟国一道在埃及西奈半岛部署了上千人维和部队。

② Michael Mann, *Incoherent Empire*, New York and London: Verso, 2003, p. 6.

③ “Assessing the Global Operating Environment: 2015 Index of US Military Strength,” The Heritage Foundation, 2015, p. 127. 此外，自2013年起，美国投资5.8亿美元用于扩大美国在巴林的海军基地。

地从首尔等城市区撤出，并从朝韩边境地区往韩国南部地区搬迁；在大中东地区，美国军事部署从沙特等传统盟友向新的战略伙伴吉布提、阿尔及利亚、圣多美与普林西比等非洲其他地区扩散。按照拉姆斯菲尔德的构想，美国将减少在德国、日本、韩国的大型军事基地，增加机动性更强的小型军事基地，在可能爆发危机和冲突的前沿战区部署小规模军事基地、应对突发危机。①

截至 2008 年，美国海外军事基地数量占全部军事基地的 16%，海外军事基地建筑物占全部军事基地建筑物的 19%，海外军事基地的道路、桥梁和通讯线路占军事基地总量的 23%。② 奥巴马时期，美国关闭了在伊拉克的全部军事基地，同时撤出在阿富汗的主要作战力量，仅保留 12000 名美军从事军事训练和保护美国使领馆及侨民安全等任务，以重返亚太、实现"亚太再平衡"为主要任务，试图将美国全球军事部署重新回到欧洲和亚太两大重点地区。奥巴马政府希望将海军力量的 60% 部署在亚太地区，40% 部署在欧洲地区，以应对中国崛起可能面临的安全挑战。2012 年 6 月，美国国家航空航天局申请租用泰国乌塔堡军用机场用于"云层和气象研究"；到 2016—2017 年将有 2500 名美国海军陆战队队员部署在澳大利亚达尔文军事基地；澳大利亚正在讨论把科科斯群岛发展成为可以停靠无人侦察机的美军基地，并考虑升级珀斯的斯特林海军基地，方便美国军舰在亚太地区的活动。在越南，美国对金兰湾表现出极大兴趣；在日本，美国增加了在冲绳军事基地的重新部署，使这块只占日本国土 0.6% 的土地承担了美国在日本 75% 的军事设施，20% 的冲绳土地被美军占领；③ 在菲律宾，美国防部还在寻求更大的驻扎地，包括在苏比克湾的海军基地和克拉克空军基地；在新加坡，新加坡已原则同意美国在新加坡部署 4 艘濒海战斗舰，第一艘将在明年第二季度开始部署。2014 年美海军计划向太平洋部署最新的 P－8A"海神"反潜巡逻机和高空监视无人机，美国正在寻求愿

---

① Steve Liewer, "Study Weighs Costs, Benefits of Options in Shifting U. S. Overseas Forces," *Stars and Stripes*, May 19, 2004.

② Anita Dancs, "The Cost of the Global U. S. Military Presence," *Policy Report*, FPIF, Institute for Policy Studies, July 3, 2009, p. 6.

③ 大卫·韦恩著，张彦译：《美国海外军事基地：它们如何危害全世界》，北京：新华出版社，2016 年版，第 7 页；第 295 页。

意接纳这些飞机的亚洲合作者。[①]

奥巴马入主白宫以来，美军一直想把驻冲绳的8000名海军陆战队员转移到距离亚洲更远的关岛，除了因为美军跟日本当地矛盾太大外，更主要的原因也是想把兵力“部署到中国导弹的打击范围之外”。驻韩美军司令部和分布在议政府市、东豆川市、原州市、平泽市附近等军事基地的美军第二步兵师，则计划向南迁移至平泽基地，主要是担心危机爆发后朝鲜发动先发制人打击或报复性攻击。[②] 美军现在已经在担心“第一岛链”无法防范住中国，便开始加紧第二岛链的经营。美国的“第二岛链”是以关岛为中心，由驻扎在澳大利亚、新西兰等国的基地群组成，它是一线亚太美军和日韩等国的后方依托，又是美军重要的前进基地。在澳大利亚加强军事存在，等于让美军又多了一个新的战略支点，一旦亚太有事美可实施军事力量的多渠道输送。[③] 2012年4月，美国国防部长帕内塔和来访的新加坡国防部长黄永宏发表联合声明，美新两国代表讨论了美在新加坡部署4艘濒海战斗舰的提议，实际上试图在靠近南海地区增强美国的军事部署。美国现役的“独立”和“自由”级濒海战斗舰，是集探测、侦察、反潜、猎雷多种功能于一身的综合舰船。美国濒海战斗舰的优点是吃水浅、航速快，实施任务的弹性大，能够做到“提前到达、提前感知、提前控制”。[④]

此外，奥巴马政府强调，美国不仅是太平洋和大西洋国家，而且是北冰洋国家，在一些新的领域，如北极地区拥有安全和战略利益。2013年，美国公布了首份《北极战略》报告，时任国防部长哈格尔指出，北极战略是一项长期规划，随着全球变暖和北极冰雪消融，美国将考虑如何加强在北极地区的军事力量部署，承担救援、科考、污染预防等任务，实际上主要出于防范俄罗斯垄断北冰洋事务的考量。[⑤]

尽管2010年以来大中东地区发生了塔利班卷土重来、阿拉伯剧变、叙利亚化学武器危机、“伊斯兰国”组织肆虐、也门危机、伊朗和沙特断交

---

① 《美国在亚太加快军事基地扩充步伐》，载《人民日报》2012年6月27日，第21版。

② 新华国际：《驻韩美军“耗费万亿”迁移背后的故事》，2011年07月30日，http://news.xinhuanet.com/world/2011-07/30/c_121742551.htm.

③ 冯晓明：《美“备战”解放军突破第二岛链》，载《国防时报》2010年9月29日，第8版。

④ 刘斌：《美军亚太军事基地“路线图”》，载《人民日报》2012年4月23日，第23版。

⑤ The White House, *National Strategy for the Arctic Region*, Washington D. C., May 2013, pp. 1-3.

等一系列重大政治和安全事件，但是美国仍然不愿意派出地面部队重返大中东地区，仍然将重心维持在空袭、保卫美国盟友、加强军事训练等方面。2015 年美国《国家安全战略报告》指出，解决国际冲突、确保海外热点地区的长期稳定，依靠的不仅仅是美国使用海外军事存在。除海外军事基地外，美国还将加强与伙伴国的关系，增强其自我保卫能力，在大中东地区，美国将加强以色列、约旦和海湾合作委员会国家遏制侵略能力。①

美国全球地域范围内军事基地的战略重心的调整，与美国对全球安全威胁类型和强度的认知存在重要联系。“9·11”事件发生后，非国家行为体获取大规模杀伤性武器，成为美国新的安全威胁，甚至一度超过主权国家，成为美国首要安全威胁。反美国家和非国家行为体属于风险接受型主体，其获取军事技术和战略武器，以增强战略筹码、并形成战略威慑，以此提升自己意识形态的影响力和地缘政治竞争能力，克服国内局势的不稳定性。② 受此影响，小布什政府将整个大中东地区视为其全球反恐战争的主战场，故加大了对中亚、西亚、东非和北非的军事部署，而奥巴马政府则认为，恐怖主义并不是美国首要安全挑战，真正有能力对美国构成毁灭性打击的，还是中国和俄罗斯，故奥巴马的全球军事基地部署以亚太和欧洲为重心，并以中国和俄罗斯为假想敌，推动了美国从大中东地区关闭军事基地和撤出主要作战力量。

特朗普担任总统以来，美国新政府在经济援助、民主拓展方面减少了对大中东国家的关注程度，但是却在战术层面重新将大中东地区恐怖主义和反美主义作为首要打击对象，军事战略重心向大中东迁移。通过联合北约和中东盟国，试图重构以色列—海合会—土耳其—约旦—埃及中东大同盟，加大遏制和制裁伊朗力度，以反恐为任务，以叙利亚危机为突破口，分化俄罗斯、伊朗、土耳其、伊拉克和叙利亚巴沙尔政府形成的统一战线，使美国从大中东地区事务的旁观者重新变成领导者，增强美国在大中东安全事务中的话语权，从战略性防御到战略性进攻。

特朗普把大中东地区视为“包袱”，并不认为中东乱局会威胁到美国本土安全，但是美国在中东拥有重要现实利益。未来，美国将根据自己的

---

① The White House, *National Security Strategy*, 2015, Washington D. C., February 2015, p. 26.

② Department of Defense, *Department of Defense Strategy for Countering Weapons of Mass Destruction*, Washington D. C., June 2014, p. 3.

现实需要决定介入大中东的程度，现实利益导向更加明显，甚至多次对阿富汗、也门、叙利亚和伊拉克境内的极端组织发动空袭，在战略上更具进攻性。

第二节　责任区的变更

二战时期，美国先后建立了5个作战司令部，包括太平洋司令部、西南太平洋司令部、与欧洲盟军共同组建的驻欧盟军司令部、以及战争后期在太平洋和欧洲方向组建的两个轰炸机司令部。20世纪50年代，杜鲁门总统批准了首份《联合司令部计划》，设立了6个地区性司令部和1个职能司令部，力求实现对军种力量的联合指挥和统一运用。①

美国司令部分为功能性司令部和战区司令部两类一级司令部。功能性司令部包括1987年成立的特种作战司令部和运输司令部，1999年成立的联合部队司令部，2002年成立的战略司令部；战区司令部包括1947年成立的欧洲司令部和太平洋司令部，1963年成立的南方司令部，1983年成立的中央司令部②，2002年成立的北方司令部和2008年成立的非洲司令部。二战结束以来，战区司令部的权力不断得以增强，而美国陆军、空军、海军和海军陆战队对各战区司令部的主导力下降。

功能性司令部主要承担一些特殊的军事使命，如特种作战司令部包括陆军、海军、空军和联合特种司令部四大分支，其在“9·11”后大约4.9万人（2006年增加至5.2万人），成为美国前沿军事部署、发动全球反恐战争的主力军。③“9·11”事件发生后，美国各司令部调整最大的莫过于特种作战司令部，其在阿富汗战争和伊拉克战争中发挥了中流砥柱的作用。此外，在功能性司令部的调整当中，2002年6月26日，美国国防部长拉姆斯菲尔德宣布美国航天司令部将和美国战略司令部合并，成立新的

① 参见顾伟、李健：《美国战区司令部的形成、发展及运行》，载《外国军事学术》2015年第12期。

② 1980年伊朗和伊拉克爆发战争后，卡特总统宣布成立快速反应联合任务部队（Rapid Deployment Joint Task Force），1983年里根总统将该部队升级为中央司令部，管辖海湾、埃及和东非地区等。

③ USSOCOM, 2003 *Special Operation Command*, Washington D. C., 2003, pp. 11 – 13.

战略司令部，主要着眼于未来的大战、核战争与太空战等。

表 9—1　2006 年美国特种作战司令部人数统计表①

	现役	预备役	国民警卫队	军人总计	文官总计
陆军	18079	9754	2904	30737	1644
海军	5636	1013	0	6649	481
空军	9860	996	825	11681	1575
海军陆战队	79	0	0	79	0
小计	33654	11763	3729	49146	3700
合计				52846	

美国联合部队司令部成立于 1999 年，前身既是战区司令部，又是功能性司令部。“9・11”后，联合部队司令部不再管辖一定的地域，而主要是负责训练部队，事实上蜕变成功能性司令部。2012 年，在前国防部长盖茨的建议下，奥巴马政府正式宣布撤销联合部队司令部，其目的是在美国从阿富汗抽身之后，压缩军队的规模和军事开支，将有限的军费用于高科技研发和培训等方面。

20 世纪 90 年代，美国共设有 4 个战区司令部，包括：（1）南方司令部，总部位于迈阿密，其中南美司令分部和国土防务司令分部是美洲司令部的二级下属机构；（2）太平洋司令部，总部位于夏威夷，防务范围包括整个太平洋到印度洋地区，如东亚、东南亚、南亚、大洋洲、南极洲等陆地及广阔的海洋，面积最大；②（3）欧洲司令部，总部设在德国的斯图加特，防务范围包括欧洲、俄罗斯、波罗的海三国、白俄罗斯、乌克兰、摩尔多瓦、格鲁吉亚、亚美尼亚、阿塞拜疆、苏丹、埃及、约旦以及非洲大部分地区，管辖人口 10 亿，面积 1300 万平方英里，涵盖 91 个国家；（4）中央司令部，总部在佛罗里达州坦帕（Tampa），防务范围包括从海湾、里海到中亚地区，该地区地域范围并不大，却拥有丰富的油气资源，

① United States Special Operations Command, *Posture Statement* 2006, Washington D. C., 2006, p. 14.

② National Defense Panel, *Transforming Defense: National Security in the 21st Century*, Report of the National Defense Panel, December 1997, p. 31.

北到哈萨克斯坦，南到肯尼亚，管辖人口 4.28 亿。[①]

大中东地区是美军中央司令部主要任务区，该地区是全球热点问题最为集中的地区，如 1991 年的海湾战争、2001 年的阿富汗战争、2003 年伊拉克战争、2006 年黎巴嫩战争、2008 年加沙战争、2014 年以色列与哈马斯的冲突及国际社会打击“伊斯兰国”组织等。美国中央海军司令部总部设在巴林（位于美国海军第五舰队司令部）；中央空军司令部和中央陆军司令部总部设在美国南卡罗来纳州，同时中央空军司令部在卡塔尔设立前沿总部，中央陆军司令部在科威特设立前沿总部；中央特种作战司令部总部设在佛罗里达坦帕麦克迪尔空军基地（MacDill Air Force Base），并在卡塔尔设立前沿总部。[②] 这些司令部和前沿总部或设在大中东不同国家，或设在美国本土，主要是预防军事基地东道国出现反美主义浪潮，从而殃及整个中央司令部军事部署的安全。

2007 年小布什政府宣布正式组建非洲司令部，总部位于德国的斯图加特，[③] 对美国战区司令部的布局产生了重要影响。2008 年美国中央司令部将位于吉布提的雷蒙尼尔军事基地移交给非洲司令部管理。非洲司令部的协防任务涵盖整个非洲大陆（埃及仍属于大中东司令部管辖范围），实际上缩小了欧洲司令部、太平洋司令部和中央司令部的防务范围。受此影响，印度洋西部、马达加斯加岛等从太平洋司令部管辖范围划归非洲司令部，肯尼亚、索马里、苏丹等东非地区从中央司令部划归非洲司令部管辖，中亚、阿富汗、巴基斯坦、西亚地区、埃及、红海、亚丁湾、阿拉伯海、波斯湾继续归中央司令部管辖，土耳其、以色列、塞浦路斯等仍属于欧洲司令部的管辖范围。经过这次调整，大中东地区被美国三大战区司令部所分割，即非洲司令部、中央司令部和欧洲司令部。

2017 年底，特朗普公布其上任以来首份《国家安全战略报告》，强调“印太战略”，在大中东地区以“伊斯兰国”和伊朗为重大威胁，从弱化联盟到重新强化联盟。伊朗核协议达成后，美国的中东盟友沙特、土耳其和以色列内外交困，变成了奥巴马中东战略的负资产，美不再毫无保留地支

---

① USSOCOM, 2003 *Special Operation Command*, Washington, D. C., 2003, pp. 42 – 45.

② “Assessing the Global Operating Environment: 2015 Index of US Military Strength,” The Heritage Foundation, 2015, p. 126.

③ 目前，美国仅在非洲大陆的吉布提部署了大型军事基地，驻军人数在 3000 人左右。今后不排除美国将非洲司令部的总部从德国斯图加特移至吉布提或在吉布提设立前沿司令部。

持盟友，而是在盟友和对手（伊朗、俄罗斯）之间保持战略平衡，甚至试图寻求“零敌人外交”。因油价下跌、财政赤字上升和美伊（朗）关系改善，沙特对外转向逊尼派国家反恐联盟和阿拉伯君主制国家“神圣同盟”，加大与伊朗在中东的博弈。美盟友土耳其面临库尔德分裂主义、恐怖主义和与俄安全博弈等多重挑战；巴以矛盾升级、欧洲反以情绪抬头和叙乱局也使美盟友以色列安全环境恶化。特朗普强化与以色列、沙特、卡塔尔的关系，拉开与土耳其的关系。特朗普将根据美国的现实利益需要，建立任务导向型志愿者联盟，根据现实需要组建队伍。未来，美国对全球军事基地司令部的责任区是否会作出调整，需作进一步的跟踪研究。

第三节　规模的变化

在冷战结束后20多年时间里，美国在大中东地区军事基地的规模和驻军人数也随地区形势变化和美国战略目标的改变而作出调整，包括基地的新建、维持、缩小及其关闭。1997年美国《四年防务评估报告》指出，美国政府将确保在海外维持恰当水平和类型的军事存在，以满足美国的战略目标，包括根据具体任务灵活部署永久性军事力量、定期轮岗部队、前置军事设备与设施等。因军事基地的规模缩小，20世纪90年代美国每年可节省30亿美元的军费开支。①

21世纪初以来，美国在大中东地区军事基地调整的总趋势是小型化、分散化和机动化。2001年美国《四年防务评估报告》指出，未来，美国将在和平时期与盟国一道维持和建立小规模的军事力量。这些基于任务的军事部署，根据具体情况不同而决定部署的时间长短、强度、规模和频率。美国还将建立定期轮岗的军事基地，以在关键地区部署军事力量，支持美国长期的安全承诺。这些长期化的军事部署与安全承诺将形成战略威慑。为此，除在西欧和东北亚外，美国还将在其他地区建立形式灵活的军事基地体系，临时使用国外的军事设施，以参与军事训练任务，提高美军的机

---

① William S. Cohen, Secretary of Defense, *Report of the Quadrennial Defense Review*, 1997, Washington, D. C: Department of Defense, May 1997, p. 47, p. 100.

动能力，加强空投、海运、前沿部署与后勤保障等。[①] 正如2005年国防部提交总统和国会的报告所述：与传统海外军事基地拥有大规模基础设施不同，美国将使用小型化前沿行动基地、前沿设施和定期派出轮岗的军事人员。在欧洲，美国拟将两个师的兵力撤回国内，取而代之的是部署在意大利的空降旅、在德国的陆军训练中心，并在东欧建立定期轮岗的军事存在。在大中东，美国将用定期轮岗的军事存在代替永久性军事基地；在亚太地区，美国将维持小型前沿军事存在，同时部署反应迅速的远征力量，使美军能够从权力投射的军事基地对热点地区作出快速反应。[②] 21世纪安全威胁的多元化使美国政府对大中东军事基地“分散化”，在依靠主要军事基地的同时，开始在全球安全威胁的新地区部署合作安全基地和前沿行动基地，这些分散化和机动化的军事基地被称为“电灯开关（light switch）”或“睡莲（lily pads）”。[③] 据美国军方统计，截至2011年，美军获得了进入阿尔及利亚、博茨瓦纳、加蓬、加纳、纳米比亚、塞拉利昂、突尼斯和赞比亚等国的小型合作安全点的权限；2014年美国陆军杂志《陆军保障》上的一篇文章确认美军仅在东北非就拥有9个前沿行动据点；圣多美与普林西比被视为新时期美国在非洲的“迪戈加西亚”。[④] 在叙利亚、利比亚、伊拉克、阿富汗、巴基斯坦等美国难以建立永久军事基地的国家，美国还雇佣英国、欧盟、甚至是当地国家的私人安保公司，这些安保公司的员工往往是刚刚退役的特种兵，实战经验丰富，又减少了军事存在，避免军事基地的政治化，成为美国津津乐道的“零脚印”。[⑤]

美国海外军事基地的小型化既有助于美国在大中东地区军事部署的隐蔽化，避免海外军事基地部署的“政治化”和引起当地民众反感，也有助

---

① U. S. Department of Defense, *Quadrennial Defense Review Report*, 2001, Washington, D. C.: U. S. Department of Defense, September 2001, p. 21, p. 26.

② Secretary of Defense, *Annual Report to the President and the Congress*, Washington, D. C., 2005, p. 37.

③ Alexander Cooley and Daniel H. Nexon, “Globalization and the Politics of U. S. Overseas Basing,” *Research Gate*, 2007, p. 31, https://www.researchgate.net/publication/237780091_Globalization_and_the_Politics_of_US_Overseas_Basing.

④ 大卫·韦恩著，张彦译：《美国海外军事基地：它们如何危害全世界》，北京：新华出版社，2016年版，第359—363页。

⑤ Simon Chase and Ralph Pezzullo, *Zero Footprint: The True Story of a Private Military Contractor's Covert Assignments in Syria, Libya and the World's Most Dangerous Places*, New York: Little, Brown and Company, 2016, Chapter Five, Chapter Eleven, Chapter Thirteen, Chapter Fifteen, and Chapter Twenty.

于美国减少军事基地的运营成本，更有利于增强军事行动的机动性，针对特殊任务采取灵活策略。美国与阿曼、沙特等国的合作安全基地在和平时期为两国共享，执行军事训练和联合军演等任务，在危机爆发后可以为美军所征用，美国可迅速扩大前沿军事部署，执行战争与威慑等任务。2006年美国《四年防务评估报告》指出："如今，美国在全球五大洲的大小军事行动都表明与伙伴国合作的重要性，都表明采取秘密行动、维持持续且隐蔽军事存在的重要性。新形势下，美国需要在传统作战地区以外维持长期和低可视度的军事存在，减少美国对海外传统大型军事基地设施的依赖，以积极应对非对称性威胁。"①

表 9—2　2008—2010 年美国全球军事部署的成本估算

（单位：10 亿美元）

类型	2008 财年	2009 财年	2010 财年
陆军	$24.7	$19.6	$20.0
海军	58.0	57.9	61.4
空军	27.1	27.5	28.1
其他防务开支	26.3	21.3	22.6
小计	136.1	126.2	132.1
战争开支	102.5	141.8	130.0
国际安全援助	10.5	9.1	12.8
基地东道国支付	-5.0	-5.0	-5.0
总计	244.1	272.1	269.9

数据来源：Anita Dancs, "The Cost of the Global U.S. Military Presence," *Policy Report*, FPIF, Institute for Policy Studies, July 3, 2009, p. 10.

截至 2014 年，美国在海湾地区部署了大约 3.5 万人，其中在科威特部署了大约 1.5 万人，阿瑞坎兵营、阿哈马德·朱贝尔空军基地和阿里·萨勒曼空军基地是美国部署在科威特的主要军事基地；美国在阿联酋部署了

① U.S. Department of Defense, *Quadrennial Defense Review Report*, 2006, Washington, D.C.: U.S. Department of Defense, February 2006, pp. 11-13, p. 23, p. 53.

5000 人，其中大部分是空军力量，宰夫拉空军基地是美国在大中东地区重要的空军基地，自 2012 年起，美国在宰夫拉部署了 F-22 战斗机；美国在阿曼的军事基地有利支撑了美军在阿富汗和伊拉克的军事行动，但美军从伊拉克撤军后，其在阿曼的驻军减少至 200 人，马斯喀特、塞迈里特和马西拉岛成为美军在阿曼重要的空军基地；美国在巴林驻军人数达 7000 人，是美国第五舰队的总部，美国在谢赫·伊萨空军基地部署了 F-16、F-18 战斗机和 P-3 预警机；巴林哈里发·赛勒曼港是海湾地区少有的几个能够停靠美军航母的深水港；伊拉克战争爆发前，美国关闭了在沙特的主要军事基地，但是美军第 379 空中远征联队（379 Air Expeditionary Wing）负责沙特国民卫队的训练和现代化任务，其空军基地位于首都利雅得以南 13 英里的法赫德国王空军基地；美国在卡塔尔部署了数千人，其中乌代德空军基地是美国中央司令部的前沿总部，是美国在全球最重要的空军基地之一，并储备了美国重要的前沿军事物资；美国在约旦并未建永久性军事基地，但是“伊斯兰国”组织威胁上升后，美国在约旦临时部署了 1500 人，包括一个 F-16 中队和一个爱国者导弹营；截至 2014 年 9 月，1600 名美军部署在伊拉克，主要参与伊拉克军队的训练和保护美国在伊拉克的使领馆等任务。此外，外界还认定，美国在沙特秘密部署了无人机基地，并利用也门索科拉岛空袭也门、索马里等地的恐怖分子。①

特朗普入主白宫后，美国在大中东地区从部署柔性军事存在过渡到刚性军事基地。奥巴马时期，美国相继关闭在伊拉克、沙特、乌兹别克斯坦、吉尔吉斯斯坦和巴基斯坦的军事基地，在中东驻军 5 万人，在阿富汗仅剩余 1 万人，同时，在土耳其、科威特、阿联酋、卡塔尔、巴林和吉布提等关键点维持军事基地。美国在中东的军事部署呈现小型化、隐蔽化、分散化、机动化等特点，用合作安全基地代替永久军事基地，从作战和威慑等军事功能扩大为反恐、救灾、撤侨、情报搜集、反海盗、维和与开展公共外交等民事功能。② 特朗普上台后，美国宣布向叙利亚增派 2000 人的海军陆战队员和其他特种兵，向伊拉克增派地面部队，将

① “Assessing the Global Operating Environment: 2015 Index of US Military Strength,” The Heritage Foundation, 2015, pp. 124-125.

② 孙德刚：《冷战后美国中东军事基地的战略调整》，载《世界经济与政治》2016 年第 6 期，第 47—48 页。

驻阿富汗驻军增加至1.2万人，美国在中亚、西亚、东非和北非的驻军人数也大幅度增加。

第四节　功能的拓展

海外军事基地主要承担多重军事功能，如新式武器的试验场、情报搜集站、军事演习地、各种武器的储藏库、运输物资的中转站和执行特殊任务的指挥部等。海外军事基地还为美军提供了得天独厚的军事训练场所，使之能够适应不同气候、环境和战略背景下的作战任务，如美国在哥伦比亚和菲律宾获得了现代丛林作战训练基地，在阿富汗的军事基地丰富了美军山地作战经验，在伊拉克、沙特和吉布提的军事基地丰富了美军在干燥、炎热的沙漠环境下的作战经验。

21世纪初以来，美国在大中东地区的军事基地除承担传统的作战、威慑、侦察、训练等使命外，还承担了民事、救灾和公共外交等新功能。2006年美国《四年防务评估报告》指出，除应对传统威胁外，美国的全球军事力量还承担其他非传统安全使命，如2003年，利比里亚爆发内战，美国欧洲司令部联合工作组与西非国家经济委员会（ECOWAS）成功实现对接，最终稳定了该国的局势；2004年12月海地爆发政治危机后，美国南方司令部和其他国家组成联合工作组，避免了海地政府的瓦解，维护了政局稳定；在2004年印度洋海啸后，美国太平洋司令部和交通运输司令部迅速成立联合工作组，向泰国、印尼和斯里兰卡派出了援助力量，向灾区空投了8500吨紧急物资，治疗了1万名灾民。2005年10月，在巴基斯坦北部发生严重地震灾害后，美军八小时后就实施了救援行动，并成立巴基斯坦—美国军民灾难救助中心，向地震灾区提供援助；[①] 2007年美国在吉布提的海军协助索马里和肯尼亚政府在索马里沿海地区搜捕索教派武装组织伊斯兰法院领导人。驻吉布提的美国特种部队出动A—130战机对逃到索

---

① U. S. Department of Defense, *Quadrennial Defense Review Report*, 2006, Washington, D. C.: U. S. Department of Defense, February 2006, pp. 11 – 13; p. 23; p. 53.

马里南部的“基地”组织成员发动了空袭，数十人被击毙。[①] 2012 年 6 月，美国国家航空航天局申请租用泰国乌塔堡军用机场用于“云层和气象研究”[②]；2014 年马航 MH370 客机失联后，美国在迪戈加西亚和在澳大利亚的军事力量参与联合搜救，也是军事与民事功能并重的表现。

2009 年，美国国防部进一步提出了“联合行动”的战略构想，即在 21 世纪，美国国防部承担平衡和多样化任务，从发动战争的传统军事功能转向融合战、安全、接触、人道主义救援和战后重建于一体的多元功能，特别是人道主义救援与重建的民事功能日益凸显。该报告认为，在美国军事行动后，对象国的社会秩序遭到破坏，需要重建；美国海外军事基地东道国发生人道主义灾难后，也需要美军提供援助。因此，在军事占领、镇压反叛行动和缓解人道主义危机过程中，美军可以帮助当地政府恢复经济和社会秩序，促进当地经济与社会的健康发展，恢复遭战争破坏的通讯设施、公路、铁路、港口和机场，加强当地的基础设施建设。此举不仅可以帮助美国树立积极友好的国家形象，而且可避免美国驻海外军事基地遭受当地政府、民众和反对派的抵制，维护美国在该地区军事部署的合法性。[③]

新时期美国在大中东地区军事基地的军民两用特征日益明显。如 2011 年美国国防部公布《国防部移动装置战略》，将军民两用移动装置的运用上升为一项战略，使美国军队能够利用无线网络及计算机终端，在任何地点获取实时信息、地图和数据，识别联盟军队，在偏远地区获得及时救治，提高国防部军事行动的效率。[④] 美国“传统”军事基地大多部署在隐蔽性较强的地区，军事基地地区事实上成为“国中之国”、独立的社会和“美国城”；[⑤] 冷战结束后，美国在大中东地区的“新型”军事基地往往与民用设施和建筑连为一体，民用服务设施能够为现役军人提供各种后勤服务，包括为 2/3 以上的军人家属提供住房和生活服务。美国在大中东地区

---

① 朱成虎、孟凡礼主编：《当代美国军事》，北京：社会科学文献出版社，2012 年版，第 286—287 页。

② 《美国在亚太加快军事基地扩充步伐》，载《人民日报》2012 年 6 月 27 日，第 21 版。

③ Department of Defense, *Capstone Concept for Joint Operations*, Version 3. 0, January 2009, p. 18.

④ Office of the DoD Chiefs Information Officer, *Department of Defense Mobile Device Strategy*, Version 2. 0, Washing, D. C. , May 2012, Forward.

⑤ National Defense Panel, *Transforming Defense*: *National Security in the 21st Century*, p. 31.

军事基地与当地社会的融合，不仅有助于促进美国军人及家属与基地东道国民众的互动与交流，也有助于带动当地就业，消除当地民众的反基地情绪。

美国在大中东地区军事基地还发挥维和功能，如美国、加拿大、法国等在埃及西奈半岛的多国部队驻军达1600人，尽管埃及军方发言人阿哈马德·阿里（Ahmed Aly）强调不允许外国军事力量部署永久性军事基地，但强调这些军事存在承担的是维和任务，不属于传统军事基地的范畴。①

特朗普担任总统以来，美国在大中东地区军事基地的功能从“以柔克刚”到“以暴制暴”。奥巴马的中东政策“以柔克刚”，试图在整体实力下降的情况下，以最小代价维持美国的主导权，发挥“巧实力”优势，以叙利亚危机和伊朗核问题为关注点，外交手段优先于军事手段，多边主义优先于单边主义，妥协守成优先于战略盲动。特朗普执政后，美国在中东安全事务上采取“以暴制暴”措施，包括空袭叙利亚境内“伊斯兰国”组织，向伊拉克增派地面部队，帮助伊拉克解放被“伊斯兰国”组织占领的摩苏尔，空袭也门胡塞武装，首次用钻地炸弹袭击“伊斯兰国”组织在阿富汗的武装分子，在叙利亚发生化武事件后对叙利亚空军基地发动报复性打击等。

小　　结

美国是世界上海外军事基地最多的国家，也是唯一一个将全球划分为若干军事基地的大国。军事基地结构体现出大国的军事力量结构，而大国军事基地在地域上的分布差异也影响该国的军事干预能力。美国的军事战略观属于外张型，倾向于“秀肌肉”，认为战略透明能够对敌人产生一种威慑。鉴于此，美国更倾向于在作战区、战略区、利益区和敌国周边地区部署军事基地，在敌人的国界线上构筑“防火墙”，将潜在敌人限制在相对狭小的范围内，阻止其对美国地区领导权可能

① Bruna dos Santos Lersch and Josiane Simão Sarti, “The Establishment of Foreign Military Bases and the International Distribution of Power,” *UFRGS Model United Nations*, Vol. 2, 2014, pp. 114 – 115.

构成的挑战。未来，美国全球军事部署重心的调整、军事基地责任区的调整、基地规模与驻军人数的调整、传统与非传统功能的调整都会影响美国在大中东地区军事基地的调整。未来，军事技术的升级、国防理念的转型、海外军事基地功能的拓展、孤立主义的抬头将对美国海外军事基地产生深远影响。

第十章／美国与亚洲大国海外军事部署的对比分析

迄今为止，美国仍然保持对大中东地区事务的绝对主导权，尤其是美、英、法、俄四国在大中东的军事基地成为直接影响大中东地区事务、投射军事力量的桥头堡。相比之下，亚洲大国如印度和日本等迄今缺乏这样的军事投射能力和向大中东地区投射军事力量的意愿。这种意愿的缺失，有的是因为国内法的制度性约束，如日本的《和平宪法》；有的是因为其奉行的外交基本原则的张力，如印度长期奉行不结盟、不在海外部署军事基地。

第一节　地缘经济因素与亚洲大国的军事部署

21世纪，随着欧美大国的衰弱，亚洲在全球的地位和影响力日益上升。1750年，亚洲占据世界人口和生产总值的一半多；1900年，随着欧美工业革命兴起，亚洲占世界产值的份额缩减至1/5；到2050年，亚洲占世界的生产总值将再次回到50%左右。① 新时期，日本、印度、韩国等亚洲大国的大中东地区政策以满足经济、贸易和能源利益为主，对于大中东地区安全和政治发展关注度相对较低。② 日、印、韩在大中东地区的军事存在主要是国内经济发展驱动的结果，是地缘经济主导型战略原则的产物；美、英、法、俄在大中东的军事基地部署是国际安全战略驱动的结果，是地缘政治主导型战略原则的产物。

---

① Joseph S. Nye, Jr., *The Future of Power*, New York: Public Affairs, 2011, Preface, xv.

② Volker Perthes, "Europe and the Arab Spring," *Survival: Global Politics and Strategy*, Vol. 53, No. 6, 2011, p. 75.

如果将欧美大国与亚洲大国视为两大群体，未来，西方大国在大中东仍然维持较强的军事影响力，但经济影响力总体上将呈下降趋势，亚洲大国在大中东的经济影响力在上升，但军事影响力仍然很弱。以大国与海湾国家的贸易额为例，根据 IMF 的统计数据，印度与海湾国家的贸易额从 44 亿美元增加至 1865 亿美元，欧盟与海湾国家的贸易额从 599 亿美元仅增加至 2074 亿美元；美国与海湾国家的贸易额从 191 亿美元仅增加至 1437 亿美元。从 2005 年到 2012 年，印度与海湾国家的贸易额增加了 771.5%，欧盟仅增加了 152.6%，美国则只增加了 85.5%。[①] 另据预测，到 2020 年，亚洲国家从大中东地区日进口石油将达到 2500 万桶[②]，届时，大中东能源对于亚洲大国如印度、日本和韩国来说，将比对美、英、法、俄等西方大国更加重要。随着亚洲大国在大中东经济利益的不断拓展和在大中东投资项目的不断增加，日本、印度和韩国尝试在大中东开展频繁的军事外交，以保护不断增长且脆弱的海外利益。在大中东地区部署军事存在是近年来日本、印度和韩国保护在大中东地缘经济利益的重要手段，但这种手段与美、英、法、俄在大中东部署军事基地存在本质区别。与西方大国在大中东拥有重要的地缘政治利益（反恐、预防大规模杀伤性武器扩散、主导大中东政治事务、圈定势力范围、建立军事联盟、拓展民主等）相比，亚洲大国在大中东的地缘经济利益在不断上升，特别是能源、海外投资、贸易、技术转让等。

本书根据地缘政治主导型战略与地缘经济主导型战略二分法，以求分析大国对外战略的优先目标与海外军事部署类型之间的关联度。

第一，地缘政治主导型战略是大国部署海外军事基地的主要动因。地缘政治学是地理学与政治学的交叉学科，突出各国之间综合实力的对抗与较量以及对战略空间和战略资源的争夺。[③] 地缘政治主导型战略系指主权

---

① 相关数据来源：英国埃克斯特大学尼布洛克教授（Tim Niblock）2013 年 6 月 4 日在牛津大学大中东中心的讲座 "The Gulf, Asia and the Indian Ocean: Shifts in Interests and New Alignments." 另可参见 Tim Niblock, and Monica Malik, *Asia-Gulf Economic Relations in the 21st Century: The Local to Global Transformation*, London: Gerlach Press, 2013。

② Anoushiravan Ehteshami, "Asian Geostrategic Realities and Their Impact on Middle East-Asia Relations," in Edward Carter, William and Anoushiravan Ehteshami, eds., *The Middle East's Relations with Asia and Russia*, London: Routledge, 2004, p. 9.

③ 韩银安：《地缘经济与地缘政治刍议》，载《国际关系学院学报》2005 年第 2 期，第 10 页。

国家从政治关系优先的角度制定对外战略，以国家安全为追求的首要目标，坚信对国家利益构成的威胁主要来自于外部，因而必须通过强化地区军事领导权（即“硬控制”）才能维护国家利益。地缘政治主导型战略的手段包括依靠军事结盟、部署军事基地、军事干预和改造对象国的政治制度等，既阻止域外大国在该地区扩大军事影响力，又阻止地区民族主义、恐怖主义和极端主义的发展。采取地缘政治主导型战略的国家，其海外利益具有多重性，必须依靠强大投射力的军事基地加以维护。

以美、英、法、俄为代表的欧美守成大国是地缘政治主导型大国的代表，其主要从国家安全威胁的角度审视大中东地区。“9·11”事件后，美国军事战略家、国防部顾问托马斯·巴尼特（Thomas Barnett）主张在欧洲和东亚之间的“夹缝地区”（Gap）建立新的军事基地，因为该地区政府治理能力低下，全球化进程缓慢，美国通过向该地区“出口安全”，将该地区与北美、欧洲和东亚的核心区连接起来。[①] 巴尼特提出的“间隙地区”主要是在大中东地区，体现出美国对大中东地区的地域政治考量。

2010 年，英国首相卡梅伦向议会提交的《不确定时代的强大英国：国家安全战略》政府报告，也明确指出了国防部的核心军事任务是“保卫英国及其海外领地，确保国际和海外领地的安全，保障公民及其生活方式安全”。[②] 为落实这些目标，英国《战略防务与安全评估》指出，英国将致力于解决冲突与实现稳定，必要时进行海外干预，包括合法使用强制性力量以支持英国生死攸关的利益，保护海外领地和侨民安全，该报告凸显了英国的地缘政治诉求。[③]

2008 年法国公布的《国防白皮书》认为，从毛里塔尼亚到巴基斯坦的广阔伊斯兰地区存在一条“危机弧”，对于 2025 年以前的法国乃至整个欧洲极为关键。该地区包括西非、北非、非洲之角、西亚、中亚和巴基斯坦，虽然自然资源丰富，但经济发展缓慢、失业率居高不下、教育落后、

① Alexander Cooley, *Base Politics: Democratic Change and the U. S. Military Overseas*, Ithaca: Cornell University Press, 2008, p. 239.

② British Government, *A Strong Britain in an Age of Uncertainty: The National Security Strategy*, London: National Archive, 2010, p. 27.

③ Ministry of Defence, *Overseas Territories: The Ministry of Defence's Contribution*, London: Ministry of Defence, 2011, p. 3.

政治体制改革举步维艰、伊斯兰激进势力和反西方势力猖獗。① 法国《国防白皮书》的这些内容，也彰显了法国对大中东地缘政治的考量。

欧美大国在大中东的军事基地体系是其地缘政治主导型战略的产物，是殖民统治的历史记忆和美苏冷战遗产的共同结果，这些军事基地实际上基于弱肉强食的“社会达尔文主义”与零和博弈的“势力范围”思想。欧美大国在大中东的军事基地部署与其进攻性战略文化存在重要关联，亦即西方在审视大中东的战略地位时，往往从地缘政治的角度出发，以国家安全威胁来界定国家利益，尤其从反恐、反大规模杀伤性武器扩散、反独裁、支持盟友、阻止其他域外大国在大中东谋求主导权的“零和博弈”理念出发，关注大中东地区军事平衡和本国在安全局势中的相对位置，而不是从现实的经贸或能源利益保护出发制定外交战略。例如，2006 年小布什宣布，到 2025 年，美国从大中东进口石油中的 75% 将由来自其他地区的石油代替。② 加上美国页岩气革命的影响，未来十年能源因素在美国大中东战略中的地位将进一步下降，加拿大、墨西哥、委内瑞拉和厄瓜多尔等美洲国家以及尼日利亚和安哥拉等非洲国家将成为美国石油进口的主要来源。但是，由于美国在大中东的地缘政治利益仍然存在，美国在大中东的军事基地体系不会发生根本变化。2013 年奥巴马第二任期以来，美国在大中东的利益包括：（1）维护美国在大中东地区的主导权；（2）阻止大规模杀伤性武器扩散；（3）维护大中东能源供应稳定；（4）确保盟国以色列、土耳其和海合会成员国的安全；（5）推广西方民主和价值观。③ 其中只有第三项涉及地缘经济利益，其他四项均属于地缘政治利益。

第二，地缘经济主导型战略是大国部署海外柔性军事存在的主要动因。地缘经济主导型战略的实施手段，主要是依靠政府的力量扩大海外投资、能源、贸易等领域的经济存在，通过民生的改善和经济的发展维护国内稳定，同时塑造对自己有利的国际经济和金融秩序。因此，与地缘政治

① Government of France, *The French White Paper on Defence and National Security*, New York: Odile Jacob Publishing Corporation, 2008, pp. 67 - 68.

② Lauren Ploch, “US Africa Command: A More ‘Active’ American Approach to Addressing African Security Challenges?” *IPG*, No. 1, 2009, p. 63, http://library.fes.de/pdf-files/ipg/ipg - 2009 - 1/06_a_ploch_us.pdf.

③ 另可参见 Stephen Walt, “U. S. Middle East Strategy: Back to Balancing,” *Foreign Policy*, November 21, 2013, http://www.foreignpolicy.com/posts/2013/11/21/us_middle_east_strategy_back_to_balancing.

主导型国家以安全利益为诉求不同，地缘经济主导型国家以发展利益为诉求，海外利益具有单一性。如果部署军事基地，其保护的海外利益很可能被海外军事基地的高昂成本所抵消，因而这些国家倾向于部署更具机动性、更廉价和政治风险更低的柔性军事存在。

日本、印度和韩国等新兴大国是地缘经济主导型战略的重要实施者。2008 年全球金融危机爆发后，中国、韩国、印度、沙特和土耳其等新兴大国纷纷跻身二十国集团（G20）行列，成为全球重要经济体。卡内基基金会预测，到 2050 年，西方大国与新兴大国之间的经济总量对比将发生重要变化。西方七国集团（G7）在二十国集团 GDP 中所占的比例将从 2012 年的 72. 3% 下降至 2050 年的 40. 5% 。[①] 这些新兴大国对外战略的关键是通过经济总量的增长和财富的增加撬动国际权力格局的调整。

第三，地缘政治主导型战略与地缘经济主导型战略是动态的，会相互转化，海外军事存在的形式也会随之发生变化。从历史经验来看，美苏等大国在崛起过程中，都经过了从地缘经济主导型利益到地缘政治主导型利益的转变过程，且在地缘经济利益占主导地位时期，都重申不在海外部署军事基地，而当地缘政治利益占主导地位时，均纷纷抛弃了原先设定的外交原则。

以美国为例，在独立后相当长时间里，美国是个远离欧亚大陆的地区国家，加上奉行“门罗主义”，其将主要精力放在经营西半球新大陆这一美国的“后院”，谋求地缘经济利益，对建立类似于大英帝国遍布全球的军事基地不感兴趣。然而，随着美国地缘政治利益不断上升，其从北美地区经济大国逐步变成世界军事强国。从一战到二战是美国转型的关键时期，其在海外的军事部署也从柔性军事存在提升为军事基地。一战爆发后，美国在全球范围内的军事基地仍然屈指可数，主要是分布在菲律宾群岛、马里亚纳群岛、关岛、威克岛、中途岛、夏威夷群岛、巴拿马、古巴、波多黎各、维尔京群岛等太平洋和加勒比海地区的军事基地。与同时期英法相比，美国的海外军事基地的规模和数量仍十分有限。1938 年，美国在海外拥有 14 处军事基地，[②] 但自 1941 年通过《租借法案》开始，美

① Jamie Gaskarth, *British Foreign Policy*, Cambridge: Polity, 2013, p. 182.

② Catherine Lutz, “Obama’s Empire: An Unprecedented Network of Military Bases That is Still Expanding,” *The New Statesman*, July 30, 2009, p. 12

国海外军事基地数量开始迅速增加，并相继租用了英国在百慕大群岛、巴哈马群岛、牙买加、安提瓜岛、圣卢西亚、特立尼达、英属圭亚那和纽芬兰的基地，以阻止意大利和德国对新大陆构成的威胁。[①] 截至 1946 年，美国在世界五大洲共 56 个国家建立了 400 个大型军事基地和数千处军事设施，完成了构筑遏制社会主义阵营国家的"环形包围圈"。[②] 如果说古代帝国如罗马帝国、蒙古帝国、奥斯曼帝国和大英帝国在海外建立军事基地花费了数十年乃至上百年时间，美国二战后建立全球军事基地仅花费了五年左右时间。

苏联也是如此。二战结束后，斯大林积极支持新兴国家的"民族主义"和"反殖民主义"，呼吁欧亚大陆边缘国家维护主权、领土完整和民族独立，不要将军事基地租让给他国。随着苏联国力上升，其在全球地缘政治利益上升，也逐步效仿美国，除在东欧社会主义国家外，还在亚、非、拉发展中国家建立起一系列军事基地。20 世纪 70 年代开始，苏联在古巴、阿尔及利亚、埃及、叙利亚、南也门、利比亚、几内亚、刚果（布）、安哥拉、莫桑比克、索马里（截至 1977 年）、埃塞俄比亚和越南等亚非拉所谓"进步国家"建立军事基地。[③]

与美苏从地缘经济强国上升为地缘政治强国、从部署柔性军事存在到军事基地的趋势不同，二战后的日本、德国和冷战后的俄罗斯则朝着相反方向发展，从地缘政治强国转变为地缘经济强国，其在海外军事部署从军事基地转变为以柔性军事存在为主。

第二节　日本在吉布提的军事基地

进入 21 世纪后，日本的海外军事部署经历了两个阶段的发展：参与"9·11"后美国在阿富汗和伊拉克的维和行动是其准备阶段，在吉布提部

① James R. Blaker, *United States Overseas Basing: An Anatomy of the Dilemma*, New York and London: Praeger, 1990, pp. 10 – 12.

② Roland G. Simbulan, *The Bases of Our Insecurity: A Study of the US Military Bases in the Philippines*, p. 32.

③ Robert E. Harkavy, *Strategic Basing and the Great Powers*, 1200 – 2000, p. 13.

署反海盗基地则是其升级阶段。日本在吉布提部署军事基地的动因包括：日本追求在非洲的政治和经济大国地位、日本国内对部署吉布提军事基地的支持、吉布提政府的欢迎态度、美国政府的推动等。安倍晋三执政以来，大中东和非洲成为日本“地球仪外交”的重要组成部分，吉布提军事基地既是美、日、欧反海盗与反恐合作的重要平台，也是日本与新兴大国争夺非洲市场的桥头堡，因此具有地缘政治和地缘经济的双重意义。

日本与大中东地区的联系可追溯到中国唐朝时期。当时日本赴大唐的遣唐使与来自西亚的使者曾经在中国有过接触，这是有关日本与大中东地区交往的最早记录。[①]二战时期，日本军事实力居亚洲之首，曾在其占领下的泰国、新加坡、菲律宾以及太平洋岛屿上部署过近百处军事基地。战败后，日本在亚太地区的大部分军事基地为美军所得。1947 年颁布的日本《和平宪法》规定：日本武装只有单独自卫权，没有集体自卫权和在海外部署军事力量的权利。

表 10—1　美、英、法、荷兰、西班牙和日本与阿拉伯世界友好度对比表[②]

	美国	英国	法国	荷兰	西班牙	日本
军事存在	多	多	多	少	少	少
殖民遗产	中	多	多	少	少	少
联合国有关巴勒斯坦自决的投票	反对	中立	支持	反对	支持	支持
亲以色列政策	强	一般	一般	强	一般	一般
向阿拉伯国家提供军火	多	多	多	少	一般	少
商业贸易	多	多	多	一般	一般	多
技术援助	多	多	多	一般	一般	一般
教育与文化交流	多	多	多	一般	一般	一般
与阿拉伯国家的友好度	敌意、不友好国家	友好国家	友好国家	敌意、不友好国家	友好国家	不友好中立国

① Kunio Katakura and Motoko Katakura, *Japan and the Middle East*, Tokyo: Middle East Institute of Japan, 1991, pp. 1 – 2.

② 资料来源：Kunio Katakura and Motoko Katakura, *Japan and the Middle East*, Tokyo: Middle East Institute of Japan, 1991, p. 92，略有调整。

二战后数十年中，日本的大中东和非洲政策从属于美日同盟。日本奉行“军事上不介入大中东和非洲事务、政治上追随美国、经济上维护石油安全”的务实政策，其在大中东的利益仅限于能源与经贸利益。从二战结束到1973年之间的20余年中，日本经济的高速增长很大程度上得益于廉价而稳定的大中东石油供应。日本国内能源消费的75%来自于海外，其中40%来自于石油输出国组织中的阿拉伯国家。1973年第四次大中东战争爆发后，国际油价是战争前油价的4倍，沙特、科威特等阿拉伯产油国将日本列入制裁国家之列（即“不友好中立国”），极大地冲击了日本的国内经济发展，迫使日本自1973年开始，更加重视与阿拉伯产油国的关系，并在大中东奉行更加独立的政策，避免被美日同盟所“绑架”。①

海湾战争期间，尽管不情愿卷入大中东地区安全事务，但迫于美国的压力，日本海部俊树及宫泽喜一政府最终不得不承担130亿美元的多国部队军费开支。1997年，美日在提升自卫队在国际上的活动空间这一问题上达成共识，两国公布了新版《日美防卫合作指针》，美国允许自卫队在1000海里范围内支持美国的军事行动，包括补给、运输、维修、医疗、警备、通信服务等，为日本在21世纪初出兵大中东奠定了基础。同时，日本自卫队尽管规模有限，却是亚洲装备最精良的军队之一，其中海上自卫队44400人，拥有16艘战术性攻击潜艇、45艘驱逐舰等，包括“大隅”级运输舰3艘（“大隅”“下北”“国东”）、“十和田”级补给舰3艘（“十和田”“常磐”“滨名”）和“摩周”级补给舰2艘（“摩周”“近江”）及准航母“日向”号直升机驱逐舰等，为自卫队“借船出海”提供了技术条件。②

日本在吉布提的军事基地是日本对大中东和非洲安全战略的重要组成部分。吉布提既是阿拉伯国家，又是非洲国家，处于亚洲与非洲、红海与阿拉伯海的十字路口，战略地位显要。目前，学界对日本与吉布提关系的专题研究尚不深入，现有成果主要关注日本与非洲的政治和经贸关系，特

---

① Kunio Katakura and Motoko Katakura, *Japan and the Middle East*, Tokyo: Middle East Institute of Japan, 1991, p. 70, 85；另可参见 Walid I. Sharif, *The Arab Gulf States and Japan: Prospects for Cooperation: Proceedings of a Joint Symposium on the Energy Industries*, London: Croom Helm, 1986。

② Andrew T. H. Tan, *The Politics of Maritime Power: A Survey*, London and New York: Routledge, 2007, p. 201；徐万胜：《冷战后日本海外派兵析论》，载《和平与发展》2010年第4期，第17页。

别是从日本对非洲官方开发援助（ODA）的角度，探讨日本的非洲政治和经济战略，而冷战后日本对非洲的军事战略研究成果相对较少。①

一、探索阶段：日本派兵阿富汗和伊拉克

冷战结束初期，日本是大中东石油的最大消费国，但受到日本国力与《和平宪法》第九条②的限制，日本在大中东继续奉行“政治中立”与“经济参与”的双轨政策。例如，1990年，美国老布什政府曾经要求海部俊树政府在联合国安理会授权干预海湾危机后，派出日本自卫队海军前往海湾地区，但日本以“宪法限制”为由，拒绝派遣部队，延续了不介入大中东安全事务的原则。冷战后，日本政要以“临时法案”的形式，为日本自卫队“借船出海”亮起绿灯。例如，1992年6月，议会通过《国际维和法》（PKO Law），授权日本自卫队在国外从事联合国维和与国际救援任务。据此，日本政府于1996年2月参加联合国在戈兰高地的“脱离接触观察员军事力量”（Disengagement Observer Force）。此后，日本在叙利亚戈兰高地部署了43名军人，并派出2名军官参与联合国维和部队的规划与协调工作。其主要工作是运输食品、筑路、设备维修、人道主义救援、交换战俘与士兵遗体、组织跨境失散家庭团聚等。③日本不仅在联合国维和行动的框架内积极参与国际热点问题解决，而且突破联合国的框架，追随美国参与各种军事行动。

21世纪初，日本右翼和民族主义势力在政府中的影响力增强，要求日本成为“正常国家”、恢复政治大国地位、主张自卫队走出去的呼声不断高涨。2011年“9·11”事件的发生，客观上为自卫队走向大中东创造了

---

① 参见熊淳：《人文贫困与基础教育援助：日本的非洲策略研究》，上海三联书店，2013年版；周玉渊：《从东南亚到非洲：日本对外援助的政治经济学》，载《当代亚太》2010年第3期，第107—124页；宋效峰：《简论日本政治大国战略下的非洲外交》，载《江南社会学院学报》2012年第4期，第32—37页；Howard P. Lehman, *Japan and Africa: Globalization and Foreign Aid in the 21st Century*, London: Routledge, 2010；等。

② 《宪法》第九条规定战后日本放弃以武力或以武力威胁的方式解决国际争端，具体内容表述为：（1）日本国民衷心谋求基于正义与秩序的国际和平，永远放弃以国权发动的战争、武力威胁或武力行使作为解决国际争端的手段；（2）为达到前项目的，不保持陆海空军及其他战争力量，不承认国家的交战权。

③ Yakiko Miyagi, "Japan's Middle East Security Policy: Rethinking Roles and Norms," *Ortadoğu Etütleri*, Vol. 3, No. 1, 2011, p. 22.

机遇。时任日本首相小泉纯一郎不仅允许自卫队为驻日美军提供后勤支持，而且宣布将日本自卫队派往国外执行人道主义任务。2001 年 10 月，日本政府通过《反恐特别措施法》（《反恐法》），授权日本自卫队协助美军在海外的军事行动，并宣布自卫队有权出于自卫目的使用武力。2001 年 12 月，日本向印度洋海域派出一艘加油船和 2 艘军舰，为参与阿富汗战争的美军军舰提供加油、侦察、情报搜集等服务。①

日本以立法的形式允许自卫队为美国在日本的军事基地提供后勤支持与安全保障，同时允许日本自卫队离开本土，前往 1000 海里以外从事后勤保障任务，为 21 世纪日本在大中东和非洲的军事部署奠定了基础。由于日本政府打着"国际人道主义救援"的旗号，其国内 76% 的民众支持自卫队协助美军在阿富汗开展军事行动。② 2002 年 10 月，美国国防部负责亚太事务的副部长助理理查德 · 劳利斯（Richard Lawless）请求日本自卫队在阿富汗为美军承担更多的准军事任务。当年 12 月，日本海上自卫队再次向印度洋派出高科技情报搜集船，该情报搜集船配备先进的"宙斯盾"导弹防御计算机系统，与美国海军情报船联网，提供实时信息共享服务。③

伊拉克战争的爆发再次为自卫队借船出海创造了条件。2003 年 7 月 3 日，日本众议院支援伊拉克重建特别委员会通过了政府提出的向伊拉克派遣自卫队的法案，即《支援伊拉克重建特别措施法案》（《伊拉克重建法》）。根据这项期限为四年的法案，日本自卫队向伊拉克提供人道主义和重建援助，为驻伊拉克美军提供饮用水、燃料、武器、弹药等补给服务，并与美军共享情报。但法案也规定，日本自卫队在伊拉克的活动仅限于"非战斗区"，且自卫队不得使用武力或以武力相威胁，除非出于自卫目的。④

伊拉克战争爆发后，日本部署 300 名海上自卫队官兵在伊拉克南部港口乌姆盖萨尔，航空自卫队 150 人部署在科威特和 4 个伊拉克机场，为美

---

① Yukiko Miyagi, *Japan's Middle East Security Policy: Theory and Cases*, London: Routledge, 2008, pp. 51 - 52.

② George Ehrhardt, "Japan Between the United States and the Middle East," in Jack Covarrubias Mira Furic and Tom Lansford eds., *Strategic Interests in the Middle East: Opposition and Support for US Foreign Policy*, Hampshire, England and Burlington, US: Ashgate, 2007, p. 105.

③ Miyagi, *Japan's Middle East Security Policy*, pp. 94 - 95.

④ 《布什说驻伊美军现在不撤》，载《新华每日电讯》2003 年 7 月 4 日，第 5 版。

军提供运输服务。日本陆上自卫队550名官兵在伊拉克战争中承担了大量人道主义紧急援助任务。这是二战后日本自卫队首次在联合国维和框架外，向海外派出战斗人员，为后来日本在吉布提建立军事基地做好了准备。为体现日本海外军事部署"柔性"的特点，小泉纯一郎政府还向伊拉克难民提供了人道主义援助，包括向土耳其、约旦、埃及和叙利亚的伊拉克难民分别提供9亿、2.5亿、1.5亿和2亿美元的人道主义援助，并向巴勒斯坦提供了1000万美元的援助。伊拉克战争结束后，日本政府还向联合国难民署、联合国世界粮食计划署、联合国儿童基金会、国际红十字会等国际组织在伊拉克的行动提供了5亿美元的援助。日本为伊拉克战后重建提供的援助额占国际社会援助总额的10%，达50亿美元。日本对大中东的官方开发援助（ODA）从20世纪70年代占日本对外援助总额的10%增加到伊拉克战争后的17.31%，增加了7.31个百分点。①

2005年5月，日本小泉纯一郎政府提出宪法修改草案，以确保日本自卫队在美日军事同盟的框架下进一步走出国门、承担更多"国际义务"。②2006年日本《防卫白皮书》为21世纪日本向海外派驻军事力量再次亮了绿灯，强调"今后日本将参与国际和平合作行动，加强军事部署；日本自卫队将加强与美军在情报和其他领域的合作。"③2009年日本《防卫白皮书》进一步强调日本建立海洋战略的必要性与紧迫性，为其在海外建立军事基地提供依据。

二、升级阶段：日本建立吉布提反海盗基地

亚丁湾地区是国际航运线最繁忙的地区之一，每年有全球20%的商船经过此海域。从2007年开始，索马里附近海域海盗猖獗，对过往船只构成了威胁。2008年全球共报告海盗袭击事件293起，比2007年增加11%，

---

① Miyagi, "Japan's Middle East Security Policy," p. 24; Miyagi, *Japan's Middle East Security Policy*, p. 97.

② Mohammad Abo-Kazleh, "Transformations in Japanese Foreign Policy toward the Middle East: From Low to More Active Political Engagement," *Uluslararasi Hukuk ve Politika*, Vol. 5, No. 17, 2009, p. 183.

③ Miyagi, "Japan's Middle East Security Policy," p. 24; "Japan Opening First Overseas Military Base Since World War II," *Word Press*, May 4, 2010, http://justinwrites.wordpress.com/2010/05/04/japan-opens-first-overseas-military-base-since-world-war-ii/.

其中发生在索马里附近海域的海盗袭击事件135起，约占一半。2008年，在全球各海域中，海盗成功劫持货船49起，其中多达44起发生在索马里海域。较具代表性的劫持事件包括：沙特“天狼星”号油轮（*Sirus Star*）遭索马里海盗劫持，当时货船装有200万桶原油（价值1亿美元），船主最后不得不支付多达300万美元的赎金；2008年9月25日，乌克兰“法伊尼”号（*MV Faina*）军火船载有33辆T—72坦克、火箭发射器和小型武器，计划前往肯尼亚港口，结果也遭索马里海盗劫持，并被迫于2009年2月4日支付320万美元赎金。①

索马里海盗劫持日本船只事件被日本媒体大肆渲染，为日本自卫队借船出海提供了理由。2007年，日本的化学品运输船“黄金丸”遭索马里海盗劫持，直到日本交付赎金后才获准放行；2008年，日本15万吨油轮“高山”号（Takayama）被海盗火箭推进榴弹（Rocket-propelled Grenades）击中，所幸该油轮最终被德国巡逻舰营救。②这两起海盗袭击日本商船事件一度得到日本国内媒体的炒作，使日本政府中主张增兵亚丁湾的一派占据上风。向索马里海域派出巡逻船则是日本在该海域建立永久性军事基地的第一步。2009年，日本以打击索马里海盗为由，向亚丁湾海域派出2艘护卫舰和2架P-3C反潜巡逻机，日本海上自卫队150人临时部署在美国在吉布提的军事基地。③

2009年3月，日本防卫大臣滨田靖一（Yasukazu Hamada）宣布，日本海上自卫队自14日起将派遣两艘驱逐舰赴索马里海域执行护航任务。执行任务的是来自日本广岛海军基地的特别警卫队，专门负责打击海盗。两个月后，日本又增派两架P-3C反潜巡逻机参与护航。随着索马里海盗活动日益猖獗，日本于2009年6月通过《海盗对策法》以打击海盗。2009年公布的日本《防卫白皮书》也强调海权在日本未来安全战略中的关键作用。尽管日本在野党（如共产党）反对，但自民党政府最终突破《和平宪法》的束缚，为日本在海外部署军事基地留下“法律空子”，也为日本海

① Christopher Joyner, "Navigating Troubled Waters: Somalia, Piracy, and Maritime Terrorism," *Law & Ethics*, Winter/ Spring 2009, p. 83.

② "Japan to Build Navy Base in Gulf of Aden," *UPI*, May 11, 2010, http://www.upi.com/Business_News/Security-Industry/2010/05/11/Japan-to-build-navy-base-in-Gulf-of-Aden/UPI-60511273596816/.

③ "Japan Constructs Large Military Base in Djibouti," *PanOrient News*, November 15, 2010.

上自卫队走出国门“松绑”。[①]

2009年，日本和非洲之角的吉布提签订协定，在这个红海和亚丁湾交汇处的国家建立军事基地。为避免给中、韩等东亚国家留下日本侵略扩张的印象，日本政府在官方文件中尽力低调处理在吉布提的军事基地，甚至避免使用“基地”一词，而是用更具有防御性质的称谓——“设施”，即“日本在吉布提执行反海盗任务设施”（Japanese Facility for Counter-Piracy Mission in Djibouti），突出该军事“设施”的临时性与任务导向性。[②]2010年5月，日本海上自卫队大佐北川敬三（Keizo Kitagawa）宣布，日本将在海外建立二战结束以来首个军事基地——吉布提军事设施，该基地也是日本首次在非洲大陆部署的军事存在。2010年5月，日本防卫大臣北泽俊美和吉布提外交与国际合作部长马哈穆德·阿里·优素福（Mahamoud Ali Youssouf）在东京签署日本使用吉布提军事基地的协定。[③]

日本在吉布提军事基地位于安布利（Ambouli）国际机场东北部，其主要建设项目已于2011年5月竣工，建设费用为4000万美元。在军事基地建成前，日本使用美国在吉布提的军事基地作为临时司令部。该基地建成后，拥有12公顷独立军事基地，新设施总价值为47亿日元（约合人民币3.75亿元），驻吉布提军事基地的日本海上自卫队人数从150人增加至180人。[④]负责协调该行动的日本海上自卫队大佐北川敬三指出，此军事基地不仅是日本在非洲的唯一军事基地，也是二战后日本在海外建立的首个军事基地。他解释说：“日本在这里部署基地，是为了打击海盗，也是出于自卫。日本是个海洋国家，亚丁湾海盗日益猖獗令人担忧。每年世界上有两万艘船只经过这个海湾，该地区的海盗猖獗很令我们不安。日本在吉布提的军事基地将为我们的人员和物资提供补给场所。经过亚丁湾的船只中，有10%来自日本，日本出口商品的90%依赖国际航道，而该航道在两

---

① 陆海英：《日本建立海外军事基地的海洋战略分析》，载《重庆科技学院学报（社会科学版）》2010年第8期，第25页。

② Yoichi Kato（加藤洋一），“SDF's New Anti-Piracy Base Creates a Dilemma,” *Asahi Shimbun*（《朝日新聞》），August 5, 2011.

③ “Japan Opening First Overseas Military Base Since World War II”.

④ Alex Martin, “First Overseas Military Base since WWII to Open in Djibouti,” *Japanese Times*, July 2, 2011. 另可参见孙德刚、邓海鹏：《大国在中东伊斯兰地区军事基地的获取方式及其对中国的启示》，载《国际展望》2014年第5期，第87—88页。

年前几乎完全被海盗所控制。"① 日本共同社援引防卫省官员的话报道称，日本租用吉布提国际机场北侧土地，建设办公楼、宿舍、P－3C 巡逻机机棚和体育馆等设施。日本海上自卫队幕僚长杉本正彦说，新设施将使自卫队活动更有效率，但它不是自卫队永久驻扎的海外基地。日本海、陆、空自卫队齐聚东非，在吉布提租用了两个美军码头，其中 100 人来自海上自卫队，负责监视海盗预警；50 人来自陆上自卫队"中央快速反应连队"，负责机场据点的安全警戒；日航空自卫队 2 架 P－3C 反潜机则在亚丁湾展开空中警戒。②

2011 年 7 月 7 日，日本在吉布提的军事基地正式投入使用。吉布提总理穆罕默德·迪莱塔（Mohamed Dileita）和日本防卫副大臣小川胜也（Katsuya Ogawa）出席军事基地的启用仪式。③小川胜也强调指出，该据点在日本自卫队执行海外任务方面具有划时代意义，它表明日本政府打击海盗的坚强决心。日本船东协会会长、商船三井会长芦田昭充（Akimitsu Ashida）作为嘉宾出席军事基地的启用仪式，并高度赞赏日本政府在吉布提建立新军事基地设施的决定，认为"此举可对海盗产生巨大威慑作用"。④

据 2013 年日本防卫省发表的白皮书《保卫日本 2013》透露，日本在吉布提部署的 2 架 P－3C 巡逻机执行反海盗巡逻任务，防务范围与日本面积相当，以对索马里海盗进行实时监控，同时日本自卫队还与盟国如美国等分享海盗信息。从 2009 年 6 月到 2013 年 4 月 30 日，日本部署在吉布提军事基地的 P－3C 巡逻机总共飞行达 6880 小时，为 68500 艘过往货船提供了护航任务，执行了 7700 次反海盗行动。在此过程中，日本自卫队还组建了空运中队，使用 C－130H 多次完成空运任务。在日本自卫队租用吉布提安布利国际机场附近作为军事基地时，新的"吉布提当地反海盗协调中心"于 2012 年 7 月成立，使日本在吉布提的军事基地成为联系吉布提与反

① "Japan Opening First Overseas Military Base Since World War II".

② 楚睿：《日本开建海外首个军事基地》，载《中国国防报》2011 年 6 月 7 日，第 2 版。

③ Mohamed Osman Farah, "Japan Opens Military Base in Djibouti to Help Combat Piracy," *Bloomberg*, July 8, 2011, http://www.bloomberg.com/news/2011-07-08/japan-opens-military-base-in-djibouti-to-help-combat-piracy.html.

④ Yoichi Kato（加藤洋一），"SDF's New Anti-Piracy Base Creates a Dilemma".

海盗各国的平台。①

在安倍“地球仪外交”中，大中东和非洲日益成为重要一环，吉布提则成为连接大中东和非洲的战略支点。2013 年 4—5 月，安倍访问沙特、阿联酋和土耳其；2013 年 8 月 24 日，安倍对海湾地区的巴林、科威特、卡塔尔三国及非洲之角吉布提进行国事访问。在吉布提访问期间，安倍视察了日本自卫队部署在该国的军事基地，并竭力宣扬自卫队在反海盗及维护地区稳定方面的积极贡献，凸显日本军事存在的重要性。②在安倍启程前一天，日本防卫省宣布，在 2014 财政年度，日本向阿尔及利亚、吉布提、埃塞俄比亚、肯尼亚、摩洛哥、尼日利亚和南非 7 个非洲国家派遣了自卫队成员。2014 年 1 月，日本首相安倍晋三率领丰田等 30 余位日本大企业总裁访问科特迪瓦、莫桑比克和埃塞俄比亚三国；2015 年 1 月，安倍访问埃及、约旦、以色列和巴勒斯坦。由此可见，安倍对大中东和非洲的一系列访问旨在扩大日本在上述地区的影响力和存在感。

三、日本在吉布提部署军事基地的动因分析

近年来，日本在吉布提部署军事基地，受到日本追求在非洲的政治和经济大国地位、③日本国内对部署吉布提军事基地的支持、吉布提政府的积极态度、美国政府的推动等因素的共同影响。日本在吉布提部署军事基地受到内部动因（日本追求大国地位和日本国内的支持）和外部动因（吉布提政府的积极态度和美国政府的推动）的双重影响。

（一）追求在非洲的政治和经济大国地位

日本是西太平洋国家。冷战结束后，日本的战略影响力局限于太平洋地区，对印度洋周边地区的政治和军事影响力较弱。索马里海盗的猖獗，为日本扩大在印度洋的军事和政治影响力提供了难得的机会，也为日本未来制定太平洋和印度洋“两洋战略”做好了准备。同时，日本与其他新兴

① Japanese Ministry of Defense, *Defense of Japan* 2013, Tokyo, Japan, White Paper, 2013, pp. 126 - 127.

② 「内外記者会見」、首相官邸、2013 年 8 月 28 日，http://www.kantei.go.jp/jp/96_abe/statement/2013/0828kaiken.html.

③ Abo-Kazleh, "Transformations in Japanese Foreign Policy toward the Middle East," p. 185.

国家尤其是中国在经贸领域的差距日益明显。截至2013年，中国成为全球120多个国家的第一大贸易伙伴，在国际贸易体系中处于重要地位。2013年，中国是阿拉伯世界第二大贸易伙伴，是9个阿拉伯国家的第一大贸易伙伴，中阿双边贸易额达2400亿美元。[①]自2009年以来，中国已经连续五年成为非洲第一大贸易伙伴，2014年中非双边贸易额达2200亿美元，而非洲与日本的贸易额仅为275亿美元。除中国外，近年来印度、巴西等也加大了与大中东和非洲的经贸合作关系。

日本在吉布提部署军事基地，有助于其同中、印等新兴大国争夺非洲市场和资源，扩大其在整个非洲大陆的政治影响力。自1993年以来，日本政府每五年举行一次非洲发展东京国际会议，旨在促进日本与非洲国家领导人之间的战略对话，为非洲发展筹集资金。吉布提是东非与南部非洲共同市场的19个成员国之一，该共同市场有3.4亿消费人口，是日本寻求海外市场与贸易的跳板。2011年，吉布提驻日本大使艾哈迈迪·阿里指出："日本在吉布提的军事基地对吉来说很重要，不仅因为日本重新建立了独立的军事基地，而且因为日本可以吉布提为门户，打开通往非洲的大门。"[②]2013年，第五届非洲发展东京国际会议在日本横滨召开，50多个非洲国家和国际组织出席会议，日本提供3.2万亿日元的对非援助，其中包括1.4万亿日元的政府开发援助。若按五年平均计算，日本政府每年给予非洲的政府开发援助将达28亿美元，远超现有日本对非援助水平。[③]

安倍晋三担任首相以来，日本对非洲战略的重心主要是"入常"和能源问题，即日本希望非洲国家能够支持其加入联合国常任理事国，与此同时，持续依赖非洲国家的能源出口，以保证日本国内的能源安全及经济稳定。[④]日本外务省高级官员指出："日本在非洲的援助将有助于其在申请联合国安理会常任理事国席位时，获得更广泛的支持，因为日本在推动关于安理会改革倡议中，需要得到53个非洲国家的支持。"[⑤]2014年日本外务

① 习近平：《弘扬丝路精神，深化中阿合作——在中阿合作论坛第六届部长级会议开幕式上的讲话》，载《人民日报》2014年6月5日，第1版。

② Martin, "First Overseas Military Base since WWII to Open in Djibouti".

③ 苏杭：《基于TICAD视角的日本对非洲经济外交的新发展》，载《现代日本经济》2014年第4期，第22页。

④ 陈友骏：《日本的新政治经济观》，北京：时事出版社，2013年版，第313—314页。

⑤ Hajime Furukawa（古川肇），"Djibouti Base 'in National Interests'".

省公布的《外交蓝皮书》强调指出，非洲是日本重要的商品进口来源地、制造业基地及消费市场，与非洲开展贸易与投资合作有利于日本经济的未来发展；非洲在联合国拥有1/4以上的成员，在国际社会中的话语权不断提升，将为日本在国际舞台上提供更多支持。①从《外交蓝皮书》不难发现，日本对非洲的战略觊觎始终围绕着政治与经济双重构架展开。随着非洲经济及政治重要性持续上升，其在日本外交战略中的地位亦不断提高。因此，部署吉布提军事基地也是日本对非战略的直接表现，是日本摆脱美国束缚、实现"独立自主"的重要立足点之一。

长期以来，由于受到《和平宪法》的限制，且日本对外政策长期受到美国的"绑架"，这使日本在大中东和非洲的军事影响力非常有限。在吉布提部署军事基地不仅表明日本对非战略再度迈出实质性的一步，使日本对非战略的安全保障点前移至非洲大陆，同时也为日本转变为政治大国提供重要的"事实依据"。2014年日本《外交蓝皮书》进一步提出非洲在日对外战略中的地位，强调在进口来源、投资基地、消费市场等方面非洲拥有巨大潜力，有助于日本经济恢复活力。②

日本在吉布提的军事基地部署将引发域外大国在大中东与非洲之角的博弈。日本在吉布提建立军事基地，引发传统大国与新兴大国在红海和海湾地区的安全竞争，诱使美、欧、俄、中、印和伊朗以打击索马里海盗为契机，纷纷加强在该地区的军事存在。2009年5月，萨科奇总统宣布在阿联酋阿布扎比建立永久性军事基地，2014年，英国卡梅伦政府宣布将在巴林建立永久性军事基地，均是例证。

（二）日本国内对部署吉布提军事基地的支持

冷战后，日本政治由自民党一统天下到多党公开竞争，日本政府对《和平宪法》的解释与修改，颁布有关反恐、反海盗等法律法规，这是新时期日本制定大中东和非洲军事战略的又一动因。日本国内对于大中东能源、贸易和投资的依赖决定其对类似索马里海盗等问题不能熟视无睹，派

---

① 日本外務省：『外交青書2014』，2014年11月4日，第101页。

② 胡令远、王盈：《日本对非外交的新理念、新动向及新挑战——以2005年入常受挫为起点》，载《东北亚论坛》2014年第6期，第73—80页；外務省：《平成26年版外交青書》（要旨），2014年，http：//www. mofa. go. jp/mofaj/files/000034502. pdf.

出护航编队并在吉布提部署军事基地是日本维护大中东能源、贸易和投资利益的重要手段。

从日本国内政治诉求来看，日本右翼政党认为在海外部署军事基地是自卫队维护本国商船不受海盗袭击的“自卫”行动；而日本左翼政党如共产党则对自民党和民主党政府在海外部署军事基地的做法提出批评，认为现阶段日本严格遵守《和平宪法》至关重要。尽管许多国家均在索马里海域部署了巡逻舰艇，但海盗袭击事件时有发生，表明向海外派出军事力量并不是解决海盗问题的有效途径。①

在吉布提的军事基地是日本对《和平宪法》和二战后秩序的又一次“柔性突破”。2010 年 12 月，菅直人内阁通过新《防卫计划大纲》，提出“动态防卫”概念，即平常时期就努力收集情报，进行警戒和监视，通过日美联合训练等方式提高作战能力，增强威慑力；自卫队应从以往静态的防守型转向动态的攻防型。②自安倍担任首相以来，日本国内要求建立“正常国家”的呼声越来越高。建立“正常国家”，就要改变日本战后“经济巨人、政治侏儒”的局面，使日本成为受世人尊重的军事、政治、经济和文化“全能大国”，而不只是经济大国，为今后日本成为安理会常任理事国奠定基础。③日本曾经发动的侵略战争给亚洲和世界人民带来了深重灾难，其部署海外军事力量自然也面临各方面的约束。为实现“正常国家”的目标，日本政府对内突破《和平宪法》的约束，对外突破联合国和国际法的约束。在此过程中日本政府采取了巧妙的“渐进式突破”方法，从强调“人道主义干预”转向“双重保护的责任”，即对内强调日本政府有责任维护日本船东协会的利益，在吉布提部署军事基地主要出于保护日本过往船只不受索马里海盗袭击，因而说服日本国会根据具体任务制定任务导向型法案，如《反恐怖特别措施法》、《补给支援特别措施法》、《支援伊拉克重建特别措施法》、《海盗对策法》等；对外强调日本有责任根据安理会决议参与国际维和行动，同国际社会一道派出反海盗力量，保护国际商船不受海盗侵扰，强调这是日本向国际社会提供的安全公共产品。通过将

---

① “Japan Constructs Large Military Base in Djibouti”.

② 游博：《日本军事战略的调整及中国的应对之策》，载《理论月刊》2014 年第 11 期，第 164 页。

③ 陆伟：《“联合机动防卫力量”：日本新军事战略的构建和影响》，载《外交评论》2014 年第 5 期，第 40 页。

日本海外军事部署的政治问题转变为国内和国际法律问题，日本找到了海外军事部署的法理依据，为自卫队借船出海创造了条件。

从日本国内经济诉求来看，吉布提军事基地有助于日本维护大中东和印度洋地区的贸易航线安全，阻止索马里海盗劫持日本船只，维护日本在大中东地区的能源利益和投资利益。正如吉布提驻日本大使艾哈迈迪·阿里在接受《日本时报》采访时指出的："尽管近年来索马里海盗袭击次数减少了，但仍是个大问题。我们相信日本在吉布提的（军事）存在有助于地区形势稳定。我们愿同日本建立互利共赢的伙伴关系。"[①]日本国内推动在吉布提部署军事基地的最大利益集团是日本船东协会（Japanese Shipowners'Association，JSA），该协会要求日本政府为亚丁湾航行的日本商船提供护航、巡逻服务，并要求日本政府在亚丁湾地区建立永久性军事基地。[②]日本船东协会的这一请求与日本民族主义势力要求自卫队"借船出海"的构想不谋而合。日本政府声称，在打击索马里海盗过程中，日本在亚丁湾急需一处军事基地，为P－3C巡逻机执行安全任务提供场所。

从日本国内舆论来看，右翼媒体在日本在吉布提部署军事基地问题上持肯定态度，而左翼媒体则持否定态度。正如日本右派媒体之一的《读卖新闻》2011年所指出：日本在吉布提的军事基地不同于西方大国在大中东的军事基地，其目的是国际维和，是1992年日本自卫队首次在柬埔寨执行联合国维和行动以来又一次参与联合国行动。在近20年时间里，日本在世界上七个国家和地区参与维和行动，2006年日本《自卫队法》进一步明确了新时期参与国际维和行动是日本自卫队的首要任务之一，与国防任务同等重要。按照这一逻辑，《读卖新闻》认为，"日本在吉布提的军事基地有助于国际反恐行动，使美日能够合作打击大中东与非洲恐怖主义，也有利于吉布提及其周边邻国；日本在吉布提的军事基地部署是日本向国际社会作出的重大贡献，提高了日本自卫队的国际声誉。"[③]

与《读卖新闻》对日本在吉布提的军事基地持正面评价不同，《朝日新闻》等日本中左翼媒体则认为，日本在吉布提的军事基地将使日本处于

---

① Martin, "First Overseas Military Base since WWII to Open in Djibouti".

② Yoichi Kato（加藤洋一）, "SDF's New Anti-Piracy Base Creates a Dilemma".

③ Hajime Furukawa（古川肇）, "Djibouti Base 'in National Interests'," *Yomiuri Shimbun*（《読売新聞》）, May 29, 2011.

进退两难的境地。一方面，日本在吉布提部署军事基地后，试图同美国等一道封锁索马里海盗进出海岸的线路，但由于军舰数量有限，索马里海盗仍然可以突破美、日、法等大国巡逻舰的封锁，在阿拉伯海甚至印度洋等更广阔的公海实施劫持行动，继续玩“老鼠戏猫”的游戏，日本在吉布提的军事基地短期内并不能取得明显成效。另一方面，与中国和印度在亚丁湾海域临时部署巡逻舰不同，日本在吉布提建立永久性军事基地，已经投入数千万美元，并建立独立的军事设施，未来关闭该军事基地不仅将造成经济浪费，而且会面临巨大的政治风险。正如日本驻吉布提大使西岡淳所指出的：“索马里海盗问题既没有迅速解决的办法，也没有万能药。在可预见的将来，我们很难找到合适的理由从吉布提撤军。”[①]但总体来看，日本在吉布提部署军事基地打着反海盗、承担国际维和任务的旗号，并且得到国内保守主义势力的“背书”。

（三）吉布提政府对日本部署军事基地持欢迎态度

日本在吉布提部署军事基地也具备外部条件。2008 年索马里海盗日益猖獗，日本派出军事专家小组，先后赴也门、阿曼、肯尼亚和吉布提考察，讨论建立军事基地的可能性。2008 年 5 月，吉布提总统盖莱出席第四届非洲发展东京国际会议，日本首相福田康夫在与之会晤时承诺，未来五年对吉直接投资将翻倍。日本派海上自卫队赴索马里海域护航后，吉布提与日本的关系持续升温。2013 年，吉布提总统盖莱出席第五届非洲发展东京国际会议，并与安倍晋三首相举行会谈。[②]

日本最终选择吉布提而不是其他海湾周边国家部署军事基地，主要出于以下原因：第一，吉布提的地理位置优越，处于曼德海峡与亚丁湾之间，连接亚洲的阿拉伯半岛和非洲之角，成为海上交通咽喉；第二，与也门、肯尼亚和阿曼相比，吉布提是弹丸小国，面积仅 2.3 万平方千米，人口不足 90 万，政策灵活务实，政局相对稳定，反对大国部署海外军事基地的民族主义势力相对较弱；第三，吉布提国土大部分是荒芜的沙漠，适合日本自卫队参与美国和法国等组织的多边军事演练；第四，尽管吉布提属

---

① Yoichi Kato（加藤洋一）, “SDF's New Anti-Piracy Base Creates a Dilemma”.

② 中华人民共和国外交部：《吉布提国家概况》，外交部网站，2014 年 7 月，http://www.fmprc.gov.cn/mfa_chn/gjhdq_603914/gj_603916/fz_605026/1206_605414/.

于阿拉伯—伊斯兰国家，但自近代以来一直拥有法国的军事基地（现驻军2900人左右），美国近年来也在吉布提建立了其在非洲的首个军事基地（现驻军1500人左右），美、日、法在吉布提能够保持较好的军事交流关系；第五，吉布提经济落后，是世界上最贫困的国家之一，西方大国在吉布提的军事基地为当地带来了就业机会，基地租金占该国总收入的20%左右，因此日本自卫队部署军事基地不会受到当地政府以及非洲民众的大规模反对。

吉布提政府主要从经济层面审视域外大国部署军事基地，对日本部署军事基地持欢迎态度。2009财年，日本政府向吉提供的各类援助达3500万美元，其中与吉布提签署的4项双边无偿援助协议总计23.77亿日元，比2008年增长174.8%；2010年12月，盖莱总统访日，拜会日本明仁天皇和首相菅直人，双方就日本援吉3亿日元以落实吉国家社会发展设想和反海盗行动中移交被捕海盗的技术问题签署协议。[①]吉布提总统盖莱与菅直人举行会谈时重申，吉布提将不遗余力地同日本自卫队开展反海盗合作。[②]2011年日本在吉布提的独立军事基地建成后，吉布提驻日本大使艾哈迈迪·阿里（Ahmed Araita Ali）指出：日本在吉布提的军事基地将为日本提供重要机遇，在更广领域参与国际维和，并使日本和吉布提建立更加紧密的联系。[③]如前所述，吉布提允许日本建立军事基地，主要是从经济和安全的双重视角出发。日本政府在吉布提的军事基地每年租金为3000万美元，[④]这对于资源贫乏、经济落后、人口稀少的非洲发展中国家来说，是一笔重要的财政收入。2011年7月，吉布提外交与国际合作部长马哈穆德·阿里·优素福在公开讲话中重申欢迎日本部署军事基地，并表示“吉布提政府很高兴成为他们的东道主”。[⑤]

---

① 中华人民共和国外交部：《吉布提国家概况》，外交部网站，2014年7月，http://www.fmprc.gov.cn/mfa_chn/gjhdq_603914/gj_603916/fz_605026/1206_605414/.

② Hajime Furukawa（古川肇），“Djibouti Base ‘in National Interests’”.

③ Martin，“First Overseas Military Base since WWII to Open in Djibouti”.

④ Farah，“Japan Opens Military Base in Djibouti to Help Combat Piracy，” *Bloomberg*，July 8，2011，http://www.bloomberg.com/news/2011-07-08/japan-opens-military-base-in-djibouti-to-help-combat-piracy.html.

⑤ Yoichi Kato（加藤洋一），“SDF's New Anti-Piracy Base Creates a Dilemma”.

（四）美国政府对日本自卫队走出国门的推动

冷战后，日本的大中东和非洲战略一直处于矛盾之中。一方面，日本根据《和平宪法》强调自卫队只能用于和平与自卫之目的，在大中东的利益仍局限于能源、经贸和投资领域，总体上奉行不介入大中东内部冲突的超脱政策；另一方面，由于美日军事同盟的结构性原因及美国深深卷入大中东军事冲突，美国多次敦促盟友日本履行超出盟约范围的义务，包括要求日本向大中东派出防御力量，因此日本的大中东政策又常常体现美国的意志。

美日军事同盟这一结构因素推动了日本在吉布提的军事部署。"9·11"事件后，美国既面临全球反恐的艰巨任务，也面临来自中国、俄罗斯、印度和巴西等新兴发展中大国群体性崛起的重大挑战，亟须来自当时世界第二大经济体的盟国日本的安全协助，向伊拉克、阿富汗、叙利亚戈兰高地、苏丹等地区派驻维和部队与后勤部队，在吉布提部署军事基地协助打击索马里海盗，以减轻美军在大中东和非洲地区的安全负担。2008年以来，因深陷金融危机，加上阿富汗和伊拉克局势不稳，美国无力向红海—亚丁湾地区派出大规模军事力量，因此鼓励日本和北约盟国在非洲之角发挥更加积极的作用。

日本在吉布提的军事基地成为日、美和北约成员国合作的平台，有助于美国加强同北约盟国（如英、法、德）和东亚盟国（如日本）在非洲之角和阿拉伯半岛南部地区在反海盗和反恐等领域的协调与合作。长期以来，美国的盟友分为两大群体：亚太盟友，如澳大利亚、日本和韩国等负责亚太事务；大西洋盟友，如加拿大、英国、法国和德国等负责大西洋事务。美国的亚太与大西洋盟友之间的互动相对较少。索马里海盗危机爆发后，美国有意在亚丁湾地区促进美国亚太盟友与大西洋盟友的战略合作。日本国会先后通过《反恐怖特别措施法》、《补给支援特别措施法》、《支援伊拉克重建特别措施法》等法案，为自卫队在国外活动奠定了法律基础。①

截至2011年，美国、法国和日本均在吉布提部署了军事基地，德国、意大利等欧洲大国也在北约框架下，在吉布提部署了临时反海盗军事力

① 张凤坡：《自卫队走出国门"卫"什么?》，《解放军报》，2013年8月28日。

量。日本在吉布提的军事力量有助于美国在西亚和非洲之角地区整合欧洲和东亚盟国的力量，在打击非洲之角“基地”组织成员方面，日本在吉布提的军事基地同样发挥重要支撑作用。[①] 2011 年，美国部署在吉布提的“非洲之角联合任务小组”总司令、海军少将迈克尔·弗兰肯（Rear Admiral Michael Franken）与法国一道，热烈欢迎日本在吉布提部署军事基地，并对日本指出：“我认为那些关于你们只能在特定地区执行任务的狭隘观念已经过时了。现在你们的活动必须是全方位的，拓展日本活动的地域范围，这是关键。日本人民就应当这样看待日本在这里的基地。”[②]美国海军少将的上述言论表明：奥巴马政府鼓励美国的大西洋盟友和太平洋盟友在印度洋开展合作，承担安全义务，弥补其在大中东和非洲军事力量之不足。

四、结语

日本的海洋战略长期以西太平洋为重点区域。21 世纪初以来，日本政府以参与国际维和、维护日本商船不受侵扰为由，向西印度洋拓展影响力。索马里反海盗的国际联合行动为日本军事力量远洋出海提供了“契机”。

第一，日本在吉布提的军事基地是观察安倍“积极和平主义”的重要视角。日本将反海盗视为拓展军事实力的“良机”，并依托大中东和非洲平台宣示日本的军事存在具有重要价值。2008 年索马里海盗的猖獗严重影响了日本在亚丁湾海域的商船航行安全，也为日本借船出海、在大中东地区部署有史以来亚洲大国在大中东和非洲地区的首个军事基地提供了战略机遇。2015 年 1 月，日本防卫大臣中谷元视察日本在吉布提的军事基地，强调今后该基地的功能除反海盗外，还包括反恐功能。日本人质后藤建二与汤川遥菜被“伊斯兰国”武装分子杀害后，安倍宣布将继续奉行“积极和平主义”政策，兑现提供 2 亿美元支持国际社会打击“伊斯兰国”的承诺，向大中东派出更多武官，这意味着未来日本在吉布提军事基地的主要任务将从反海盗向反恐和应对突发危机的方向转变。联系日本在海外部署军事基地、“违宪”扩展军事存在等一系列举动，日本的“积极和平主义”

① “Japan to Build Navy Base in Gulf of Aden”.

② Yoichi Kato（加藤洋一），“SDF's New Anti-Piracy Base Creates a Dilemma”.

应该引起足够的重视。2015 年 1 月，日本防卫大臣中谷元再次表示，日本必须制定永久派遣法律，使自卫队随时可部署海外就是其中一例。据英国《简氏防务周刊》7 月 8 日报道，日本将派出两架新型国产 P－1 喷气式反潜巡逻机离开自卫队厚木航空基地，前往吉布提，这将是该机首次前往海外执行任务，测试 P－1 的性能及在沙漠地区的部署面临的技术挑战。[①]

第二，日本在吉布提的军事基地是日美军事同盟再定义和日本国内安全机构整合的重要尝试。吉布提军事基地显示美日军事同盟的战略协作在地域覆盖上得以广泛延伸，同时更凸显日本在军事同盟中的分工有所增进。日本前防卫大臣小野寺五典在其撰写的《修改自卫队法以直面新威胁》一文中，突出强调日本必须深化日美同盟合作和修改自卫队相关“约束性”法律的必要性和重要性（集体自卫权就是其中之一）。[②]为积极迎合其在军事上的战略演进，日本还进行了国家安全决策机制的重大内部改革。2013 年 11 月 27 日，日本参议院召开全体会议，自民党、公明党、民主党等通过法案，批准创建“国家安全保障会议”，后者将成为日本外交和安全政策的“指挥部”。国家安全保障会议以首相、外相、防卫相和内阁官房长官“四大臣会议”为核心，首相亲自出任主席。此外，由国家公安委员长、国土交通相等阁僚参与的“九大臣会议”，以及首相根据需要召集相应阁僚参加的“紧急事态大臣会议”，与“国家安全保障会议”一道，成为影响未来日本安全战略制定的重要机构。[③]更为重要的是，“国家安全保障会议”的组建标志着由首相官邸直接领导下的安全防卫体制业已形成，而在决定日本未来军事发展、国家安全等相关问题上，首相及政治家的个人权利存在被无限放大的嫌疑。

第三，日本以海外经济利益保护为由拓展大中东和非洲政治影响力的做法值得警惕。日本在吉布提的军事基地，既具有维持其在大中东和非洲能源与贸易利益的地缘经济意义，又有类似于西方大国在大中东军事基地的地缘政治意义，且这种地缘政治意图经过所谓“承担国际责任”的包装。与美国、英国、法国和俄罗斯在历史上长期关注大国在大中东的相对

---

① 武彦：《日将派国产反潜机远赴吉布提》，载《环球时报》2015 年 7 月 10 日，第 10 版。

② 小野寺五典：「新たなる脅威に自衛隊法改正で立ち向かう」「Voice」，2013 年 4 月号，第 54—59 頁。

③ “日本国会批准创建国家安全保障会议，” 环球网，2013 年 11 月 28 日，http://world.huanqiu.com/exclusive/2013－11/4609101.html。

军事影响力并努力通过海外军事基地确立自己的势力范围不同，日本在吉布提的军事基地的表面出发点是反海盗，而不是谋求主导权、拓展西方民主价值观、维护地区稳定、遏制地区大国构成的威胁等。尽管日本在吉布提的基地部署在短期内具有目标单一性和任务导向性的特点，但中长期的战略目标仍不明确。日本防卫省白皮书《2012 保卫日本》指出："美日同盟是日本国防政策的支柱。"①日本在吉布提的军事基地具有同中国争夺非洲大陆、锻炼日本自卫队远洋作战能力、增强日本军事大国意志、扩大日本自卫队与美国、西欧大国军事合作平台的地缘政治涵义。

第四，日本在吉布提的军事基地部署对中国拓展在非洲的政治和经济影响力具有启示意义。从经贸层面来看，中日在吉布提、非洲之角乃至整个非洲都存在一定的竞争关系。截至 2010 年，中国在吉布提的邻国埃塞俄比亚投资额达 25 亿美元，2010 年上半年，中国与埃塞俄比亚双边贸易额突破 8 亿美元，中国在南北苏丹投资额则超过了 200 亿美元。随着中国在大中东和非洲之角的经济影响力不断提升，其在该地区的政治和军事影响力也在不断增强，引起日本的不安。2012 年以来，中国承建埃塞俄比亚首都亚的斯亚贝巴至吉布提港口的电气化铁路，总投资 40 亿美元，其中约 70% 由中国进出口银行提供优惠贷款，有望于 2015 年底建成通车。日本在吉布提的军事基地，有助于其改善同中国在西亚与非洲之角外交博弈过程中所处的不利地位。②同时，从反海盗层面来看，中、日、韩三国的索马里护航编队已经形成协调与合作机制，目前中日护航编队的交流渠道畅通。中日两国继续扩大在索马里海域的信任与合作，参与联合搜救与反海盗演习，建立更加稳定的两军磋商机制，仍具有较大潜力。

时至今日，中国仅仅将吉布提作为后勤补给站，而不是像日本那样建立军事基地。中国在大中东和非洲地区无需部署永久性军事基地，但任务导向型的海外柔性军事部署已经成为新时期中国维护在大中东和非洲投资利益、侨民安全和展现中国负责任大国形象的重要手段。日本自卫队走出国门面临的障碍主要是国内《和平宪法》与国际法，中国军事走出去面临的主要障碍是中国长期奉行的外交原则，即中国坚持走和平道路，以经济

---

① Japanese Ministry of Defense, *Defense of Japan* 2012, p. 1.

② "The Potential Regional Effects of Japan's Djibouti Base," *APIOR*, July 22, 2011, http://apiorfocus.wordpress.com/2011/07/22/the-potential-regional-effects-of-japans-djibouti-base/.

发展为中心，奉行防御性国防政策，不搞海外军事扩张，不赞成在他国领土部署军事基地。同时，中国的军事力量正在不断走向世界，承担国际维和、护航、培训等任务。值得注意的是，不久前中国从也门撤侨的第一目的地选在了吉布提，这既说明吉布提等非洲国家战略位置的特殊性及重要性，同时更加表明中国需要在类似于吉布提这样的、具有突出地理优势的国家或地区设定战略补给，为我海外利益的延伸与拓展保驾护航。当然，与日本在吉布提部署军事基地、维护"私利"的本质不同，中国在南苏丹、苏丹达尔富尔、刚果（金）等维和部队受联合国指挥，是中国参与非洲安全治理的重要途径，是中国向非洲提供的安全"公共产品"。

另一方面，新时期大国在海外军事部署的功能发生了变化，即从传统的作战、遏制与威慑等军事功能转向赈灾、护航、搜救、撤侨等民事功能。2011 年日本东部沿海地区发生大地震时，在日本三泽空军基地的美军和飞机投入了美国发动的救灾行动"友达作战"，三泽空军基地也在灾后重建工作中成为物资空运中心。[①] 中国的索马里护航编队、非洲维和部队和非洲军事培训项目等既出于维护中国海外经济、能源和侨民安全的考量，又是在联合国框架下参与全球治理的重要手段，是中国作为安理会常任理事国应承担的国际责任，体现出中国的新国际主义和多边主义思想，也是中国构建利益共同体和命运共同体的现实需要。

第三节　印度在塔吉克斯坦的军事基地

印度人口仅次于中国，近年来经济增长势头强劲，具有较强的发展潜力。据美国中央情报局预计，到 2020 年，印度的国民生产总值预计将超过欧洲大国、日本，仅次于美国和中国，居世界第三位。"新时期中印的共同崛起，与 19 世纪德国的崛起和 20 世纪美国的崛起一样，具有同样深远的地缘政治意义。"[②]

① 军情视点编：《战略支撑：全球军事基地 50》，北京：化学工业出版社，2015 年版，第 73 页。

② Anna Rulska and David Jackson, "At the Crossroads of Foreign Policy Decisions: India in the Middle East," in Mira Furic and Tom Lansford, eds., *Strategic Interests in the Middle East: Opposition and Support for US Foreign Policy*, Hampshire, England and Burlington, US: Ashgate, 2007, p. 70.

冷战结束以来，印度的大中东安全战略较为模糊，常常在“不结盟”与“战略伙伴”之间摇摆。表现在大中东安全战略上，印度一方面强调要尊重大中东地区国家的主权与领土完整，反对大国在大中东建立军事基地和势力范围，与中国、俄罗斯等发展中大国保持合作关系，另一方面又常常寻求协调与美国和欧洲的外交关系。“9·11”事件后，印度积极推动军事走出去战略，但由于受不结盟外交思想的影响，印度同中国一样，迄今尚未在大中东地区建立军事基地，印度在海外唯一的临时性军事基地部署在了塔吉克斯坦，借此成为中亚域外大国——美、欧、俄、中之外第五支力量。与中亚地区相比，印度在大中东地区的军事影响力有限。

2004 年《印度军事原则》指出：“新时期印度军队的作用主要包含两个层面，其主要任务是维护国家利益、主权、领土完整和印度的统一，通过威慑和发动战争抵御外部威胁；其次是帮助政府应对“代理战”和其他内部威胁等。”[①] 冷战后的印度大中东军事外交服务于印度的安全战略。对于印度来说，大中东具有地缘临近性；印度是冷战后中、日、印等亚洲大国中在地缘上最接近大中东的大国；大中东的安全局势走向与印度国家安全息息相关。自辛格担任印度总理以来，印度的大中东政策主要奉行三个原则：实现战略自主、维护地区稳定、确保印度海外利益安全。[②] 为此，辛格政府试图奉行“零问题”外交，即一方面实现与美、欧、俄、中、日在大中东的战略合作，另一方面增强与伊朗、沙特、阿联酋和以色列的经贸合作。

一、印度在大中东地区的主要利益

印度的大中东地区政策与中国的大中东地区政策具有一定相似性，如两国均认为自己是发展中大国，均奉行不树敌、不结盟、不干涉他国内政的超脱原则，均强调自己是发展中国家的代言人。近年来，印度将维护自身在大中东的全方位利益放在大中东地区战略的首位。

---

① Indian Headquarters *Army Training Command*, Indian Army Doctrine, Shimla, India, October 2004, p. 9.

② S. Samuel C. Rajiv, “Challenging Times for India’s Middle East Policy,” *Jerusalem Post*, March 4, 2012.

第一，印度在大中东地区的战略利益。印度从印巴军事平衡的角度，加强同以色列的军事与安全合作，以平衡大中东国家如沙特等同巴基斯坦的特殊关系，制衡巴基斯坦、沙特等形成的“伊斯兰国家联盟”构成的压力。特别是在1997—1998年印巴核试验之后，巴基斯坦声称自己是57个伊斯兰会议组织成员国中唯一拥有核武器的伊斯兰国家，有助于提升伊斯兰世界的影响力，巴基斯坦的核武器是“伊斯兰核弹”。由于沙特等大中东国家与巴基斯坦长期保持友好关系，冷战后印度与以色列继续深化军事交流与特殊关系，尤其在军事技术交流、军售和反恐方面，合作范围广阔。①

第二，印度在大中东地区的能源利益。印度是世界第二大人口大国，近年来国内经济增速较快，尤其是基础设施建设和投资步伐不断加快，加上印度自身能源相对贫乏，对大中东地区能源的需求量较大。由于大中东地区石油储量占世界60%，天然气储量占世界的45%，加上地缘临近性，大中东地区成为印度主要进口能源来源地。2001年，印度从大中东地区进口石油仅为5.6亿美元，而到2010年，印度进口大中东地区石油达711亿美元。② 2010年前后，印度70%以上石油依靠进口，其中80%来自于大中东国家，如沙特、伊朗、阿联酋等。国际能源署预测，至少在2030年以前，印度和中国将始终处于能源消费增长最快的国家之列，中印对大中东能源的依赖度将远超过美国和西欧对大中东的能源依赖。③

第三，印度在大中东地区的侨民利益。据印度政府海外印度人事务部（Ministry of Overseas Indian Affaiirs）统计，印度在大中东地区的侨民众多，仅在海合会六国就达550万—800万（包括新获得当地国籍的民众），2010年这些侨民为印度提供了200亿—500亿美元的汇款，成为印度海外就业的重要目标国，也成为印度国民收入的重要来源之一。这些印度侨民还促

---

① Ben Sheppard, “India and Pakistan's Military and Security Relations with the Middle East,” in Edward Carter, William and Anoushiravan Ehteshami, eds. , *The Middle East's Relations with Asia and Russia*, London: Routledge, 2004, p. 119.

② Go Yamada, “Relations Between India and Europe, Russia, the Middle East, and Africa—From Traditional Friendly Countries to the Frontiers,” *Japan Center for Economic Research “Asia Research” Report*, 2011, p. 59.

③ “China and India: Rival Middle East Strategies,” *Al-Jazeera*, January 20, 2012. http://www.aljazeera.com/indepth/opinion/2012/01/20121811164584439.html.

进了印度汽车、建筑、信息技术、社会服务等产业在大中东国家的业务拓展。[①] 同时，印度在大中东的侨民利益具有不稳定性。据世界银行统计，21 世纪初以来，大中东国家每年新增就业人口达 4%，平均失业率高达 13%，是世界上失业率最高的地区之一。[②] 2013 年科威特、沙特等国发生的“遣返外国劳工”的做法，就是强烈信号。大中东国家民生问题得不到改善，国内社会秩序就难以保持稳定，印度在大中东的贸易、投资、能源和劳务输出利益就得不到保障。近年来，印度不得不应对大中东地区局势动荡对印度侨民利益产生的负面影响。

表 10—2　2008 年印度在海合会六国的侨民人数统计

印度侨民所在国	印度侨民人数	印度侨民占所在国人口比例
巴林	350000	44%
科威特	579058	19%
阿曼	556000	20%
卡塔尔	500000	35%
沙特	1789000	7%
阿联酋	1700000	37%
合计	5474058	

数据来源：Government of India, Ministry of Overseas Indian Affairs; Gil Feiler, “India's Economic Relations with Israel and the Arabs,” *Mideast Security and Policy Studies*, No. 96, 2012, p. 27.

第四，印度在大中东地区的贸易利益。印度是仅次于中国的第二大发展中经济体。1990 年，印度国内生产总值仅为 3174.67 亿美元，2010 年增

① Go Yamada, “Relations Between India and Europe, Russia, the Middle East, and Africa—From Traditional Friendly Countries to the Frontiers,” *Japan Center for Economic Research “Asia Research” Report*, 2011, p. 58; Gil Feiler, “India's Economic Relations with Israel and the Arabs,” *Mideast Security and Policy Studies*, No. 96, 2012, p. 27.

② Miria Pigato, *Strengthening China's and India's Trade and Investment Ties to the Middle East and North Africa*, Washington D. C. : The World Bank, 2009, Overview xviii.

加至1.704万亿美元，年均增长率达8.5%。[①] 大中东国家是印度重要的贸易伙伴，特别是印度同阿联酋、卡塔尔、沙特、以色列、伊朗等大中东大国双边贸易潜力巨大，增长势头强劲。据卡塔尔最大一家银行——多哈银行统计，截至2011年10月，海合会六国在印度投资累计达1250亿美元，其中基础设施投资额1120亿美元，有力地拉动了印度的经济发展；到2014年，印度与海合会六国的贸易额将突破1300亿美元；另据汇丰银行估计，印度与阿联酋的贸易额将从2010年的670亿美元增加至2015年的1036亿美元。[②] 21世纪，印度在大中东地区具有重要的贸易、投资、能源等现实利益。

表10—3 2010—2011年印度与大中东主要国家的经贸合作

（单位：百万美元）

贸易伙伴国	印度进口	印度出口	双边贸易总额	占印度外贸比例
阿联酋	34349.10	32753.16	67102.26	10.81%
沙特	5227.19	20385.28	25612.46	4.13%
伊朗	2742.46	10928.21	13670.67	2.20%
科威特	1959.48	10313.64	12273.13	1.98%
伊拉克	738.65	9008.30	9746.95	1.57%
卡塔尔	381.77	6819.87	7201.64	1.16%
以色列	3029.75	2253.51	5283.25	0.85%
阿曼	1151.70	4002.07	5153.77	0.83%
埃及	2257.92	1354.56	3612.47	0.58%
土耳其	2757.75	821.06	3578.80	0.58%
阿尔及利亚	1066.89	1816.19	2883.08	0.46%
也门	514.37	1743.90	2258.27	0.36%
巴林	912.18	641.25	1553.43	0.25%

① Gil Feiler, "India's Economic Relations with Israel and the Arabs," *Mideast Security and Policy Studies*, No. 96, 2012, p. 7.

② Go Yamada, "Relations Between India and Europe, Russia, the Middle East, and Africa—From Traditional Friendly Countries to the Frontiers," *Japan Center for Economic Research "Asia Research" Report*, 2011, p. 59.

续表

贸易伙伴国	印度进口	印度出口	双边贸易总额	占印度外贸比例
约旦	484.07	818.93	1303.00	0.21%
摩洛哥	339.38	839.64	1179.02	0.19%
苏丹	502.37	613.78	1116.15	0.18%
利比亚	136.11	969.09	1105.20	0.18%
突尼斯	269.08	301.15	570.23	0.09%
叙利亚	523.03	35.61	558.64	0.09%
黎巴嫩	172.5	18.31	190.8	0.03%
总计	251139	369769	20902	

数据来源：Gil Feiler, "India's Economic Relations with Israel and the Arabs," *Mideast Security and Policy Studies*, No. 96, 2012, pp. 20 – 21.

第五，印度在大中东地区的反恐利益。2004 年《印度军事原则》报告指出：像今天的恐怖主义一样，未来的战争很可能是非对称性战争，敌人发动的袭击难以预测，持续的时间相对较短，且敌人的行为具有非线性和不规则性。① 印度拥有 100 多个民族，约 1.4 亿穆斯林。在某些地区，穆斯林与印度教徒之间关系较为紧张，加上印度与巴基斯坦之间多年悬而未决的克什米尔问题，印度国内伊斯兰极端分子和民族主义分子常常挑动宗教仇恨，前者甚至积极争取大中东国家的金融支持、对抗印度主体民族。在非传统安全领域，尤其是自塔利班掌握阿富汗政权后，迅速向印控克什米尔地区渗透，印度视塔利班为中亚地区的重要威胁，并与伊朗加强了在此领域的合作。2001 年 4 月印度总理瓦杰帕伊访问伊朗，双方签订新的战略合作协定，重申了双方在打击阿富汗塔利班政权方面的合作。② 辛格政府认为，大中东与中亚恐怖主义势力在人员、资金和技术方面保持密切联系，因此大中东恐怖主义泛滥必将波及中亚，并在未来影响印巴关系以及

① Indian Headquarters *Army Training Command*, Indian Army Doctrine, Shimla, India, October 2004, p. 7.

② Ben Sheppard, "India and Pakistan's Military and Security Relations with the Middle East," in Edward Carter, William and Anoushiravan Ehteshami, eds., *The Middle East's Relations with Asia and Russia*, London: Routledge, 2004, p. 124.

印度国内稳定。

二、印度在大中东地区建立军事基地的初步探索

冷战结束以来，印度与中国的国家发展战略具有相似之处，即通过对内改革、对外开放扩大经贸与投资，满足国内的就业需求，改善民生，推动经济社会发展。这种以经济建设为推动力的发展战略抑制了印度海外军事力量的扩展进程。20 世纪 90 年代末以来，印度一直视阿富汗塔利班政权为威胁，并试图依靠塔吉克斯坦作为扶植阿富汗北方联盟的重要基地。“9・11”事件前，印度、俄罗斯与塔吉克斯坦就打击阿富汗塔利班政权方面积极合作，印度在塔吉克斯坦首都杜尚别东南部 130 千米处的法科尔（Farkhor）小镇建立了一处军事医院，以支持当时阿富汗北方联盟抵抗塔利班的进攻，不久之后关闭。2002 年，印度与俄罗斯和塔吉克斯坦签订《三方安全合作协定》，使反恐合作制度化，并提升了三国在反恐领域的合作范围。印度在塔吉克斯坦的军事存在，一方面旨在打击塔利班政权，另一方面希望以此牵制巴基斯坦。在俄罗斯的默许下，印度将塔吉克斯坦的法科尔变成反恐空军基地，由印度空军与塔吉克斯坦空军共同使用。印度战机使用机场的两个机库，第三个机库由塔吉克斯坦空军使用。印度派出 40 名机组人员进驻该基地，并为塔吉克斯坦空军提供训练指导。①

印度在法科尔的空军基地曾经是苏联的一处空军基地，冷战结束后一直处于废弃状态。根据两国政府签署的协议，塔吉克斯坦政府允许印度空军和陆军永久使用法科尔空军基地，并可使用武力抵御外部威胁。由于印巴关系长期紧张，彼此禁止对方飞机飞越领空，因此该基地被印度军队用作援助阿富汗的运输中转站。② 2003 年，印度政府投入 5 亿卢布（约合 1000 万美元）用于重建，并于 2005 年正式建成一处空军基地。③ 据 2007 年印度主流英文媒体《印度快报》报道，该空军基地成为印度第一个海外军事基地。另据《简式防务周刊》透露，印度在法科尔空军基地部署了 2

① 军情视点编：《战略支撑：全球军事基地 50》，北京：化学工业出版社，2015 年版，第 80 页。

② 军情视点编：《战略支撑：全球军事基地 50》，北京：化学工业出版社，2015 年版，第 80—81 页。

③ “Farkhor Air Base,” http：//en. wikipedia. org/wiki/Farkhor_Air_Base.

个“米格”—29 中队，共部署有 12 架俄制“米格”—29 战斗机，40 余名印度官兵驻扎在此，并使用该基地中的一处控制塔。1997—2001 年，印度在塔吉克斯坦军事基地的主要任务是训练阿富汗北方联盟游击队打击塔利班；“9·11”后该基地主要承担军事威慑、训练塔吉克斯坦军队等多种任务。① 中国前驻印度大使程瑞声指出，印度在中亚建立海外首个军事基地，旨在发挥大国作用、打击恐怖主义、遏制克什米尔极端分子和寻求能源利益等多重目的。②

印度在法科尔获得海外第一个军事基地后，试图进一步扩大在塔吉克斯坦的军事存在，并将眼光投向了该国另一处基地——艾尼空军基地。2002—2010 年，印度共投入 7000 万美元更新塔吉克斯坦艾尼空军基地。该基地也称吉萨尔（Gissar）空军基地，距离首都杜尚别仅 15 千米。印军扩建飞机跑道（扩建后为 3200 米），建立航空管制塔并配备先进的导航系统，试图建立印度在塔吉克斯坦第二处军事基地，部署一个“米格”—17 直升机中队，并部署部分“米格”—29 战机。印度通过在艾尼建立空军基地，在中亚进一步建成指挥、控制、通讯和情报网络，打击主张在克什米尔地区对印度实施“圣战”的伊斯兰极端组织，并对巴基斯坦形成战略牵制，增强能源储量丰富的中亚地区的战略投射能力。③ 2006 年，印度政府宣布，在塔吉克斯坦的军事基地已经建成，并在该空军基地部署了大约 150 名印度军事工兵、工人和军事顾问。④ 但迄今为止，该基地一直处于“休眠状态”，尚未正式投入使用。⑤

印度迟迟不能使用在塔吉克斯坦的军事基地，主要是政治原因而不是财政原因。迄今为止，尽管俄罗斯普京和梅德韦杰夫政府与印度辛格政府建立了全方位战略合作关系，但俄罗斯不满印度购买美国军火，反对印度插手中亚事务，更反对其在俄罗斯后院建立空军基地。2011 年 10 月，印

---

① Nick Paton Walsh, “India Flexes Its Muscles with First Foreign Military Base,” *The Guardian*, April 26, 2006.

② 程瑞声：《印度打造首个海外军事基地》，载《世界知识》2003 年第 23 期，第 8 页。

③ Rajat Pandit, “Indian Forces Get Foothold in Central Asia,” *Times of India*, July 17, 2007.

④ “India Facing Eviction From Tajikistan Military Base?,” http://www.india-defence.com/reports-3550.

⑤ Rajeev Sharma, “India's Ayni military base in Tajikistan is Russia-locked,” October 26, 2012. http://indrus.in/articles/2012/10/26/indias_ayni_military_base_in_tajikistan_is_russia-locked_18661.html.

度国防部长安东尼（A. K. Antony）曾前往俄罗斯，表达了印度在塔吉克斯坦艾尼建立第二处军事基地的愿望，但未获得俄罗斯的允许。迫于俄罗斯压力，2011 年塔吉克斯坦外长扎里菲（Hamrokhon Zarifi）宣布，塔吉克斯坦政府只会同俄罗斯讨论艾尼空军基地的使用问题。尽管印度陆军总司令库马尔·辛格上将（Vijay Kumar Singh）曾访问塔吉克斯坦，2012 年塔吉克斯坦总统拉赫蒙访问印度，但双方谈判至今未取得进展，塔吉克斯坦一直拒绝印度租用艾尼空军基地，印度在中亚部署军事基地的努力受挫。①

三、印度在大中东周边地区的其他军事存在

2004 年印度国防部出台《海军新作战学说》，制定出印度海军的“西出、东进、南下”远景目标，即全面控制印度洋、东进太平洋、西出大西洋、南下非洲，通过对印度海军的建设和发展，使印度海军在“西起波斯湾、东抵马六甲海峡、北及中亚、南至赤道”的安全利益范围内，能够应对各种海上威胁和具备“远海歼敌”能力。除塔吉克斯坦外，印度还计划在非洲岛国毛里求斯建立海军基地，使之与印度在马达加斯加的海军监测站一起，构成印度海军在印度洋中部的“基地群”和印度版的“珍珠链”，实现其印度洋战略。② 与印度在中亚已经建立海外首个军事基地不同，目前印度在大中东的军事存在主要是在索马里和亚丁湾海域的护航编队这种柔性军事存在。例如，印度海军在中东国家阿曼已拥有停泊权，如今加上在马达加斯加、毛里求斯、印度的孟买和科奇 4 处情报监听站，已构成了一幅完整的监视网络。③

除印度洋地区外，印度近年来对扩大在中国周边地区的柔性军事存在兴趣渐浓，以平衡中国在印度洋和大中东地区的军事影响力。2001 年，印度和蒙古签署了《国防合作协定》；2003 年，印度与蒙古达成协议，印度同意派遣专家对蒙古的所有武器装备进行维修和保养；2004 年，印度航天部又与蒙古基础设施部签署了合作议定书。印度根据这一议定书在蒙古设

---

① Roman Muzaleysky, “India Fails to Gain a Military Foothold in Tajikistan,” February 2, 2011, http://www.cacianalyst.org/? q = node/5485.

② 何亮：《印度欲在非洲建军事基地》，载《中国国防报》2007 年 1 月 9 日，第 4 版。

③ 杨震、董健：《海权视阈下的当代印度海军战略与海外军事基地》，载《南亚研究季刊》2016 年第 2 期，第 10—16 页。

立了“监听站”。印蒙有关“监听站”的技术升级，不仅限于地面设备的更新换代，而且还涉及到太空卫星计划的合作。[①]

近年来，印度辛格政府提出“东向政策”，积极与东盟国家加强防务合作，以扩大在中国南海的影响力。2017 年 11 月 29 日，印度国防部长尼尔马拉·西塔拉曼与来访的新加坡国防部长黄永宏签署海军合作协议。该协议强调要加强海上安全、联合演习、“临时使用彼此的海军设施”以及相互的后勤支持。[②] 至此，印度基本实现了从亚丁湾到马六甲、从蒙古到塔吉克斯坦、从毛里求斯到马达加斯加的柔性军事存在部署，以期实现印度的军事大国梦。

正如斯德哥尔摩和平研究所的一份研究报告所指出的：“尽管迄今美俄是世界上海外军事基地数量最多的国家，但是中国和印度（甚至还有可能包括伊朗）也可能会步美俄的后尘，通过部署海外基地行动来促进和保护海外利益……由于中印两国经济快速增长，其海外贸易不断拓展，尽管它们不大可能选择常规的海外军事基地模式，但却可能会建立非正式海外军事基地安排。”[③]

大中东处于印度与欧洲贸易伙伴之间，大中东局势的发展对印度外贸出口产生重要影响。例如，苏伊士运河使孟买到伦敦的航线比从南非好望角的航线缩短了 4500 英里，因而印度洋—阿拉伯海—亚丁湾—红海—苏伊士运河—地中海成为连接印度与欧洲大西洋国家经贸合作的海上生命线。20 世纪 90 年代，经苏伊士运河的印度海上贸易占印度出口总额的 70% 和进口总额的 69%，每年有 65 万吨的印度进出口物资经过大中东的苏伊士运河。[④] 2008 年以来，印度每年有 500 亿美元的进口商品和 600 亿美元的出口商品要经过亚丁湾海域，索马里水域海盗猖獗，严重威胁了印度的海上贸易安全。2008 年 10 月至 2012 年 3 月，印度海军护航编队共为 1900 余艘商船提供护航任务，其中 1700 余艘是外国船只，充分体现了印度在大中东

① 李丽：《印度欲在蒙古建军事基地》，载《中国国防报》2011 年 9 月 13 日，第 5 版。

② 马尧：《印度和新加坡签署协议变相增设海外军事基地?》，载《南方周末》2017 年 12 月 5 日。

③ Zdzislaw Lachowski, “Foreign Military Bases in Eurasia,” *SIPRI Policy Paper*, No. 18, June 2007, p. 63.

④ Prithvi Ram Mudiam, *India and the Middle East*, London: British Academic Press, 1994, p. 102.

部署军事存在的重要性。[①]

印度还积极寻求与其他亚洲大国特别是中日在亚丁湾护航行动中的安全合作，增强其在大中东的军事存在。2011 年，中国、日本和印度三国索马里海域护航编队共同出席在巴林召开的反海盗会议，此后，三国积极探讨在索马里和亚丁湾海域共享反海盗资源和海盗情报的可能性。2012 年初，中国、日本和印度三国达成共识，决定正式共享各自护航舰队在亚丁湾护航信息。通过此项合作机制，这三个亚洲大国可以优化海军力量，在海盗经常出没地区建立护航协调机制，使护航能力最大化。该机制成为印度增强与中国和日本海军护航编队战略合作的重要平台。[②] 在可预见的将来，考虑到印度在大中东部署军事基地的政治风险，印度不大可能在大中东建立永久性军事基地，而只会建立类似于亚丁湾护航编队等柔性军事存在，保护印度在大中东的现实经贸和能源利益。

四、结语

印度在塔吉克斯坦建立的首个海外军事基地同西方大国美、英、法、俄一样，主要是从地缘政治的角度出发，旨在增强印度在中亚的军事影响力、联合塔吉克斯坦打击伊斯兰极端组织、牵制巴基斯坦，增强印度在中亚事务中的发言权。如果说印度在中亚主要具有地缘政治利益，其在大中东则主要具有地缘经济利益，包括在海湾地区的数百万侨民利益、印度对大中东能源的高度依赖、确保印度与欧洲贸易伙伴国之间的大中东贸易航线的安全等。2017 年洞朗对峙事件后，印度对华战略猜疑增加，构建针对中国的柔性军事存在用意较为明显，尤其是在新加坡、蒙古国、毛里求斯、马达加斯加和塔吉克斯坦的柔性军事存在，都有一定的指向性。

总体来看，印度尚无能力和意愿建立印度洋海上霸权和大中东陆上霸权，也无意建立海外大型军事基地。以经济发展为导向的印度，与中国、日本和韩国在大中东地区存在许多共同利益。与日本在吉布提建立反海盗军事基地不同，印度迄今未在大中东建立军事基地，其主要通过亚丁湾护航这种柔性的军事存在维持其在大中东的地缘经济利益，这与西方大国依

---

① Nitin Gokhale, “India, China and the Pirates,” *The Diplomat*, March 6, 2012.

② Nitin Gokhale, “India, China and the Pirates,” *The Diplomat*, March 6, 2012.

靠在大中东部署军事基地来维持在大中东的地缘政治利益（战略与安全利益）不同。在这一点上，印度与中国的防御性和地缘经济主导型战略原则具有相似性，与西方大国进攻性、地缘政治主导型战略原则存在类别上的差异。

小　　结

本章主要运用比较研究方法，考察冷战后西方大国美、英、法、俄在大中东地区军事基地部署与日本和印度在大中东地区的军事存在的异同点。研究发现，欧美大国在大中东的军事基地部署与其进攻性战略原则存在重要关联，亦即西方在审视大中东的战略地位时，往往是从地缘政治的角度出发，以国家安全威胁来界定国家利益，尤其从反恐、反大规模杀伤性武器扩散、反独裁、阻止其他大国在大中东谋求主导权的“零和博弈”出发，而不是从具体的经贸或能源利益保护出发。例如，2006 年，美国总统布什宣布，到 2025 年，美国从大中东进口石油中的 75% 将由其他地区代替[①]，加上美国的页岩气革命，未来十年能源因素在美国大中东军事战略中的地位将进一步下降，加拿大、墨西哥、委内瑞拉和厄瓜多尔等美洲国家以及尼日利亚和安哥拉等非洲国家将成为美国石油进口的主要来源地；2006 年，美国从非洲进口的石油占其消费总量的 22%，超过了其从海湾进口的石油总量，成为重要分水岭。[②]

新时期日本、印度和韩国等亚洲大国的大中东军事战略主要从“非零和”的地缘经济出发，将维护在大中东地区的经济利益尤其是能源、贸易与投资利益作为制定大中东军事外交政策的出发点和归宿，与欧美大国形成错位竞争之势。2006—2007 年，东亚、东南亚和南亚国家国内生产总值占世界的 20%，出口占全球的 30%，跨国资本流动占全球的 1/3[③]，拥有

---

① Lauren Ploch, “US Africa Command: A More ‘Active’ American Approach to Addressing African Security Challenges?” *IPG*, No. 1, 2009, p. 63.

② 徐菁菁：《美国非洲司令部第一次参与的战争》，载《三联生活周刊》2011 年第 15 期，第 46 页。

③ Bill Emmott, *Rivals: How the Power Struggle Between China, India and Japan Will Shape Our Next Decade*, London and New York: Penguin Books, 2008, p. 15.

全球第二（中国）、第三（日本）、第十（印度）和第十四（韩国）经济体，中国、日本、印度和韩国在全球地缘经济的影响力越来越大。卡内基基金会预测，到2050年，西方大国与新兴大国之间的经济总量对比将发生重要变化。西方7国集团（G7）在20国集团GDP中所占的比例将从72.3%下降至2050年的40.5%。[①] 随着亚洲综合经济实力的崛起，其在大中东地区建立柔性军事存在的军事战略与西方大国以军事基地、军事联盟和军事援助三位一体的军事战略将产生更加密切的互动关系；日、印、韩在大中东搭乘西方大国的便车，依靠西方大国军事基地维护亚洲大国经贸和能源利益的做法是否将持续下去，仍待进一步深入研究。

① Jamie Gaskarth, *British Foreign Policy*, Cambridge, UK: Polity, 2013, p. 182.

结 论

海外军事基地是大国力量投射的桥头堡。截至2016年，英法分别在海外部署了13处军事基地，俄罗斯在前加盟共和国部署了9处，日本、韩国、荷兰、印度、澳大利亚、智利、土耳其和以色列等分别拥有1处，美国在国外土地和海外领地上共部署了701处军事基地，承接了50万美国军人及其家属，每年维持海外军事基地及其家属需要的费用高达718亿美元。[①] 海外军事基地不仅发挥了在危机爆发后干预地区事务的作用，而且在和平时期也起到威慑作用，成为美国遏制战略的组成部分。正如美国《2020年联合构想》所指出的，军事部署除在海外增加军事力量的物理存在外，还可以对战区敌人和其他各方产生心理作用，美国战区司令部可以在军事行动中利用这种心理影响力。因此，展望2020年，美国国防部的战略概念是决定性力量、权力投射、海外军事存在与战略灵活性。[②]

第一节　冷战后美国海外军事基地的三次调整

冷战结束后，美国经历了老布什、克林顿、小布什和奥巴马四任总统，其大中东军事基地部署经历了三次重大调整。[③] 特朗普担任总统后，美国海外军事基地的部署正在酝酿新的调整。

---

① 大卫·韦恩著，张彦译：《美国海外军事基地：它们如何危害全世界》，北京：新华出版社，2016年版，第7页；第11页。

② Joint Chiefs of Staff, *Joint Vision* 2020, *America's Military*: *Preparing for Tomorrow*, Washington, D. C., 2010, p. 21, p. 1.

③ 1993年克林顿担任总统后，美国在大中东的军事基地规模总体呈缩小趋势，限于篇幅，本书将此部分纳入第一次调整中加以讨论。

一、第一次调整：从分散化到集中化

20 世纪 90 年代初，随着苏联解体、冷战结束以及海湾危机的爆发，美国在大中东军事基地部署迎来第一次战略调整。这次调整的措施包括：第一，减少在欧洲和东亚的大型军事基地和驻军规模，同时在大中东潜在冲突地区部署快速反应部队和远征军，以加强危机管理；第二，加强关岛、迪戈加西亚群岛、冲绳岛和格陵兰岛等“战略岛屿”的军事基地建设，尤其是规模小、人口少、与欧亚大陆和非洲大陆分离开来的岛屿具有战略意义。美国必须强化对战略航线和通道的主导权，因为世界上 3/4 的大城市、70% 的工业资本和人口以及世界主要首都均在距离海岸线 200 公里以内的地区。[①] 第三，在爆发冲突且具有地缘战略意义的地区，特别是海湾地区部署新的军事基地。经过这次调整后，美国大中东军事基地以海湾合作委员会六国和土耳其为重点，永久驻军人数从 3000 人左右增加至 5 万至 8 万人。

在 1991 年海湾战争中，美国积极说服伊拉克周边国家向多国部队提供军事基地，美军作战力量主要从欧洲司令部抽调而组建。在海湾战争中，美国临时部署了 50 万人作战部队，此外，英国部署 3.5 万，法国 1.35 万，其他 20 国共部署了 15.5 万人军队，包括沙特阿拉伯、土耳其、阿曼、卡塔尔和埃及等大中东国家。海湾战争期间，大中东及其周边地区的军事基地发挥了重要作用。例如，美国 B－52 轰炸机主要使用英国费尔福德（Fairford）基地；美国在印度洋上的迪戈加西亚军事基地、土耳其的因切尔利克（Incirlik）空军基地、沙特苏尔坦王子空军基地（Sultan Prince Air Base）、科威特的多哈兵营（Camp Doha）、英国在塞浦路斯的军事基地均发挥了支撑作用。[②] 因切尔利克空军基地共驻有美军 1500 人，文官雇员 5000 多人（包括当地土耳其雇员），在北约框架下曾部署了 60—70 枚 B－61 战术核弹。[③]

海湾战争结束后，一方面，美国强调萨达姆政权对海合会成员国构成了严重威胁，成为美国保留并扩大在大中东军事基地部署的借口；另一方

---

① 韩旭东、章欣：《美国军事基地体系》，载《世界知识》，2003 年第 14 期，第 22 页。

② John Woodliffe, *The Peacetime Use of Foreign Military Installations under Modern International Law*, Dordrecht, Boston and London: Martinus Nijhoff Publications, 1992, p. 329.

③ Samantha N. Boothe and Ryan Hickman, eds., *Turkey and the U. S.: Alliances, Relations and Defense Cooperation*, New York: Nova Science Publishers, 2012, p. 79.

面，美国不再利用大中东以外的军事基地，更倾向于在海湾地区建立大型军事基地，以解决后勤补给滞后、军事调动缓慢、前沿军火储备不足等难题。20 世纪 90 年代，美国与海湾国家相继签订了军事协定，军事基地部署实现常态化，以执行伊拉克禁飞区、遏制伊朗等军事任务，其在海湾的大型军事基地包括沙特苏尔坦王子空军基地和科威特的多哈兵营。① 1991 年 9 月，美国和科威特签订军事基地协定，规定美军有权使用在科威特的军事设施，美国海军有权驶入科威特港口。②

1995 年，美国参谋长联席会议发布《国家军事战略报告》。该报告基于美国总统克林顿政府提出的"接触与扩展"战略，提出苏联解体、冷战结束后，美国的安全环境仍面临新的挑战，尤其是地区动荡、大规模杀伤性武器扩散、巴尔干冲突、非洲和其他威权国家民主转型成为新的安全威胁。③ 1995 年 7 月，美国成立第五舰队，以增强美军在海湾地区的军事存在，并为美国海军中央司令部提供前沿总部。1996 年 6 月，美国在沙特宰赫兰（Dahran）空军基地遭受恐怖袭击，导致 19 人死亡，美国不得不从沙特撤出 4500 人；1998 年，美国国防部宣布，其在大中东地区的驻军总人数已下降至 1.5 万人。④

二、第二次调整：从静态部署到机动化

"9·11"事件发生后，美国对大中东军事基地部署作出了冷战后的第二次调整。美国这次军事基地调整打上了"拉姆斯菲尔德构想"的烙印，即 21 世纪，美国对海外威胁的认知由过去"基于威胁"转变为"基于能力"；军事基地部署由过去的大型、静态基地转变为小型、动态基地；海外军事基地部署所针对的威胁由潜在主权国家转向恐怖主义；军事部署的重点地区由欧洲和亚太转向大中东地区，以发动阿富汗战争和伊拉克战争

① Kent E. Calder, *Embattled Garrisons, Comparative Base Politics and American Globalism*, Princeton: Princeton University Press, 2007, p. 29.

② John Woodliffe, *The Peacetime Use of Foreign Military Installations Under Modern International Law*, Dordrecht, Boston and London: Martinus Nijhoff Publications, 1992, p. 330.

③ Chairman of the Joint Chiefs of Staff, *National Military Strategy of the United States*, Washington, D. C., February 1995, pp. 8 – 11.

④ C. T. Sandars, *America's Overseas Garrisons: The Leasehold Empire*, New York and Oxford: Oxford University Press, 2000, pp. 298 – 299.

为首要任务。[①] 美国军事基地体现出“以本土基地为核心、以海外基地为前沿、点线结合、多层配置”的部署格局。为此，唐纳德·拉姆斯菲尔德（Donald Henry Rumsfeld）提出了“10—30—30”构想，即一旦美国政府作出在全球某个地区进行干预的决定，美军能在10天内部署到作战地点；在30天内击垮敌军；而在接下来的30天内，美军必须重新集结，做好奔赴另一地区执行下一次军事任务的准备。[②] 因此，拉姆斯菲尔德要求美国重新部署军事基地，根据面临的任务保持灵活机动性，且首要任务是在“动荡弧”地区为反恐战争而加大军事基地部署。除在土耳其和海合会国家外，美国还在吉布提雷蒙尼尔（Camp Lemonnier）部署了4000官兵和文职人员；[③] 为打击“马格里布基地组织”，2003年，美国在阿尔及利亚首都阿尔及尔南1500公里、距塔曼拉塞特384公里处的阿拉克（Arak）附近建立攻击直升机与监听基地；[④] 以色列内盖夫沙漠地区凯伦山（Keren）的导弹预警雷达站是美国在该国重要的军事存在，该雷达站隶属美国陆军，共部署有500—700名美军官兵；[⑤] 美军还借用英国在塞浦路斯的亚克罗提利（Akrotiri）与德凯利亚（Dhekelia）两处军事基地。

小布什时期，反恐从一项策略上升为美国的一项大战略，从一项具体行动变成了全球范围内的反恐战争，大中东地区成为美国全球军事部署的重心。小布什宣布：恐怖组织在21世纪已经形成了一个邪恶世界，哈马斯、真主党、“伊斯兰圣战组织”、“穆罕默德军”形成了恐怖主义网络，伊朗、伊拉克和朝鲜形成的“邪恶轴心”中有两个在大中东。小布什总统宣称：不管恐怖分子藏身于何处，不管是在沙漠、丛林还是在大城市，不管是在阿富汗、伊拉克还是在菲律宾，美国都要部署军事力量，发动先发制人打击或政权更迭，必要时采取单独行动。为维护美国本土安全，2003

---

① 刘惜戈、孟祥青、金灿荣、傅梦孜：《“拉姆斯菲尔德构想”——美国全球军力重新部署》，载《世界知识》，2003年第14期，第21—23页。

② 范永强：《美国海外军事基地体系再调整》，载《解放军报》，2014年6月13日。

③ Degang Sun and Yahia H. Zoubir, “The Eagle's Nest in the Horn of Africa: US Military Strategic Deployment in Djibouti,” *Africa Spectrum*, Vol. 51, No. 1, 2016, p. 115.

④ Mustafa Barth, “Sand Castles in the Sahara: U. S. Military Basing in Algeria,” *Review of African Political Economy*, Vol. 30, No. 98, 2003, p. 679.

⑤ William Arkin, *Code Names: Deciphering U. S. Military Plans, Programs and Operations in the 9/11 World*, Hanover: Steerforth Press, 2005, p. 139.

财年美国国防预算增加15%。[①]

"9·11"事件后，在"不支持美国的反恐战争就意味着支持恐怖主义"的巨大压力下，绝大部分大中东国家都加入美国领导下的全球反恐统一战线，向美国提供各种军事、政治和外交支持。2001年和2003年，美国在阿富汗和伊拉克发动两场"反恐战争"，部署了数十万人军队，同时在全球反恐战争的前线伊斯兰国家，包括海合会六国、吉布提、阿尔及利亚、乌兹别克斯坦、吉尔吉斯斯坦和巴基斯坦等部署了新的军事基地，其中卡塔尔乌代德（Al Udaid）空军基地成为继沙特后，美国在大中东军事基地群的中枢。此外，科威特的阿里·萨雷姆（Ali Al Salem）空军基地，阿联酋的宰夫拉（Al Dhafra）、艾尔明翰（Al Minhad）空军基地和富查伊拉（Fujairah）海军基地，巴林的谢赫·伊萨（Sheikh Isa）空军基地和哈里发·本—萨勒曼（Khalifa bin Salman）海军基地，沙特的法赫德国王空军基地（King Fahd Air Base）和苏尔坦王子空军基地，阿曼的马斯喀特（Muscat）、塞迈里特（Thumrait）、马西拉岛（Masirah Island）、锡卜（Seeb）机场，伊拉克巴格达国际机场、巴拉德空军基地（Balad Air Base）等，都是美国曾经使用的主要空军和海军基地。[②] 美国在卡塔尔、阿联酋和阿曼的空军基地在美国发动阿富汗战争和伊拉克战争中扮演了"铁三角"的角色。[③]

拉姆斯菲尔德的全球军事基地调整构想，主要是从发动"全球反恐战争"的需要出发，体现出机动化和分散化的特征，以大中东反美势力为防范的首要对象。"9·11"事件后，尤其是2003年伊拉克战争之后，拉姆斯菲尔德对大中东军事基地调整的重要一步是关闭在沙特的主要军事基地，同时大幅增加在海湾小国的军事基地部署，包括阿曼、阿联酋、卡塔尔、巴林和科威特。小布什政府在阿曼锡卜、马西拉岛和塞迈里特的空军基地在大中东和反恐作战任务中发挥了重要作用；在阿联酋，美国充分利用宰夫拉空军基地和杰贝·阿里（Jebel Ali）海军基地；在卡塔尔，位于乌代德的空军基地变成了美国在大中东地区主要的指挥和控制中心，尤其在2003年美国发动伊拉克战争期间成为前沿指挥司令部；在巴林，麦纳麦

---

① Michael Mann, *Incoherent Empire*, New York and London: Verso, 2003, p. 6.

② "Assessing the Global Operating Environment: 2015 Index of US Military Strength," The Heritage Foundation, 2015, p. 127. 此外，自2013年起，美国斥资5.8亿美元用于扩大在巴林的海军基地。

③ Robert E. Harkavy, *Strategic Basing and the Great Powers*, 1200 – 2000, New York: Routledge, 2007, p. 152.

成为美国海军第五舰队的总部；在科威特，萨雷姆和贾巴尔（Ahmed Al Jabber）是海湾地区重要的空军基地。[①] 从海湾国家方面看，伊拉克教派冲突公开化、伊斯兰极端主义威胁上升、伊朗核问题的升级等强化了海湾国家对美国在海湾地区军事基地的依赖。

2004 年，美国国防部部长拉姆斯菲尔德在美国参议院武装力量委员会就美国全球军事基地战略调整正式提出四点计划，进一步强调海外军事基地的机动化：第一，美国海军和空军多余军事力量将向亚洲转移，以加强东北亚地区的军事基地。第二，缩小美国在欧洲司令部军事基地的规模，部署快速反应部队和特种兵。第三，在大中东地区，保留在阿富汗战争和伊拉克战争期间部署的军事基地，定期轮换，以应对突发事件。第四，在非洲和西半球建立灵活机动的合作安全基地，待危机爆发后再扩大基地规模或租用新基地。[②]

三、第三次调整：从大型军事基地到小型化

2009 年奥巴马总统入主白宫后，美国开始将战略重心从大中东转向亚太地区的日本、韩国、菲律宾、澳大利亚、新加坡和关岛等，在大中东维持小型化的军事基地。奥巴马担任总统前，遏制伊朗威胁和反恐成为美国大中东战略的重点任务之一。美国在伊朗周边部署了 12.5 万人军队，包括在阿富汗 9 万人驻军，在海湾阿拉伯国家、吉布提、土耳其等大中东国家部署 2 万人左右，分别隶属欧洲司令部（土耳其、塞浦路斯和以色列等）、大中东司令部（阿富汗、海湾等）和非洲司令部（吉布提等），[③] 还有约 1.6 万人以浮动军事基地（如航母及其他战舰）的形式，部署在阿拉伯海与波斯湾的航母和军舰上，包括两个航母战斗群和大约 40 艘其他舰艇。[④]

2015 年，美国参谋长联席会议公布了最新版本的《国家军事战略报

---

① Robert E. Harkavy, *Strategic Basing and the Great Powers*, 1200 – 2000, p. 152.

② Zdzislaw Lachowski, "Foreign Military Bases in Eurasia," SIPRI Policy Paper No. 18, June 2007, pp. 10 – 13.

③ 此外，美国在印度洋上的迪戈加西亚军事基地尽管隶属太平洋司令部，但在海湾和东非地区出现危机后，也成为军事干预的前沿基地。

④ "US Bases Encircle Iran," http://www.aljazeera.com/indepth/interactive/2012/04/2012417131242767298.html。

告》。该报告长达20页，提出新时期美国国家利益包括：（1）美国公民、盟友与伙伴国的安全；（2）确保美国经济维持活力、创新和增长；（3）在美国国内和全世界尊重“普世”价值观；（4）在美国的领导下建立基于规则的国际秩序，维护和平、安全与机会。① 美国国家安全面临两类威胁：一是挑战现行国际秩序的修正主义国家；二是暴力极端组织构成的跨地区威胁。前者属于传统威胁的范畴，以俄罗斯、中国、伊朗和朝鲜等为代表，后者属于非传统威胁的范畴，以“基地”组织和“伊斯兰国”组织等为代表，而当两类威胁同时爆发时，就会对美国国家安全构成巨大挑战。②

冷战后美国全球军事基地部署的第三次调整可以用“三东移”来概括，即在西欧，驻德国和西欧其他地区的军事力量向保加利亚、罗马尼亚、波兰、捷克、塞尔维亚、科索沃等东南欧国家和地区东移，以俄罗斯为假想敌和防范对象；在海湾，驻沙特的军事力量向科威特、卡塔尔、巴林、阿联酋等国东移，以伊朗、“基地”组织和“伊斯兰国”组织为防范对象；在东亚，驻日本、韩国和冲绳的军事力量向关岛、菲律宾和澳大利亚等地区东移，以西太平洋陆权大国为假想敌。③

奥巴马战略重心东移亚太后，美国大中东军事基地规模也相应有所压缩。2014年以来，美国和伊朗关系出现改善的势头，特别是2015年7月伊朗核协议达成后，遏制伊朗不再是美国的首要安全考量，打击“伊斯兰国”组织、“基地”组织及其分支机构，干预大中东热点地区事务成为美国在该地区的新任务。因在大中东的军事基地的部署转向小型化，美国不仅关闭了伊拉克、阿尔及利亚、沙特和巴基斯坦等军事基地，还在公海地区打造“移动基地”。这种移动基地可最大程度地减小美国对盟国基地的依赖。2012年美军将退役的“庞斯”号运输舰改造成海上浮动军事基地，部署在大中东水域，就是其中的一例。④

奥巴马政府从战略的高度审视美国国家安全战略，即网络安全、太空

---

① Chairman of the Joint Chiefs of Staff, *The National Military Strategy of the United States of America: The United States Military's Contribution to National Security*, Washington, D. C., June 2015, pp. 2 –4.

② Chairman of the Joint Chiefs of Staff, *The National Military Strategy of the United States of America: The United States Military's Contribution to National Security*, pp. 2 –4.

③ 这一调整方向源于美国前国防部长拉姆斯菲尔德的战略构想，参见 Steve Liewer, “Study Weighs Costs, Benefits of Options in Shifting U. S. Overseas Forces,” *Stars and Stripes*, May 19, 2004.

④ 范永强：《美国海外军事基地体系再调整》，载《解放军报》，2014年6月13日。

安全与海洋安全等，其中在海外部署军事基地是奥巴马政府实施综合安全战略的重要手段。① 截至 2016 年，在奥巴马“三东移”战略中，美国在大中东 8 个国家部署了军事基地（沙特以外的海合会五国、吉布提、土耳其和阿富汗），关闭了在沙特、阿尔及利亚、巴基斯坦、伊拉克 4 个伊斯兰国家的军事基地，在另外 4 国部署了柔性军事存在（伊拉克、塞浦路斯、以色列和沙特），奥巴马政府基于“实用、小型”的原则，维持美国在大中东的“军事轻脚印”（light military footprint），② 甚至大量借用私人安保公司，保持在大中东的军事“零脚印”（zero footprint）；③ 进一步寻求在其他大中东国家的柔性军事存在，包括无人机基地，如在沙特和吉布提。

表 11—1　冷战后美国在大中东军事基地的三次调整

	第一次调整	第二次调整	第三次调整
调整时间	1991 年	2001 年	2009 年
调整特点	集中化	机动化	小型化
应对威胁	伊拉克、伊朗	反恐、反大规模杀伤性武器扩散	反恐、预防地区动荡、遏制伊朗
具体任务	发动海湾战争	发动阿富汗与伊拉克战争	结束反恐战争、战略重心东移亚太
国防预算	增加	增加	减少
驻军规模	5—50 万人	5—20 万人	3 万人以下
基地东道国	海合会六国和土耳其	海合会六国、土耳其、伊拉克、吉布提、阿尔及利亚、塞浦路斯等	关闭在伊拉克、沙特、巴基斯坦、阿尔及利亚等国家的军事基地；维持在土耳其、科威特、巴林、卡塔尔、阿联酋、阿曼和吉布提等国家的军事基地
部署态势	局部扩张型	全面扩张型	全面收缩型

① The White House, *National Security Strategy*, 2015, Washington, D. C., February 2015, pp. 12 – 13.

② Daniel Möckl and Victor Mauer, eds., *European-American Relations and the Middle East: From Suez to Iraq*, London and New York: Routledge, 2011, p. 249.

③ Simon Chase and Ralph Pezzullo, *Zero Footprint: The True Story of a Private Military Contractor's Covert Assignments in Syria, Libya and the World's Most Dangerous Places*, New York: Little, Brown and Company, 2016, p. 3.

特朗普担任总统以来，美国海外军事基地部署恐将再次调整，其主要受两个因素的影响。一是特朗普的个性特征。作为非典型性共和党总统，特朗普对外政策具有实用主义和民粹主义特点——美国问题优先于他国问题，内部问题优先于外部问题，现实问题优先于民主拓展问题。特朗普敢说敢做的“西部牛仔”式的做事风格对美国新政府大中东军事战略产生了深远影响。二是特朗普内阁成员的个性，包括副总统、中情局国家安全事务助理、国务卿、国防部长、白宫办公厅主任等。这些幕僚有的有军方背景，有些是大财团利益代表，大多属于保守派势力，特朗普的外交决策圈具有“军”“情”“右”“商”“男”“长”的特点。[①] 美国新总统特朗普的大中东政策正在制定之中，其对海外军事基地的调整将是个长期的过程。

第二节　美国大中东军事基地的延续性与变动性

中东剧变爆发以来，美国的大中东战略既有延续性，又呈现新变化。美国的大中东战略以叙利亚危机和伊朗核问题为主要关注点，同时积极应对伊斯兰激进势力崛起和恐怖主义上升的势头。在国内债务危机和经济低迷的状态下，奥巴马政府主观上希望将全球战略的重心转移向亚太地区，在经济上组建 TPP，在军事上构建美、日、韩，美、澳、新，美、日、澳，美、菲、新等多重三角军事联盟，应对中国等新兴大国崛起构成的挑战。但是，中东剧变的发生，伊朗核问题的久拖不决，叙利亚人道主义危机升级，伊拉克陷入严重教派冲突，阿富汗塔利班势力的死灰复燃，巴以和平进程步履维艰，以及“什叶派新月地带”“萨拉菲派新月地带”和“穆兄会新月地带”等大中东势力的崛起和恐怖势力趁机扩大影响等等，客观上使美国难以脱身大中东。在两难处境下，奥巴马和特朗普政府努力避免军事介入大中东冲突，通过在外交舞台上的议题设置来维持在大中东的主导权和话语权。未来，美、欧、俄围绕大中东危机解决而出现的合作与竞争将进一步增加，但均难以左右大中东局势的走向。

2013 年以来，奥巴马在大中东进一步奉行务实主义的“韬光养晦”政

① “James Mattis, Outspoken Retired Marine, Is Trump's Choice as Defense Secretary,” *The New York Times*, December 1, 2016.

策，主要有以下四个原因：第一，美国尚未摆脱财政困难的局面，白宫和国防部均希望在大中东避免再次卷入一场与伊斯兰国家持久的军事冲突。海湾战争和伊拉克战争期间，大中东牵制了美国在全球 1/3 以上的军事力量。冷战结束后，欧洲、亚太和大中东是美国全球三大战略重点。奥巴马入主白宫以来，强调要将全球战略重心向亚太转移，但军事调动尚未完成。中东剧变发生后，"阿拉伯革命"与伊朗核问题造成的大中东地区热点问题呈累积效应。2011 年底，美国实现从伊拉克撤军，2014 年美国将从阿富汗撤军，奥巴马政府在大中东地区奉行适度超脱政策有助于美国将军事战略重心从大中东地区转向亚太地区，尽管短期内从大中东脱身可能性不大。正如美国布鲁金斯学会的外交政策高级研究员罗伯特·卡根（Robert Kagan）指出的："具有讽刺意味的是，每次奥巴马政府试图转向亚洲时，大中东问题都将它拉了回来。"① 第二，美国国会乃至民主与共和两党在大中东政策上存在严重分歧，北约成员内部也分歧明显，限制了中东剧变后奥巴马制定明确大中东政策的决心。第三，阿拉伯转型国家政治力量构成复杂，其中不乏逊尼派圣战分子和伊斯兰激进势力，美国不希望看到这股势力在转型时代掌政，像后卡扎菲时代的利比亚一样将斗争的矛头指向美国。② 第四，奥巴马希望通过在大中东奉行"战略模糊"保持一定的超脱政策，占据国际道义制高点，体现自己作为诺贝尔和平奖得主的"维护和平"的姿态。

尽管美国综合国力下降，对大中东的主控能力受到削弱，但在可预见的将来，美国仍然是大中东事务最有影响力的国家。美国不卷入叙利亚地面战争，并不意味着美国已经完全丧失对大中东的主导能力。美国在全球以及在大中东的双边和多边联盟体系（土耳其、以色列、海合会等）并没有受到削弱，其在大中东海合会六国、土耳其、吉布提等部署了数十处军事基地，军事硬实力和外交软实力未受到根本性损伤。2013 年 12 月，美国国防部长哈格尔访问巴林并强调：尽管安理会五常和德国与伊朗就伊核问题达成了临时协定（《日内瓦协定》），但是美国仍将信守对海合会六个成员国的安全承诺，在科威特、卡塔尔、巴林、阿联酋、阿曼和沙特维持 3.5 万人的军队，包括

① 《大中东政策或成奥巴马第二任期政策切入点》，载《解放日报》2013 年 2 月 7 日。

② David MaMurray and Amanda Ufhei-Somers, *The Arab Revolts: Dispatches on Militant Democracy in the Middle East*, Bloomington and Indianapolis: Indiana University Press, 2013, pp. 201 – 203.

1 万名装备有坦克与“阿帕奇”直升机的陆军，1 个航母战斗群及大约 40 艘舰艇；美国在海湾部署有导弹防御系统、先进雷达、无人机和其他作战飞机等，可以随时对附近目标发动攻击。①

“阿拉伯革命”发生后，美国更加关注国内经济问题，加上“页岩气革命”和国际能源价格的大幅度下跌，美国对大中东能源需求和投资减少。正如基辛格在 2013 年指出的：“长期以来，如果不考虑国际石油市场，你就无法制定恰当的大中东政策和应对大中东危机。但是，这种情况正在发生根本性变化。北美的能源供应虽然尚不能说已实现‘自给自足’，但供需差距正在缩小，因为美国的页岩气已经具有战略意义。”② 尽管美国在大中东的地缘经济利益下降，但仍然具有重要的地缘政治利益。

2013 年以来，美国应对中东剧变的政策以叙利亚危机和伊朗核问题为主要关注点，奉行“韬光养晦”式的低调政策，外交手段优先于军事手段，多边主义优先于单边主义，妥协守成优先于战略盲动，对叙利亚以压促变，对伊朗以谈促变，静观阿拉伯国家的社会转型，积极接触亲美伊斯兰政党与政治组织，同时继续对反美伊斯兰激进势力和恐怖主义势力采取围堵和打压政策。

奥巴马大中东政策的调整给中国大中东外交和中美关系的改善带来了机遇和挑战。在奥巴马第二任期调整大中东政策过程中，中国一方面继续在大中东享受“安全红利”，并积极在多边框架下参与大中东事务，但另一方面也应看到，随着美国在大中东的主导能力下降，大中东陷入长期动荡和伊斯兰激进势力崛起的趋势明显，“阿拉伯革命”已经产生“蝴蝶效应”。5 年来伴随“阿拉伯革命”，从摩洛哥到巴基斯坦，极端势力和恐怖势力的强劲崛起，对中美在该地区的利益均构成了挑战，维持大中东国家的政治稳定、阻止大中东穆斯林地区出现极端化和“圣战化”思潮符合中美双方利益。

2010 年美国参谋长联系会议公布的《2020 年联合构想》指出，未来美国军事力量的运用将基于四个原则：第一，美国拥有全球利益，且这些利益面临各种潜在威胁；第二，信息技术不仅影响了美国军队的作战能力，而且影响世界上其他武装力量的作战能力；第三，美国将依靠盟友及不同政府部门的合作，共同应对安全挑战；第四，在国防部内部，美国将

① “US to Maintain 35000 Troops in Gulf,” *The Peninsula*, December 8, 2013.

② Shamus Cooke, “Obama's New Middle East Strategy,” *Counter Punch*, November 04, 2013.

加强各兵种和司令部联合作战，促进指挥、控制、情报和通讯系统的整合。① 海外军事基地贯穿了美国海外利益、军事技术革命、联盟政治和多兵种联合作战四个方面，在未来美国全球军事战略中将发挥重要作用。

数千年来，权力存在的空间范围大致沿着陆权—海权—空权—太空权—网络空间权力的方向拓展。海外军事基地既是一国权力大小的标志，又是其权力兴衰的“晴雨表”。海外军事基地使大国获得了超出本国边界线的“超主权”和战略利益，其海外军事投射能力加上海外领地和海外省，使之成为帝国。崛起大国部署海外军事基地，守成大国维持海外军事基地，衰弱大国放弃海外军事基地，呈现出一定的规律性。纵观两千余年历史，大国在海外建立军事基地的努力从未停止过，其大体可分为五个阶段：第一阶段：古代帝国主要追求建立海外陆上基地以扩大陆权、兼并土地，如古代埃及、古代中国、蒙古帝国、阿拉伯帝国、罗马帝国和奥斯曼帝国等；第二阶段：近代欧洲列强在海外建立海上基地以扩大海权、建立殖民地，如荷兰、葡萄牙、西班牙、英国和法国等；第三阶段：二战后美苏在各自盟国土地上建立基地以强化各自的意识形态板块（陆权国阵营与海权国阵营的博弈）；第四阶段：冷战后西方大国在海外建立的反恐基地（具有小型化和机动化特征）；第五阶段：新时期大国为维护海外多重利益而建立军事基地，其功能从地缘政治为主转向地缘政治与地缘经济并重，虚拟空间的权力越来越重要。

2014 年经济总量（按照购买力平价计算）居世界前列的美国、日本、德国、法国、英国、巴西、意大利、俄罗斯、印度在大中东国家部署的军事基地情况如下。

表 11—2　21 世纪以来域外大国在大中东国家的军事基地部署

基地部署国	基地东道国	驻军人数	主要军事基地
美国	土耳其	1780	因切尔利克（Incirlik AB）、伊斯梅尔（Izmir）、阿达纳（Adana）、巴特曼（Batman）、埃尔祖鲁姆（Alemdağ）、卡赫拉曼马拉什（Çiğli AB）等。

① Joint Chief of Staff, *Joint Vision* 2020, *America's Military*: *Preparing for Tomorrow*, Washington, DC, 2010, p. 36.

续表

基地部署国	基地东道国	驻军人数	主要军事基地
美国	伊拉克	最高峰13万	伊拉克南部地区的塔利尔（Tallil）、西部地区的阿萨德（al-Asad）、中部地区的巴拉德（Balad）和北部地区的古热亚（Quayyarah）等（2011年底，奥巴马宣布关闭在伊拉克的所有军事基地，仅保留数百人的军事训练人员）。
美国	沙特	4408①	苏尔坦亲王（Sultan Prince）空军基地、宰赫兰（Dhaharn）空军基地、海米斯穆谢特（Khamis Mushayt）、利雅得、塔布克和塔伊夫（Taif）基地等（2001年后关闭所有军事基地，仅保留军事训练场所）。
美国	科威特	14000	比林兵营（Camp Buehring）、阿瑞坎兵营（Camp Arifjan）、阿里·萨雷姆（Ali Al Salem）等。
美国	卡塔尔	10000	埃斯萨利亚（Al-Saliyah）兵营、乌代德空军基地（al-Udeid）、乌姆萨义德（Umm Said）等。
美国	巴林	1496	谢赫·伊萨（Shaykh Isa）空军基地、巴林港等。
美国	阿联酋	546	杰布·阿里港（Jabel Ali）、富查伊拉港（Fujayrah）等。
美国	阿曼	35－50	锡卜（Seeb）、马西拉和塞迈里特空军基地（Al Thumrait）等。
美国	阿富汗	11800②	巴格拉姆基地（Bagram）、坎大哈空军基地和信丹德机场（Shindand）等，2014年底全部关闭。

① 2001年后仅维持数百人的军事训练人员，2014年为500人，但无军事基地。

② 截至2018年1月，美国在阿富汗军事基地共部署了1.18万人左右，主要承担反恐侨民保护、军事训练等任务。

续表

基地部署国	基地东道国	驻军人数	主要军事基地
美国	吉尔吉斯斯坦	1200	彼得·甘西基地（马纳斯空军基地，为美国和北约在阿富汗的军事行动提供加油与后勤服务，2014 年关闭）
美国	乌兹别克斯坦	1750	汗纳巴德空军基地（Karshi-Khanabad，简称“K－2”基地，2005 年关闭）
美国	塔吉克斯坦	人数不详	苦盏（Khujand）、库尔干—秋别（Krgan-Tyube）和库利亚布（Kulyab）三处军事基地（2009 年后停止使用）。
美国	巴基斯坦	人数不详	达尔本丁（Dalbandin）和夏巴兹（Shahbaz）军事基地（2011 年后停止使用）。
美国	吉布提	2000—3000	雷蒙尼尔（Camp Lemonier）军事基地、吉布提安布利国际机场（Ambouli）等。
英国	塞浦路斯	3000	亚克罗提利（Akrotiri）和德凯利亚（Dikelya）军事基地。
英国	巴林	人数不详	米纳·塞勒曼（Mina Salman）港海军基地（在建，建设费用 1500 万英镑）
法国	阿联酋	500	阿布扎比扎耶德（Zayed）港、扎耶德兵营和阿布扎比市郊宰夫拉空军基地（Al-Dhafra）等。
法国	吉布提	2900	雷蒙尼尔（Camp Lemonier）军事基地、阿尔塔训练中心（Arta）等。
俄罗斯	叙利亚	1000 以上	塔尔图斯（Tartus）海军基地、赫迈米姆空军基地
俄罗斯	吉尔吉斯斯坦	700	坎特（Kant）空军基地（俄罗斯第 999 军事基地）①；伊塞克湖（Issyk Kul）附近试验站。

① 该基地同时也是俄罗斯主导的集体安全条约组织这一军事联盟的反恐基地，2003 年 10 月正式投入使用。

续表

基地部署国	基地东道国	驻军人数	主要军事基地
俄罗斯	塔吉克斯坦	5500	杜尚别、库尔干秋别（Qurghonteppa）和库洛布（Kulab）军事基地；艾尼（Ayni）联合空军基地；努雷克（Nurak）附近航空设施（驻扎有俄罗斯第201摩步师等）。
日本	吉布提	180	吉布提国际机场东北部基地、吉布提港
印度	塔吉克斯坦	150（印度工兵和顾问）	法科尔（Farkhor）空军基地、艾尼（Ayni）空军基地。
德国、意大利、巴西	无	无	尚未部署军事基地①

数据来源：U. S. Department of Defense, *Selected Manpower Statistics*, *Fiscal Year* 2005, Washington D. C.: Department of Defense, 2005, pp. 23 – 25; Donna Cassata, "US Plans Significant Military Presence in Kuwait," *Times of Israel*, June 19, 2012; Kenneth Katzman, "Oman: Reform, Security, and U. S. Policy," *Congressional Research Service*, June 29, 2009, p. 3; U. S. Department of Defense, "Report on Progress Toward Security and Stability in Afghanistan," Report to Congress, November 2013, pp. 11 – 13; Shenali Waduge, "Over 1000 US Foreign Military Bases yet Commotion over Sri Lanka's Internal Military," *Asian Tribune*, September 20, 2012; *British Forces Cyprus Pre-arrivals Guide*, April 2011, London: Military of Defence, 2011, p. 6; James Rogers and Luis Simon, "The Status and Location of the Military Installations of the Member States of the European Union and Their Potential Role for the European Security and Defence Policy," *Policy Department External Policies*, February 2009, p. 12; Andrew E. Kramer, "Russian Warships Said to Be Going to Naval Base in Syria," *New York Times*, June 18, 2012; Alex Martin, "First Overseas Military Base Since WWII to Open in Djibouti," *Japanese Times*, July 2, 2011; "India Facing Eviction From Tajikistan Military Base?" http://www.india-defence.com/reports-3550; William Arkin, *Code Names*: *Deciphering U. S. Military Plans*, *Programs and Operations in the* 9/11 *World*, Hanover: Steerforth Press, 2005, p. 198.

① 德国和意大利在北约的框架下向土耳其、阿富汗和吉布提部署了军事力量，但未单独部署军事基地。

第三节 大国在大中东军事基地部署的动因归纳

大国在海外部署军事基地的问题，是涉及内政与外交、安全与财政、政治与法律等诸多方面的系统工程，其在海外部署军事基地受战略条件、技术条件、外交条件、财政条件和法律条件等因素的共同影响。大中东地区的权力结构是地缘政治（大国政治）、血缘政治（部落政治）和教缘政治（教派政治）相互影响、相互作用的结果。21 世纪初，美、英、法、俄、日、印等 6 个大国在 16 个大中东国家军事基地部署的实例显示，域外大国在大中东国家部署的军事基地规模不同，布局也不一样，其中，美国仍然是在大中东国家军事基地数量最多、人数最多、影响力最大的国家。上述五个条件的权重不同，可分为三个等级。其中战略条件最为关键，处于第一层级，决定了大国“要不要”部署海外军事基地；技术条件与外交条件处于第二层级，分别从“内因”和“外因”两个层面决定了大国“能不能”部署海外军事基地；财政条件和法律条件处于第三层级，决定了大国部署“什么样”的海外军事基地，包括“刚性与柔性”、“永久性与临时性”、“治外法权与非治外法权”等等类型。美国在大中东地区部署军事基地的实例，印证了大国海外军事基地部署的五个条件的重要性处于不同层级。

一、对地缘政治利益受到威胁的认知成为大国部署海外军事基地的关键条件，决定了大国“要不要”部署海外军事基地

在 2014 年 GDP 占全球前十位的国家中，美、英、法、俄更加关注本国在全球军事战略中的地位，以增强军事控制力为主要追求，更加关注地区均势，属于地缘政治主导型大国，它们将大中东国家总体上视为博弈的“战场”而不是“市场”，其大中东战略的首要任务是维护在大中东国家的军事安全和地区领导权。这些国家从“敌人—盟友”二元对立的视角审视大中东国家，将该地区分为逊尼派与什叶派、共和制与君主制、反西方与亲西方、温和与激进国家等类型，对上述力量之间的战略平衡较为敏感，

按照“友好度”和所谓“民主化程度”划线，奉行联盟战略。当所谓“战略失衡”出现时，在盟国土地上部署军事基地就成为上述国家维护地区主导权、协防盟友和遏制潜在敌人的重要手段。21 世纪初以来，在域外大国部署在大中东国家的军事基地实例中，有 21 个实例是拥有明显地缘政治利益的美、英、法、俄四国部署的军事基地；这些大国对其在大中东国家地缘政治利益受到威胁表现出严重关切，总体上验证了大国对地缘政治利益受到威胁的认知，成为其部署海外军事基地的战略条件（美国 13 个、英国在 2 个、法国在 3 个、俄罗斯 3 个）。

在 GDP 占全球前十位的国家中，巴西、印度、日本、德国和意大利把国内经济发展而不是地缘政治争夺作为首要任务，属于地缘经济主导型大国，其首要任务是促进国内经济、民生和社会发展，以增强经济实力为追求，在海外军事基地部署问题上更加谨慎。这些国家视大中东国家为“市场”而不是“战场”，在大中东不选边、不站队、不树敌，奉行更具包容性的伙伴战略。印度、巴西等新兴发展中大国综合国力不断增长，日本、德国和意大利的经济总量仍居世界前列，地缘经济主导型战略在这些国家占主导地位。

此理论假设未能解释的是印度在塔吉克斯坦、日本在吉布提的军事基地实例，即地缘经济主导型国家印度和日本也在海外部署了小型军事基地，似乎并不符合大国在海外部署军事基地的战略条件。但是，仔细分析可以发现，印度在塔吉克斯坦部署军事基地，具有维护重要地缘政治利益、强化与巴基斯坦博弈的倾向性；日本在吉布提部署军事基地受美日同盟的结构因素影响。近年来随着美国综合国力的衰弱，其更加鼓励日本承担更多的国际义务，包括利用在吉布提的军事基地加强欧洲盟国与亚洲盟国的军事协调与合作。总体来看，战略条件决定了大国海外军事基地部署的意愿，即“要不要”部署军事基地。

二、权力投射能力成为大国部署海外军事基地的重要技术条件，决定了其在技术上“能不能”部署海外军事基地

从实例可以看出，目前在大中东国家部署军事基地的都是军事大国，具有较强的军事投射能力和应对潜在敌国的反介入能力，使它们在海外部署军事基地成为一种可能。且美国的军事技术能力最强，在 13 个大中东国

家部署了军事基地，驻军总人数最高峰达 20 万人，处于第一层级；俄罗斯、英国和法国军事技术能力其次，这三个国家分别在 2—3 个大中东国家部署了军事基地，驻军人数在 3000—8000 人之间，处于第二层级；日本和印度军事技术能力尤其是远程投射能力相对较差，其分别在 1 个大中东国家部署了军事基地，驻军人数在 500 人以内，处于第三层级。军事技术能力与大国海外军事基地的数量和驻军规模呈正相关关系。

大国部署海外军事基地必须具备必要的权力投射能力，而权力投射能力是该国军事技术水平的标志。二战结束以来，军用飞机作战半径的增加、战略武器性能的提高、空中加油机的开发、无人机的使用、战略导弹技术的研发、军用卫星系统、雷达预警系统和潜艇技术的提高，都提升了一国的军事投射能力；①舰船驱动力技术的革新，现代卫星通讯技术的换代及核武器投送能力的升级，也增加了国家的权力投射能力。军事技术的提高使部署海外军事基地具备了客观条件，促进了海外军事基地部署。从技术条件来看，美、英、法、俄的军事技术先进、权力投射能力强，成为其在大中东国家部署军事基地的重要条件。

权力投射能力也增强了一国部署海外军事基地时的"反介入（anti-access）"的能力，提振了其部署海外军事基地的决心。海外军事基地的部署必须解决的技术层面的问题是如何应对潜在敌国的反介入战略。这种战略包括敌国鼓励军事基地东道国民众开展抗议运动、抢先向基地东道国提供武器装备或建立基地、利用地区或国际舞台宣传海外军事基地对地区安全形势的威胁等。② 除外交和政治手段外，敌国还常常采取军事手段阻止第三国建立军事基地，如使用弹道导弹、反舰导弹、轰炸机、潜艇、水雷、民用运输船、恐怖袭击、甚至威胁使用大规模杀伤性武器来慑止地区国家允许域外大国部署军事基地；敌国还会利用反介入遥感系统包括卫星系统、超视距雷达（over-the-horizon radar）、空基雷达以及间谍网络等增加域外大国部署军事基地的成本；甚至还利用"反介入战术"包括提前破坏港

① John Woodliffe, *The Peacetime Use of Foreign Military Installations Under Modern International Law*, Dordrecht, Boston and London: Martinus Nijhoff Publications, 1992, pp. 322 – 323.

② Robert E. Harkavy, *Bases Abroad: The Global Foreign Military Presence*, Oxford: Oxford University Press, 1989, p. 363.

口与其他基础设施，给基地部署国造成严重人员伤亡等。[①] 2010 年《美国国家安全战略报告》指出：我们将在反恐等军事行动中继续保持优势，在敌人采取反介入措施时，遏制和击败敌人，保卫美国。[②] 上述四大国能够在海外部署军事基地，是因为其在掌握了投射军事力量的基础上，拥有了应对反介入战略的技术和能力。

三、基地东道国的立场成为大国部署海外军事基地的重要外部条件，决定了其"能不能"部署军事基地

对于国内政局不稳的大中东国家来说，大国在其土地上建立军事基地有助于其增强内部稳定与维护政权安全，如美国在海合会国家、俄罗斯在叙利亚和塔吉克斯坦、美法在吉布提的军事基地等。美国在海合会成员国的军事基地，维护了这些酋长国的政权稳定。本书考察了冷战后主要的大中东国家，其中 16 个曾经或目前拥有域外大国部署的军事基地，包括吉尔吉斯斯坦、塔吉克斯坦、乌兹别克斯坦、巴基斯坦、阿富汗、海湾合作委员会 6 国、伊拉克、土耳其、叙利亚、塞浦路斯和吉布提。基地东道国对域外大国部署军事基地的态度，也决定了海外军事基地的部署。二战结束以来，伊朗、利比亚、苏丹、沙特、突尼斯、阿尔及利亚、乌兹别克斯坦、阿富汗、伊拉克等大中东国家政府和民众曾要求美国关闭在其领土上的军事基地。[③]

研究表明，基地东道国政府和民众反对海外军事基地部署，主要出于三种原因：1. 意识形态型，如"9·11"后，沙特政府反对美国在沙特部署军事基地，认为"异教徒（美国的非穆斯林军队）"亵渎了纯洁的伊斯兰圣地；2. 民族主义型，如伊拉克、乌兹别克斯坦和阿富汗政府和民众反对美国部署军事基地，认为其损害了伊拉克主权和领土完整；3. 经济—社会型，即当地政府认为，海外军事基地污染了环境，干扰了当地民众的正

① Andrew T. H. Tan, *The Politics of Maritime Power: A Survey*, London and New York: Routledge, 2007, pp. 89 – 90.

② The White House, *National Security Strategy of the United States of America*, 2010, Washington D. C., May 2010, p. 14.

③ Catherine Lutz, "Obama's Empire: An Unprecedented Network of Military Bases That is Still Expanding," *The New Statesman*, July 30, 2009, p. 6.

常生活，如塔吉克斯坦、巴基斯坦等。就大中东国家而言，最主要的是意识形态型。”9·11”后，随着伊斯兰世界民族主义和激进主义势力的上升，基地东道国的独立意识和主体意识增强，域外大国在大中东国家土地上部署的军事基地面临的政治风险增加。有些东道国反对大国部署军事基地，认为基地部署犹如在中小国家土地上的“圈地运动”，基地部署国与东道国在海外军事基地问题上会出现矛盾与分歧，尤其是伴随东道国反对海外军事基地及驻军，海外军事基地出现“政治化”。

四、大国国内提供军事支持的意愿和能力影响海外军事基地的规模与合作范围，即建立“什么样”的军事基地

大国的财政状况并不能决定其“要不要”和“能不能”部署军事基地，而是部署何种规模（大型或小型）、何种形态（刚性或柔性）以及何种期限（永久性或临时性）基地。伊拉克战争结束后，受美国财政状况不佳的影响，美国国防部长拉姆斯菲尔德于2004 年提出关闭 1/3 海外军事基地，总共 200—300 处，将 7 万驻外基地美军及 10 万家属撤回国内，此举每年可为美国国防部节约 120 亿美元的开支；时任美国欧洲司令部司令、海军陆战队上将詹姆斯·琼斯（James Jones）也主张美国关闭在欧洲 20%的军事基地，[①] 并将有限的军费用于军事技术研发和其他领域。奥巴马入主白宫以来，美国财政赤字增加。2009 年经济增长率为 -2.8%，而当年失业率高达 10%，联邦债务由 2000 年占美国 GDP 的 58% 增加到 2009 年占 GDP 的 90%。[②] 美国近 1000 座海外军事基地的年维持费用高达 1000 亿美元，[③] 已经成为沉重的财政负担。据美国国防部《基地结构报告》统计，受财政预算减少的影响，2014 财年美国海外军事基地已经减少至 576 处。[④] 美国财政赤字的增加迫使奥巴马政府决定关闭在伊拉克、吉尔吉斯坦和阿

---

① David Vine, “Too Many Overseas Bases,” *Foreign Policy in Focus*, February 25, 2009.

② Bahram M. Rajaee, *National Security Under the Obama Administration*, New York: Palgrave, 2012, p. 13.

③ Shenali Waduge, “Over 1000 US Foreign Military Bases yet Commotion over Sri Lanka’s Internal Military,” *Asian Tribune*, September 20, 2012.

④ US Department of Defense, *Base Structure Report FY 2014 Baseline*, Washington D. C.: GPO, 2014, p. 6.

富汗的军事基地，仅保留一定数量的军事训练人员和执行特殊任务的军事情报人员。

五、海外军事基地部署国能否将军事问题转变成法律问题，影响海外军事基地的规模与安全合作范围，即建立“什么样”的军事基地

在大中东国家，大国一方面将海外军事基地的部署纳入到国际正义和联合国的使命框架下，强调自己的军事基地部署是大国提供的公共产品，是应尽的“保护的责任”；另一方面与基地东道国签订了不同形式和实质的驻军协定，将海外军事部署的军事问题转变为法律问题，增强合法性。从实证分析来看，这些法律条件并不能影响大国部署海外军事基地的意愿和能力，只能影响其部署什么样类型的军事基地，如大国海外驻军是否享有治外法权；士兵是否可以携带武器过境非军事区；军事基地区是否要严格执行“沙里亚法（伊斯兰教法）”；在军事基地区女兵或女性家属是否需要戴头巾及能否驾车；军事基地区能否出售酒精饮料和非清真食品等。同美国在沙特军事基地严格遵守“沙里亚法”不同，美军在巴林的军事基地享有更多“治外法权”，如驻守巴林军事基地的美军可以饮酒而无需遵守伊斯兰教法。

如果军事基地部署国与东道国签订正式安全合作协定，规定可以部署军事基地，其驻军的法律依据就强；如果基地部署国通过军事占领强迫对象国接受军事基地，其驻军法律依据就比较弱。驻军协定的核心条款一般涉及以下内容：1. 军事设施的种类（永久性与临时性）、驻军人数和海外资产（军火的数量与种类、飞机、轮船、雷达、观测设备）；2. 主权问题，包括基地的部署国和东道国的磋商程序、海外驻军的司法审判程序等；3. 与协定有关的政治与经济关系，即东道国允许部署国部署军事基地应得到的补偿。[①] 军事基地部署国和东道国在签订军事协定时，一般规定前者享有使用军事基地设施和设备、自由进出基地、在军事基地范围内的行动权

① Alexander Cooley, *Base Politics: Democratic Change and the U. S. Military Overseas*, Ithaca: Cornell University Press, 2008, pp. 29 – 30.

和军事基地以外的飞越权等。[①]

研究表明，美国比其他大国更加善于将海外军事基地部署的军事问题转变为法律问题，特别是通过《驻军地位协定》在 13 个大中东国家部署了军事基地，使驻军“合法化”。国家间签订的正式或非正式协定，往往包含一国在另一国土地上建立或放弃军事基地的特别条款，影响了军事基地的内涵与驻军的权限。早在 1960 年，英国和塞浦路斯签订的军事基地协定规定：英国同意塞浦路斯独立，同时将在该国保留主权基地，但不得在军事基地内建立商业港或民用机场；[②] 2011 年底，由于伊拉克新政府拒绝给美军“治外法权”，迫使美国最终宣布关闭在伊拉克所有军事基地，取而代之的是军事训练中心。21 世纪初以来，美国海外军事基地部署的法律地位问题，主要表现在由于美国试图通过《驻军地位协定》保留美军享受治外法权的条款，结果遭东道国的反对，美国不得不以柔性的军事训练中心代替刚性军事基地。

“阿拉伯革命”发生后，大中东成为全球治理的重点与难点地区，恐怖与反恐、宗教与世俗、变革与守成之间的矛盾成为大中东地区的主要矛盾。中美作为具有全球影响力的大国，理应将大中东作为构建新型大国关系的“试验田”。中东剧变爆发以来，尤其是特朗普担任美国总统以来，美国在大中东奉行总体超脱策略，中国对大中东事务的参与力度仍然有限，大中东均不是中美两国对外战略的首要利益地区。同时，美国奉行地缘政治主导型大中东战略，更加关心自己在大中东安全事务中的相对位置和相对收益，关心域外大国之间的军事影响力对比，试图将大中东纳入美国设计的战略轨道，以军事促安全；中国奉行地缘经济主导型大中东战略，更关心自己在大中东经济事务中的相对位置，以民生促安全，把中东能源、经贸利益和领事保护视为大中东战略的首要目标。中美在大中东地区促进冲突解决、提供安全公共产品、开展斡旋外交、加强非传统安全领域合作，潜力巨大。

随着“一带一路”倡议在大中东的实施，尤其是 2016 年 1 月国家主

---

① John Woodliffe, *The Peacetime Use of Foreign Military Installations Under Modern International Law*, Dordrecht, Boston and London: Martinus Nijhoff Publications, 1992, pp. 142 – 147.

② John Woodliffe, *The Peacetime Use of Foreign Military Installations Under Modern International Law*, Dordrecht, Boston and London: Martinus Nijhoff Publications, 1992, pp. 302 – 303.

席习近平访问沙特、埃及和伊朗，大中东地区成为中国“一带一路”建设的重点区域之一，也是中国运筹与其他大国关系的重要地区。中美、中俄、中日、中印、金砖国家等在大中东的互动日益频繁。这些都是大中东重要的域外大国，在大中东的地缘经济和地缘政治利益并行不悖，为中国与其他域外大国在大中东的错位发展、由西方主导的中东治理转向各方共同协商参与的中东治理提供了可能。从长远来看，错位发展可以减少守成大国在大中东对崛起大国的战略猜疑，有利于新型大国关系的构建和中东地区的和平与发展。

参考文献

一、中文参考文献

（一）著作

安妮·雅各布森：《51 区：封存 60 年的美国绝密军事基地档案》，重庆：重庆出版社 2012 年版。

曹晓光著：《超级堡垒：深度解读世界海军大舰队基地》，北京：航空工业出版社 2016 年版。

曹晓光著：《大国柱石：深度解读世界大国海军战略母港》，北京：航空工业出版社 2016 年版。

曹晓光著：《海狼之巢：深度解读世界核、常动力潜艇基地》，北京：航空工业出版社 2016 年版。

曹晓光著：《核战基石：深度解读世界弹道导弹核潜艇基地》，北京：航空工业出版社 2016 年版。

曹晓光著：《两栖大本营：深度解读世界直升机母舰母港》，北京：航空工业出版社 2016 年版。

曹晓光著：《重器之鞘：深度解读世界核常动力航母母港》，北京：航空工业出版社 2016 年版。

陈东晓主编：《全球安全治理与联合国安全机制改革》，北京：时事出版社 2012 年版。

陈万里等著：《二战后中东国家发展道路案例研究》，银川：宁夏人民出版社 2015 年版。

仇华飞著：《国际秩序演变中的中国周边外交与中美关系》，上海：上海人民出版社 2015 年版。

楚树龙著：《冷战后中美关系的走向》，北京：中国社会科学出版社 2001 年版。

大卫·韦恩著，张彦译：《美国海外军事基地：它们如何危害全世界》，北京：新华出版社 2016 年版。

蒂尔、师小芹著：《21 世纪海权指南》，上海：上海人民出版社 2013 年版。

樊高月、宫旭平编著：《美国全球军事基地览要》，北京：解放军出版社 2014 年版。

樊吉社、张帆著：《美国军事：冷战后的战略调整》，北京：社会科学文献出版社 2011 年版。

方长平著：《国际冲突的理论与实践》，北京：社会科学文献出版社 2015 年版。

方金英著：《穆斯林与激进主义》，北京：时事出版社 2016 年版。

高祖贵著：《美国与伊斯兰世界》，北京：时事出版社 2005 年版。

郭威著：《美国在中东国家的文化外交》，北京：社会科学文献出版社 2014 年版。

郭应德著，张甲民译：《中国阿拉伯关系史（汉阿对照）》，北京：北京大学出版社 2015 年版。

韩志斌等著：《利比亚伊斯兰社会主义研究》，杭州：浙江人民出版社 2014 年版。

胡波著：《中国海权策：外交、海洋经济及海上力量》，北京：新华出版社 2012 年版。

胡杰著：《海洋战略与不列颠帝国的兴衰》，北京：社会科学文献出版社 2012 年版。

黄柏富主编：《"9·11"事件后美国国家安全战略文件选编》，北京：军事谊文出版社 2002 年版。

黄民兴著：《阿富汗问题的历史嬗变》，北京：社会科学出版社 2013 年版。

黄仁伟著：《中国崛起的时间和空间》，上海：上海社会科学院出版社 2002 年版。

姜文华等编：《美国从哪里出兵：美国军力大扫描》，北京：解放军文艺出版社 2003 年版。

杰夫·贝里奇著，庞中英译：《外交理论与实践》，北京：北京大学出版社 2005 年版。

金灿荣等著：《和平发展：大国的责任》，北京：中国人民大学出版社 2014 年版。

金良祥著：《伊朗外交的国内根源研究》，北京：世界知识出版社 2015 年版。

军情视点编：《战略支撑：全球军事基地 50》，北京：化学工业出版社 2015 年版。

李福泉著：《从边缘到中心——黎巴嫩什叶派政治发展研究》，北京：中国社会科学出版社 2016 年版。

李意：《当代中东国家政治合法性中的宗教因素》，北京：世界知识出版社 2017 年版。

刘宝莱主编：《破解中东乱象》，北京：世界知识出版社 2015 年版。

刘宝银、杨晓梅著：《中国海洋战略边疆：航天遥感 多国岛礁 军事区位》，北京：海洋出版社 2011 年版。

刘鸣主编：《国际秩序中的中国与新兴国家：领导作用、制度建构与身份认同》，北京：社会科学文献出版社 2013 年版。

刘胜湘等著：《国家安全：理论、体制与战略》，中国社会科学出版社 2015 年版。

刘欣路著：《中阿关系发展中的中国软实力研究》，北京：光明日报出版社 2014 年版。

刘一建著：《制海权与海军战略》，北京：国防大学出版社 2000 版。

刘月琴著：《伊斯兰文化与社会现实问题的考察》，北京：中国社会科学出版社 2012 年版。

刘云、王泰、李福泉著：《美国与西亚北非关系中的伊斯兰因素研究》，杭州：浙江人民出版社 2013 年版。

刘中民、朱威烈、孙德刚主编：《中东地区发展报告（2015—2016 年卷）》，北京：时事出版社 2016 年版。

刘中民、孙德刚主编：《中东地区发展报告（2016—2017 年卷）》，北京：世界知识出版社 2017 年版。

刘中民著：《中东政治专题研究》，北京：时事出版社 2013 年版。

马汉著，安常容、成忠勤译：《海权对历史的影响：1660～1783》北京：中国人民解放军出版社2006年版。

美国国防大学国家战略研究所著，林东等译：《理清纷乱的世界》，北京：国防大学出版社2000年版。

倪峰著：《国会与冷战后的美国安全政策》，北京：中国社会科学出版社2004年版。

钮松等著：《当代东亚与中东关系研究》，北京：世界知识出版社2015年版。

彭树智著：《东方民族主义思潮》，北京：人民出版社2013年版。

任晓、沈丁立主编：《保守主义理念与美国的外交政策》，上海：上海三联书店2003年版。

沈丁立、任晓：《现实主义与美国外交政策》，上海：上海三联书店2004年版。

沈丁立、任晓主编：《亚洲地缘经济与政治》，上海：上海人民出版社2008年版。

孙德刚著：《冷战后欧美大国在中东的军事基地研究》，北京：世界知识出版社2015年版。

孙德刚著：《危机管理中的国家安全战略》，上海：上海人民出版社2010年版。

孙德刚著：《准联盟外交的理论与实践——基于大国与中东国家关系的实证分析》，北京：世界知识出版社2012年版。

孙哲主编：《中美外交：管控分歧与合作发展》，北京：时事出版社2014年版。

唐立新著：《现代美国犹太政治研究》，北京：广东人民出版社出版社2016年版。

陶文钊著：《中美关系史（1972—2000）》，上海：上海人民出版社2004年版。

田文林著：《困顿与突围：变化世界中的中东政治》，北京：社会科学文献出版社2016年版。

田野著：《国家的选择：国际制度、国内政治与国家自主性》，上海：上海人民出版社2014年版。

托马斯·巴尼特著，王长斌等译：《五角大楼的新地图：21世纪的战争与和平》，北京：东方出版社 2007 年版。

王缉思、徐辉、倪峰：《冷战后的美国外交》，北京：时事出版社 2008 年版。

王林聪著：《中东国家民主化问题研究》，北京：中国社会科学出版社 2007 年版。

王生荣著：《海权对大国兴衰的历史影响》，北京：海潮出版社 2009 年版。

王铁铮著：《全球化与当代中东社会思潮》，北京：人民出版社 2013 年版。

王新刚、王立红著：《中东和平进程》，北京：时事出版社 2012 年版。

王逸舟主编：《国际公共产品：变革中的中国与世界》，北京：北京大学出版社 2015 年版。

吴思科著：《特使眼中的中东风云》，北京：世界知识出版社 2015 年版。

谢立忱著：《当代中东国家边界与领土争端研究》，北京：社会科学文献出版社 2015 年版。

修昔底德著，徐松岩、黄贤全译：《伯罗奔尼撒战争史》，桂林：广西师范大学出版社 2004 年版。

阎学通著：《世界权力的转移：政治领导与战略竞争》北京：北京大学出版社 2015 年版。

杨洁勉著：《中国外交理论和战略的建设与创新》，上海：上海人民出版社 2015 年版。

杨明光著：《利益集团与美国中东政策》，昆明：云南大学出版社 2012 年版。

姚荣编著：《军事基地与红旗军演》，北京：人民邮电出版社 2013 年版。

余国庆著：《大国中东战略的比较研究》，北京：中国社会科学出版社 2013 年版。

余建华等著：《恐怖主义的历史演变》，上海：上海世纪出版集团 2015 年版。

岳汉景著：《奥巴马政府对伊朗的“接触政策”研究》，北京：社会科学文献出版社 2011 年版。

岳晓勇著：《动荡中的盟友与对手：美国与海湾国家关系的建立与演进》，北京：世界知识出版社 2013 年版。

张耕等著：《军事基地大观》，杭州：浙江少年儿童出版社，1993 年版。

张曙光著：《美国遏制战略与冷战起源再探》，上海：上海外语教育出版社 2007 年版。

张文木著：《论中国海权》，北京：海洋出版社 2010 年版。

郑秉文、黄平主编：《美国研究报告 . 2015：美国再平衡战略新挑战》，北京：社会科学文献出版社 2015 年版。

周建明著：《美国的防务转型及其对中国的影响》，济南：山东人民出版社 2006 年版。

周煦著：《冷战后美国的中东政策》，台北：五南图书出版公司 2002 年版。

朱成虎、赵子聿主编：《当代美国军事》，北京：社会科学文献出版社 2001 年版。

朱威烈等著：《中东反恐怖主义研究》，北京：时事出版社 2010 年版。

朱永彪著：《“9・11”之后的阿富汗》，北京：新华出版社 2009 年版。

（二）论文

马尧：《印度和新加坡签署协议变相增设海外军事基地?》，载《南方周末》2017 年 12 月 5 日。

曾向红：《遏制、整合与塑造：美国中亚政策的战略目标》，载《俄罗斯研究》2013 年第 5 期。

陈冰：《海外建军事基地不用理会“中国威胁论”》，载《国防时报》2011 年 12 月 23 日。

陈传明：《美国海军海外母港的效益和成本》，载《军事文摘》2016 年第 3 期。

陈积敏：《奥巴马政府新军事战略评析》，载《现代国际关系》2012 年第 2 期。

崔戈：《美国非洲战略在其国家安全战略中地位的演变》，载《亚非纵横》2014 年第 1 期。

丁增义：《美全球军事部署大调整启动》，载《解放军报》2003 年 12

月 1 日。

范永强：《美国海外军事基地体系再调整》，载《解放军报》2014 年 6 月 13 日。

高珊：《东非军事基地热点国家——吉布提》，载《军事文摘》2016 年第 12 期。

顾伟、李健：《美国战区司令部的形成、发展及运行》，载《外国军事学术》2015 年第 12 期。

顾伟：《奥巴马上任后美国军事战略调整》，载《军事历史研究》2010 年第 2 期。

郭传信：《印度国外持续部署军事基地制衡中国影响力》，载《世界报》2007 年 7 月 25 日。

李丽：《印度欲在蒙古建军事基地》，载《中国国防报》2011 年 9 月 13 日。

黄剑炜：《美军欲包围“不稳定弧形带”》，载《中国国防报》2005 年 4 月 26 日。

李伯君：《论海外军事基地的国际法律地位问题》，载《湖南科技大学学报（社会科学版）》2016 年第 4 期。

李伟建：《中国中东外交战略构建研究》，载《阿拉伯世界研究》2016 年第 2 期。

刘中民：《中国应明示海外基地计划》，载《海洋世界》2010 年第 7 期。

陆海英：《日本建立海外军事基地的海洋战略分析》，载《重庆科技学院学报》（社会科学版）2010 年第 8 期。

摩根·克莱门斯、葛红亮、庞伟：《“海上丝绸之路”与中国海外军事基地建设评估》，载《印度洋经济体研究》2016 年第 1 期。

莫小亮、陈国全：《中国人民解放军驻吉布提保障基地成立》，载《解放军报》2017 年 7 月 12 日。

潘光：《近期卡塔尔外交政策演变和中卡关系》，载《阿拉伯世界研究》2015 年第 2 期。

上官青云：《建海外军事基地不能畏首畏尾》，载《世界报》2011 年 7 月 13 日。

邵育群：《美国中亚政策调整评述》，载《现代国际关系》2007 年第

5 期。

苏晓宇：《美国对中亚军事战略研究》，外交学院博士学位论文，2008 年 4 月。

孙德刚、邓海鹏：《美国调整海湾地区军事基地探析》，载《现代国际关系》2010 年第 5 期。

孙德刚、韦进深：《中国在国际组织中的规范塑造评析》，载《国际展望》2016 年第 4 期。

孙德刚、张玉友：《中国参与伊朗核问题治理的理论与实践》，载《阿拉伯世界研究》2016 年第 4 期。

孙德刚、朱永彪：《美国在阿富汗军事基地的部署与调整》，载《现代国际关系》2016 年第 7 期。

孙德刚：《安全认知变化与法国在非洲军事基地的战略调整》，载《外交评论》2011 年第 5 期。

孙德刚：《大国在海外部署军事基地的条件分析》，载《世界经济与政治》2015 年第 7 期。

孙德刚：《法国在非洲的军事基地：一项历史的考察》，载《同济大学学报》（社科版）2012 年第 2 期。

孙德刚：《法国在吉布提军事基地的绩效分析》，载《阿拉伯世界研究》2011 年第 5 期。

孙德刚：《冷战后美国中东军事基地的战略调整》，载《世界经济与政治》2016 年第 6 期。

孙德刚、邓海鹏：《海外军事基地的理论解析》，载《国际论坛》2012 年第 6 期。

孙德刚：《冷战后西方大国在中东的军事基地与中国的战略选择（6 篇连载）》，载《东方早报》，2011 年 6 月—7 月。

孙德刚：《论“准联盟”战略》，载《世界经济与政治》2011 年第 2 期。

孙德刚：《论新时期中国的准联盟外交》，载《世界经济与政治》2012 年第 3 期。

孙德刚：《论新时期中国对中东国家的整体外交》，载《国际展望》2017 年第 2 期。

孙德刚：《论新时期中国在中东的柔性军事存在》，载《世界经济与政治》2014 年第 8 期。

孙德刚：《美国海外军事基地部署的四个维度——以大中东地区为例》，载《国际观察》2017 年第 2 期。

孙德刚：《美国与以色列的安全合作关系探析》，载《西亚非洲》2017 年第 2 期。

孙德刚：《美国在马格里布地区的军事存在》，载《阿拉伯世界研究》2013 年第 6 期。

孙德刚：《美国在伊拉克军事部署的调整：从刚性基地到柔性存在》，载《现代国际关系》2012 年第 2 期。

孙德刚：《美国在中东军事基地的周期性调整—基于美国安全政策报告的文本分析》，载《西亚非洲》2016 年第 6 期。

孙德刚：《苏（俄）在叙利亚军事基地部署的动因分析》，载《俄罗斯研究》2013 年第 5 期。

孙德刚：《索马里海盗问题的全球治理范式研究——公共产品理论的视角》，载《世界经济与政治论坛》2010 年第 4 期。

孙德刚：《增强我们在海外的柔性军事存在》，载《中国国防报》2011 年 8 月 16 日。

孙光圻：《海洋强国的核心是航海强国》，载《世界海运》2014 年第 1 期。

陶文钊：《关于美国的全球军事大调整》，载《太平洋学报》2005 年第 1 期。

魏岳江：《美军大规模调整亚太军事基地》，载《当代世界》2007 年第 7 期。

吴心伯：《奥巴马政府与亚太地区秩序》，载《世界经济与政治》2013 年第 8 期。

夏立平：《太平洋上的刀光剑影：美国在亚太地区军事基地扫描》，载《世界知识》2001 年第 11 期。

熊光凯：《论世界新军事变革趋势和中国新军事变革》，载《外交学院学报》2004 年第 3 期。

徐瑶：《冷战后美国亚太军事基地体系的调整及其影响》，载《现代国际关系》2013 年第 9 期。

许嘉：《奥巴马政府军事战略调整探析》，载《外交评论》2013 年第

1 期。

杨恕、宛程：《美国撤军和阿富汗总统大选后的重建问题》，载《阿拉伯世界研究》2014 年第 6 期。

杨进：《谁主沉浮：美俄在中亚的军事基地博弈》，载《世界知识》2012 年第 24 期。

杨震、董健：《海权视阈下的当代印度海军战略与海外军事基地》，载《南亚研究季刊》2016 年第 2 期。

俞正樑：《试论全球性议题与全球政治的新发展》，载《国际观察》2009 年第 2 期。

赵国忠：《美国在中东的军事存在及其战略企图》，载《西亚非洲》2006 年第 1 期。

赵华胜：《后阿富汗战争时期的美国中亚外交展望》，载《国际问题研究》2014 年第 2 期。

朱永彪、沈晓晨：《美国从阿富汗撤军对中亚的影响》，载《新疆大学学报》（哲社版）2014 年第 6 期。

二、英文参考文献

（一）档案与政府文件

Al-Rashid, Ibrahim, ed., *Documents on the History of Saudi Arabia*, Vol. 1, Salisbury, N. C.: Documentary Publications, 1976.

Al-Rashid, Ibrahim, ed., *Saudi Arabia Enters the Modern World: Secret U. S. Documents on the Emergence of the Kingdom of Saudi Arabia as a World Power*, 1936 – 1949, Salisbury, N. C.: Documentary Publications, 1980.

Chairman of the Joint Chief of Staff, *National Military Strategy of The United States*, Washington, DC, January 1992.

Chairman of the Joint Chief of Staff, *National Military Strategy of The United States*, Washington, DC, February1995.

Chairman of the Joint Chief of Staff, *National Military Strategy of The United States*, Washington, DC, 2004.

Chairman of the Joint Chief of Staff, *National Military Strategy of The Unit-*

ed States, Washington, DC, 2006.

Chairman of the Joint Chief of Staff, *National Military Strategy of the United States: Redefining America's Military Leadership*, Washington, DC, 2011.

Chairman of the Joint Chief of Staff, The*National Military Strategy of the United States of America: The United States Military's Contribution to National Security*, Washington, DC, June 2015.

Chairman of the Joint Chiefs of Staff, *Joint Vision* 2010, Washington D. C.: U. S. Government Printing Office, 1996.

Chairman of the Joint Chiefs of Staff, *Joint Vision* 2020: *America 's Military—Preparing for Tomorrow*, Washington D. C.: U. S. Government Printing Office, 2000.

Chairman of the Joint Chiefs of Staff, *The National Military Strategy of the United States of America*, 2011: *Redefining America's Military Leadership*, Washington D. C., February 8, 2011.

Cohen, William S., Secretary of Defense, *Report of the Quadrennial Defense Review*, Washington D. C: Department of Defense, May 1997.

Command of Her Majesty, *The National Security Strategy of the United Kingdom: Security in an interdependent world*, Presented to Parliament by the Prime Minister, March 2008.

Committee on Armed Services, United States Senate, *Inquiry into U. S. Costs and Allied Contributions to Support the U. S. Military Presence Overseas*, Washington D. C.: U. S. Government Printing Office, 2013.

Department of Defense, 2008 *Strategic Management Plan*, Washington D. C., July 2008.

Department of Defense, *Capstone Concept for Joint Operations*, Version 3. 0, Washington D. C., January 2009.

Department of Defense, *Department of Defense Strategy for Countering Weapons of Mass Destruction*, Washington D. C., June 2014.

Department of Defense, FY2011 *Strategic Management Plan*, Washington D. C., 2011.

Department of Defense, *Irregular Warfare: Countering Irregular Threats*, Version 2. 0, Washington D. C., May 2010.

Department of Defense, *Joint Operations* Access Concept, Version 2.0, Washington D. C., January 17, 2012.

Department of Defense, *The National Defense Strategy of the United States of America*, Washington D. C., March 2005.

Department of Defense, *The National Defense Strategy of the United States of America*, Washington D. C., June 2008.

Department of Defense, *Worldwide Manpower Distribution by Geographical Area*, 2002 – 2011, Washington D. C.: U. S. Department of Defense, 2002 – 2011.

General Accounting Office, *Military Base Closure and Realignment Savings Are Significant, but Not Easily Quantified*, Report to the Chairman, Subcommittee on National Security, International Affairs, and Criminal Justice, Committee on Government Reform and Oversight, House of Representatives, Washington D. C.: GAO, April 1996.

Government of Republic of Turkey, *Defense White Paper of Turkey for* 2007, Ankara, 2007.

Henry H. Shelton, Chairman of the JCS before the Committee on Armed Services, *Joint Posture Statement* 2000, U. S. Senate, Washington D. C., 8 February 2000.

Joint Chief of Staff, *Joint Vision* 2010, Washington, DC, 2010.

Joint Chief of Staff, *Joint Vision* 2020, *America's Military*: *Preparing for Tomorrow*, Washington, DC, 2010.

Joint Chiefs of Staff, Department of Defense Dictionary of Military and Associated terms, Washington D. C.: Government Printing Office, 1986.

Joint Chiefs of Staff, *Dictionary of Military and Associated Terms*, Washington D. C.: Government Printing Office, 2013.

National Defense Panel, *Transforming Defense*: *National Security in the* 21*st Century*, Report of the National Defense Panel, December 1997.

National Intelligence Council, *Global Trends* 2030: *Alternative Worlds*, Washington D. C., December 2012.

O'keefe, Sean, Secretary of the Navy, *From the Sea*: *Preparing the Naval Service for the* 21st *Century*, Washington D. C., September 1992.

Office of Homeland Security, *National Strategy for Homeland Security*, July

2002.

Office of the Assistant Secretary for Public Affairs, *Facing the Future: Meeting the Threats and Challenges of the* 21st *Century: Highlights of the Priorities, Initiatives, and Accomplishments of the U. S. Department of Defense* 2001 – 2004, Washington D. C. , February 2005.

Office of the Assistant Secretary of Defense, *Base Structure Report, Fiscal Year* 1989, Washington D. C. : US Department of Defense, 1988.

Office of the Assistant Secretary of Defense, *Base Structure Report, Fiscal Year* 1991, Washington D. C. : US Department of Defense, 1990.

Office of the Deputy Under Secretary of Defense, *Base Structure Report, Fiscal Year* 1999 *Baseline*, Washington D. C. : US Department of Defense, 1999.

Office of the Deputy Under Secretary of Defense, *Base Structure Report, Fiscal Year* 2001 *Baseline*, Washington D. C. : US Department of Defense, 2001.

Office of the Deputy Under Secretary of Defense, *Base Structure Report, Fiscal Year* 2002 *Baseline*, Washington D. C. : US Department of Defense, 2002.

Office of the Deputy Under Secretary of Defense, *Base Structure Report, Fiscal Year* 2003 *Baseline*, Washington D. C. : US Department of Defense, 2003.

Office of the Deputy Under Secretary of Defense, *Base Structure Report, Fiscal Year* 2004 *Baseline*, Washington D. C. : US Department of Defense, 2004.

Office of the Deputy Under Secretary of Defense, *Base Structure Report, Fiscal Year* 2005 *Baseline*, Washington D. C. : US Department of Defense, 2005.

Office of the Deputy Under Secretary of Defense, *Base Structure Report, Fiscal Year* 2006 *Baseline*, Washington D. C. : US Department of Defense, 2006.

Office of the Deputy Under Secretary of Defense, *Base Structure Report, Fiscal Year* 2007 *Baseline*, Washington D. C. : US Department of Defense, 2007.

Office of the Deputy Under Secretary of Defense, *Base Structure Report, Fiscal Year* 2008 *Baseline*, Washington D. C. : US Department of Defense, 2008.

Office of the Deputy Under Secretary of Defense, *Base Structure Report, Fiscal Year* 2009 *Baseline*, Washington D. C. : US Department of Defense, 2009.

Office of the Deputy Under Secretary of Defense, *Base Structure Report, Fiscal Year* 2010*Baseline*, Washington D. C. : US Department of Defense, 2010.

Office of the Deputy Under Secretary of Defense, *Base Structure Report*,

Fiscal Year 2011*Baseline*, Washington D. C. : US Department of Defense, 2011.

Office of the Deputy Under Secretary of Defense, *Base Structure Report*, *Fiscal Year* 2012 *Baseline*, Washington D. C. : US Department of Defense, 2012.

Office of the Deputy Under Secretary of Defense, *Base Structure Report*, *Fiscal Year* 2013 *Baseline*, Washington D. C. : US Department of Defense, 2013.

Office of the Deputy Under Secretary of Defense, *Base Structure Report*, *Fiscal Year* 2014 *Baseline*, Washington D. C. : US Department of Defense, 2014.

Office of the Deputy Under Secretary of Defense, *Base Structure Report*, *Fiscal Year* 2015 *Baseline*, Washington D. C. : US Department of Defense, 2015.

Office of the DoD Chief Information Officer, *Department of Defense Mobile Device Strategy*, Version 2. 0, Washing D. C. , May 2012.

Office of the Secretary of Defense, *Annual Report to Congress*: *Military and Security Developments Involving the People's Republic of China* 2015, Washington D. C. , 2015.

Office of the Secretary of Defense, *Military and Security Developments Involving the People's*, *Republic of China* 2014, Washington D. C. , 2014.

Office of the Under Secretary of Defense, *United States Department of Defense Fiscal Year* 2016 *Budget Request*: *Overview*, Washington D. C. , February 2015.

Report of the National Commission on Terrorism, *Countering the Changing Threat of International Terrorism*, Pursuant to Public Law 277, 105th Congress, 2000.

Secretary of Defense, *Annual Report to the President and the Congress*, Washington D. C. , 2000.

Secretary of Defense, *Annual Report to the President and the Congress*, Washington D. C. , 1997.

Secretary of Defense, *Annual Report to the President and the Congress*, Washington D. C. , 2004.

Secretary of Defense, *Annual Report to the President and the Congress*, Washington D. C. , 2005.

Secretary of Energy and Secretary of Defense, *National Security and Nuclear Weapons in the 21st Century*, Washington D. C. , September 2008.

The General Secretariat of the Council of the European Union, *A Secure Europe in a Better World*: *European Security Strategy*, Brussels: European Council, 2003.

The White House, *A National Security Strategy for a New Century*, 1997, Washington D. C. , May 1997.

The White House, *A National Security Strategy for a New Century*, 1998, Washington D. C. , May 1998.

The White House, *A National Security Strategy for a New Century*, 1999, Washington D. C. , December 1999.

The White House, *A National Security Strategy of Engagement and Enlargement*, 1994 Washington D. C. , July 1994.

The White House, *A National Security Strategy of Engagement and Enlargement*, 1996, Washington D. C. , February 1996.

The White House, *National Security Strategy of the United States of America*, 2010, Washington D. C. , May 2010.

The White House, *National Security Strategy of the United States*, 1987, Washington D. C. , January 1987.

The White House, *National Security Strategy of the United States*, 1988, Washington D. C. , January 1988.

The White House, *National Security Strategy of the United States*, 1990, Washington D. C. , March 1990.

The White House, *National Security Strategy of the United States*, 1993, Washington D. C. , January 1993.

The White House, *National Security Strategy*, 2010, Washington D. C. , May 2010.

The White House, *National Security Strategy*, 2015, Washington D. C. , February 2015.

The White House, *National Security Strategy*, 2017, Washington D. C. , December 2017.

The White House, *National Strategy for Combating Terrorism*, February 2003.

The White House, *National Strategy for Combating Terrorism*,

September 2006.

The White House, *National Strategy for the Arctic Region*, Washington D. C. , May 2013.

The White House, The*National Security Strategy of the United States of A-merica*, 2002, Washington D. C. , September 2002.

The White House, The*National Security Strategy of the United States of A-merica*, 2006, Washington D. C. , March 2006.

U. S. Department of Defense, 2011 *U. S. Global Defense Posture Report to Congress*, Washington, D. C. , U. S. Department of Defense, May 2011.

U. S. Department of Defense, *Base Closure and Realignment Report*, Washington D. C. , Volume 1, May 2005.

U. S. Department of Defense, *National Defense Strategy*, Washington, D. C. : U. S. Department of Defense, June 2008.

U. S. Department of Defense, *Nuclear Posture Review Report*, Washington, D. C. : U. S. Department of Defense, April 2010.

U. S. Department of Defense, *Quadrennial Defense Review Report*, 2010, Washington, D. C. : U. S. Department of Defense, February 2010.

U. S. Department of Defense, *Quadrennial Defense Review Report*, 2001, Washington, D. C. : U. S. Department of Defense, September 2001.

U. S. Department of Defense, *Quadrennial Defense Review Report*, 2006, Washington, D. C. : U. S. Department of Defense, February 2006.

U. S. Department of Defense, *Quadrennial Defense Review Report*, 2010, Washington, D. C. : U. S. Department of Defense, February 2010.

U. S. Department of Defense, *Quadrennial Defense Review Report*, 2014, Washington, D. C. : U. S. Department of Defense, February 2014.

U. S. Department of Defense, *Report on Progress Toward Security and Stability in Afghanistan*, Report to Congress, November 2013.

U. S. Department of Defense, *Selected Manpower Statistics, Fiscal Year* 2005, Washington D. C. : Department of Defense, 2005.

U. S. Department of Defense, *Selected Manpower Statistics, Fiscal Year* 2004, Washington D. C. : Department of Defense, 2004.

U. S. Department of Defense, *Sustaining U. S. Global Leadership: Priorities for 21st Century Defense*, January 2012.

U. S. Department of Defense, *The Report of the Department of Defense on Base Realignment and Closure*, Washington D. C. , April 1998.

U. S. Department of Defense, *Unclassified Report on the Military Power of Iran*, Washington, D. C. : U. S. Department of Defense, April 2010.

U. S. Department of Defense, *Worldwide Manpower Distribution by Geographical Area*, 2005, Washington D. C. : Department of Defense Washington Headquarters Services, September 30, 2005.

U. S. Department of Defense, *Worldwide Manpower Distribution by Geographical Area*, 2002, Washington D. C. : Department of Defense Washington Headquarters Services, September 30, 2002.

U. S. Department of Defense, *Worldwide Manpower Distribution by Geographical Area*, 1996, Washington D. C. : Department of Defense Washington Headquarters Services, September 30, 1996.

U. S. Senate, Committee on Foreign Relations, *United States Foreign Policy Objectives and Overseas Military Installations*, Washington D. C. : Congressional Research Service, Library of Congress, 1979.

Under Secretary of Defense, 2008 *Defense Intelligence Strategy*, Washington D. C. , 2008.

United States Africa Command, *Africa Command Mission Statement before the House Armed Services Committee*, Washington D. C. , February 29, 2012.

United States Congressional Budget Office, *The MX Missile and Multiple Protective Structure Basing: Long-term Budgetary Implications*, Washington D. C. : GPO, 1979.

United States General Accounting Office, *Military Bases Closure and Realignment Savings Are Significant, but Not Easily Quantified*, Washington D. C. , April 1996.

United States General Accounting Office, *Military Bases: Review of DOD's* 1998 *Report on Base Realignment and Closure: Report to Congressional Committees*, Washington, D. C. : The General Accounting Office, 1998.

United States General Accounting Office, *Military Bases: Status of Prior Base Realignment and Closure Rounds: Report to the Honorable John E. Sununu*,

House of Representatives, Washington, D. C. : United States General Accounting Office, 1998.

United States Special Operations Command, *Posture Statement* 2006, Washington D. C. , 2006.

US Department of Defense, *Report on Progress Toward Security and Stability in Afghanistan*, Washington D. C. , October 2014.

US Military Installations in NATO's Southern Region, Report for the House Sub-Committee on Europe and the Middle East, Congressional Research Service, 99th Congress, 1986.

USSOCOM, 2003 *Special Operation Command*, Washington D. C. , 2003.

（二）专著

Ahmad, Talmiz, *The Islamist Challenge in West Asia: Doctrinal and Political Competitions after the Arab Spring*, New Delhi: Pentagon Press, 2013.

Al-Ubaydli, Omar, and Andrea Plebani, *GCC Relations with Post-War Iraq: A Strategic Perspective*, Cambridge: Gulf Research Center, 2014.

Amineh, M. Parvizi, ed. , *The Greater Middle East in Global Politics: Social Science Perspectives on the Changing Geography of the World Politics*, Leiden and Boston: 2007.

Arkin, William, *Code Names: Deciphering U. S. Military Plans, Programs and Operations in the 9/11 World*, Hanover: Steerforth Press, 2005.

Bacevich, Andrew J. , *American Empire: The Realities and Consequences of U. S. Diplomacy*, Cambridge, Massachusetts: Harvard University Press, 2002.

Baker, Anni P. , *American Soldiers Overseas: the Global Military Presence*, Westport, Conn. : Praeger, 2004.

Barnett, Thomas, *Blueprint for Action*, Putnam Publishing Group, 2005.

Barnett, Thomas, *Great Powers: America and the World after Bush*, Putnam Publishing Group, 2009.

Barnett, Thomas, *The Pentagon's New Map: War and Peace in the Twenty-First Century*, Putnam Publishing Group, 2004.

Bashir, Shahzad, and Robert D. Crews, eds. , *Under the Drones: Modern*

Lives in the Afghanistan-Pakistan Borderlands, Cambridge, Massachusetts and London: Harvard University Press, 2012.

Bechev, Dimitar, and Kalypso Nicolaidis, *Mediterranean Frontiers: Borders, Conflict and Memory in a Transnational World*, London and New York: I. B. Tauris, 2010.

Blackburn, Trey, and Jarred Gamble, eds., *Arab States of the Persian Gulf: Foreign Relations and United States Interests*, New York: Nova Science Publishers, 2012.

Blaker, J. R., and Walter, K. T., *U. S. Global Basing: Historical Review of the U. S. Overseas Basing System*, Washington D. C.: Hudson Institute, HL 3793-RR for the US Department of Defense, 1987.

Blaker, James R., *United States Overseas Basing: An Anatomy of the Dilemma*, New York and London: Praeger, 1990.

Boothe, Samantha N., and Ryan Hickman, eds., *Turkey and the U. S.: Alliances, Relations and Defense Cooperation*, New York: Nova Science Publishers, 2012.

Brice, Martin H. *Stronghold: A History of Military Architecture*, New York: Schocken Books, 1985.

Bronson, Rachel, *Thicker than Oil: America's Uneasy Partnership with Saudi Arabia*, Oxford: Oxford University Press, 2006.

Brooks, Risa A., and Elizabeth A. Stanley, eds., *Creating Military Power: The Sources of Military Effectiveness*, Stanford: Stanford University Press, 2007.

Brown, Stuart S., *The Future of US Global Power: Delusions of Decline*, London: Palgrave Macmillan, 2013.

Calder, Kent E., *Embattled Garrisons: Comparative Base Politics and American Globalism*, Princeton: Princeton University Press, 2007.

Çarkoğlu, Ali and William Hale, *The Politics of Modern Turkey: Critical Issues in Modern Politics*, Volume III, Modern Turkey's Foreign Policy, London and New York: Routledge, 2008.

Converse III, Elliott V., *Circling the Earth: United States Plans for a Postwar Overseas Military Base System*, 1942 – 1948, Alabama: Air University Press,

2005.

Converse, Elliott Vanveltner, *United States Plans for a Postwar Overseas Military Base System*, 1942 – 1948, Ann Arbor, Mich.: University Microfilms International, 1988.

Cooley, Alexander, and Hendrik Spruyt, *Contracting States: Sovereign Transfers in International Relations*, Princeton: Princeton University Press, 2009.

Cooley, Alexander, *Base Politics: Democratic Change and the U. S. Military Overseas* Ithaca: Cornell University Press, 2008.

Corbin, Jane, *Al-Qaeda: the Terror Network that Threatens the World*, New York: Thunder's Mouth Press, 2002.

Covarrubias, Jack, and Tom Lansford, eds., *Strategic Interests in the Middle East: Opposition and Support for US Foreign Policy*, Hampshire, England and Burlington, US: Ashgate, 2007.

Dennis, George T., Maurice, *Maurice's Strategikon: Handbook of Byzantine Military Strategy*, Philadelphia: University of Pennsylvania Press, 1984.

Dickovick, J. Tyler, *Decentralization and Recentralization in the Developing World*, Pennsylvania: The Pennsylvania State University Press, 2011.

Dokos, Thanos P., *Countering the Proliferation of Weapons of Mass Destruction: NATO and EU options in the Mediterranean and the Middle East*, London; New York: Routledge, 2008.

Donnelly, Thomas, and Frederick W. Kagan, *Ground Truth: The Future of U. S. Land Power*, Washington D. C.: AEI Press, 2008

Emmott, Bill, *Rivals: How the Power Struggle Between China, India and Japan Will Shape Our Next Decade*, London and New York: Penguin Books, 2008.

Erickson, Andrew S., Lyle Goldstein, and Li Nan,, Annapolis, MD, Naval Institute Press, 2010.

Fain, W. Taylor, *American Ascendance and British Retreat in the Persian Gulf Region*, New York: Palgrave Macmillan, 2008.

Faustmann, Hubert, and Emilios Solomou, eds, *Independent Cyprus* 1960 – 2010: *Selected Readings from The Cyprus Review*, Nicosia: Nicosia University

Press, 2011.

Ferguson, Niall, *Colossus: The Price of America's Empire*, New York: Penguin Press, 2004.

Ferguson, Niall, *Empire: The Rise and Demise of the British World Order and the Lessons for Global Power*, New York: Basic Books, 2002.

Fonnum, F., *Environmental Contamination and Remediation Practices at Former and Present Military Bases*, Dordrecht: Kluwer Academic Publishers, 1998.

Fraihat, Ibrahim, *Unfinished Revolutions: Yemen, Libya, and Tunisia after the Arab Spring*, New Haven and London: Yale University Press, 2016.

Francis, David J., *US Strategy in Africa: AFRICOM, Terrorism and Security Challenges*, London: Routledge, 2010.

Freedman, Robert O, ed., *Contemporary Israel: Domestic Politics, Foreign Policy, and Security Challenges*, Boulder, CO: Westview Press, 2009.

Geltzer, Joshua Alexander, *US Counter-Terrorism Strategy and al-Qaeda*, London and New York: Routledge, 2010.

Gerson, Joseph, and Bruce Birchard, eds., *The Sun Never Sets: Confronting the Network of Foreign U. S. Military Bases*, Boston: South End Press, 1991.

Gillem, Mark L., *America Town: Building the Outposts of Empire*, Minneapolis: University of Minnesota Press, 2007.

Goren, Lilly J., *The Politics of Military Base Closings: Not in My District*, Westport, Conn.: Praeger, 2000.

Greider, William, *Fortress America: The American Military and the Consequences of Peace*, New York: Public Affairs, 1998.

Gresh, Geoffrey F., *Gulf Security and the U. S. Military Regime Survival and the Politics of Basing*, Stanford: Stanford University Press, 2015.

Grimmett, Richard F., *United States Military Installations and Objectives in the Mediterranean: Report*, Washington D. C.: GPO, 1977.

Halabi, Yakub, *US Foreign Policy in the Middle East: from Crises to Change*, Farnham, Surrey, England; Burlington, VT: Ashgate, 2009.

Halibi, Yakub, *US Foreign Policy in the Middle East: From Crises to Change*, Burlington: Ashgate, 2009.

Hanks, Robert, *American Sea Power and Global Strategy*, Washington: Pergamon-Brassey's, 1985.

Hansen, Kenneth N., *The Greening of Pentagon Brownfields: Using Environmental Discourse to Redevelop Former Military Bases*, Lanham, MD: Lexington Books, 2004.

Harari, Haim, *A View from the Eye of the Storm: Terror and Reason in the Middle East*, New York: Regan Books, 2005.

Harkavy, Robert E., *Bases Abroad, The Global Foreign Military Presence*, Oxford: Oxford University Press, 1989.

Harkavy, Robert E., *Great Power Competition for Overseas Bases: the Geopolitics of Access Diplomacy*, New York: Pergamon Press, 1982.

Harkavy, Robert E., *Strategic Basing and the Great Powers*, 1200 – 2000, New York: Routledge, 2007.

Hattendorf, John B., and Robert S. Jordan, *Maritime Strategy and the Balance of Power: Britain and America in the twentieth Century*, Basingstoke, Hampshire: The Macmillan Press, 1989.

Hollis, Rosemary, *Britain and the Middle East in the 9/11 Era*, London: Wiley-Blackwell; Chatham House, 2010.

Hudson, Michael, and Mimi Kirk, *Gulf Politics and Economics in a Changing World*, Singapore: World Scientific, 2014.

International Energy Agency, *China's Worldwide Quest for Energy Security*, Washington D. C.: International Energy Agency, 1999.

Jack Mangala, ed, *New Security Threats and Crises in Africa: Regional and International Perspectives*, Basingstoke: Palgrave Macmillan, 2011.

Jafarzadeh, Alireza, *The Iran Threat: President Ahmadinejad and the Coming Nuclear Crisis*, New York: Palgrave, 2007.

Johnson, Chalmers, *Blowback: The Costs and Consequences of American Empire*, New York: Owl Books, 2001.

Johnson, Chalmers, *Nemesis: The Last Days of the American Republic*, New York: Metropolitan Books, 2007.

Johnson, Chalmers, *The Sorrows of Empire: Militarism, Secrecy and the End of the Republic*, New York: Metropolitan Books, 2004.

Juneau, Thomas, and Sam Razavi, eds., *Iranian Foreign Policy since 2001: Alone in the World*, London and New York: Routledge, 2013.

Kam, Eytan, ed., *The Middle East Military Balance*, 1994 – 1995, Jerusalem: the Jerusalem Post, 1996.

Kaplan, Jeffrey, *Terrorist Groups and the New Tribalism: Terrorism's Fifth Wave*, London and New York: Routledge, 2010.

Kaplan, Robert D., *Imperial Grunts: The American Military on the Ground*, New York: Random House, 2005.

Karrar, Hasan Haider, *The New Silk Road Diplomacy: A Regional Analysis of China's Central Asian foreign policy*, 1991—2005, Ann Arbor, Mich.: UMI, 2007.

Katouzian, Homa, and Hossein Shahidi, *Iran in the 21st Century: Politics, Economics and Conflict*, London and New York: Routledge, 2008.

Kawato, Yuko, *Protests Against U. S. Military Base Policy in Asia: Persuasion and Its Limits*, Stanford: Stanford University Press, 2015.

Kemp, P. K., *Key to Victory: the Triumph of British Sea Power in World War II*, Boston: Little, 1957.

Kent, Ann, *Beyond Compliance: China, International Organizations, and Global Security*, Stanford: Stanford University Press, 2007.

Knights, Michael, *Troubled Waters: Future U. S. Security Assistance in the Persian Gulf*, Washington, D. C.: Washington Institute for Near East Policy, 2006.

Korb, Lawrence, and Ian Moss, *Moving Beyond the Carter Doctrine: Rethinking the U. S. Military Presence in the Persian Gulf*, New York: Century Foundation Report, 2008.

Kugler, Richard L., *Changes Ahead: Future Directions for the U. S. Overseas Military Presence*, Santa Monica, CA: RAND, 1998.

Landford, Tom, 9/11 *and the Wars in Afghanistan and Iraq*, Santa Barbara, California: ABC-CLIO, 2012.

Lesch, David W., *The Middle East and the United States: A Historical and Political Reassessment*, Boulder: Westview, 2007.

Lesser, Ian O., *Future Vision* 2010: *Mediterranean Europe and Turkey*,

Santa Monica, Calif. : Rand, 1997.

Lewis, Bernard, *The Middle East*: *A Brief History of the Last* 2000 *Years*, New York: Scribner, 2003.

Lord, Carnes, ed. , *Reposturing the Force*: *U. S. Overseas Presence in the Twenty-first Century*, Newport, R. I. : Naval War College, Center for Naval Warfare Studies, 2006.

Lutz, Catherine, *The Bases of Empire*: *The Global Struggle against U. S. Military Posts*, N. Y. : New York University Press, 2009.

Mandel, Robert, *Global Threat*: *Target-Centered Assessment and Management*, Westport: Praeger Security International, 2008.

Mann, Michael, *Incoherent Empire*, New York and London: Verso, 2003.

Marion, George, *Bases & Empire*: *A Chart of American Expansion*, New York: Fairplay Publishers, 1949.

Martin, Lenore G. , *Assessing the Impact of U. S. – Israeli Relations on the Arab World*,

McDonald, John W. Jr. , and Diane B. Bendahmane, *U. S. Bases Overseas*: *Negotiations with Spain*, *Greece*, *and the Philippines*, Boulder, CO: Westview Press, 1990.

Medcalf, Jennifer, *Going Global or Going Nowhere? NATO's Role in Contemporary International Security*, Oxford: Peter Lang, 2008.

Niblock, Tim, Alejandra Galindo and Degang Sun, eds. , *The Arab States of the Gulf and BRICS*: *New Strategic Partnerships in Politics and Economics*, Berlin and London: Gerlach Press, 2016.

Niblock, Tim, Talmiz Ahmad, and Degang Sun, eds. , *Conflict Resolution and Creation of Security Community in the Gulf Region*, Berlin and London: Gerlach Press, 2017.

Nye, Joseph S. , Jr. , *The Future of Power*, New York: Public Affairs, 2011.

O'hanlon, Michael, *Unfinished Business*: *U. S. Overseas Military Presence in the* 21st *Century*, Center for a New American Security, 2008.

Okamoto, Michirō, *U. S. Middle East Policy and Japan's Interests in the Post-cold War Era*, Cambridge, Mass. : Program on U. S. – Japan Relations,

Harvard University, 2001.

Oleynik, Igor S. , and Natasha Alexander, *Djibouti Foreign Policy & Government Guide*, Washington D. C. : International Business Publications, USA, 2003.

Oliker, Olga & Thomas S. Szayna, ed. , *Faultlines of Conflict in Central Asia and the South Caucasus: Implications for the U. S. Army*, Santa Monica, Calif: Rand Corporation, MG - 1598, 2003.

Palmer, Monte, and Princess Palmer, *Islamic Extremism: Causes, Diversity, and Challenges*, Lanham: Rowman & Littlefield Publishers, 2010.

Pelletiere, Stephen C. , *Iraq and the International Oil System: Why America Went to War in the Gulf*, Westport, Conn. : Praeger, 2001.

Pemberton, Miriam, and William D. Hartung, *Lessons from Iraq: Avoiding the Next War*, Boulder, Colo. : Paradigm Publishers, 2008.

Pettyjohn, Stacie L. , *U. S. Global Defense Posture*, 1783 - 2011, Santa Monica, CA: RAND Corporation, 2012.

Pigato, Miria, *Strengthening China's and India's Trade and Investment Ties to the Middle East and North Africa*, Washington D. C. : The World Bank, 2009.

Rabil, Robert G. , *Syria, the United States, and the War on Terror in the Middle East*, Westport, Conn: Praeger Security International, 2006.

Reverson, Derek S. , and Judith Hicks Stiehm, *Inside Defense: Understanding the U. S. Military in the 21st Century*, New York: Palgrave, 2008.

Richelson, J. T. , and D. Ball, *The Ties that Bind*, Boston: Allen and Unwin, 1985.

Rizk, Joelle and Abdul Nafi Olomi, *The Battle for Khorasan: the Rise of a New Regional Order*, Beirut: Isticharia, 2010.

Sandars, C. T. , *America's Overseas Garrisons: the Leasehold Empire* Oxford and New York and Oxford: Oxford University Press, 2000.

Sater, James N. , *Morocco: Challenges to Tradition and Modernity*, London and New York: Routledge, 2010.

Schubert, Frank N. , *Building Air Bases in the Negev: the U. S. Army Corps of Engineers in Israel*, 1979 - 1982, Honolulu, Hawaii: University Press of the Pacific, 2002.

Seib, Philip, *Africom: the American Military and Public Diplomacy in Africa, Los Angeles, CA: Figueroa Press*, 2008.

Sharif, Walid I., *The Arab Gulf States and Japan: Prospects for Cooperation: Proceedings of a Joint Symposium on the Energy Industries*, London: Croom Helm, 1986.

Shay, Shau, *The Red Sea Terror Triangle: Sudan, Somalia, Yemen, and Islamic Terror*, Herzliya, Israel: Transaction Publishers, 2005.

Simpson, Mitchell, *War, Strategy, and Maritime Power*, New Brunswick, N. J.: Rutgers University Press, 1977.

Sisodia, N. S., and Ashok K. Behuria, eds., *West Asia in Turmoil: Implications for Global Security*, New Delhi: Academic Foundation, 2006.

Smith, Simon C., *Ending Empire in the Middle East: Britain, the United States and Post-war Decolonization*, 1945 – 1973, London and New York: Routledge, 2012.

Sobhy, Sedky, *The U. S. Military Presence in the Middle East: Issues and Prospects*, Carlisle Barracks, Pennsylvania: U. S. Army War College, 2005.

Sorenson, David S., *Military Base Closure: A Reference Handbook*, Westport, Conn.: Praeger Security International, 2007.

Sorenson, David S., *Shutting Down the Cold War: The Politics of Military Base Closures*, London: Macmillan, 1998.

Speller, Ian, *The Royal Navy and Maritime Power in the Twentieth Century*, London and New York: Frank Cass, 2005.

Spykman, Nicholas J., *The America's Strategy and World Politics: The United States and the Balance of Power*, New Brunswick, New Jersey: Transaction Publishers, 2007.

Stambuk, George, *American Military Forces Abroad: Their Impact on the Western State System*, Columbus: Ohio State University Press, 1963.

Sun, Degang and Zhongmin Liu, eds., *The New Frontier of the Middle East Politics and Security*, Beijing: World Affairs Publisher, 2017.

Sun, Degang, and Yahia Zoubir, eds., *Building a New Silk Road: China and the Middle East in the 21st Century*, Beijing: World Affairs Publisher, 2014.

Tan, Andrew T. H., *U. S. Strategy against Global Terrorism*, New York:

Palgrave Macmillan, 2009.

Tanham, George K. , and Alvin H. Berstein, *Military Basing and the U. S. / Soviet Military Balance in Southeast Asia*, New York: Crane Russak, 1989.

Tanrisever, Oktay F. , ed. , *Afghanistan and Central Asia: NATO's Role in Regional Security since* 9/11, Washington D. C. : IOS Press, 2013.

Terrill, W. Andrew, *Regional Fears of Western Primacy and the Future of U. S. Middle Eastern Basing Policy*, Carlisle, PA, Strategic Studies Institute, U. S. Army War College, December 2006.

Tocci, Nathalie, and Ömer Taşpınar, *Turkey and the Arab Spring: Implications for Turkish Foreign Policy from a Transatlantic Perspective*, Washington D. C. : The German Marshall Fund of the United States, 2011.

Vego, Milan N. , *Naval Strategy and Operations in Narrow Seas*, London; Portland, Ore. : Frank Cass, 1999.

Vine, David, *Base Nation: How U. S. Military Bases Abroad Harm America and the World*, New York: Metropolitan Books, 2015.

Vine, David, *Island of Shame: The Secret History of the U. S. Military Base on Diego Garcia*, Princeton, NJ: Princeton University Press, 2009.

Watts, Barry D. , *The Foundations of US Air Doctrine: The Problem of Friction in Warm*, Maxwell Air Force Base, Ala. : Air University Press, 1984.

Wegner, Merrill E. , *Military Base Closings Information Packet*, Bethesda, Md. : Congressional Information Service, 1993.

Weiner, Tim, *Blank Check: the Pentagon's Black Budget*, New York: Warner Books, 1990.

Willis, Michael J. , *Politics and Power in the Maghreb: Algeria, Tunisia and Morocco from Independence to the Arab Spring*, London: Hurst & Company, 2012.

Woodliffe, John, *The Peacetime Use of Foreign Military Installations under Modern International Law*, Dordrecht, Boston and London: Martinus Nijhoff Publishers, 1992.

Wright, Steven M. , *The United States and Persian Gulf Security: The Foundations of the War on Terror*, Ithaca: Ithaca Press, 2007.

Wuthnow, Joel, *The Impact of Missile Threats on the Reliability of*

U. S. Overseas Bases: A Framework for Analysis, Carlisle, PA: Strategic Studies Institute, 2005.

Yeo, Andrew, *Activists, Alliances, and Anti-U. S. Base Protests*, New York: Cambridge University Press, 2011.

Ziser, Eyal, *Asad's Legacy: Syria in Transition*, London: Hurst & Company, 2001.

Zoubir, Yahia H., and Gregory White, eds., *North African Politics*, London and New York: Routledge, 2016.

Zoubir, Yahia H., and Louisa Dris-Ait-Hamadouche, *The Maghreb*, Santa Barbara: Praeger, 2013.

（三）学术论文

Akbarzadeh, Shahram, "Keeping Central Asia Stable," *Third World Quarterly*, Vol. 25, No. 4, 2004.

Athanasiadis, Lason, "US Seeks Major Military Base on United Cyprus," *Asia Times*, April 10, 2004.

Ayenagbo, Kossi, Tommie NJobvu, James V. Sossou, and Biossey K. Tozoun, "China's Peacekeeping Operations in Africa: From Unwilling Participation to Resonsible Contribution," *African Journal of Political Science and International Relations*, Vol. 6, No. 2, 2012.

Azman, Kübra Dilek, "The Middle East Policy of America after the Cold War," *International Journal of Human Resource Studies*, Vol. 2, No. 2, 2012.

Bacevich, Andrew, "Bases of Debate: America in Central Asia: Steppes to Empire," *The National Interest*, No. 68, 2002.

Barth, Mustafa, "Sand Castles in the Sahara: U. S. Military Basing in Algeria," *Review of African Political Economy*, Vol. 30, No. 98, 2003.

Bialer, Uri, "Military Forces within Foreign Territory under Peace Arrangements," *Journal of Peace Research*, Vol. 17, No. 1, 1980.

Blank, Stephen J., "Challenges to Russia in Central Asia," *Journal of American Foreign Policy Interests*, Vol. 33, 2011.

Bölme, Selin M., "The Politics of Incirlik Air Base," *Insight Turkey*, Vol. 9, No. 3, 2007.

Bratsberg, Bernt, and Dek Terrell, "Where Do Americans Live Abroad?" *International Migration Review*, Vol. 30, No. 3, 1996.

Cabasso, Jacqueline, "Strategic Command (StratCom) in Context: The Hidden Architecture of U. S. Militarism," *Global Research*, April 26, 2008.

Calabrese, John, "The United States, Great Britain, and the Middle East: How Special the Relationship?" *Mediterranean Quarterly*, Summer 2001.

Christopher J. Krisinger, "Power Projection Strategy: New Directions for Forward Defense," *Naval War College*, February 11, 1991.

Clarke, Michael, "China's Strategy in 'Greater Central Asia': Is Afghanistan the Missing Link?" Asian Affairs: An American Review, *Asian Affairs: An American Review*, Vol. 40, No. 1, 2013.

Cooley, Alexander, "Base Politics," *Foreign Affairs*, Vol. 84, No. 6, November/December 2005.

Cooley, Alexander, "Democratization and the Decline of the U. S. Basing Presence in Central Asia," *Orbis*, Vol. 51, No. 4, Fall 2007.

Cooley, Alexander, "U. S. Bases and Democratization in Central Asia," *Obis*, Vol. 52, No. 1, 2008.

Cooley, Alexander, and Daniel H. Nexon, "Globalization and the Politics of U. S. Overseas Basing," *Research Gate*, 2007, https://www.researchgate.net/publication/237780091_Globalization_and_the_Politics_of_US_Overseas_Basing.

Cordesman, Anthony H., and Abdullah Toukan, "Analyzing the Impact of Preventive Strikes against Iran's Nuclear Facilities," *CSIS*, 2012.

Cornell, Svante E., "The United States and Central Asia: in the Steppes to Stay?" *Cambridge Review of International Affairs*, Vol. 17, No. 2, 2004.

Davis, Sasha, "The US Military Base Network and Contemporary Colonialism: Power Projection, Resistance and the Quest for Operational Unilateralism," *Political Geography*, Vol. 30, 2011.

Desch, Michael C., "Bases for the Future: U. S. Post-Cold War Military Requirements in the Third World," *Security Studies*, Vol. 2, No. 2, 1992.

Donnelly, Thomas, "Rebasing, Revisited," *American Enterprise Institute for Pubic Policy Research*, December 2004.

Dufour, Jules, "The Worldwide Network of US Military Bases: The Global

Deployment of US Military Personnel," *Global Research*, December 24, 2013.

Erickson, Richard J., "Status of Forces Agreements: A Sharing of Sovereign Prerogative," *Air Force Law Review*, Vol. 37, 1994.

Fayrweather, Ryan J., "Political Impact of Strategic Basing Decisions," *Naval Postgraduate School*, December 2004.

Finney, J. W., "U. S. Bases around the World Are Not Cheap," *New York Times*, January 2, 1977.

Gee, David, "United States Military and Intelligence Bases in Britain-a Briefing," *Quaker Peace & Social Witness*, 2004.

Gerson, Joseph, "US Foreign Military Bases & Military Colonialism: Personal and Analytical Perspectives," *American Friends Service Committee*, December 5, 2003.

Ghanim, David, "Turkish Democracy and Political Islam," *Middle East Policy*, Vol. 16, No. 1, 2009.

Giles, Keir, "Review of Russia's National Security Strategy to 2020," *Russia Review Series*, June 2009.

Giragosian, Richard, "The US Military Engagement in Central Asia and the Southern Caucasus: An Overview," *Journal of Slavic Military Studies*, Vol. 17, No. 1, 2010.

Grigori, Ioannis N., "Friends No More? The Rise of Anti-American Nationalism in Turkey," *Middle East Journal*, Vol. 64, No. 1, 2010.

Grimmett, Richard F., "Instances of Use of United States Armed Forces Abroad, 1798 – 2009," *Congressional Research Service*, January 27, 2010.

Harkavy, Robert, "Thinking About Basing," *Naval War College Review*, Vol. 58, No. 3, 2005.

Harrison, Todd, "The Fiscal Year 2013 Defense Budget: Continuity or Change?" *Center for Strategic and Budgetary Assessments*, February 2012.

Hemmer, Christopher, "U. S. Policy Towards North Africa: Three Overarching Themes," *Middle East Policy*, Vol. 14, No. 4, 2007.

Hooker, Mark A, and Michael M. Knetter, "Measuring the Economic Effects of Military Base Closures," *NBER Working Paper Series*, No. 6941, 1999.

Johnson, Chalmers, "737 U. S. Military Bases = Global Empire," *Japan Focus*, *February* 22, 2007.

Johnson, Chalmers, "America's Empire of Bases" *Tom Dispatch*, January 4, 2004.

Kaczmarski, Marcin, "Russia's Middle East policy after the ArabRevolutions," *OSW Commentary*, No. 59, 2011.

Kaplan, S., "The Utility of U. S. Military Bases," *Military Review*, Vol. 57, No. 4, 1977.

Kostecka, Daniel J., "Places and Bases: The Chinese Navy's Emerging Support Network in the Indian Ocean," *Naval War College Review*, Vol. 64, No. 1, 2011.

Kostiner, Joseph, "The United States and the Gulf States: Alliances in Need," *Middle East Review of International Affairs*, Vol. 2, No. 4, 1998.

Krueger, Nicholas R., "The 2011 National Military Strategy: Resetting a Strong Foundation," *National Security Watch*, May 2, 2011.

Lendman, Stephen, America's "Bases of Empire", *Global Research*, June 27, 2009.

Lewis, Samuel W., "The United States and Israel: Evolution of an Unwritten Alliance," The*Middle East Journal*, Vol. 53, No. 3, 1999.

Liewer, Steve, "Study Weighs Costs, Benefits of Options in Shifting U. S. Overseas Forces," *Stars and Stripes*, May 19, 2004.

Lippman, T., "Bahrain Sets Limit on U. S. Use of Port," *Washington Post*, May 14, 1977.

Lutz, Catherine, "Base Benefits Don't Add Up," *Los Angeles Times*, August 22, 2005.

Lutz, Catherine, "Obama's Empire: An Unprecedented Network of Military Bases That is Still Expanding," *The New Statesman*, July 30, 2009.

Lutz, Catherine, "US Bases and Empire: Global Perspectives on the Asia Pacific," *The Asia-Pacific Journal*, March 16, 2009.

Lutz, Catherine, "US Bases and Empire: Global Perspectives on the Asia Pacific," *Global Research*, July 21, 2009.

Maitra, Ramtanu, "New U. S. Bases in Afghanistan: What Do They Por-

tend?" *EIR*, March 25, 2005.

Menon, Rajan, and S. Enders Wimbush, "New Players in the Mediterranean," *Mediterranean Paper Series*, 2010.

Ohtomo, Takafumi, "Understanding U. S. Overseas Military Presence after World War II," *Journal of International and Advanced Japanese Studies*, Vol. 4, March 2012.

Parker, Thomas, "China's Growing Interests in the Persian Gulf," *The Brown Journal of World Affairs*, Vol. 7, No. 1, 2000.

Pressman, Jeremy, "Power without Influence: The Bush Administration's Foreign Policy Failure in the Middle East," *International Security*, Vol. 33, No. 4, 2009.

Rogers, James and Luis Simon, "The Status and Location of the Military Installations of the Member States of the European Union and Their Potential Role for the European Security and Defence Policy," *Policy Department External Policies*, February 2009.

Salmoni, Barak A., "Strategic Partners or Estranged Allies: Turkey, the United States, and Operation Iraqi Freedom," *Strategic Insights*, Vol. 2, No. 7, 2003.

Sari, Aurel, "The European Union Status of Forces Agreement (EU SOFA)," *Journal of Conflict & Security Law*, Vol. 13, No. 3, 2009.

Seib, Philip, and Carola Weil, "AFRICOM, the American Military and Public Diplomacy in Africa," *USC Annenberg Policy Briefing*, March 2008.

Shamoo, Adil, "Permanent US Bases in Iraq are Immoral" *Foreign Policy in Focus*, April 19, 2006.

Sharp, David, "US Navy to deploy futuristic military laser to Persian Gulf," *Times of Israel*, February 18, 2014.

Shichor, Yitzhak, "China's Upsurge: Implications for the Middle East," *Israel Affairs*, Vol. 12, No. 4, 2006.

Stern, Roger J., "United States Cost of Military Force Projection in the Persian Gulf, 1976 – 2007," *Energy Policy*, 7 January 2010.

Sun, Degang, and Yahia Zoubir, "The Eagle's Nest in the Horn of Africa: US Military Strategic Deployment in Djibouti," *Africa Spectrum*, Vol. 51, No. 1,

2016.

Sun, Degang and Yahia Zoubir, "China's Response to the Revolts in the Arab World: A Case of Pragmatic Diplomacy," *Journal of Mediterranean Politics*, Vol. 19, No. 1, 2014.

Sun, Degang, "Outpost for Power Projection: A Chinese Perspective of French Military Bases on African Continent," *Journal of Cambridge Studies*, Vol. 6, No. 4, 2011.

Sun, Degang, "Shanghai World Expo in 2010: Major Threats and China's Countermeasures," *Journal of Rivista Italiana*, Vol. 1, No. 2, 2011.

Sun, Degang, "The Overseas Military Bases in French African Strategy: A Historical Review," *Journal of Middle Eastern and Islamic Studies (in Asia)*, Vol. 5, No. 3, 2011.

Sun, Degang, and Yahia Zoubir, "China's Economic Diplomacy towards the Arab Countries: Challenges Ahead?" *Journal of Contemporary China*, Vol. 23, No. 95, 2015.

Sun, Degang, and Yahia Zoubir, "China's Response to the Revolts in the Arab World: A Case of Pragmatic Diplomacy," *Mediterranean Politics*, Vol. 19, No. 1, 2014.

Sun, Degang, and Yahia Zoubir, "From Hard Military Bases to Soft Military Presence: US Military Deployment in Iraq Reassessed," *Journal of Middle Eastern and Islamic Studies (in Asia)*, Vol. 6, No. 3, 2012.

Sun, Degang, "China and the Middle East Security Governance in the New Era," *Contemporary Arab Affairs*, Vol. 10, No. 3, 2017.

Sun, Degang, and Yahia Zoubir, "Development First: China's Investment in the Sea Constructions and Operations along the Maritime Silk Road," *Asian Journal of Middle Eastern and Islamic Studies*, Vol. 11, No. 3, 2017.

Thompson, Fred, "Why America's Military Base Structure Cannot Be Reduced," *Public Administrative Review*, Vol. 48, No. 1, 1988.

Troitskiy, Evgeny F., "Central Asian Regional Security Complex: The Impact of Russian and US Policies," *Journal of Global Society*, Vol. 29, No. 1, 2015.

Troitskiy, Evgeny F., "US Policy in Central Asia and Regional Security,"

Global Security, Vol. 21, No. 3, July 2007.

Vine, David, "The True Costs of Empire: Garrisoning the Planet Picking Up a $170 Billion Tab," *Global Research*, December 13, 2012.

Walsh, Nick Paton, "India Flexes Its Muscles with First Foreign Military Base," *The Guardian*, April 26, 2006.

Weinland, R. G., "Land Support for Naval Forces: Egypt and the Soviet Escadra 1962 – 1976," *Survival*, No. 20, 1978.

Worrall, Richard John, "The Strategic Limitations of a Middle East Client State by the mid – 1950s: Britain, Libya, and the Suez Crisis," *Journal of Strategic Studies*, Vol. 30, No. 2, 2007.

Wu, Xinbo, "Agenda for a New Great Power Relationship," *The Washington Quarterly*, Vol. 37, No. 1, Spring 2014.

（四）智库研究报告

Addis, Casey L., etc., "Iran: Regional Perspectives and U. S. Policy," *Congressional Research Service*, January 13, 2010.

Air Education and Training Command, Air University, *Air Force* 2025, Alabama: Air University Press, 1996.

Alterman, Jon B. and John W. Garver, *The Vital Triangle: China, the United States, and the Middle East*, Washington, D. C.: the CSIS Press, 2008.

American Enterprise Institute, *Military Base Closings: Benefits for Communities Adjustment*, Washington D. C.: American Enterprise Institute for Public Policy, 1977.

Clapper, James, *Worldwide Threat Assessment of the Intelligence Community*, Statement before the Senate Select Committee on Intelligence, Washington D. C., January 29, 2014.

Cordesman, Anthony H., *The New US Defense Strategy and the Priorities and Changes in the FY2013 Budget*, CSIS Report, January 30, 2012.

Dale, Catherine, *National Security Strategy: Legislative Mandates, Execution to Date, and Considerations for Congress*, Congressional Research Service, December 15, 2008.

Dancs, Anita, "The Cost of the Global U. S. Military Presence," Policy Report, FPIF, Institute for Policy Studies, July 3, 2009.

Davis, Lynn E., etc., "U. S. Overseas Military Presence: What Are the Strategic Choices?" *RAND Project Air Force*, 2012.

Gill, Bates, and Chin-hao Huang, "China's Expanding Peacekeeping Role: Its Significance and the Policy Implications," *SIPRI Policy Brief*, February 2009.

International Crisis Group, "China's Growing Role in UN Peacekeeping," *Asia Report*, No. 166, April 17, 2009.

International Crisis Group, "Islamist Terrorism in the Sahel: Fact or Fiction?" *Africa Report*, March 31, 2005.

Jones, Seth G., "U. S. Strategy in Afghanistan," Testimony presented before the House Foreign Affairs Committee, Subcommittee on Middle East and South Asia on April 2, 2009CT-324, RAND, April 2009.

Kamminga, Jorrit, "Public Diplomacy in Afghanistan beyond the 2014 Transition: Lessons from the United States and the Netherlands," Netherlands Institute of International Relations 'Clingendael', The Hague, June 2013.

Katzman, Kenneth, "Afghanistan: Post-Taliban Governance, Security, and U. S. Policy," *Congressional Research Service*, 7 – 5700, January 17, 2014.

Katzman, Kenneth, "Oman: Reform, Security, and U. S. Policy," *Congressional Research Service*, June 29, 2009.

Lachowski, Zdzislaw, "Foreign Military Bases in Eurasia," *SIPRI Policy*, Paper, No. 18, June 2007.

Lieutenant General Michael Flynn, *Annual Threat Assessment*, Statement before the Senate Armed Services Committee, Washington D. C., February 11, 2014.

Lostumbo, Michael J., Michael J. McNerney, and Eric Peltz, *Overseas Basing of U. S. Military Forces: An Assessment of Relative Costs*, Prepared for the Office of the Secretary of Defense, Washington D. C.: RAND Corporation, 2013.

Mason, R. Chuck, "Status of Forces Agreement (SOFA): What Is It, and How Has It Been Utilized?" *Congressional Research Service*, March 15, 2012.

Perito, Robert M., "The U. S. Experience with Provincial Reconstruction Teams in Afghanistan," United States Institute of Peace, Special Report, 2005.

Perry, William J., and John P. Abizaid, *Ensuring a Strong U. S. Defense for the Future*, Washington D. C.: The National Defense Panel Review of the 2014 Quadrennial Defense Review, July 2014.

Selth, Andrew, "Chinese Military Bases in Burma: The Explosion of a Myth," *Regional Outlook Paper*, No. 10, Griffith Asia Institute, Australia, 2007.

Torreon, Barbara Salazar, "Instances of Use of United States Armed Forces Abroad, 1798 – 2014," *Congressional Research Service*, September 15, 2014.

Torreon, Barbara Salazar, Lawrence Kapp, and Don. J. Jansen, *FY 2015 National Defense Authorization Act: Selected Military Personnel Issues*, Washington D. C.: Congressional Research Service, December 2014.

United States Government Accountability Office, "Afghanistan: Key Oversight Issues," GAO – 13 – 218SP, Report to Congressional Addressees, February 2013.

Zanotti, Jim, "Turkey: Background and U. S. Relations," *Congressional Research Service*, January 17, 2012.

Zanotti, Jim, "Turkey: Background and US Relations," *Congressional Research Service*, 2014.

（五）媒体评论

"Assad Warns US Bases in Middle East Could Be Attacked in Retaliation for Strikes against Syria," *Daily Mail*, September 9, 2013.

"China Seeks Military Bases in Pakistan," *Asia Times*, October 26, 2011.

"No Foreign Power Be Allowed to Set up Military Base on Indian Soil: Govt.," *Times of India*, August 22, 2013.

"Shrinking Power: Network of U. S. Bases Overseas is Unraveling as Need for Its Grows," *Wall Street Journal*, December 29, 1987.

"The US in Central Asia," *Strategic Comments*, Vol. 10, No. 3, 2004.

"US to Retain Mideast Role," *Kuwait Times*, December 12, 2012.

Ackerma, Spencer, "US Sends Aircraft Carrier to Persian Gulf as Obama Considers Air Strikes in Iraq," *The Guardian*, June 14, 2014.

Cui Xiaohuo, "Navy Has No Plan for Overseas Bases," *China Daily*,

March 11, 2010.

Gosset, David, "China: A Trustworthy Peacekeeper," *China Daily*, October 27, 2012.

Lelyveld, J., "U. S. Military Presence in Asia as of Old, but Justification for It Is all New," *New York Times*, January 26, 1974.

Middleton, D., "Are All Those U. S. Military Bases Really Necessary?" *New York Times*, April 24, 1977.

Perry, Keith, "UK Forces Plan Three New Bases in Middle East to Fight ISIS," *The Telegraph*, September 9, 2014.

Pincus, Walter, "After Iraq Pullout, U. S. Serves A Reminder to Iran," *The Washington Post*, October 24, 2011.

Vine, David, "Island of Injustice: The U. S. Has a Moral Duty of the People of Diego Garcia" *Washington Post*, January 2, 2007.

Whitlock, Craig, "Remote U. S. Base at Core of Secret Operations," *Washington Post*, Oct 26, 2012.

Whitlock, Craig, "U. S. Relies on Persian Gulf Bases for Airstrikes in Iraq," *Washington Post*, August 26, 2014.

三、日文参考文献

カルダー著:《米軍再編の政治学:駐留米軍と海外基地のゆくえ/ケント》(武井楊一译),东京:日本経済新聞出版社2008年版。

吉田健正著:《「軍事植民地」沖縄:日本本土との「温度差」の正体》,東京:高文研2007年版。

荒川章二著:《軍用地と都市・民衆》,東京:山川出版社2007年版。

山内徳信著:《米軍再編と沖縄の基地:国外移転こそ民衆の願い》,東京:創史社、八月書館2006年版。

春原剛著:《在日米軍司令部》,東京:新潮社2008年版。

斉藤光政著:《在日米軍最前線:軍事列島日本》,東京:新人物往来社2008年版。

朝井志歩著:《基地騒音:厚木基地騒音問題の解決策と環境的公正》,東京:法政大学出版局2009年版。

白川タクト著：《墜：沖縄・大学占領の一週間》，東京：新日本出版社 2007 年版。

明田川融著：《沖縄基地問題の歴史：非武の島、戦の島》，東京：みすず書房 2008 年版。

四、阿文参考文献

(1) عبد القادر رزيق: ((القواعد العسكرية الأمريكية الروسية ومخاطرها على الأمن الدولي))، القاهرة: دار الفجر للنشر والتوزيع، 2013.

(2) طلعت أحمد مسلم: ((القواعد العسكرية الأجنبية في الوطن العربي))، بيروت: مركز دراسات الوحدة العربية، 2011.

(3) أحمد سامح الخالدي، قاسم جعفر، حسين أغا: ((الوجود العسكري الغربي في الشرق الأوسط))، بيروت: المؤسسة العربية للدراسات والنشر، 1982.

(4) ياسين سويد: ((الوجود العسكري الأجنبي في الخليج))، بيروت: مركز دراسات الوحدة العربية، 2004.

(5) مصطفى شمري: ((عسكرة الخليج: الوجود العسكري الأمريكي في الخليج))، القاهرة: العربي للنشر والتوزيع، 2013.

(6) إبراهيم خالد: ((القواعد العسكرية الأميركية في منطقة الشرق الأوسط))، جريدة ((الوسط))، 4 فبراير 2007 .

(7) محمد عبد السلام: ((الوجود العسكري الأميركي في الشرق الأوسط.. لماذا وكيف؟))، موقع الجزيرة.نت، 3 أكتوبر 2004،

附　录／美国全球军事基地统计表（1987—2015）

表1　1987年美国军事基地数量统计（截至1987年9月30日）①

军事部门	美国本土	海外领地	国外土地	合计
军事基地数（单位：处）				
陆军	1250	15	977	2242
海军	504	18	63	585
空军	2027	24	661	2771
小计	3781	57	1701	5539
军事基地面积（单位：百万英亩）				
陆军	11.619	0.017	0.462	12.098
海军	3.615	0.082	0.245	3.962
空军	9.157	0.026	1.743	10.926
小计	24.411	0.125	2.450	26.986

资料来源：Office of the Assistant Secretary of Defense, *Base Structure Report*, *Fiscal Year* 1989, Washington D. C.: US Department of Defense, 1988, p. 6.

表2　1989年美国军事基地数量统计（截至1989年9月30日）②

军事部门	美国本土	海外领地	国外土地	合计
军事基地数（单位：处）				
陆军	1255	15	962	2232
海军	508	18	63	589
空军	2013	24	644	2681
小计	3776	57	1669	5502

① 海军陆战队归入海军统计数据。

② 海军陆战队归入海军统计数据。

续表

军事部门	美国本土	海外领地	国外土地	合计
军事基地面积（单位：百万英亩）				
陆军	11.602	0.017	0.484	12.103
海军	3.697	0.082	0.210	3.989
空军	9.471	0.026	1.005	10.512
小计	24.765	0.125	1.699	26.589

资料来源：Office of the Assistant Secretary of Defense, *Base Structure Report, Fiscal Year* 1991, Washington D. C. : US Department of Defense, 1990, p. 6.

表 3　1985 年与 1997 年美国军事力量对比分析

	1985 年	1997 年
预算	4000 亿美元	2500 亿美元
占国民生产总值（GNP）比例	7%	3.2%
占联邦预算比例	28%	15%
现役军队人数	220 万人	145 万人
海外驻军人数	50 万人	20 万人
预备役部队	110 万人	90 万人
军队文官	110 万人	80 万人
装备采购费	1200 亿美元	440 亿美元

资料来源：William S. Cohen, Secretary of Defense, *Report of the Quadrennial Defense Review*, Washington D. C: Department of Defense, May 1997, pp. 3 – 4.

表 4　2002 财年美国全球军事基地统计

美国本土	陆军	35	33	3798	3866
	海军	19	29	383	431
	空军	33	29	1204	1266
	海军陆战队	6	5	38	49
	美国本土基地小计	93	96	5423	5612

续表

海外领地	陆军	0	0	53	53
	海军	3	1	7	11
	空军	1	1	21	23
	海军陆战队	0	0	1	1
	海外领地基地小计	4	2	82	88
国外土地	陆军	1	8	385	394
	海军	7	3	36	46
	空军	7	7	269	283
	海军陆战队	2	0	0	2
	国外土地基地小计	17	18	690	725
总计		114	116	6195	6425

数据来源：Office of the Deputy Under Secretary of Defense, *Base Structure Report*, *Fiscal Year* 2002 *Baseline*, Washington D. C.：US Department of Defense, 2002, p. 1.

表 5 2003 财年美国全球军事基地统计

美国本土	陆军	37	33	4080	4150
	海军	20	29	366	415
	空军	31	29	1230	1290
	海军陆战队	7	4	38	49
	美国本土基地小计	95	95	5714	5904
海外领地	陆军	0	0	59	59
	海军	4	0	8	12
	空军	1	1	22	24
	海军陆战队	0	0	1	1
	海外领地基地小计	5	1	90	96
国外土地	陆军	1	8	372	381
	海军	5	4	35	44
	空军	7	7	261	275
	海军陆战队	2	0	0	2
	国外土地基地小计	15	19	668	702
总计		115	115	6472	6702

数据来源：Office of the Deputy Under Secretary of Defense, *Base Structure Report*, *Fiscal Year* 2003*Baseline*, Washington D. C.：US Department of Defense, 2003 p. 7.

表 6 2004 财年美国全球军事基地统计（按基地大小分类）①

	兵种	大型基地	中型基地	小型基地	合计
美国本土	陆军	41	31	1226	1298
	海军	14	31	947	992
	空军	31	29	1229	1289
	海军陆战队	6	8	133	147
	首都华盛顿	1	0	0	1
	美国本土基地小计	93	99	3535	3727
海外领地	陆军	0	0	20	20
	海军	1	2	71	74
	空军	1	1	18	20
	海军陆战队	0	0	1	1
	海外领地基地小计	2	3	110	115
国外土地	陆军	1	8	364	373
	海军	5	2	188	195
	空军	7	7	255	269
	海军陆战队	2	2	19	23
	国外土地基地小计	15	19	826	860
总计		110	121	4471	4702

数据来源：Office of the Deputy Under Secretary of Defense, *Base Structure Report*, *Fiscal Year* 2004 *Baseline*, Washington D. C. : US Department of Defense, 2004, p. 11.

表 7 2005 财年美国全球军事基地统计（按基地大小分类）②

	兵种	大型基地	中型基地	小型基地	合计
美国本土	陆军	38	33	1200	1271
	海军	21	26	492	539
	空军	35	26	616	677
	海军陆战队	8	6	67	81
	首都华盛顿	1	0	0	1
	美国本土基地小计	103	91	2375	2569

① 大型军事基地的设施重置价值（Plant Replacement Value, PRV）至少为 15.53 亿美元；中型军事基地的设施重置价值在 15.53 亿美元与 8.28 亿美元之间；小型军事基地的设施重置价值在 8.28 亿美元以下。

② 美国国防部规定，2005 财年大型军事基地的设施重置价值（Plant Replacement Value, PRV）至少为 15.58 亿美元；中型军事基地的设施重置价值在 15.53 亿美元与 8.45 亿美元之间；小型军事基地的设施重置价值在 8.45 亿美元以下。

续表

海外领地	陆军	0	0	20	20
	海军	2	0	31	33
	空军	1	0	15	16
	海军陆战队	0	0	1	1
	海外领地基地小计	3	0	67	70
国外土地	陆军	1	8	359	368
	海军	6	5	72	83
	空军	7	7	252	266
	海军陆战队	2	2	16	20
	国外土地基地小计	16	22	699	737
总计		122	113	3141	3376

数据来源：Office of the Deputy Under Secretary of Defense, *Base Structure Report, Fiscal Year* 2005*Baseline*, Washington D. C. : US Department of Defense, 2005, p. 15.

表 8　2006 财年美国全球军事基地统计（按基地大小分类）①

	兵种	大型基地	中型基地	小型基地	其他基地	合计
美国本土	陆军	38	28	1206	71	1343
	海军	19	28	491	61	599
	空军	33	28	574	222	857
	海军陆战队	7	6	67	8	88
	首都华盛顿	1	0	0	0	1
	美国本土基地小计	98	90	2338	362	2888
海外领地	陆军	0	0	20	0	20
	海军	2	2	30	7	41
	空军	1	0	12	2	15
	海军陆战队	0	0	1	0	1
	海外领地基地小计	3	2	63	9	77

① 美国国防部规定，2005 财年大型军事基地的设施重置价值（Plant Replacement Value, PRV）至少为 15.58 亿美元；中型军事基地的设施重置价值在 15.53 亿美元与 8.45 亿美元之间；小型军事基地的设施重置价值在 8.45 亿美元以下。

续表

国外土地	陆军	1	8	351	11	371
	海军	5	3	84	2	94
	空军	8	5	246	15	274
	海军陆战队	1	3	17	6	27
	国外土地基地小计	15	19	698	34	766
总计		116	111	3099	405	3731

数据来源：Office of the Deputy Under Secretary of Defense, *Base Structure Report*, *Fiscal Year* 2006 *Baseline*, Washington D. C. : US Department of Defense, 2006, p. 22.

表 9　2007 财年美国全球军事基地统计（按基地大小分类）

	兵种	大型基地	中型基地	小型基地	其他基地	合计
美国本土	陆军	39	30	1398	301	1768
	海军	18	29	654	124	825
	空军	34	39	1439	118	1630
	海军陆战队	5	8	146	14	173
	首都华盛顿	1	1	3	1	6
	美国本土基地小计	97	107	3640	558	4402
海外领地	陆军	0	0	23	2	25
	海军	2	2	26	15	45
	空军	1	0	14	0	15
	海军陆战队	0	0	1	0	1
	海外领地基地小计	3	2	64	17	86
国外土地	陆军	1	9	348	13	371
	海军	4	3	134	13	154
	空军	8	5	240	15	268
	海军陆战队	1	3	20	6	30
	国外土地基地小计	14	20	742	47	823
总计		114	129	4446	622	5311

数据来源：Office of the Deputy Under Secretary of Defense, *Base Structure Report*, *Fiscal Year* 2007 *Baseline*, Washington D. C. : US Department of Defense, 2007, p. 22.

表 10　2008 财年美国全球军事基地统计（按基地大小分类）

	兵种	大型基地	中型基地	小型基地	其他基地	合计
美国本土	陆军	37	29	1315	503	1884
	海军	18	26	632	279	955
	空军	34	38	1383	126	1581
	海军陆战队	7	5	75	43	130
	首都华盛顿	0	2	12	0	14
	美国本土基地小计	96	100	3417	951	4564
海外领地	陆军	0	0	23	4	27
	海军	2	2	24	29	57
	空军	1	0	18	0	19
	海军陆战队	0	0	1	0	1
	海外领地基地小计	3	2	66	33	104
国外土地	陆军	1	8	308	10	327
	海军	3	2	119	25	149
	空军	7	5	236	11	259
	海军陆战队	1	3	15	7	26
	国外土地基地小计	12	18	678	53	761
	111	120	4161	1037	5429	

数据来源：Office of the Deputy Under Secretary of Defense, *Base Structure Report*, *Fiscal Year* 2008*Baseline*, Washington D. C.: US Department of Defense, 2008, p. 22.

表 11　2009 财年美国全球军事基地统计（按基地大小分类）

	兵种	大型基地	中型基地	小型基地	其他基地	合计
美国本土	陆军	39	30	1441	494	2004
	海军	16	28	604	363	1011
	空军	33	37	1277	243	1590
	海军陆战队	7	5	86	25	123
	首都华盛顿	2	0	12	0	14
	美国本土基地小计	97	100	3420	1125	4742

续表

海外领地	陆军	0	0	21	8	29
	海军	2	2	24	44	72
	空军	1	0	18	0	19
	海军陆战队	0	0	1	0	1
	海外领地基地小计	3	2	64	52	121
国外土地	陆军	1	8	276	8	293
	海军	3	2	103	28	136
	空军	8	6	226	21	261
	海军陆战队	1	3	15	7	26
	国外土地基地小计	13	19	620	64	716
总计		113	121	4104	1241	5579

数据来源：Office of the Deputy Under Secretary of Defense, *Base Structure Report*, *Fiscal Year* 2009 *Baseline*, Washington D. C.: US Department of Defense, 2009, p. 22.

表 12　2010 财年美国全球军事基地统计（按基地大小分类）

	兵种	大型基地	中型基地	小型基地	其他基地	合计
美国本土	陆军	39	38	1393	195	1665
	海军	25	27	601	179	832
	空军	38	34	1294	143	1509
	海军陆战队	8	5	84	14	111
	首都华盛顿	1	0	131	0	132
	美国本土基地小计	111	104	3503	531	4249
海外领地	陆军	0	0	24	2	26
	海军	2	2	26	10	40
	空军	1	0	20	0	21
	海军陆战队	0	0	1	0	1
	海外领地基地小计	3	2	71	12	88
国外土地	陆军	3	6	242	25	276
	海军	5	1	95	15	116
	空军	9	4	218	14	245

续表

国外土地	海军陆战队	3	1	15	6	25
	国外土地基地小计	20	12	570	60	662
总计		134	118	4144	603	4999

数据来源：Office of the Deputy Under Secretary of Defense, *Base Structure Report*, *Fiscal Year* 2010 *Baseline*, Washington D. C. : US Department of Defense, 2010, p. 26.

表 13　2011 财年美国全球军事基地统计（按基地大小分类）

	兵种	大型基地	中型基地	小型基地	其他基地	合计
美国本土	陆军	42	34	1380	80	1536
	海军	22	30	601	142	795
	空军	41	31	1316	146	1534
	海军陆战队	9	4	90	27	130
	首都华盛顿	1	0	131	0	132
	美国本土基地小计	115	99	3518	395	4127
海外领地	陆军	0	1	26	0	27
	海军	3	2	31	14	50
	空军	0	0	10	0	10
	海军陆战队	0	0	0	0	0
	海外领地基地小计	3	3	67	14	87
国外土地	陆军	4	7	238	6	255
	海军	5	2	97	9	113
	空军	8	6	201	6	221
	海军陆战队	3	1	13	5	22
	国外土地基地小计	20	16	549	26	611
总计		138	118	4134	435	4825

数据来源：Office of the Deputy Under Secretary of Defense, *Base Structure Report*, *Fiscal Year* 2011 *Baseline*, Washington D. C. : US Department of Defense, 2011, p. 25.

表 14　2012 财年美国全球军事基地统计（按基地大小分类）

	兵种	大型基地	中型基地	小型基地	其他基地	合计
美国本土	陆军	39	33	1684	115	1871
	海军	24	29	571	150	774
	空军	38	37	1318	142	1535
	海军陆战队	9	4	95	27	135
	首都华盛顿	1	0	135	0	136
	美国本土基地小计	111	103	3803	434	4451
海外领地	陆军	0	0	27	0	27
	海军	3	1	32	20	56
	空军	0	0	11	0	11
	海军陆战队	0	0	0	0	0
	海外领地基地小计	3	1	70	20	94
国外土地	陆军	5	8	272	31	316
	海军	4	3	98	9	114
	空军	9	5	191	11	216
	海军陆战队	3	2	10	5	20
	国外土地基地小计	21	18	571	56	666
总计		135	122	4444	510	5211

数据来源：Office of the Deputy Under Secretary of Defense, *Base Structure Report, Fiscal Year* 2012 *Baseline*, Washington D. C. : US Department of Defense, 2012, p. 23.

表 15　2013 财年美国全球军事基地统计（按基地大小分类）

部署地区	陆军	海军	空军	海军陆战队	首都华盛顿	合计
美国本土	1791	767	1537	144	125	4364
海外领地	29	58	10			97

续表

部署地区	陆军	海军	空军	海军陆战队	首都华盛顿	合计
国外土地	265	116	197	20	142	598
总计	2085	941	1744	164	125	5059

数据来源：Office of the Deputy Under Secretary of Defense，*Base Structure Report*，*Fiscal Year* 2013 *Baseline*，Washington D. C.：US Department of Defense，2013，p. 7.

表 16　2014 财年美国全球军事基地统计（按基地大小分类）

部署地区	陆军	海军	空军	海军陆战队	首都华盛顿	合计
美国本土	1590	802	1536	147	94	4169
海外领地	40	60	10	0	0	110
国外土地	248	120	186	22	0	576
总计	1878	982	1732	169	94	4855

数据来源：Office of the Deputy Under Secretary of Defense，*Base Structure Report*，*Fiscal Year* 2014 *Baseline*，Washington D. C.：US Department of Defense，2014，p. 6.

表 17　2015 财年美国全球军事基地统计（按基地类型分类）

	兵种	大型基地	中型基地	小型基地	其他基地	合计
美国本土	陆军	35	30	1395	102	1562
	海军	24	26	570	183	803
	空军	32	40	1319	144	1535
	海军陆战队	8	5	98	49	160
	首都华盛顿	1	0	93	0	94
	美国本土基地小计	100	101	3475	478	4154
海外领地	陆军	1	0	40	0	41
	海军	3	0	29	32	64
	空军	0	0	9	0	9
	海军陆战队	0	0	0	0	0
	海外领地基地小计	4	0	78	32	114

续表

国外土地	陆军	3	7	212	33	255
	海军	5	2	101	20	128
	空军	9	5	158	10	182
	海军陆战队	3	2	11	6	22
	国外土地基地小计	20	16	482	69	587
总计		124	117	4035	579	4855

数据来源：Office of the Deputy Under Secretary of Defense, *Base Structure Report*, *Fiscal Year* 2015*Baseline*, Washington D. C.: US Department of Defense, 2015, p. 18.

表 18　2015 财年美国全球军事基地统计（按基地大小分类）

部署地区	陆军	海军	空军	海军陆战队	首都华盛顿	合计
美国本土	1562	803	1535	160	94	4154
海外领地	41	64	9	0	0	114
国外土地	255	128	182	22	0	587
总计	1858	995	1726	182	94	4855

数据来源：Office of the Deputy Under Secretary of Defense, *Base Structure Report*, *Fiscal Year* 2015*Baseline*, Washington D. C.: US Department of Defense, 2015, p. 6.

后 记

呈现在读者面前的，是本人主持的2013年度国家社科基金青年项目“美国在中东伊斯兰地区军事基地的战略部署与调整趋势研究”（13CGJ042）的最终成果。它是本人在前期研究——《冷战后欧美大国在中东的军事基地研究》（世界知识出版社2015年版）的基础上，对大国在中东军事基地研究的拓展和深化。

十年前，本人刚步入“而立之年”，对域外大国部署海外军事基地现象产生浓厚的研究兴趣；十年后，本书稿完成，本人恰好迈入“不惑之年”。“高岸为谷，深谷为陵。”这十年是世界主要大国力量对比发生重要变化的十年，是各种域外力量在中东、非洲和中亚军事部署发生深刻调整的十年，也是本人对海外军事基地的认识从感性到理性、从整体到局部、从宏观到微观的过程。

海外军事基地是大国投射军事力量、拓展政治影响力、建立联盟体系、保护海外利益、传播文化价值观的重要手段，但学界对其隐性逻辑及其规律的理论探讨尚不深入，迄今专门研究军事基地部署的理论著作仍不多见。本书基于显性权力与隐性权力二分法，从“权力投射”的角度，提出海外军事基地增强了部署国的隐性权力，并以冷战后美国在大中东地区军事基地的部署与调整为案例，分析其动因、形态、功能、目标及影响。

美国地处西半球，远离世界三大战略要地——东亚、欧洲和大中东，却具有世界影响力。二战结束以来，美国是世界上军事力量最强大的国家，其遍布全球的上千座军事基地成为“帝国的基石”，是美国维护全球霸权、遏制地区反美主义的支点。美国在欧亚大陆边缘地带的战略要冲部署军事基地是其克服地缘劣势、投射军事力量、强化世界领导权、拓展海外利益、巩固联盟体系、传播西方民主价值观的重要手段，同时又是消耗美国硬实力、将其拖入地区纷争、侵蚀其软实力的“累赘”。

大中东位于欧洲、俄罗斯、中国、印度等大国之间的“缓冲地带”，连接欧、亚、非，沟通西欧与亚太两大工业区，是麦金德提出的欧亚非“世界岛”的心脏，是伊斯兰文明的核心地带，也是基督教文明、斯拉夫文明、中华文明、印度文明与非洲文明板块之间的交汇地，拥有世界能源储量的60%以上，成为大国争夺的战略重点。美国依托海外军事基地部署，确立了对大中东事务的主导权。奥巴马担任总统初期，美国在大中东12国部署了150多处军事基地，占其海外基地总数约1/4，成为美国维持全球主导权的重要基础。

研究发现，美国的军事战略属于外张型，是“传统安全观”的代表，倾向于以军事促安全，以战争促稳定。美国是迄今世界上海外军事基地数量和驻军人数最多的国家，也是唯一将全球划分为六大战区的超级大国。军事基地结构体现出美国战略利益分布，而美国军事基地在地域上的分布也体现出美国安全关切的轻重缓急和海外利益的排序。鉴于此，美国倾向于在冲突区、战略区、利益区和敌国周边地区部署军事基地，在敌人的国界线上构筑“防火墙”，将潜在敌人遏制于相对狭小的范围内，通过军事基地部署将大中东地区分为“和平区”与“冲突区”，防止地区强国以区域一体化为由在安全上奉行“门罗主义”，将美国排除在外。

美国在大中东的军事基地部署不是静态的，而是动态的。海外军事基地部署后，美国接下来面临的问题就是如何根据地区格局的演变、决策者认知的变化、基地东道国反基地运动的发展和被遏制方采取的反制措施做出相应的调整。从调整趋势来看，其主要包括基地的拓展（如美国在吉布提和以色列的军事基地）、基地的维持（如美国在土耳其、科威特、卡塔尔、巴林和阿联酋的基地）、基地的收缩（如美国在阿富汗和阿曼的基地）、基地的关闭（如美国在伊拉克、沙特、阿尔及利亚、吉尔吉斯斯坦和巴基斯坦的基地）四种趋势。同时，这种调整也受进攻与守成、整体与局部、独立与依附等美国和基地东道国决策者认知的影响。

未来，军事部署重心的迁移、责任区的变更、规模与驻军人数的变化、传统与非传统功能的拓展将是美国在大中东军事基地调整的重要内容。科威特、巴林、卡塔尔、约旦、阿联酋、阿富汗和吉布提等处于重要位置的中小国家恐将代替地区大国，成为美国军事基地部署新的战略支点；美国将在大中东建立更多的任务导向型军事基地，并将根据安全任务多元化在大中东部署更多的“睡莲式”前沿行动基地、合作安全基地、无人机基地、海上移动基地以及军民两用基地。

饮水思源，不忘初心。感谢全国哲学社会科学规划办公室的立项，感谢匿名评审专家对该研究成果的充分肯定；感谢过去十年里，《世界经济与政治》《现代国际关系》《国际观察》《外交评论》《国际论坛》《国际展望》《俄罗斯研究》《西亚非洲》《阿拉伯世界研究》以及上外中东所英文期刊 *Asian Journal of Middle Eastern and Islamic Studies* 等提供的前期成果发表平台。

本书第四章第二节和第五章第三节分别吸收了我和我的学生邓海鹏联合发表在《美国问题研究》和《现代国际关系》上的文章；第六章第二节吸收了本人与兰州大学朱永彪副教授共同发表在《现代国际关系》的文章；第十章第二节吸收了本人与上海国际问题研究院陈友骏副研究员联合发表在《国际展望》上的论文。感谢上述论文合作者贡献的智慧。

感谢余建华、李伟建、王健、郭长刚、叶青、张颖、金良祥、韦宗友、汪段泳、薄燕、潘亚玲、朱杰进、杨震、郑华、王震、刘宏松、汤蓓、岳汉景等国内专家和青年才俊对我的帮助和对初稿提出的宝贵修改意见；感谢 Tim Niblock、Talmiz Ahmad、Yahia Zoubir、Suisheng (Sam) Zhao、Fahan Nizami、Eugene Rogan、Michael Willis、Martin Lenore、Jim Reardon-Anderson 等国外中东问题专家在学术上提供的帮助。

"高山仰止，景行行止。"感谢我在硕士、博士和博士后求学阶段的三位恩师——赵伟明先生、张曙光先生和朱明权先生对我的学术指导；感谢上外中东所刘中民教授、朱威烈教授、汪波教授、丁俊教授、刘胜湘教授以及其他同仁对我的关心和帮助；感谢时事出版社苏绣芳女士为本书的出版付出的辛勤汗水。

"哀哀父母，生我劬劳。"感谢我的父母、妻子和家人长期以来对我学术研究的默默支持。

限于研究资料和本人研究能力，本书的疏漏和错误在所难免，恳请各位前辈、专家、学者以及广大读者不吝指教。

孙德刚

2018 年 4 月 18 日于上海外国语大学中东研究所

图书在版编目（CIP）数据

美国在大中东地区军事基地的战略部署与调整趋势研究/孙德刚著.
—北京：时事出版社，2018.6
ISBN 978-7-5195-0197-6

Ⅰ.①美… Ⅱ.①孙… Ⅲ.①中东—军事基地—战略部署—研究—美国 Ⅳ.①E712.13

中国版本图书馆 CIP 数据核字（2018）第 072807 号

出版发行：时事出版社
地　　址：北京市海淀区万寿寺甲 2 号
邮　　编：100081
发行热线：（010）88547590　88547591
读者服务部：（010）88547595
传　　真：（010）88547592
电子邮箱：shishichubanshe@ sina. com
网　　址：www. shishishe. com
印　　刷：北京朝阳印刷厂有限责任公司

开本：787×1092　1/16　印张：28.75　字数：470 千字
2018 年 6 月第 1 版　　2018 年 6 月第 1 次印刷
定价：170.00 元
（如有印装质量问题，请与本社发行部联系调换）